Schriftenreihe

Schriften zum
ausländischen Recht

Band 30

ISSN 1868-2766

Verlag Dr. Kovač

Das Bauleitplanungsrecht in Bulgarien

Problemlagen und Konflikte im Lichte unionsrechtlicher Anforderungen

Inauguraldissertation

zur Erlangung der Doktorwürde

der Juristischen Fakultät der Ruprecht-Karls-Universität Heidelberg

vorgelegt von

Mariya Tosev (geb. Damgova)

Rechtsanwältin

2018

Berichterstatter: Prof. Dr. Ute Mager

Prof. Dr. Peter Axer

Mariya Tosev

Das Bauleitplanungsrecht in Bulgarien

Problemlagen und Konflikte im Lichte unionsrechtlicher Anforderungen

Verlag Dr. Kovač

Hamburg
2019

VERLAG DR. KOVAČ GMBH
FACHVERLAG FÜR WISSENSCHAFTLICHE LITERATUR

Leverkusenstr. 13 · 22761 Hamburg · Tel. 040 - 39 88 80-0 · Fax 040 - 39 88 80-55

E-Mail info@verlagdrkovac.de · Internet www.verlagdrkovac.de

Bibliografische Information der Deutschen Nationalbibliothek
Die Deutsche Nationalbibliothek verzeichnet diese Publikation
in der Deutschen Nationalbibliografie;
detaillierte bibliografische Daten sind im Internet
über http://dnb.d-nb.de abrufbar.

ISSN: 1868-2766
ISBN: 978-3-339-10692-6

Zugl.: Dissertation, Ruprecht-Karls-Universität Heidelberg, 2018

© VERLAG DR. KOVAČ GmbH, Hamburg 2019

5

Vorwort

Die vorliegende Arbeit ist vom Promotionsausschuss der juristischen Fakultät der Ruprecht-Karls-Universität Heidelberg im Oktober 2018 als Dissertation angenommen worden. Literatur und Rechtsprechung konnte bis November 2018 berücksichtigt werden.

Mein besonderer Dank gilt zunächst meiner Doktormutter, Frau Professor Dr. Ute Mager, für ihre hervorragende Unterstützung und ihr persönliches Engagement bei der Betreuung dieser Untersuchung. Durch ihre konstruktiven Anmerkungen und Hinweise sowie nicht zuletzt ihre Diskussionsbereitschaft hat sie entscheidend zum Gelingen meiner Arbeit beigetragen. Ebenfalls herzlich bedanken möchte ich mich bei Herrn Professor Peter Axer für die Anfertigung des Zweitgutachtens sowie Herrn Professor Dr. Wolfgang Kahl für sein Mitwirken in der Prüfungskommission. Ein herzlicher Dank gebührt weiterhin Herrn Professor Dr. Tsvetan Sivkov für die weiterführenden Erörterungen und Gedankenaustausch über das bulgarische Baurecht.

Sehr dankbar bin ich meinem Mann Georgi für die liebevolle Unterstützung, den Ansporn und den Zuspruch während meiner Promotionszeit. Mein Dank gilt auch Freunden und Kollegen, auf die ich mich auch in schwierigen Phasen immer verlassen konnte. Zudem möchte ich meinem Bruder, Ivan, für die technische und moralische Unterstützung bei der Erfassung dieser Arbeit danken.

Schließlich möchte ich meinen Eltern, Elena und Tilo, für ihre große Anteilnahme, Förderung und Unterstützung während meiner gesamten Ausbildung auch auf diesem Wege danken. Ihnen und meinem Sohn, Alexander, ist diese Arbeit gewidmet.

Heidelberg, im Dezember 2018   Mariya Tosev

Abkürzungsverzeichnis

BNatSchG	Bundesnaturschutzgesetz
BauGB	Baugesetzbuch
FFH-RL	Flora-Fauna-Habitat Richtlinie
GA	Gesetz über die Administration
GatARB	Gesetz über den administrativ-territorialen Aufbau der Republik Bulgarien
GBauSofia	Gesetz über die Entwicklung und Bebauung von Sofia
GbV	Gesetz über biologische Vielfalt
GES	Gesetz über die Entwicklung der Schwarzmeerküste
GKG	Gesetz über den Kataster und das Grundbuch
GtE	Gesetz über territoriale Entwicklung
GöSöA	Gesetz über die örtliche Selbstverwaltung und die örtliche Administration
GrE	Gesetz über regionale Entwicklung
GtEO	Gesetz über territoriale Entwicklung und Ortschaftsordnung
KPdSU	Kommunistische Partei der Sowjetunion
m.w.N.	mit weiteren Nachweisen
Oberstes VG	Oberstes Verwaltungsgericht
ROG	Raumordnungsgesetz

VwPO	Verwaltungsprozessordnung
UmweltschG	Umweltschutzgesetz r-
UVPG	Gesetz über die Umweltve träglichkeitsprüfung
Verfass. RBG	Verfassung der Republik Bulgarien
VRL	Vogelschutzrichtlinie

9

Inhaltsverzeichnis

5. Kapitel:

Kritische Würdigung der Richtlinienumsetzung in das bulgarische Recht..117

13

Einleitung:
Erkenntnisinteresse, Problemdarstellung und Zielsetzung

Die vorliegende Untersuchung stellt die erste Studie dar, die vom Standpunkt eines deutschen Juristen die bulgarische Bauleitplanung analysiert und hierbei deren Schwachstellen auch im Hinblick auf die relevanten Vorgaben der Europäischen Union (EU) herausarbeitet. Der normative Fokus liegt auf dem bulgarischen Gesetz über territoriale Entwicklung (GtE)[1], dem deutschen Baugesetzbuch (BauGB) und den die nationale Bauleitplanung prägenden Umwelt- und Naturschutzrichtlinien der Union.

Die Befassung mit dem bulgarischen Bauplanungsrecht lässt sich mit der zunehmenden Bedeutung des kleinen Balkanlandes begründen. Das Land rückt häufiger in den Blickwinkel ausländischer Bauträger, unter anderem deutscher Unternehmen, und gilt als attraktiver Investitionsstandort. Hierzu tragen viele Faktoren bei: die strategische geopolitische Lage (Außengrenze der EU, Schnittstelle zwischen Europa, Nahost und Asien), die günstigen Klima- und Naturbedingungen, die niedrigen Personalkosten, die qualifizierten Arbeitskräfte und der niedrige Steuersatz von 10 % für Körperschafts- und Einkommenssteuer. Seit der politischen Wende im Jahre 1989 betrugen die deutschen Investitionen in die bulgarische Wirtschaft ca. 2,14 Mrd. Euro.[2] Durch den Beitritt Bulgariens 2007 in die EU stiegen die deutschen Investitionen immens an, so dass die Bundesrepublik Deutschland mittlerweile Hauptinvestor und Handelspartner für Bulgarien ist.[3] Bei einem Gesamtumsatz von 56,7 Mrd. Euro des Außenhandelsvolumens beträgt das bilaterale deutsch-bulgarische Handelsvolumen im Jahre 2017 ca. 7,5 Mrd. Euro.; davon Exporte nach Bulgarien: 3,7 Mrd. Euro und Importe aus Bulgarien: 3,8 Mrd. Euro.[4] Etwa 5.000 deutsche Firmen sind in Bulgarien tätig, davon haben 1.200 eine meist von Bulgaren geleitete Vertretung vor Ort.[5] Durch das zunehmende gewerbliche Interesse deutscher Unternehmen an nach-

---

[1] bulg.: Закон за устройство на територията, ЗУТ.
[2] http://www.investbg.government.bg/de/pages/deutsche-unternehmen-bulgarien-313.html (Abruf v. 25.9.2018).
[3] https://sofia.diplo.de/bg-de/themen/willkommen/laenderinfos/wirtschaft (Abruf v. 9.12.2018).
[4] https://www.auswaertiges-amt.de/de/aussenpolitik/laender/bulgarien-node/bilateral/210156 (Abruf v. 9.12.2018).
[5] https://www.auswaertiges-amt.de/de/aussenpolitik/laender/bulgarien-node/bilateral/210156 (Abruf v. 9.12.2018).

haltigen Investitionen in Bulgarien und die wechselseitige Partnerschaft zwischen den beiden EU-Ländern, müssen sich diese mit einer Reihe rechtlicher Voraussetzungen für die Realisierung ihrer Investitionsprojekte befassen, die im bulgarischen Städtebaurecht wurzeln. Um eine effiziente Zusammenarbeit, zu erzielen, sollte das bulgarische Bauplanungsrecht eine reibungslose Investitionspolitik ermöglichen. Vor diesem Hintergrund besteht aus deutscher Sicht, insbesondere im Hinblick auf Bauträger, die Interesse an Bauvorhaben in Bulgarien zeigen, das Bedürfnis einer rechtsvergleichenden Erläuterung des bulgarischen Städtebaurechts.

Schwerpunktmäßig wird das Gesetz über territoriale Entwicklung (GtE) als das bulgarische Pendant zum deutschen Baugesetzbuch untersucht. Das Gesetz über territoriale Entwicklung trat am 31.3.2001 in Kraft und wurde in den letzten 17 Jahren über 70-mal geändert. Die häufigen, meist politisch bedingten Änderungen führten zu einem komplizierten, missverständlichen und teilweise widersprüchlichen Gesetzestext, der nicht nur für Anwälte, sondern auch für Verwaltung und Judikatur in der Republik Bulgarien vielerlei Unklarheiten und Fragen aufwirft.[6] Als Grund für die „unsaubere" Gesetzgebung wurde im Schrifttum der Umstand hervorgehoben, dass die juristische Präzision und Methodenlehre zugunsten einer bau- und architekturwissenschaftlichen Perspektive vernachlässigt wurden.[7] Das Gesetz über territoriale Entwicklung hat die Aufgabe, das nach der Wende längst überholte sozialistische Gesetz über territoriale Entwicklung und Ortschaftsordnung zu ersetzen. Erforderlich war eine komplett neue Gesetzesphilosophie, die nach dem Fall der sozialistischen Ordnung das verfassungsrechtlich konstituierte Eigentumsrecht (Art. 17 Verfass. RBG), die Restitution ehemals zwangsweise enteigneter Grundstücke sowie die Privatisierungsprozesse staatlicher Betriebe angemessen zu berücksichtigen hatte. Darüber hinaus wurde der bulgarische Gesetzgeber anlässlich des Beitritts des Landes in die EU im Jahre 2007 mit der schwierigen Umsetzungspflicht des für das raumerhebliche Planungsrecht relevanten europäischen Umwelt- und Naturschutzrechts konfrontiert. All dies stellte die bulgarische Legislative vor die schwierige Aufgabe,

---

[6] Zur grundsätzlichen Kritik: vgl. *Kowatschev*, Aktuelle Änderungen des Rechtswesens im Bereich der territorialen Entwicklung, Kommentar, S. 11; *Djerov*, in: Djerov/Schalpudova/Ilova/Slatinova, Rechtliche Probleme des GtE, S. 15.
[7] *Petrov*, Die territoriale Entwicklung, S. 11.

die raumbedeutsamen Vorschriften eigentumsgerecht, sozial, ökonomisch und unionskonform zu regeln.

Die vorliegende Arbeit hat zum Ziel, die für die Bauleitplanung relevanten Normen einschließlich der dazu ergangenen höchstrichterlichen Rechtsprechung zu analysieren und die sich daraus ergebenden erheblichen Rechtsprobleme in Bulgarien darzulegen. Dabei sollen die gesetzlichen Lücken, Unzulänglichkeiten und Konfliktfelder auch im Lichte unionsrechtlicher Vorgaben aufgezeigt werden. Aus dem Vergleich mit den analogen Rechtsinstrumenten im deutschen Baurecht einschließlich der Rechtsprechung sollen Lösungs- und Optimierungswege für das bulgarische städtebauliche Planungssystem und dessen Europarechtskonformität herausgearbeitet und entsprechende Empfehlungen ausgesprochen werden. Vorausgesetzt wird die grundlegende Kenntnis der deutschen Rechtsordnung. Anstatt eines parallelen Rechtsvergleichs – die Aufteilung in zwei separate Länderteile und einen abschließenden Vergleichsteil – wird eine integrierte Vorgehensweise gewählt, um einerseits bestimmte Begriffe und Rechtsinstitute zum besseren Verständnis aus der Sicht des deutschen Juristen darzulegen und andererseits rechtliche Probleme und Gesetzeslücken zu lösen. Hierbei soll das deutsche Bauleitplanungsrecht - eine Rechtsordnung, die sich seit Jahrzehnten bewährt hat - als Vermittler zwischen den bulgarischen und unionsrechtlichen Rechtsätzen herangezogen werden.

Zudem zielt diese Studie darauf ab, einen Beitrag zur Rechtsintegration der städtebaulichen Planung in der Europäischen Union zu leisten. Denn mit dem Vollzug des EU-Beitritts wurde die EU-Harmonisierung nicht beendet. Dies bezeugen auch die jährlichen Monitoring-Berichte der EU-Kommission in den Schlüsselbereichen der Justizreform, der Korruptionsbekämpfung und der Bekämpfung der organisierten Kriminalität.[8] Diese Problembereiche sind mit der Bauleitplanung verknüpft wie beispielsweise in Bezug auf die öffentliche Vertragsvergabe, die Ausarbeitung des Entwicklungsplanentwurfs oder die gerichtliche Rechtskontrolle von Bauleitplänen. Die Kommission fordert rechtliche und politische Strategien, um spürbare Fortschritte zu erzielen.

Die Schwierigkeit dieses Themas liegt nicht alleine in dem - im Vergleich zu §§ 1 ff. BauGB - anders konzipierten Städtebaurecht in Bulgarien, sondern viel-

---

[8] Vgl. letzter Bericht v. 25.1.2017, abrufbar unter https://ec.europa.eu/info/file/81507/down load_en?token=KglaolBc (Abruf v. 18.2.17).

mehr daran, dass in der bulgarischen Literatur nur wenige rechtliche Untersuchungen zu finden sind. Gerade in Bezug auf den Einfluss des Europarechts auf das nationale Bauleitplanungsrecht mangelt es an vertieften Analysen.

Die Untersuchung beginnt mit einem rechtshistorischen Überblick über die wichtigsten Gesetzesvorgänger des Gesetzes über territoriale Entwicklung sowie den in Anbetracht der Europarechtsharmonisierung erforderlichen Beitrittsvoraussetzungen und den für die Bauleitplanung relevanten EU-Richtlinien (1. Kapitel). Danach werden die Grundlagen der Bauleitplanung in Bulgarien – Eigentumsgarantie, örtliche Selbstverwaltung, Raumplanungsebenen sowie territoriale Zweckbestimmung – erläutert (2. Kapitel). Im Anschluss hieran wird die Kernthematik, die bulgarischen Entwicklungspläne als Äquivalent der deutschen Bauleitpläne, entfaltet (3. Kapitel). Die formellen und materiellen Rechtmäßigkeitsanforderungen werden umfassend im vierten Kapitel dargestellt. Hierbei werden insbesondere das Erforderlichkeits- und Abwägungsgebot anhand der deutschen Rechtslage kritisch bewertet. Das vorletzte Kapitel rundet die städtebauliche Problembeurteilung im Zuge der Rechtsintegration ab. Zuerst werden die allgemeinen Anforderungen an die ordnungsgemäße Richtlinienumsetzung ins nationale Recht ausgearbeitet sowie die Rechtslage vor der Gesetzesharmonisierung aufgezeigt. In zwei Abschnitten werden die Vorgaben der Strategischen Umweltprüfungs-, der Vogelschutz- und Habitatrichtlinie sowie deren Implementierung ins bulgarische Recht dargestellt und anschließend die einschlägigen Vorschriften unter dem Blickwinkel der Europarechtskonformität bewertet (5. Kapitel III. und IV.). Die hieraus gewonnenen Erkenntnisse über Umsetzungslücken und/oder Mängel werden mithilfe der Rechtsauffassungen aus dem deutschen Baurecht illustriert. Schließlich werden unionsrechtskonforme Reform- und Optimierungsvorschläge vorgebracht.

Das letzte Kapitel (6. Kapitel) verschafft einen Überblick über den Rechtsschutz in der Bauleitplanung, wobei der Schwerpunkt auf der Anfechtung detaillierter Entwicklungspläne und Verwaltungsakte der Umweltprüfung liegt.

1. Kapitel:
Historische Entwicklung und EU-Harmonisierung in Bulgarien

Es ist eine allgemeine Weisheit, dass derjenige, der die Gegenwart begreifen will, einen Blick auf die geschichtliche Wandlung und die damit zusammenhängenden Veränderungsprozesse werfen muss. Die Geschichte ist zwar Vergangenheit, zugleich aber prägend für das „Heute". Diese allgemeine Erkenntnis gilt auch für die Entwicklung der Bauleitplanung in Bulgarien.

I. Gesetze auf nationaler Ebene

1. Das Gesetz des Zarentums Bulgarien von 1897

Während der osmanischen Herrschaft (1393-1878) gab es keinerlei Planungsinstrumente und Planungsregeln. Erst nach dem Berliner Kongress kam es zur Gründung des Fürstentums Bulgarien.[9] Hiermit begannen die ersten rechtsetzenden Prozesse. So kam es im Jahre 1897 zu der Verabschiedung des ersten Gesetzes über die Städtebauordnung in Siedlungsgebieten (bulg. населени места) im Zarentum Bulgarien.[10] Dieses regelte, wie sich der Bezeichnung entnehmen lässt, nur die Städteordnung und Planung innerhalb bewohnter Ortschaften. Hierdurch sollte die bis dahin vorherrschende rechtliche und tatsächliche Unordnung der einzelnen Grundstücke beseitigt und die Grundlage für die Städtebauordnung geschaffen werden.[11] Zu diesem Zweck erlegte die 1905 geänderte Gesetzesfassung den Städten und großen administrativen Gebietseinheiten die Pflicht auf, allgemeine Regulierungspläne und Pläne, die die Topografie des Gebiets ausweisen (bulg. регулационни и нивелационни планове), bis Ende

---

[9] 1897 fand der Kongress der europäischen Vertreter der Großmächte (Deutsches Reich, Österreich-Ungarn, Frankreich, Italien, Russland, Vereinigtes Königreich und Osmanisches Reich) in Berlin zur Lösung der südosteuropäischen Kriegskonflikte statt und endete mit dem Berliner Vertrag, der die Unabhängigkeit des Fürstentums Bulgarien festschrieb. Aus historischer Betrachtung ist die Bezeichnung „Zarentum" nicht korrekt, da Ferdinand I. erst am 5.10.1908 zum ersten Zaren gekrönt wurde. Die Bearbeiterin hält sich aber an die Terminologie des damaligen Gesetzgebers.

[10] Bulg. Закон за благоустройството на населените места в Царство България.

[11] *Djerov* in: Djerov/Schaldupova/Ilova/Slatinova, Rechtliche Probleme des GtE, S. 13.

1908 aus Mitteln des kommunalen Haushalts aufzustellen.[12] Der erste Vorgänger des gegenwärtigen detaillierten Entwicklungsplans war der sogenannte festsetzende Plan des Hofs (bulg. дворищно-регулационен план), der die einzelnen Grundstücke verbindlich festsetzte und dessen Adressaten die Grundstückseigentümer waren. Diese Planungsinstrumente hatten die Aufgabe, die bebauten und unbebauten Flächen und Grundstücke auszuweisen, sowie die Straßen- und Wegpflasterung, die Kanal- und Wasseranschlüsse, die öffentliche Straßenbeleuchtung, die Parkanlage und den Bau anderer kommunaler Einrichtungen zu regeln.[13] Aus heutiger Sicht ist interessant, dass dieses erste Baugesetz die Beteiligung der Öffentlichkeit an dem Planverfahren und die Sammlung von Stellungnahmen binnen einer bestimmten Frist vorsah und zwar sowohl hinsichtlich der allgemeinen Regulierungs- und Nivellierungspläne als auch bezüglich der festsetzenden Hofpläne. Dieses Gesetz wies zudem auch eine sachenrechtliche Seite auf, da die Eigentumsrechte sowie die Lage, Größe und Breite des entsprechenden Grundstücks mithilfe von „Registern und Zeichnungen" bestimmt wurden.[14]

2. Das Gesetz für Stadtentwicklung von 1941

Auch das nachfolgende Gesetz zur Stadtentwicklung von 1941 regelte und vertiefte die Bauleitplanung innerhalb von Siedlungsgebieten.[15] Dieses Gesetz baute auf dem ersten Gesetz auf, da sich der Geltungsbereich nur auf bewohnte Gebiete - Gemeinden - erstreckte. Darüber hinaus schuf es die Grundlage für die moderne Städtebauplanung.[16] Dieses Gesetz erhielt die Planungsinstrumente des Vorgängergesetzes aufrecht und weitete ihre Regelungsdichte durch zwingende Normen aus, die einzelne Grundstücke, Gärten, Straßen, die Gestaltung der Außenräume, Spielplätze, die Wasserversorgung, die Kanalisation und Kommunikationsmittel betrafen.[17] Zudem wurde ein neues Planungsinstrument, der sogenannte allgemeine Stadtordnungsplan (bulg. общ градоустройствен план) ein-

---

[12] So *Kozeva*, Das Gesetz über die Städtebauordnung in Siedlungsgebieten im Zarentum Bulgarien vom Jahre 1905 und seine Anwendung, Geodäsie, Kartographie und Landordnung, 56 (58).
[13] Ebd.
[14] *Djerov* in: Djerov/Schaldupova/Ilova/Slatinova, Rechtliche Probleme des GtE, S. 13.
[15] Bulg. Закон за благоустройството на населените места.
[16] *Sivkov*, Grundlagen der territorialen Entwicklung, S. 17; *Djerov*, in: Djerov/Schaldupova/Ilova/Slatinova, Rechtliche Probleme des GtE, S. 13.
[17] *Djerov*, in: Djerov/Schaldupova/Ilova/Slatinova, Rechtliche Probleme des GtE, S. 13.

geführt. Nach Art. 11 dieses Gesetzes diente der allgemeine Stadtordnungsplan als Grundlage für die nachfolgende Ordnung und Entwicklung des Siedlungsgebiets und bestimmte die technische- und planerische Grundgestaltung des gesamten Siedlungsgebiets entsprechend den städtebaulichen Zielen. Er bestimmte die Straßen- und Schienennetze, die bebauten und unbebauten Flächen, die allgemeine Art der Bebauung, die Standorte für kommunale und staatliche Einrichtungen, etc. Diese Planart ist aufgrund ihres allgemeinen Planungscharakters für die gesamte Fläche des entsprechenden Siedlungsgebiets der erste Vorgänger des heutigen allgemeinen Entwicklungsplans. Darüber hinaus bestimmte dieses Gesetz neben den bauplanungsrechtlichen Vorgaben auch die bauordnungsrechtlichen Anforderungen an die Bauvorhaben (Errichtung, Änderung und Abbruch von Gebäuden). Diese gesetzgeberische Vorgehensweise wurde auch in den nachfolgend darzustellenden Gesetzeswerken fortgesetzt, denn die dem heutigen deutschen öffentlichen Baurecht geläufige Unterscheidung zwischen Bauplanungs- und Bauordnungsrecht war und ist für das bulgarische Recht unbeachtlich. Sämtliche baurechtliche Vorschriften öffentlich-rechtlichen Charakters werden in einem Gesetzesbuch niedergelegt.

3. Die sozialistischen Gesetze

Mit dem Einmarsch der Roten Armee der Sowjetunion begann 1944 ein ideologischer und politischer Machtwechsel, der sich auch auf das Planungsrecht auswirkte.

Das Gesetz über die planspezifische Errichtung von Siedlungsgebieten[18] trat im Jahre 1950 als Nachkriegsgesetz und als erste sozialistische Städtebauordnung in Kraft. Dieses Gesetz setzte zum ersten Mal die sozialistische Ideologie der Ablehnung von Privateigentum um. Es bestand aus zwei Hauptteilen: Einer davon beschäftigte sich mit den detaillierten Bauleitplänen. Der andere Teil betraf die Enteignung von Privateigentum im öffentlichen Interesse und bildete den Gesetzesschwerpunkt.[19]

Die Tendenz zur Verstaatlichung setzte der Vorgänger des Gesetzes über territoriale Entwicklung mit dem im Jahre 1973 verabschiedeten, zweiten sozialistischen Gesetz über territoriale Entwicklung und Ortschaftsordnung (GtEO) fort.[20]

---

[18] Bulg. Закон за плановото изграждане на населените места.
[19] Ebd.
[20] Закон за териториалното и селищно устройство.

Dieses Gesetz war 27 Jahre lang gültig und gilt daher als der Veteran unter den bulgarischen Gesetzen im Bereich des öffentlichen Baurechts. Gesetzlicher Zweck war es, der in der Verfassung von 1971[21] vorgesehenen Volkseigentumsgarantie einfachgesetzlich Rechnung zu tragen. Art. 15 Abs. 1 Verfass. RBG a. F. sah Folgendes vor: „Das Volkseigentum belegt den Höchstrang des sozialistischen Eigentums und beinhaltet ein einziges, einheitliches System". Die staatlichen Eigentumsformen sollten in ein einheitliches Volkseigentum gemäß Art. 15 Abs. 2 Verfass. RBG a. F. zusammenwachsen. Im Einklang mit den sozialistisch geprägten, politischen und ideologischen Ansichten sollte das Privatgrundeigentum zum größten Teil abgeschafft werden. Der kommunistische Verfassungsgeber räumte dem Staats- und Gemeindeeigentum sowie dem genossenschaftlichen Eigentum gegenüber dem Privatgrundeigentum nicht nur einen klaren Vorrang ein, sondern verfolgte zudem das Ziel, letzteres bis zu der Grenze des Überlebensminimums zu liquidieren.[22] Durch das Gesetz über territoriale Entwicklung und Ortschaftsordnung i.V.m. dem Eigentumsgesetz a. F. wurde auch die Baufreiheit der Privaten enorm eingeschränkt. Hiernach war privates Grundstückseigentum nur zur Befriedigung des eigenen Wohnbedarfs in vorgegebenen Größenordnungen erlaubt: Einer Familie stand 120 m² Baufläche pro Wohnung und 60 m² Baufläche pro Wochenendhaus zu.[23] Der Staat war der bedeutendste Bauträger und Investor.[24] Priorität hatte der Bau von großflächigen Plattenbauten, deren Wohnungen jeweils eine Wohnfläche von ca. 50-80 m² aufwiesen. Dies war zugleich Vorbild der sozialistischen Stadtentwicklung und –bebauung.

Einer der wesentlichen Regelungsgehalte des Gesetzes war auch hier die Zwangsenteignung zum „Wohl der Allgemeinheit". Unzureichend berücksichtigt wurde, ob den Betroffenen eine angemessene Entschädigung gewährt wurde.[25] Darüber hinaus ließ Art. 63 Nr. 10 GtEO eine intransparente Enteignung zu Gunsten eines vom Zentralstaat „auserwählten" Bürgers zu. Gestützt auf diese Rechtsgrundlage waren politisch bedingte Ungleichbehandlungen unter dem Deckmantel des Allgemeinwohls keine Ausnahme.

---

[21] Verfassung der Volksrepublik Bulgarien, auch Schiwkovs Verfassung genannt.
[22] *Petrov*, Territoriale Entwicklung, S. 17 f.; *Djerov/Ewrev/Gegov*, Kataster, Grundbuch und territoriale Entwicklung, S. 244.
[23] Art. 4 und 6 Eigentumsgesetz a. F.
[24] *Sivkov*, Grundlagen der territorialen Entwicklung, S. 29.
[25] *Kowatschev*, Kommentar zu dem Gesetz über territoriale Entwicklung, S. 10 f.

4. Der demokratische Systemwechsel und die Verfassung von 1991

In Anbetracht ihrer Entstehung ist die aktuelle Verfassung der Republik Bulgarien (Verfass. RBG)[26] ein rechtliches Produkt der politischen Systemänderung am Ende der Achtzigerjahre. Infolge des Zusammenbruchs des Sozialismus in Mittel- und Osteuropa befand sich Bulgarien in der größten Umbruchphase seit seiner Gründung. Auslöser war die andauernde politische, wirtschaftliche und soziale Krise in den Ländern des damaligen Ostblocks. Die Bürger strebten eine demokratische, freiheitliche Rechtsordnung an, die dem Einzelnen mehr Grundrechte und bürgerliche Partizipationsrechte am politischen Leben verleiht. Aus ökonomischer Sicht wurde ein Wandel von der sozialistisch organisierten Planwirtschaft in eine westlich orientierte Marktwirtschaft gefordert. Dazu trug auch eine Reihe von Geschehnissen von grenzüberschreitendem Ausmaß bei.[27] Ab Oktober 1989 erfolgten verbreitet Proteste und Demonstrationen in der Hauptstadt Sofia, die nach einer ca. 45-jährigen kommunistischen Regierung zum Rücktritt des sozialistischen Partei- und Regierungschefs Todor Schiwkov führten. Dies geschah am 10.11.1989, einen Tag nach der Öffnung der Berliner Mauer. Diese politische Wende verlangte nach einer neuen gesellschaftlichen, sozialen und politischen Ordnung, die auf einer neuen Verfassung beruhen sollte.[28] Am 12.7.1991 trat die aktuelle Verfassung in Kraft. Damit begangen langwierige Demokratisierungs- und Dezentralisierungsprozesse. Für den Menschen- und Grundrechteschutz waren auch der im Jahre 1992 erfolgende Beitritt Bulgariens zum Europarat und die Ratifikation der Europäischen Menschenrechtskonvention (EMRK) von Bedeutung.

Vor diesem Hintergrund hatte der Gesetzgeber die Aufgabe, verfassungskonforme und konventionskonforme Gesetzesänderungen vorzunehmen. Hierzu gehörte auch der Bereich der Bauleitplanung. Da das Gesetz über territoriale Entwicklung und Ortschaftsordnung rechtsdogmatisch und rechtspolitisch völlig überholt war, reichte es nicht aus, lediglich Umstrukturierungen bzw. Gesetzestextänderungen vorzunehmen, um die Vielzahl an Reformen durchzuführen. Aufgrund der neuen verfassungsrechtlichen und gesellschaftlichen Rahmenbe-

---

[26] Amtl. dt. Übersetzung: http://www.verfassungen.eu/bg/verf91.htm (Abruf v. 15.10.2018).
[27] *Adamovich*, Entstehung von Verfassungen, 2004, führt folgende Beispiele aus: die Wahl von Michail Gorbatschow zum Generalsekretär der KPdSU im März 1985, die Öffnung des Eisernen Vorhangs für Flüchtlinge aus der DDR – S. 162.
[28] Zur Verfassungsentwicklung in Bulgarien: *Riedel*, in: Ismayr, Die politischen Systeme Osteuropas, S. 677 (678).

dingungen war ein neues Gesetz über die territoriale Entwicklung dringend nötig. Zentrale Verfassungserrungenschaft war der in Art. 17 Verfass. RBG gewährleistete Eigentumsschutz, der sich auf alle Eigentumsarten gleichermaßen erstreckte.[29] Dies sollte auch bei der Bauleitplanung Berücksichtigung finden. Im Zusammenhang mit der Dezentralisierung der Staatsgewalt war eine neue Kompetenzverteilung auf örtlicher Ebene erforderlich. Dementsprechend sollten neue zuständige Behörden und Ämter im Bereich der Bauleitplanung ermächtigt werden. Damit mussten auch die alten Verfahrensnormen sowie die Normen mit zwingendem Charakter im Gesetz über territoriale Entwicklung und Ortschaftsordnung neu geregelt werden, da sie für den demokratischen Systemwandel große Hindernisse materiell- und verfahrensrechtlicher Art bereiteten.[30] Zudem erlangten die Gemeinden als selbständige juristische Personen des öffentlichen Rechts das Recht, über ihr Grundeigentum selbst frei zu verfügen.[31] Der Kommune wurde auch die Bauleitplanung als Aufgabe örtlicher Selbstverwaltung gemäß Art. 17 Nr. 2 GöSöA übertragen. Die schwache Stellung der Gemeinde während des stark zentralisierten Regimes des Totalitarismus sollte auch im Bereich der Bauleitplanung gestärkt werden und an Relevanz gewinnen. Im Hinblick auf die Europäisierung und Globalisierung sollten schließlich bessere Bedingungen für in- und ausländische Investoren geschaffen werden. All dies sollte in kurzer Zeit unter Berücksichtigung der damals neuen verfassungs- und systemänderungsbedingten Aspekte in das neue Gesetz über territoriale Entwicklung integriert werden. Aus diesem Grund ist es nachvollziehbar, dass der bulgarische Gesetzgeber nach dem Zusammenbruch des totalitären Regimes mehr als zehn Jahre benötigte, bis das aktuelle Baurechtsgesetz in die postsozialistische Rechtsordnung eingebunden werden konnte.

5. Das Gesetz über territoriale Entwicklung von 2001

Das aktuelle Gesetz über territoriale Entwicklung wurde am 19.12.2000 verabschiedet und trat am 31.3.2001 in Kraft. Wie bereits oben ausgeführt wurde, verfolgte das Gesetz den Zweck, die überholte planwirtschaftliche Ideologie im Bereich der Raumplanung dem politischen Wandel entsprechend an eine markt-

---

[29] *Sivkov*, Grundlagen der territorialen Entwicklung, S. 29.
[30] *Petrov*, Territoriale Entwicklung, S. 23.
[31] Hierzu *Kowatschev*, Kommentar zum GtE, S. 11; *Sivkov*, Grundlagen der territorialen Entwicklung, S. 29.

wirtschaftlich ausgerichtete Rechtsordnung anzupassen. Im Gesamtkontext des Gesetzes über territoriale Entwicklung zeichnen sich im Gegensatz zu seinen Gesetzesvorgängern wesentliche Regelungsfortschritte ab. Das Gesetz regelt nicht nur die bauliche Grundstücksnutzung innerhalb der bebauten Siedlungsgebiete, sondern trägt auch zur Rehabilitierung des während des Sozialismus unterdrückten Privatgrundeigentums bei. So wurden die zwangsweise enteigneten Grundstücke restituiert und seither werden strenge Anforderungen an die Grundstücksenteignung als ultima ratio gesetzt.[32]

Im Fokus der Untersuchung und des Rechtsvergleichs stehen die ersten zwei Abschnitte des Gesetzes über territoriale Entwicklung betreffend die Bauleitplanung. Der erste Abschnitt (Art. 1-98b) beschäftigt sich mit den Grundlagen der territorialen Planung und Ordnung. Der zweite Abschnitt (99-156a) legt die Planungsstufen, Planungsinstrumente und Verfahrensarten sowie die Investitionsentwicklung und das Baugenehmigungsverfahren fest.

Für die vorliegende Untersuchung sind insbesondere die Kapitel 5 bis 7 des zweiten Abschnitts (Art. 99-136) hinsichtlich der Aufstellung und Änderung von Entwicklungsplänen relevant.

Im Gegensatz zur Aufteilung der Rechtsmaterie in Deutschland, regelt in Bulgarien ein einziges Gesetz - das Gesetz über territoriale Entwicklung - in insgesamt 239 Artikeln sowohl das flächenbezogene als auch das objektbezogene Baurecht. Eine Aufspaltung in Bauplanungs- und Bauordnungsrecht sieht der bulgarische Gesetzgeber nicht vor.

Der bulgarische Gesetzgeber regelt im Gesetz über territoriale Entwicklung nicht nur das Städtebaurecht, es stellt vielmehr eine umfassende Landnutzungsplanung und Raumplanung (bulg. устройство на територията) dar, die auch die Bauleitplanung im deutschen Sinne (Vorbereitung und Leitung der baulichen und sonstigen Nutzung der Grundstücke in der Gemeinde) umfasst. Ein separates Gesetzeskapitel oder einen speziellen Abschnitt, die lediglich Planung und Entwicklung der Gemeinde betreffen, enthält das Gesetz nicht. Vielmehr sind alle Reglungen zu Entwicklungsplänen unabhängig von der territorialen Kompetenz in einem Teil zusammengefasst.

---

[32] *Petrov*, Territoriale Entwicklung, S. 24.

II. Gesetzesharmonisierung im Wege des EU-Beitritts

Der Beitritt Bulgariens in die EU stellte den Gesetzgeber vor neue legislative Herausforderungen, nämlich die Angleichung der nationalen Rechtsordnung an die Primär- und Sekundärakte der Europäischen Union. Die EU-Integration berührt den Bereich des nationalen Städtebaurechts insofern, als einige Umweltrichtlinien die Bauleitplanung prägen[33] Die nachfolgenden Ausführungen liefern einen Überblick über die beitrittsbedingten Harmonisierungsvoraussetzungen und die hier schwerpunktmäßig zu behandelnden Umwelt- und Naturschutzrichtlinien.

1. Beitritt – Kriterien und Wirkungen

Der demokratische Wandel sowie der wirtschaftliche Umbruch von der sozialistisch geprägten Planwirtschaft in eine freie wettbewerbsorientierte Marktwirtschaft führten zu einer Annäherung an die EU.

Neben den geschriebenen Beitrittsvoraussetzungen des Art. 49 EUV (v. a. die Beachtung der Unionswerte nach Art. 2 EUV) müssen potentielle EU-Mitgliedstaaten eine Reihe von gesetzlich nicht kodifizierten Bedingungen erfüllen. Gemäß Art. 49 Abs. 1 S. 3 EUV sind auch die vom Europäischen Rat vereinbarten Kriterien zu berücksichtigen. Im Hinblick auf eine mögliche Osterweiterung legte der Rat 1993 die sogenannten „Kopenhagener Kriterien" als Voraussetzung für einen Beitritt zur Europäischen Union fest. Hierzu zählen eine stabile demokratische und rechtsstaatliche Ordnung, eine funktionsfähige Marktwirtschaft sowie die Fähigkeit, die aus der Mitgliedschaft resultierenden Verpflichtungen zu übernehmen.[34]

Neben den politischen und wirtschaftlichen Rahmenbedingungen an den Beitritt ist jeder Beitrittskandidat gehalten, sich zur vollständigen Übernahme des „acquis", des „Besitzstandes" der Europäischen Union zu bekennen.[35] In Anbetracht der Einheitlichkeit der europäischen Rechtsordnung und der Identitätssicherung bereits bestehender Werte und Regelungen sind die Beitrittsländer verpflichtet, den unionsrechtlichen Besitzstand („acquis communautaire") spätes-

---

[33] Vgl. *Faßbender*, NVwZ 2005, 1122; *Mitschang*, ZfBR 2008, 227 (229).
[34] Zu den „Kopenhagener Kriterien" *Herrnfeld*, EuR 2000, 445 (459).
[35] Vgl. *Herrnfeld*, in: Schwarze, EU-Kommentar, Art. 49 EUV, Rn. 6, 11f.; *Haratsch/Koenig/ Pechstein*, Europarecht, Rn. 107.

tens zum Zeitpunkt des Inkrafttretens ihres Beitritts zu akzeptieren und in ihre Rechtsordnung zu integrieren. Die Rechtsfolge des Beitritts Bulgariens war demnach nicht nur der Genuss der Rechte und der Grundfreiheiten, sondern auch die hiermit korrespondierende Verpflichtung zur Rechtsanpassung, Harmonisierung und vorrangigen Anwendung des Unionsrechts.[36] Nach der von der Europäischen Kommission entwickelten Begrifflichkeit wird unter „acquis communautaire" die Gesamtheit des EU-Rechts verstanden.[37] Darunter fallen der Inhalt, die Prinzipien und die politischen Ziele der Primärverträge, die Sekundärrechtsakte der EU-Organe (Verordnungen, Beschlüsse, Richtlinien) sowie die Rechtsprechung des Europäischen Gerichtshofs. Gemäß Art. 49 Abs. 2 EUV werden die Aufnahmebedingungen durch ein Abkommen zwischen den Mitgliedstaaten und dem beitretenden Land geregelt. Demgemäß legt Art. 2 des Protokolls zum Beitrittsvertrag[38] fest, dass die Primär- und Sekundärakte der EU ab dem Tag des Beitritts gegenüber den Beitrittsstaaten Bulgarien und Rumänien verbindlich werden.

Zum Besitzstand gehörte eine Reihe von sekundärrechtlichen Akten, die vom bulgarischen Gesetzgeber ins nationale Recht umzusetzen waren. Für das Bauplanungsrecht sind einige umweltspezifische Richtlinien von besonderer Bedeutung.

2. Europäisierung des Bauleitplanungsrechts

Angesichts des unionsrechtlichen Prinzips der begrenzten Einzelermächtigung, das sich aus Art. 5 Abs. 2, 13 Abs. 2 EUV (früher Art. 5 Abs. 1 EGV und Art. 249 Abs. 1 EGV) ergibt, können die Organe der EU nur sekundäre Vorschriften erlassen, soweit sie das primäre Unionsrecht ausdrücklich ermächtigt.[39]

---

[36] Zum Anwendungsvorrang des EU-Rechts gegenüber dem nationalen auch Verfassungsrecht vgl. EuGH, Urt. v. 15.7.1964, Rs. 6/64, Slg. 1964 I-1141 – *Flaminio Costa vs. E.N.E.L.*; Urt. v. 17.10.1970, Rs. 11/70, Slg. 1970 I-1125, Rn. 3 f. – *Internationale Handelsgesellschaft mbH / Einfuhr- und Vorratsstelle für Getreide und Futtermittel.*

[37] Vgl. *Meng*, in: von der Groeben/Schwarze/Hatje, Europäisches Unionsrecht, Art. 49, Rn. 20.

[38] Vertrag zwischen den Mitgliedstaaten der EU und der Republik Bulgarien und Rumänien über den Beitritt zur Europäischen Union, ABl. EU 157/11, 21.6.2005, Protokoll über die Bedingungen und Einzelheiten der Aufnahme der Republik Bulgarien und Rumänien in die Europäische Union.

[39] *Calliess/Ruffert*, EUV/AEUV Kommentar, Art. 5 EUV, Rn. 6 f.; *Buschmann/Daiber*, DÖV 2011, 504 f.; *Bickenbach*, EuR 2013, 523 (526).

Die EU hat weder im Bereich des Raumordnungsrechts noch auf dem Gebiet der Bauplanung Rechtsetzungskompetenzen. Dennoch wirken sich Regelungen aus anderen Kompetenzbereichen auf das nationale Baurecht aus. Allgemein anerkannt ist, dass Umweltprobleme grundsätzlich transnational sind („ecology knows no boundaries"). Dies begründet einen grenzüberschreitenden Auftrag der Europäischen Union. Art. 191 bis 193 AEUV beinhalten die umwelteuroparechtlichen Ziele, Prinzipien, Berücksichtigungsgebote und Kompetenzen der Europäischen Union.[40] Die auf der Grundlage der umweltrechtlichen Kompetenztitel, insbesondere Art. 192 Abs. 1-3 AEUV, erlassenen umweltspezifischen Rechtlinien wirken sich auch auf die nationale Raumplanung aus. Daher ist das europäische Umweltrecht von zunehmender Relevanz für die gesamträumliche Planung bis hin zur kommunalen Planungsebene.[41]

Die Richtlinien, die die Bauleitplanung am meisten prägen, sind die strategische Umweltprüfung von Plänen und Programmen (SUP-RL)[42] sowie die Flora-Fauna-Habitatrichtlinie[43] und die Vogelschutzrichtlinie[44]. Sie bedürfen der Umsetzung in das nationale Raumplanungsrecht. Die problemfokussierten Untersuchungen - ob und wie der bulgarische Gesetzgeber seinen Umsetzungspflichten nachkam - sind dem fünften Kapitel vorbehalten.

---

[40] Zum Umwelteuroparecht vgl. *Schmidt/Kahl/Gärditz*, Umweltrecht, § 2 Rn. 9 ff.
[41] Vgl. *Faßbender*, NVwZ 2005, 1122 (1123 f.); *Erbguth*, NVwZ 2007, 985 (986f.); *Mitschang*, ZfBR 2008, 227 (229); *Koch/Hendler*, Baurecht, Raumordnungs- und Landesplanungsrecht, § 11 Rn. 30 ff.
[42] Richtlinie über die Prüfung der Umweltauswirkung bestimmter Pläne und Programme, Strategische Umweltprüfung, 2001/42/EG vom 27.6.2001, ABl. L 197/30; im Nachfolgenden wird die Richtlinie mit der Abkürzung SUP-RL bzw. Plan-UP-RL bezeichnet.
[43] Richtlinie 92/43/EWG des Rates vom 21.5.1992 zur Erhaltung der natürlichen Lebensräume sowie der wildlebenden Tiere und Pflanzen, ABl. EG Nr. L 206, S. 7, zuletzt geändert durch die Richtlinie 2006/105/EG v. 20.11.2006, ABl. EG Nr. L 363, S. 368; im Nachfolgenden wird die Richtlinie mit der Abkürzung FFH-RL und Habitatrichtlinie bezeichnet.
[44] Die Richtlinie über die Erhaltung der wildlebenden Vogelarten, 2009/147/EG v. 30.11.2009, ABl. EU Nr. L 20, S. 7 ersetzte die ursprüngliche Richtlinie 79/409/EWG vom 2.4.1979 über die Erhaltung der wildlebenden Vogelarten, ABl. EG Nr. L 103 S.1; im Nachfolgenden wird die Richtlinie als Vogelschutzrichtlinie (VRL) bezeichnet.

2. Kapitel:
Grundlagen der Bauleitplanung in Bulgarien

I. Eigentumsgarantie und Baufreiheit

Das Eigentumsrecht wird in Bulgarien gemäß Art. 17 Abs. 1 Verfass. RBG gewährleistet und geschützt. Absatz 2 unterscheidet zwischen privatem und öffentlichem Eigentum, wobei das Privateigentum als unantastbar in Absatz 3 gewährleistet wird.

Im Hinblick auf die heute herrschenden Eigentumsverhältnisse an Grund und Boden ist auch die sogenannte Privatisierung zu erwähnen. Als Folge der Demokratisierung und des Übergangs von der Plan- zur Marktwirtschaft erfolgte in den neunziger Jahren eine Übertragung des öffentlichen Eigentums. Die Privatisierung in Ostmitteleuropa lässt sich als ein Vorgang beschreiben, bei dem staatliche Institutionen oder vom Staat hierzu autorisierte Private die bisherigen Eigentumsrechte des Staates in Bezug auf staatliche Unternehmen auf private Eigentümer übertrugen, so dass eine vollständige Eigentumsverschiebung vom Staat auf private Rechtsträger stattfand. Dies geschah zum Teil unter bedenklichen Bedingungen, fehlende Transparenz und namentlich voreilige Entscheidungen, die Korruptionsverdacht nahelegten.[45]

Das Eigentumsrecht zählt zu den Abwehrrechten der Privatpersonen gegenüber dem Staat, das die materiellen Grundlagen der menschlichen Existenz und autonome Freiheitsentfaltung sichern soll.[46] In den Schutzbereich des durch Art. 17 Verfass. RBG gewährleisteten Grundeigentums fällt das damit zusammenhängende Recht zur baulichen Nutzung von Grund und Boden, die Baufreiheit.[47] Aus der Unantastbarkeit gemäß Art. 17 Abs. 3 Verfass. RBG kann kein Einschränkungsverbot geschlossen werden. Art. 17 Abs. 5 Verfass. RBG lässt die Enteignung für staatliche oder kommunale Zwecke auf der Grundlage eines Gesetzes zu. Im Umkehrschluss kann auf die grundsätzliche Einschränkbarkeit der Eigentumsausübung durch Gesetz aus Art. 57 Abs. 3 Verfass. RBG[48] geschlos-

---

[45] *Bakardjieva*, Der Privatisierungsprozess in Bulgarien, S. 3, abrufbar unter: https://publishup. uni-potsdam.de/opus4-ubp/files/4993/fiwidisk_s05.pdf (Abruf v. 18.12.2018).
[46] Verfassungsgericht, Urt. Nr. 6, DV Nr. 3/1996.
[47] *Sarafov*, Modernes Recht, Heft 6 2001, 7 (11).
[48] Artikel 57. (1) Die Grundrechte der Bürger sind unabänderlich.

sen werden, der in Ausnahmefällen ein Einschränkungsverbot bestimmter Verfassungsrechte, darunter aber nicht Art. 17 Verfass. RBG, vorsieht.[49] Zwar fehlt es an einer ausdrücklich vorgesehenen Sozialbindung des Eigentums wie in Art. 14 Abs. 2 GG, dennoch lässt sich dies dem Willen der Verfassungsgeber entnehmen. Auch der bulgarische Eigentümer ist zugleich Glied einer Gesellschaft und eines freiheitlichen Rechtsstaates, so dass er keine Rechte ohne die damit zusammenhängenden Verpflichtungen genießen kann. Hierzu gehören auch die Gemeinschaftsgebundenheit der eigentumsrechtlichen Baufreiheit und deren Ausübung unter Abwägung der Interessen der Öffentlichkeit. Dies rechtfertigt es, in einer sozialen und rechtsstaatlich geprägten Rechtsordnung, Inhalt und Schranken des Eigentums durch die Gesetze zu bestimmen. Dieser allgemein bekannten Erkenntnis trägt Art. 1 Abs. 2 GtE Rechnung. Das Gesetz über territoriale Entwicklung regelt die öffentlichen Verhältnisse in Bezug auf die territoriale Entwicklung und legt die Grenzen des Eigentums zum Zweck der Raumplanung fest.[50] Gerade aus dem Privateigentum und dem öffentlichen Eigentum – ergeben sich zum größten Teil die widerstreitenden Belange im Bereich der Bauleitplanung, die wiederum als private und öffentliche Belange bezeichnet werden können.[51] Das Recht der territorialen Entwicklung nach dem Gesetz über territoriale Entwicklung schränkt sowohl das Grundeigentum als auch die beschränkt dinglichen Rechte ein, wobei dies dem Ausgleich kollidierender privater und öffentlicher Interessen dient.[52]

Die wohl gravierendste Einschränkung der Baufreiheit drückt sich in dem Umstand aus, dass der Bauwillige sein Bauvorhaben, etwa ein Gebäude auf seinem Grundstück zu errichten, nur bei Vorliegen eines detaillierten Entwicklungsplans realisieren kann, Art. 12 GtE. Die verbindlichen Festsetzungen des detaillierten Entwicklungsplans legen Inhalt und Schranken des Eigentums gemäß Art. 17 Verfass. RBG fest.

---

(2) Unzulässig ist ein Missbrauch der Rechte wie auch ihrer Ausübung, wenn dadurch die Rechte oder gesetzlich geschützten Interessen anderer verletzt werden.
(3) Bei Kriegserklärung, Kriegszustand oder einem anderen Ausnahmezustand kann die Ausübung einzelner Rechte der Bürger vorübergehend durch Gesetz eingeschränkt werden mit Ausnahme der in den Artikeln 28, 29, 31 Absatz 1, 2 und 3, Artikel 32 Absatz 1 und Artikel 37 vorgesehenen Rechte.
[49] So auch *Drumeva*, Verfassungsrecht, S. 216.
[50] Vgl. *Djerov*, in: Djerov/Schaldupova/Ilova/Slatinova, Rechtliche Probleme des GtE, S. 11.
[51] So *Djerov*, in: Djerov/Ewrew/Gegov, Kataster, Grundbuch, territoriale Entwicklung, S. 244.
[52] *Djerov*, in: Djerov/Schaldupova/Ilova/Slatinova, Rechtliche Probleme des GtE, S.11 f.; Petrov, Territoriale Entwicklung, S. 39.

In diesem Zusammenhang ist anzumerken, dass das private Eigentumsrecht eine entscheidende Rolle bei der Bauleitplanung spielt. Gemäß Art. 131 GtE steht dinglich Berechtigten, i.d.R. Grundstückseigentümern, das Recht auf Einleitung des Aufstellungs- und Änderungsverfahrens eines detaillierten Entwicklungsplans zu. Auch die Änderung eines wirksamen detaillierten Entwicklungsplans hängt von der Zustimmung der dinglich berechtigten Planunterworfenen ab, vgl. 134 Abs. 2 Nr. 6 GtE.

II. Örtliche Selbstverwaltung und kommunales Planungsrecht

1. Örtliche Selbstverwaltung

Art. 2 Abs. 1 S.1 Verfass. RBG besagt, dass Bulgarien ein Einheitsstaat mit örtlicher Selbstverwaltung ist. Das Einheitsstaatprinzip, die regionale Entwicklung und die örtliche Selbstverwaltung stellen drei signifikante Verfassungsprinzipien in Bulgarien dar.[53] Die territoriale Integrität und die unitarische Staatsform mit örtlicher Selbstverwaltung unterliegen als grundlegende Verfassungsprinzipen dem Schutz des Art. 158 Nr. 3 Verfass. RBG.[54] Diese Verfassungsgrundsätze sind dem Staatsaufbau zuzuordnen und können nicht von dem einfachen Gesetzgeber geändert werden, sondern nur von der Großen Nationalversammlung (Art. 158 Verfass. RBG).

Kennzeichnend für die einheitsstaatliche Staatsstruktur ist, dass keine Aufteilung der Staatsgewalt auf andere autonome Gebietskörperschaften nach regionalen Bedürfnissen erfolgt, sondern „eine einzige Staatsgewalt über ein einheitliches Staatsgebiet und ein einheitliches Staatsvolk herrscht".[55] Im Gegensatz zum föderativen Staat, der sich - wie der deutsche Bundesstaat - aus mehreren Gliedstaaten mit Staatsqualität zusammensetzt, ist die Staatsgewalt in dem Einheitsstaat grundsätzlich auf einer einzigen Staatsebene im Sinne einer einheitlichen staatlichen Organisation konzentriert.[56]

Das Staatsgebiet der Republik Bulgarien gliedert sich gemäß Art. 135 Abs. 1 S. 1 Verfass. RBG in zwei territoriale Verwaltungseinheiten: Gebiete und Gemein-

---

[53] *Sander/Delcheva*, Jahrbuch des Föderalismus, 2007, Band 8, 304 (311).
[54] Verfassungsgericht, Urt. v. 18.4.2003, Nr. 3, DV Nr. 36 2003.
[55] *Schöbener/Knauff*, Allgemeine Staatslehre, S. 266.
[56] *Maurer*, Staatsrecht I, S. 287; *Drumeva*, Verfassungsrecht, S. 95 f.

den. Hierdurch entsteht ein zweistufiger Verwaltungsaufbau.[57] Im Gegensatz zu den Ländern im deutschen Bundesstaat sind die Gebiete keine eigenständigen Gebietskörperschaften, sondern als territoriale Einheiten der vollziehenden Gewalt der unmittelbaren Staatsverwaltung zuzuordnen.

Durch die Ergänzung „Einheitsstaat mit örtlicher Selbstverwaltung" entschied sich der bulgarische Verfassungsgeber für eine dezentralisierte Erscheinungsform des Einheitsstaates und gegen einen stark unitarischen Einheitsstaat. Einem strikten unitarischen Einheitsstaat steht der Umstand entgegen, dass in Bulgarien viele ethnische Minderheiten leben.[58] Die gesellschaftliche Vielfalt in Bulgarien führt zu unterschiedlichen regionalen und örtlichen Besonderheiten, die auch vom Zentralstaat berücksichtigt werden müssen. Wie bereits oben ausgeführt wurde, sollte nach dem Zusammenbruch des sozialistischen Zentralismus die Stellung der Gemeinde auf der Grundlage einer freiheitlichen und demokratischen Kommunalordnung gestärkt werden.

Vor diesem Hintergrund stellt die verfassungsrechtlich determinierte örtliche Selbstverwaltung eine plausible Entscheidung dar, einem alleinigen Gewaltmonopol des Staates entgegenzuwirken und regionalen und örtlichen Besonderheiten Rechnung zu tragen.

Staatliche Kompetenzen bei der vertikalen Gewaltenteilung werden von oben nach unten gewährt, d. h. begonnen mit der zentralen Staatsgewalt bis hin zur örtlichen Selbstverwaltung.[59] Die örtlichen Selbstverwaltungsträger besitzen keine eigene, originäre Hoheitsgewalt, da sie keine Macht über autonome Regionen innehaben. Vielmehr wird ihnen die Wahrnehmung bestimmter Staatsaufgaben übertragen, die lediglich der Rechtsaufsicht der Zentralträger unterliegen.[60] Der Zentralstaat bleibt alleine für die Legislative und Judikative zuständig, ohne insoweit irgendwelche Aufgaben und Kompetenzen auf die örtlichen

---

[57] *Botev*, Administrativ-territoriale Verwaltung der Republik Bulgarien, S. 35 f., differenziert zwischen einer Verwaltungsteilung in zwei bzw. drei Ebenen. Länder mit zwei Ebenen – Bulgarien, Dänemark, Finnland, Norwegen, Portugal, Schweden, Slowenien, Niederlande u.a.; mit drei Ebenen: Belgien, Deutschland, Griechenland, Frankreich, Polen, Spanien, Österreich u.a.

[58] Nach der letzten Volkszählung im Jahre 2011 sind 84,8 % der Bevölkerung Bulgaren; 8,8% Türken, 4,9 % Roma. Zudem leben in Bulgarien Russen (9.978), Armenier (6.552), Walachen (3.684), Mazedonier und die muslimischen, bulgarisch sprechenden Pomaken, vgl. http://www.nsi.bg/sites/default/files/files/pressreleases/census2011final.pdf (Abruf v. 18.12.18).

[59] *Drumeva*, Verfassungsrecht, S. 621.

[60] *Drumeva*, Verfassungsrecht, S. 96, 622.

Selbstverwaltungsträger zu delegieren.[61] Als Konsequenz folgt daraus, dass überwiegend Aufgaben der vollziehenden Gewalt bzw. bestimmte Verwaltungsaufgaben auf die örtlichen Selbstverwaltungsträger übertragen werden. Art. 135 Verfass. RBG und Art. 1 ff. des Gesetzes über den administrativ-territorialen Aufbau der Republik Bulgarien (GatARBG) legen den staatlichen Aufbau in Gemeinden und Gebieten fest, wobei nur der Gemeinde als grundlegende administrativ-territoriale Einheit das Recht auf Selbstverwaltung eingeräumt wird (Art. 136 Abs. 1 S. 1 Verfass. RBG). Organ der örtlichen Selbstverwaltung und Hauptentscheidungsträger ist gemäß Art. 138 Verfass. RBG der Gemeinderat, der von den Gemeindeeinwohnern für vier Jahre gewählt wird.

Eine zweite Kreisebene, auf der die kommunale Selbstverwaltung realisiert wird - wie in Deutschland gemäß Art. 28 Abs. 2 S. 2 GG hinsichtlich der Gemeindeverbände - ist nicht vorgesehen.

2. Die kommunale Planungshoheit im Vergleich

Angesichts der Relevanz der Selbstverwaltungsgarantie für den Bereich der Bauleitplanung in beiden Referenzländern ist ein paralleler Rechtsvergleich an dieser Stelle angebracht, bei dem die rechtlichen Gemeinsamkeiten, aber auch die Unterschiede verdeutlicht werden sollen.

a. Die Rechtslage in Bulgarien
Im Unterschied zu Art. 28 Abs. 2 GG enthält keine der vorstehend aufgeführten bulgarischen Verfassungsnormen eine konkrete Beschreibung, was unter dem Begriff der „örtlichen Selbstverwaltung" zu verstehen ist.
Die oben ausgeführten Verfassungsgrundsätze in Bulgarien konkretisiert das Gesetz über die örtliche Selbstverwaltung und die örtliche Administration (GöSöA).
Art. 17 Abs. 1 GöSöA legt Folgendes fest: „Die örtliche Selbstverwaltung drückt sich in dem Recht und der tatsächlichen Möglichkeit der Bürger und der von ihnen gewählten Organe aus, selbständig über alle Fragen von örtlicher Bedeutung zu entscheiden, die das Gesetz in deren Kompetenz in folgenden Bereichen festlegt:

---

[61] *Drumeva*, Verfassungsrecht, S. 622.

Nr. 1 kommunales Eigentum, kommunale Unternehmen kommunale Finanzen, kommunale Steuern und Gebühren; kommunale Administration;

Nr. 2 territoriale Ordnung und Entwicklung innerhalb der Gemeinde und der Siedlungsgebiete[62]

Nr. 3 das Bildungswesen;

Nr. 4 das Gesundheitswesen;

Nr. 5 Kommunalwesen;

Nr. 6 Infrastruktur;

Nr. 7 die Sozialleistungen;

Nr. 8 der Umwelt- und Naturschutz;

Nr. 9 Denkmalschutz;

Nr. 10 Sport und Tourismus;

Nr. 11 Katastrophenschutz."

In Anlehnung an Art. 17 GöSöA definiert *Botev* die örtliche Selbstverwaltung in Bulgarien als das Recht und die reale Berechtigung der örtlichen Verwaltung zur Aufgabenwahrnehmung und Regierung im Rahmen des Gesetzes und in Eigenverantwortung zum Wohl der ansässigen Bevölkerung.[63] Die funktionelle Stellung des Gemeinderats ist einfachgesetzlich durch Art. 20 GöSöA festgelegt. Hiernach bestimmt der Gemeinderat als kommunales Kollegialorgan die kommunale Gestaltungs- und Entwicklungspolitik im Zusammenhang mit den örtlichen Angelegenheiten nach Art. 17 GöSöA. Diese Vorschrift gewährt der örtlichen Selbstverwaltung eine Art „funktionelle Souveränität".[64] Darüber hinaus können die örtlichen Zuständigkeitsbereiche des Gemeinderats durch Aufgabendelegation auf der Grundlage von anderen Spezialgesetzen erweitert werden. Erforderlich ist aber ein gesetzlicher Kompetenztitel.[65] Das Recht auf eigenständiges Tätigwerden durch die Kommunalorgane besteht aber nicht uneingeschränkt. Sofern die Gemeinde den ihr zugewiesenen Aufgaben nicht im Einklang mit dem bestehenden Recht nachkommt, ist eine Einmi-

---

[62] Als **Siedlungsgebiet** werden Städte und Orte innerhalb einer Gemeinde bezeichnet, Art. 3 Abs. 2 GatARBG. Das zugehörige Territorium des Siedlungsgebiets erstreckt sich auf die Bebauungsfläche und auf den Außenbereich, der durch Baugrenzen/Bebauungsgrenzen von dem zu bebauenden Bereich zu trennen ist.

[63] Vgl. *Botev*, Administrativ-territorialer Aufbau der Republik Bulgarien, S. 17.

[64] *Botev*, Administrativ-territorialer Aufbau der Republik Bulgarien, S. 126 f.

[65] *Botev*, Administrativ-territorialer Aufbau der Republik Bulgarien, S. 127.

schung durch andere Organe der Zentralgewalt zulässig.[66] Die auf Rechtmäßigkeit angelegte Kontrollbefugnis der staatlichen Behörden legt den Schluss nahe, dass sich die Kommunalaufsicht lediglich auf die Einhaltung der gesetzlichen Bestimmungen bei der Bauleitplanung erstreckt, also nur eine Rechtsaufsicht und keine Fachaufsicht vorliegt. Sofern das Gesetz über territoriale Entwicklung Genehmigungsverfahren (bspw. durch den Gebietsverwalter gemäß Art. 127 Abs. 6 GtE bei den allgemeinen Entwicklungsplänen oder gemäß Art. 129 Abs. 3 GtE bei den detaillierten Entwicklungsplänen) vorsieht, gilt der Grundsatz, dass die Genehmigung nur bei Rechtswidrigkeit des Plans versagt werden darf.

b. Die Rechtslage in Deutschland

Art. 28 Abs. 2 S. 1 GG sieht für das kommunale Recht auf Selbstverwaltung in Deutschland Folgendes vor:

„Den Gemeinden muss das Recht gewährleistet sein, alle Angelegenheiten der örtlichen Gemeinschaft im Rahmen der Gesetze in eigener Verantwortung zu regeln." Neben der Personal-, Finanz-, Organisations-, Steuer-, und Rechtssetzungshoheit findet die kommunale Selbstverwaltung auf Gemeindeebene ihren Ausdruck in der kommunalen Planungshoheit.[67] Als Bestandteil der Planungshoheit und als eine pflichtige Selbstverwaltungsaufgabe wird die gemeindliche Kompetenz der Bauleitplanaufstellung gemäß § 1 Abs. 1 und 2 i.V.m. § 2 Abs. 1 BauGB qualifiziert.[68] Auch hier ist die Kommunalaufsicht lediglich im Sinne einer Rechtsaufsicht vorgesehen, betrifft also die Frage, ob sich die Gemeinde bei ihrer Aufgabenwahrnehmung im Zusammenhang mit den Bauleitplänen an die gesetzlichen Bestimmungen hält.[69]

---

[66] Ebd.

[67] *Tettinger*, in: v. Mangoldt/Klein/Starck, Kommentar zum Grundgesetz, Band 2, Art. 28 Rn.181; *Badura*, Staatsrecht, D. Rn. 95 f.; BVerfGE 56, 298 (312); BVerfGE 76, 107 (118) haben die Frage offen gelassen, ob die Planungshoheit unter den unantastbaren Kernbereich der Selbstverwaltung fällt; aufgrund des § 2 Abs.1 S. 1 BauGB deckt die Gewährleistung des Kernbereichs der Selbstverwaltung in wesentlichen Bereichen die Materien ab, die Gegenstand der örtlichen Bauleitplanung sind, Problemdarstellung: *Battis*, in: Battis/Krautzberger/ Löhr, BauGB Kommentar, § 2 Rn. 20 f.; *Söfker*, in: Ernst/Zinkahn/Bielenberg/Krautzberger, BauGB Kommentar, § 2 Rn. 10 f.

[68] Vgl. *Stüer*, in: Hoppenberg/de Witt, Handbuch des öffentlichen Baurechts, Band I, B. Rn. 19 f.; *Just*, in: Hoppe/Bönker/Grotefels, Öffentliches Baurecht, § 2 Rn. 26 f.

[69] *Söfker*, in: Ernst/Zinkahn/Bielenberg/Krautzberger, BauGB, § 2 Rn. 19.

c. Vergleich

Aus diesem direkten Vergleich sind folgende Ähnlichkeiten und Unterschiede zusammenzustellen.

aa. Gemeinsamkeiten

Feststeht, dass die Gemeinde in Bulgarien die grundlegende territoriale Verwaltungseinheit darstellt, in der die örtliche Selbstverwaltung verwirklicht wird (vgl. Art. 136 Abs. 1 Verfass. RBG). Gemäß Art. 28 Abs. 2 GG steht das Recht auf Selbstverwaltung der Gemeinde bzw. den Gemeindeverbänden im Rahmen der Gesetze zu. Demnach ist die kommunale Selbstverwaltung in beiden Rechtsordnungen ein unverzichtbarer Träger des Demokratiegrundsatzes und ist verfassungsrechtlich gewährleistet. Aus der Garantiefunktion folgt, dass es dem Gesetzgeber verwehrt ist, die Gemeinden - in Deutschland auch die Gemeindeverbände - institutionell als Einrichtungen des öffentlichen Rechts abzuschaffen. Die Gemeinden sind in beiden Referenzländern auf der untersten Stufe des Staats- und Verwaltungsaufbaus angesiedelt und tragen zur legitimierenden, rechtsstaatlichen, sozialstaatlichen und bürgernahen Aufgabenwahrnehmung vertikaler Gewaltenteilung bei.

Einfachgesetzlich bestimmen Art. 17 Abs. Nr. 2 GöSöA in Bulgarien bzw. § 2 Abs. 1 BauGB in der Bundesrepublik, dass die Gemeinde im Bereich der Bauleitplanung selbständig bzw. in Eigenverantwortung zuständig ist. Die Bauleitpläne unterliegen demnach nur in Bezug auf die Gesetzmäßigkeit einer Rechtsaufsicht.

bb. Unterschiede

(1) Während der bulgarische Gesetzgeber der örtlichen Selbstverwaltung Kompetenzen auf der Grundlage des Aufgabenkatalogs in Art. 17 Abs. 1 GöSöA sowie zusätzlich durch andere Spezialgesetze einräumt, geht das deutsche Grundgesetz grundsätzlich von einer Allzuständigkeit der Gemeinde im Bereich örtlicher Angelegenheiten aus.[70] Diese erstreckt sich auf die Befugnis der Gemeinde in Deutschland, sich ohne besondere Kompetenztitel alle Angelegenheiten der örtlichen Gemeinschaft – sofern nicht gesetzlich an andere Träger übertragen – anzunehmen.[71]

---

[70] BVerfGE 107, 1 (17).
[71] BVerfGE 79, 127, (147); 83, 37 (54).

(2) Die Selbstverwaltungskörperschaft in Bulgarien hat keine eigene originäre Gewalt, sondern leitet diese vom Staat ab.[72] Somit sind sämtliche Selbstverwaltungsaufgaben übertragene, der Kommune durch Gesetz zugewiesene Aufgaben örtlicher Bedeutung. Demgegenüber verfügt die deutsche Gemeinde über einen originären Tätigkeitsbereich ihrer eigenen Aufgaben der „örtlichen Gemeinschaft".[73] Eine Delegation von Staatsgewalt ist nicht erforderlich. Zu dem Aufgabenkreis gemäß Art. 28 Abs. 2 S. 1 GG gehören neben den freiwilligen auch die pflichtigen Selbstverwaltungsaufgaben. Der Gemeinde werden zudem Auftragsangelegenheiten, Pflichtaufgaben nach Weisung, übertragen. Demnach differenzieren die kommunalen Gesetze der Länder im Hinblick auf die Selbstverwaltungsaufgaben zwischen freiwilligen und Pflichtaufgaben.[74]

(3) In Bulgarien ist es weder verfassungsrechtlich noch einfachgesetzlich geregelt, dass die in Art. 17 GöSöA ausgeführten Kompetenzbereiche ausschließliche, unantastbare kommunale Angelegenheiten beinhalten.[75] Das heißt, dass bestimmte örtliche Angelegenheiten auch durch Organe der Zentralgewalt (z. B. durch den Gebietsverwalter) wahrgenommen werden können. Aus diesem Grund stellt es keinen Eingriff in die örtliche Selbstverwaltung dar, wenn der Minister für regionale Entwicklung und öffentliche Arbeiten oder der Gebietsverwalter sich im Rahmen der territorialen Entwicklung beteiligen. Die Rechtslage schafft die tatsächliche Konsequenz, dass die Kommunalpolitik - auch im Bereich der Bauleitplanung - gerade bei umstrittenen Projekten auf Staatsebene stattfindet. So entscheidet alleine der Minister für regionale Entwicklung und öffentliche Arbeiten darüber, ob ein allgemeiner Entwicklungsplan über das Territorium einer an der Schwarzmeerküste gelegenen Gemeinde oder über Siedlungsstrukturen von nationaler Bedeutung aufgestellt werden darf (Art. 124 Abs. 2 GtE). Während der letztgenannte Entwicklungsplan eher überörtliche Interessen berührt, wenn es um sektoral raumbedeutsame Planung wie Verkehrsplanung, wasserwirtschaftliche Planung, Ver- und Entsorgungsanlagen geht, und

---

[72] *Drumeva*, Das Verfassungsrecht, S. 623.
[73] Zur Kernaussage der Garantie der gemeindlichen Selbstverwaltung: *von Münch/Mager*, Staatsrecht I, Rn. 493.
[74] Die Aufgabenbezeichnung hängt von der entsprechenden Kommunalverfassung ab, ob sie monistisch oder dualistisch strukturiert ist; bspw. monistisch: § 2 Abs. 2 und 3 GemO BW; § 4 Abs. 1 und 2 HGO.
[75] So auch *Sander/Decheva* in territoriale und regionale Entwicklung in Bulgarien - ein Überblick, Jahrbuch des Föderalismus 2007, Band 8, S. 309; *Sivkov* spricht von staatlicher und kommunaler Politik, Grundlagen der territorialen Entwicklung, S. 54.

demnach auch dem Bereich der Fachplanung zugeordnet werden kann, behandelt der allgemeine Entwicklungsplan einer auch an der Schwarzmeerküste liegenden Gemeinde sämtliche räumliche Nutzungsansprüche innerhalb des Gemeindegebiets und hat demnach keine fachbezogene Einzelaufgabe zum Gegenstand. Außerdem sind auch andere Beispiele anzuführen, die auf die Einmischung der Staatsorgane in die kommunalpolitischen Aufgaben hindeuten. So unterliegt der Planentwurf eines detaillierten Entwicklungsplans der ausdrücklichen Genehmigung durch den Gebietsverwalter, wenn sich der Plan über Flächen mehrerer Gemeinden erstreckt (Art. 124a Abs. 3 GtE). Anstatt die interkommunale Zusammenarbeit von mehreren Kommunen und die eigenverantwortliche Entscheidungskompetenz der Kommunen zu fördern, sieht das bulgarische Gesetz das ausdrückliche Mitentscheidungsrecht des staatlichen Organs vor. Darüber hinaus ist die finanzielle Abhängigkeit der Gemeinde anzuführen, denn das kommunale Haushaltsbudget bildet sich aus selbständig zu erhebenden Abgaben aber auch aus staatlich verteilten Zuschüssen (Art. 52 Abs. 1 GöSöA). Dagegen gewährt Art. 28 Abs. 2 S. 1 GG einen absoluten Schutz eines Kernbereichs kommunaler Angelegenheiten (Wesensgehaltsgarantie). Daher sind Eingriffe in den Kernbereich der kommunalen Selbstverwaltung, insb. in die Gemeindehoheiten und in den Grundsatz der Allzuständigkeit grundsätzlich unzulässig.[76] Die Ausübung der kommunalen Bauleitplanung durch Verwaltungsträger des Bundes oder der Länder wäre demnach ein unzulässiger Eingriff in Art. 28 Abs. 2 S. 1 GG.

d. Zwischenergebnis

Da die Kommune in Bulgarien keine originäre Hoheitsgewalt hat, sondern dezentralisierte Staatsaufgaben wahrnimmt, ist die Bauleitplanung in Bulgarien auch eine solche dezentralisierte Staatsaufgabe, die auf örtlicher Ebene den Organen örtlicher Selbstverwaltung gesetzlich (Art. 17 Abs. 1 Nr. 2 GöSöA) delegiert wurde und keine originäre, kommunale Selbstverwaltungsaufgabe. Hiernach ist die Gemeinde im Bereich der territorialen Ordnung und Entwicklung innerhalb der Gemeinde und der sich innerhalb des Gemeindegebiets befindenden Siedlungsgebiete nach Maßgabe ihrer delegierten Kompetenz zur Bauleitplanung berechtigt. Trotz der teilweisen Delegation an die örtliche Selbstverwal-

---

[76] Zur Planungshoheit und Kernbereich des Art. 28 Abs. 2 GG vgl. Fn. 67.

tung bleibt die Raumplanung, darunter auch die Bauleitplanung, eine Staatsaufgabe, die zwar der Kommune zur eigenständigen Wahrnehmung übertragen wurde, dennoch nicht ausschließlich dem Zuständigkeitsbereich der bulgarischen Kommune zuzuordnen ist.

Konsequenz daraus ist ein geteiltes Recht zur Bauleitplanung unter den ermächtigten Verwaltungsträgern territorialer (örtlich und regional) und zentraler Träger vollziehender Gewalt.

III. Die Eingliederung der Bauleitplanung in das Planungssystem

Sowohl in Bulgarien wie in Deutschland findet sich ein mehrstufiges System räumlicher Planung.

1. Raumplanung

Das Gesetz über territoriale Entwicklung spricht von territorialer Entwicklung[77], Art. 1 Abs. 2 GtE, ohne den Begriff des Territoriums/des Raums zu definieren. Die territoriale Entwicklung als Oberbegriff aller raumbeanspruchenden Planungsarten ist ein weit gefasster Begriff, der eine Reihe von zusammenfassenden, überörtlichen und örtlichen Planungsinstrumenten umfasst. Hiermit sollen sowohl eine räumliche Gesamtplanung als auch die Grundlagen räumlicher Fachplanungen geschaffen werden. Die territoriale Entwicklung wird als ein einheitliches Planungskonzept und Regelungswerk für die Entwicklung und Ordnung des ganzen Territoriums, des gesamten Staatsgebiets betrachtet.[78] Entscheidend sind die spezifischen Gegebenheiten und die Nutzungsart des entsprechenden Territoriums, unabhängig von der konkreten geografischen Lage.[79] Abschnitt 2 des Gesetzes über territoriale Entwicklung trägt die Bezeichnung „räumliche Gesamtplanung".[80] Wie sich dem Begriff der „räumlichen Gesamtplanung" entnehmen lässt, steht der Gesamtraum im Planungszentrum, also eine gesamtflächige Planung. Von der räumlichen Gesamtplanung ist die „Fachplanung" zu unterscheiden, die einen Fach-, Sektor- und Projektbezug aufweist. Die Entwicklungspläne spielen eine Rolle bei der räumlichen Planung der öffentlichen Hand. Diese sieht eine räumliche Grundlage für die sektorale, fachbezogene Planung vor und ist dieser vorgelagert.[81] Unter den Begriff „Fachplanung" fallen in Bulgarien verschiedene projektbezogene Pläne im Bereich der Infrastruktur, des Natur- und Landschaftsschutzes, des Wasserschutzes, der Energiewirtschaft, der Schulentwicklung, u.a. Auch das Gesetz über territoriale Entwicklung regelt im achten Kapitel des zweiten Abschnitts „Investitionspla-

---

[77] Bulg. устройство на територията.

[78] *Djerov/Ewrev/Gegov* Kataster, Grundbuch und territoriale Entwicklung, S. 243; *Sivkov*, Grundlagen der territorialen Entwicklung, S. 25.

[79] *Sivkov*, Grundlagen der territorialen Entwicklung, S. 25; *Djerov/Ewrev/Gegov*, Kataster, Grundbuch und territoriale Entwicklung, S. 246.

[80] Bulg. устройствено планиране територията.

[81] *Djerov/Ewrev/Gegov*, Kataster, Grundbuch und territoriale Entwicklung, S. 246.

nung" projekt- und sachbezogene Planungsarten. Die Fachplanung ist für die vorliegende Arbeit ohne Untersuchungsrelevanz und wird daher nicht näher behandelt.

2. Planungsebenen und Planungsinstrumente

Wie in Deutschland ist die Bauleitplanung in Bulgarien dem Oberbegriff der Raumplanung und dem Unterbegriff der räumlichen Gesamtplanung zuzuordnen.[82] Auch in Bulgarien entspricht die räumliche Gesamtplanung im Aufbau einer hierarchischen Planungspyramide.[83] Gemessen am räumlichen Geltungsbereich werden drei nationale Planungsebenen gebildet: eine nationale, eine regionale und eine örtliche.[84] Jeder Planungsebene ist ein bestimmtes Planungsinstrument zuzuordnen. Dem territorialen Umfang entsprechend sind die Planungsinstrumente durch unterschiedliche Aufgaben und Funktionen gekennzeichnet und haben verschiedene Konkretisierungs- und Bestimmtheitsgrade.[85] Planungsinstrumente sind zum einen Konzepte und Schemen für Raumordnung, zum anderen Entwicklungspläne.[86] Sie sind im Gesetz über territoriale Entwicklung und im Gesetz über regionale Entwicklung (GrE)[87] einfachgesetzlich determiniert.

Betrachtet man die Planungspyramide nach Maßgabe der nationalen Gesetze, bilden die „allgemeineren, abstrakten" Raumplanungsinstrumente die Spitze.

---

[82] Zu der Raumplanung in Deutschland: *Koch/Hendler*, Baurecht, Raumordnungs-und Landesplanungsrecht,, § 1 Rn. 20 ff.; *Jarass/Kment*, Baugesetzbuch, Kommentar, § 1 Rn. 1.; zur Raumplanung in Bulgarien: *Sivkov*, Grundlagen der territorialen Entwicklung, S. 25; *Djerov/Ewrev/Gegov*, Kataster, Grundbuch und territoriale Entwicklung, S. 308; *Botev*, Kommunale Politik der Verwaltung kommunalen Grundeigentums in der Republik Bulgarien, S. 60 f.; *Kowatschev*, Kommentar zum GtE, S. 64 f.; *Ilova/Miltschev*, Kommentar, Der neue Stand des Gesetzes über territoriale Entwicklung, S. 14 f.

[83] Zum System der Raumplanung in Deutschland: *Koch/Hendler*, Baurecht, Raumordnungs-und Landesplanungsrecht, § 1, Rn. 20 f.; *Rabe/Pauli/Wenzel* Bau-und Planungsrecht, S. 10 f.; zu den nationalen Planungsstufen in Bulgarien: *Djerov/Ewrev/Gegov*, Kataster, Grundbuch und territoriale Entwicklung, S. 310; *Ewrev*, Stiftung über die Reform der örtlichen Selbstverwaltung, S. 1 f.

[84] Vgl. *Ewrev*, Stiftung über die Reform der örtlichen Selbstverwaltung, S. 1 f.; *Djerov/Ewrev/Gegov*, Kataster, Grundbuch und territoriale Entwicklung, S. 310; *Schischmanova*, Economics and management, Band 1, S. 67 (69).

[85] *Djerov/Ewrev/Gegov*, Kataster, Grundbuch und territoriale Entwicklung, S. 310.

[86] *Sivkov*, Grundlagen der territorialen Entwicklung, S. 54; *Ilova/Miltschev*, Kommentar, Der neue Stand des Gesetzes über territoriale Entwicklung, S. 14 f.; *Kowatschev*, Kommentar zum GtE, S. 64 f.

[87] Bulg: закон за регионалното развитие, ЗРР.

Auf nationaler Ebene ist dies das nationale Konzept für Raumordnung nach dem Gesetz über regionale Entwicklung.[88] Auf regionaler, überörtlicher Ebene und noch als Gebietsebene bezeichnet, sind die regionalen Konzepte für Raumordnung nach dem Gesetz über regionale Entwicklung angesiedelt. Auf der untersten Stufe befinden sich die kommunalen Planungsinstrumente – die Entwicklungspläne.

An dieser Stelle ist anzumerken, dass unionsrechtliche Konzepte wie das europäische Raumentwicklungskonzept (EUREK), die territoriale Agenda der EU (TAEU) von 2007 sowie die Leipzig-Charta zur nachhaltigen europäischen Stadt (LC)[89] keine eigenständige Bedeutung für das nationale Mehr-Ebenen-Planungssystem entfalten. Die Europäische Union ist für den Bereich der Raumordnung mangels Kompetenztitels im AEUV nicht zuständig. Bei den vorgenannten Raumentwicklungsstrategien handelt es sich um unverbindliche Leitlinien, soft law.[90] Trotz fehlender Verbindlichkeit dieser Rahmenprogramme sind sie Ausdruck der territorialen Kohäsionspolitik der Europäischen Union und können sich mittelbar durch Strukturfondsförderungen auf die Raumplanungspolitik der Mitgliedstaaten auswirken. Mangels rechtlicher Relevanz für das nationale Planungssystem wird von einer weitergehenden Vertiefung dieser Thematik abgesehen.

Nachfolgend werden die unterschiedlichen Planungsebenen und die dazu gehörigen Planungsinstrumente näher erläutert.

a. Überörtliche Ebene - die raumordnerischen Konzepte
Da die Republik Bulgarien gemäß Art. 2 Abs. 1 S. 1 Verfass. RBG ein Einheitsstaat mit örtlicher Selbstverwaltung ist, gibt es keine Aufteilung der Gesetzgebungszuständigkeiten zwischen Bund und Ländern im Bereich der Raumplanung wie in Deutschland.[91] Gemäß Art. 20 Verfass. RBG schafft der Staat die

---

[88] Von einer Raumplanungspyramide mit den raumordnerischen Instrumenten an der Spitze geht auch *Kowatschev* aus, in: Kommentar zum GtE, S. 64.
[89] Ausführlich zur Entstehungsgeschichte und zum Inhalt des EUREK, der TAEU und der LC: *Battis/Kersten*, UPR 2008, 201 (202 f.) und EuR 2009, Heft 1, 3 (15 f.).
[90] *Jarass*, DVBl. 2000, 946 (948); *Battis/Kersten*, EuR 2009, Heft 1, 3 (15).
[91] Das Raumordnungsrecht gehört zur konkurrierenden Gesetzgebung des Bundes mit Abweichungsrecht der Länder gem. Art. 74 Abs. 1 Nr. 31, 72 Abs. 3 Nr. 4 GG, aufgrund dessen bestehen das ROG des Bundes und die von den Ländern erlassenen Landesplanungsgesetze.

Voraussetzungen für eine ausgewogene Entwicklung der einzelnen Räume des Landes und unterstützt die örtlichen Organe und Tätigkeiten durch seine Finanz-, Kredit- und Investitionspolitik. Die somit verfassungsrechtlich determinierte regionale Entwicklung ist in dem im Jahre 2004 verabschiedeten Gesetz, dem Gesetz über regionale Entwicklung (GrE), einfachgesetzlich geregelt.[92] Das Gesetz definiert die regionale Politik als ein System von Dokumenten und Instrumenten, die die Verwirklichung der Ziele der regionalen Entwicklung in den administrativ-territorialen Einheiten anstreben.[93] Vor der Planungsreform des Gesetzes über territoriale Entwicklung vom 26.11.2012 waren die raumordnerischen Instrumente gemeinsam mit den Entwicklungsplänen in einem Gesetzbuch geregelt. Die frühere Fassung des fünften Kapitels des Gesetzes über territoriale Entwicklung regelte die Bedeutung, die Aufgabe und den Umfang der raumordnungsrechtlichen Planungsinstrumente. Auf diese Weise erfasste das Gesetz über territoriale Entwicklung a. F. raumplanungsrechtliche Instrumente aller Ebenen, Flächen und einzelner Grundstücke – von der Makroebene Staatsgebiet bis hin zur Mikroebene der Gemeinden. Ende 2012 novellierte der Gesetzgeber das Gesetz über territoriale Entwicklung und nahm unter anderem die Vorschriften über die raumordnerischen Instrumente heraus, fügte diese in das spezielle Gesetz über regionale Entwicklung ein und ließ lediglich ein paar allgemeine Regelungen und Verweisnormen – Art. 99-101 GtE - im Gesetz über territoriale Entwicklung stehen.

Nach Art. 99 GtE bestimmen die Konzepte und Schemen für die Raumordnung die Ziele der Staatspolitik betreffend die territoriale Entwicklung für einen bestimmten Zeitraum. Art. 100 GtE differenziert zwischen den drei Planungsebenen (national, regional und örtlich). Im Übrigen verweist Art. 101 GtE hinsichtlich des Inhalts, Umfangs und des Aufstellungsverfahrens auf die Vorschriften des Gesetzes über regionale Entwicklung. Damit ist für die Raumordnung in Bulgarien überwiegend das Gesetz über regionale Entwicklung maßgebend. Daran kann man den gesetzgeberischen Willen erkennen, zwischen Kompetenzen und Aufgaben überörtlicher und örtlicher raumbedeutsamer Planungsmechanismen strikt zu differenzieren.

Funktional sind die überörtlichen Planwerke jedoch in das Gesetz über territoriale Entwicklung eingebunden. Gem. Art. 7 GtE weisen sowohl die raumordneri-

---

[92] *Djerov/Ewrev/Gegov*, Kataster, Grundbuch und territoriale Entwicklung, S. 242.
[93] *Sander/Delcheva*, Jahrbuch des Föderalismus, Band 8, S. 304 (310).

schen Konzepte und Schemen für Raumordnung als auch die allgemeinen Entwicklungspläne die Hauptzweckbestimmung der Flächen aus.

Für die Bauleitplanung sind das nationale Konzept für Raumordnung, die regionalen Schemen für Raumordnung sowie das interkommunale Konzept für Raumordnung gem. Art. 7a Abs. 2 GrE von Bedeutung. Die Konzepte und die Schemen bilden ein „System von Dokumenten für die strategische Planung und raumbedeutsame Entwicklung" (Art. 7a Abs. 2 GrE). In Bezug auf den Rechtsbindungscharakter stellen diese Dokumente ihrem Wesen nach politisch motivierte Akte im Bereich der räumlichen Gesamtplanung dar.[94] Ihre Festlegungen berühren nicht unmittelbar die Rechte und Pflichten der einzelnen Grundstückseigentümer.[95] Sie entfalten keine rechtliche Bindungswirkung gegenüber den Einzelnen.[96]

Das nationale Konzept für Raumordnung erstreckt sich auf das ganze Staatsgebiet und wird vom Ministerrat nach Vorlage des Ministers für regionale Entwicklung und öffentliche Arbeiten erstellt.[97] Demgegenüber umfassen die regionalen Schemen kleinere territoriale Einheiten, nämlich ein Gebiet oder eine Gruppe von Gebieten.[98] Der Gebietsverwalter hat im Wesentlichen die Kompetenz zur Aufstellung der regionalen Schemen, zum Teil ist der Ministerrat befugt, über umfangreichere regionale Schemen zu entscheiden.

Gem. Art. 2 Abs. 2 GrE bezwecken die nach Maßgabe des Gesetzes über regionale Entwicklung erlassenen Instrumente einen Ausgleich räumlicher, struktureller und wirtschaftlicher Ungleichgewichte zwischen den Regionen sowie Wirtschaftswachstum und territoriale Zusammenarbeit. Sie sind Instrumente strategischer Planung, die als grobmaschige, langfristige, mehr Grundsatz- und Richtliniencharakter tragende Bestimmungen territorialer Entwicklung ausgestaltet sind.[99] Demnach regelt die Raumordnung in Bulgarien die räumliche Gesamtnutzung einer über das Gemeindegebiet hinaus raumbeanspruchenden Pla-

---

[94] Oberstes VG, Urt. v. 14.3.2011, Az. 3614.

[95] Oberstes VG, Urt. v. 14.3.2011, Az. 3614; *Botev*, Kommunale Politik der Verwaltung kommunalen Grundeigentums in der Republik Bulgarien, S. 62.

[96] *Sivkov*, Grundlagen der territorialen Entwicklung, S. 57; *Djerov/Ewrev/Gegov*, Kataster, Grundbuch und territoriale Entwicklung, S. 311.

[97] Das nationale Konzept für Raumordnung wurde für den Zeitraum 2013-2025 erlassen, http://www.mrrb.government.bg/static/media/ups/articles/attachments/6728e573127f2d3c9fd35469ed0dd9a2.pdf (Abruf v. 5.7.2017).

[98] Bspw. das regionale Schema für Raumordnung von Pleven-Gebiet: http://www.plevenoblast.bg/assets/Programi_i_proekti/2013-9/geoanaliz.pdf (Abruf v. 5.7.2017)

[99] *Djerov/Ewrev/Gegov*, Kataster, Grundbuch und territoriale Entwicklung, S. 310.

nung. Sie erfasst ähnlich wie die Raumordnung und Landesplanung in Deutschland den Kompetenzbereich der fachübergreifenden, zusammenfassenden Planung auf nationaler und regionaler Ebene.[100] Gem. Art. 103 Abs. 4 GtE sind die Vorgaben in den raumordnerischen Dokumenten von den Behörden der unteren Ortsstufe zu beachten und somit für die öffentlichen Verwaltungsträger rechtsverbindlich. Ebenso wie in Deutschland gem. § 1 Abs. 4 BauGB sind auch in Bulgarien die raumordnerischen Instrumente der kommunalen Bauleitplanung übergeordnet. Eine Unterscheidung zwischen Zielen und Grundsätzen der Raumordnung beinhaltet das bulgarische Gesetz nicht.

Raumordnungsinstrumenten kommt auch eine Funktion als überörtliche Planwerke zu. Dies gilt selbst für die interkommunalen Konzepte, die nach bulgarischer Gesetzessystematik zu den Raumordnungsinstrumenten zählen. Die interkommunalen Konzepte treffen gem. Art. 7d GrE raumbedeutsame Festlegungen, die auf die interkommunale Zusammenarbeit mit benachbarten Gemeinden und auf gebietsrelevante Maßnahmen zur Stärkung infrastruktureller, wirtschaftlicher, ökologischer u.a. Verhältnisse ausgerichtet sind.[101] Der Gemeinderat beschließt das interkommunale Konzept nach Vorschlag des Bürgermeisters und im Einklang mit dem regionalen Schema für die Entwicklung des entsprechenden Gebiets.

Der überörtliche Charakter der Planung nach dem Gesetz über regionale Entwicklung dient der Abgrenzung von der örtlichen Bauleitplanung, die auch, wie die deutsche städtebauliche Planung, den Grund und Boden unmittelbar zum Gegenstand rechtlicher Ordnung hat.[102]

Zusammenfassend lässt sich sagen, dass die raumordnerischen Instrumente in Bulgarien übergeordnete, zusammenfassende Planwerke darstellen, die aufgrund ihrer Reichweite und Funktion den Planinstrumenten nach dem ROG und den Landesplanungsgesetzen in Deutschland ähneln. Unterschiede leiten sich aus dem Umstand ab, dass die bulgarische, unitaristisch geprägte Staatsstruktur über

---

[100] Zu der Raumordnung in Deutschland: *Hoppe* in Hoppe/Bönker/Grotefels, Öffentliche Baurecht, § 1 Rn. 15; *Runkel*, in: Spannowsky/Runkel/Goppel ROG, Kommentar, § 1 Rn. 63 ff.; *Ritter*, DÖV 2009, 425 f.

[101] Bspw. das Konzept für Raumordnung für die Stadt Troyan: http://www.troyan.bg/attach ments/article/895/OPR_Troyan_2014_2020_15.10.2013.pdf (Abruf v. 5.7.2017).

[102] Zur Gesetzgebungskompetenz, zum Recht der städtebaulichen Planung in Abgrenzung zur Raumordnung BVerfGE 3, 407 (423 f).

keine raumrelevante Länderebene verfügt, so dass das Gesetz über regionale Entwicklung alleine die rechtliche Grundlage für die Raumordnungsbestimmungen bildet.

b. Örtliche Ebene – Entwicklungspläne

Der bulgarische Begriff der Bauleitplanung (bulg. устройствено планиране) betrifft eine Gesamtheit von Rechtshandlungen, die die Genehmigung, die Aufstellung und den Erlass von Entwicklungsplänen (bulg. устройствени планове) zum Gegenstand haben.[103] Die zentralen Steuerungsinstrumente der Kommunen für die städtebauliche Entwicklung und die Bodennutzung sind der allgemeine Entwicklungsplan und der detaillierte Entwicklungsplan, Art. 103 Abs. 1 GtE. Wie bereits oben dargestellt wurde, bleibt die Raumplanung einschließlich der Bauleitplanung staatliche Aufgabe. Dennoch kann man von einer dezentralisierten kommunalen Bauleitplanung sprechen. Die Gemeinderäte und die Bürgermeister sind gem. Art. 5 Abs. 1 GtE im Rahmen ihrer delegierten Kompetenz diejenigen, die die Raumplanungspolitik innerhalb der Gemeinde bestimmen. Dies ist Ausdruck der Verfassungsprinzipien Dezentralisierung und Subsidiarität.[104] Dementsprechend sollen die Planungsentscheidungen dort getroffen werden, wo sie auch ausgeführt werden, und zwar auf dem Gemeindegebiet; falls dies nicht möglich ist, greifen die Organe der Zentralgewalt ein.[105] Diese spezielle Dezentralisierung der Bauleitplanung auf der örtlichen Ebene ist mit der kommunalen Bauleitplanung in der Bundesrepublik Deutschland vergleichbar. Auch hier erstreckt sich die Befugnis der Gemeinde nur auf das Gemeindegebiet. Im Gegensatz zu Deutschland[106] lässt das Gesetz über territoriale Entwicklung eine Bauleitplanung - hinsichtlich der Aufstellung besonderer Arten von detaillierten Entwicklungsplänen - auch außerhalb der Gemeindegrenzen unter dem Vorbehalt einer Genehmigung durch Organe der vollziehenden Gewalt (z. B. durch den Gebietsverwalter oder den Minister für regionale Entwicklung und öffentliche Arbeiten) zu. Die allgemeinen Entwicklungspläne werden hingegen

---

[103] *Miltschev/Kowatschev*, Der neue Gesetzesstand der territorialen Entwicklung, S.17.

[104] *Djerov/Ewrev/Gegov*, Kataster, Grundbuch und territoriale Entwicklung, S. 242; *Drumeva*, Verfassungsrecht, S. 626.

[105] Ebd.

[106] BVerwGE 99, 127 (133): „Eine Bauleitplanung außerhalb der Gemeindegrenzen, also in gemeindefreien Gebieten, ist unzulässig und dem Landesgesetzgeber ist es verwehrt, die bundesgesetzlichen BauGB-Normen auf gemeindefreie Gebiete auszuweiten oder eine hiervon abweichende staatliche Bauleitplanung einzuführen."

nur für das Gemeindegebiet aufgestellt. Unterschieden wird zwischen dem allgemeinen Entwicklungsplan für das Gemeindegebiet oder für Teile davon. Ebenso bestehen allgemeine Entwicklungspläne für die territorialen Einheiten Stadt und Siedlungsstruktur[107] oder für Teile davon. Auf der untersten Stufe der örtlichen Planung ist der detaillierte Entwicklungsplan für ein bestimmtes Grundstück oder eine Gruppe von Grundstücken angesiedelt.

---

[107] Die **Siedlungsstrukturen** stellen solche territoriale Einheiten dar, die sich außerhalb der Baugrenzen der Siedlungsgebiete befinden und sich zu besonderen Tätigkeiten ohne eine dauerhaft ansässige Bevölkerung eignen, Art. 3 Abs. 4 GatARBG. Eine Siedlungsstruktur kann innerhalb eines oder mehrerer Siedlungsgebiete liegen und verfügt über keinen eigenen Außenbereich, Art. 22 Abs. 1 GatARBG. Die Siedlungsstruktur ist von nationaler oder lokaler Bedeutung, die vom Ministerrat oder Gemeinderat beschlossen wird.

3. Schema der räumlichen Gesamtplanung in Bulgarien

Planungsebene	Planungsart	Räumlicher Geltungsbereich
Nationale Ebene	Nationales Konzept für Raumordnung nach dem Gesetz über regionale Entwicklung	Das ganze Staatsgebiet
Regionale Ebene/überörtlich	Regionale Schemen und Konzepte für Raumordnung nach dem Gesetz über regionale Entwicklung	Mehrere Gebiete, ein Gebiet oder eine Gruppe von Gemeinden
Kommunale Ebene/örtlich	Allgemeiner Entwicklungsplan für die Gemeinde nach dem Gesetz über territoriale Entwicklung	Das Gemeindegebiet oder Teile davon
	Allgemeiner Entwicklungsplan für die urbanen Flächen einer Gemeinde nach dem Gesetz über territoriale Entwicklung	Das Stadt- und Siedlungsstrukturgebiet oder Teile davon mit dem zugehörigen Außenbereich
	Detaillierter Entwicklungsplan nach dem Gesetz über territoriale Entwicklung	Ein oder mehrere Grundstücke innerhalb der urbanen Flächen

Quelle: Schema in Djerov/Ewrev/Gegov, Kataster, Grundbuch und territoriale Entwicklung, S. 310

IV. Zweckbestimmung der Flächen und der Grundstücke

Grundprinzip des bulgarischen Gesetzes über territoriale Entwicklung ist, die flächenbezogene Nutzung für das ganze Territorium/Staatsgebiet charakteristischen Merkmalen entsprechend abschließend zu regeln.[108] Hauptaufgabe des Gesetzes ist die Bestimmung der Art der Nutzung/Zweckbestimmung (bulg. предназначение) durch flächenbezogene und parzellenscharfe Einordnung des Territoriums.[109] Das Gesetz differenziert zwischen der allgemeinen (Art. 7 GtE) und der konkreten Zweckbestimmung (Art. 8 GtE). Der Akzent liegt auf der territorialen Zweckbestimmung, nicht auf der Frage nach den maßgebenden Planungsinstrumenten, die systematisch erst im zweiten Abschnitt (Art. 99-156a GtE) geregelt werden. Denn der Gesetzgeber zielt auf die Durchsetzung eines einheitlichen Regimes des Bodens entsprechend seiner Nutzungsart und seiner kennzeichnenden Merkmale, was eine der wesentlichen Aufgaben des Gesetzes über territoriale Entwicklung bildet.[110]

Durch Einhaltung der Anforderungen der Art. 7 und 8 GtE an die allgemeinen und konkreten Nutzungsarten sollen die Bedürfnisse der Öffentlichkeit befriedigt sowie eine nachhaltige Entwicklung gewährleistet werden.[111]
Angesichts der grundlegenden Relevanz dieser zwei Rechtsvorschriften für die territoriale Entwicklung wird die Zweckbestimmung als solche erläutert.

1. Allgemeine Flächenarten gem. Art. 7 GtE

Gem. Art. 7 Abs. 1 GtE kann der Plangeber die allgemeine Zweckbestimmung, Nutzungsart (bulg. основно предназначение) regeln. Die allgemeine Nutzungsart bezieht sich auf die Flächen.
Art. 7 Abs. 1 GtE sieht sieben Flächentypen entsprechend der allgemeine Nutzungsart vor. Dem Wortlaut der Norm: „die Flächen sind" lässt sich die abschließende Aufzählung entnehmen, so dass der Plangeber an den Gebietskata-

---

[108] Vgl. *Sivkov*, Grundlagen der territorialen Entwicklung, S. 54.
[109] *Djerov/Ewrev/Gegov*, Kataster, Grundbuch und territoriale Entwicklung, S. 251; *Djerov*, in: Djerov/Schaldupova/Ilova/Slatinova: Rechtliche Probleme des GtE, S. 21; *Raikowska*, Rechtsübersicht 2004, 68 (81).
[110] . *Sivkov*, Grundlagen der territorialen Entwicklung, S. 25.
[111] *Raikowska*, Rechtsübersicht 2004, 68 (81).

log in Art. 7 Abs. 1 GtE gebunden ist.[112] Dies ähnelt dem Typenzwang der in § 1 Abs. 1 und 2 BauNVO niedergelegten Bauflächen- und Baugebietskurzbezeichnungen.[113] Art. 7 Abs. 1 GtE zählt folgende Hauptflächenkategorien auf:

- Verstädterte, urbane Flächen (Siedlungsgebiete und Siedlungsstrukturen)
- Landwirtschaftsflächen
- Waldflächen
- unter Schutz gestellte Flächen
- Wiederaufbau von geschädigten Flächen/Altlastensanierungsflächen
- Wasserflächen
- Transportflächen

Auch Art. 4 Abs. 3 Verordnung Nr. 7 bestimmt die allgemeinen Nutzungsarten. Allerdings ist an dieser Stelle ein inhaltlicher Widerspruch oder vielmehr eine Ungenauigkeit zum Gesetz über territoriale Entwicklung hervorzuheben. Während Art. 7 Abs. 1 GtE sieben Nutzungstypen anführt, enthält die Verordnung nur fünf. Die letzten zwei Flächentypen, nämlich Wasser- und Transportflächen, fehlen. Das Gesetz diesbezüglich wurde zuletzt am 13.03.2013 novelliert, eine parallele oder nachträgliche Vereinheitlichung der Texte in der Rechtsverordnung[114] unterblieb. Ob das auf ein Versehen des Gesetzgebers zurückzuführen ist oder vielmehr ein Interesse besteht, den Widerspruch aufrecht zu erhalten, kann hier nicht festgestellt werden. Eine baldige Anpassung ist im Hinblick auf die kollisionsfreie Gesetzesanwendung geboten und dem Gesetzgeber zu empfehlen.

Die allgemeine Nutzungsart wird durch die Schemen und Konzepte für Raumordnung und die allgemeinen Entwicklungspläne gem. Art. 7 GtE ausgewiesen. Sie bestimmen die Grenzen der angeführten Flächen, wobei sowohl die tatsächliche Nutzung als auch die künftige Entwicklungsperspektive einschließlich der Möglichkeit einer Änderung der tatsächlichen Nutzung berücksichtigt werden.[115]

---

[112] So auch *Ilova/Mihailova*, Kommentar, S. 44.

[113] Vgl. *Bönker*, in: Hoppe/Bönker/Grotefels, Öffentliches Baurecht, S. 143.

[114] Die Rechtsverordnung Nr. 7 vom 22.12.2003 über die Regelungen und Vorgaben der Entwicklung einzelner Flächen wurde zuletzt am 1.3.2013 aktualisiert.

[115] *Bakalova/Yankulov* Aktuelle Fragen der territorialen Entwicklung und des Katasters, Kommentar, S. 37.

2. Konkrete Nutzungsart der Grundstücke, Art. 8 GtE

Die besondere Zweckbestimmung/Nutzungsart der Grundstücke (bulg. конкретно предназначение на поземлени имоти) im Sinne des Art. 8 GtE betrifft die konkrete Gestaltung der Grundstücke selbst und wird durch die detaillierten Entwicklungspläne festgesetzt. Art. 8 GtE legt die konkrete Art der territorialen Entwicklung der Grundstücke als kleinste Flächenbestandteile fest. Im Gegensatz zu Art. 7 GtE ist hier der Bezugspunkt alleine das einzelne Grundstück oder eine Gruppe von Grundstücken und nicht eine ganze Fläche. Der festgelegte konkrete Nutzungstyp wird im Grundbuch eingetragen. Jede Tätigkeit, Nutzung oder Bebauung der Grundstücke (früher auch Verfügung eines geregelten Grundstücks) ist an bestimmte Anforderungen gebunden, die sich wiederum nach der Nutzungsart richten. Diese regeln die Rechte und Pflichten des Grundstücksberechtigten zu städtebaulichen Zwecken sowie gegenüber dem Staat und der Öffentlichkeit.[116]

Art. 8 GtE setzt folgende konkrete Nutzungsarten in den sieben Hauptflächenkategorien fest:

- Nr. 1 in urbanen Flächen: zu Wohn-, Verwaltungs-, Betriebs-, Erholungs- und Vergnügungszwecken sowie als Depots oder im Bereich Sport und Tourismus; Grünflächen, Naturschutzgebiete, dekorative Wasseranlagen (Wasserfall, Seekanal u.a.), Transport und Infrastruktur, einschließlich Fahrradweg und Einrichtungen für behinderte Menschen, für Sonderobjekte u.a.;
- Nr. 2 in Landwirtschaftsflächen: Ackerland (Felder, Obst und Gemüsegärten, Weinberge, Wiesen u.a.) und nichtkultiviertes Land (Weideland, Grube u.a.);
- Nr. 3 in Forstwirtschaftsflächen: Wälder (zur Holzproduktion, unter Schutz gestellte Wälder, u.a.) und Forstland (Wiesen, Buschgebiete, Felsen u.a.);
- Nr. 4 unter Schutz gestellte Flächen: Naturschutzgebiete (Naturreservate, Nationalparks, Natursehenswürdigkeiten, Wasserflächen u.a.);
- Nr. 5 in Altlastensanierungsflächen: zum Wiederaufbau und zur Rekultivierung von Gruben, Steinbrüchen, Mülldeponien, nach Erdrutschen u.a.;

---

[116] *Bakalova/Yankulov*, Aktuelle Fragen der territorialen Entwicklung und des Katasters, Kommentar, S. 36.

- Nr. 6 in Wasserplanungsflächen: Hoheitsgewässer sowie die innerhalb der Küstenlinie gelegenen Meeresgewässer, der bulgarische Donauabschnitt sowie andere Flüsse und Seen;
- Nr. 7 in den für den Transport vorgesehenen Flächen: Bundesstraßen und lokale Landstraßen, die Bahninfrastruktur, die Flug- und Seehäfen.

Art. 8 GtE ist folgendermaßen formuliert: „Die konkrete Zweckbestimmung der Grundstücke wird durch den detaillierten Entwicklungsplan bestimmt und kann Folgendes sein: Nr. …". Im Gegensatz zu Art. 7 GtE, der imperativ durch die Verwendung von „sind" konzipiert ist, beinhaltet Art. 8 keinen abschließenden Typenkatalog, sondern lässt dem Planträger einen gewissen Ermessensspielraum. Auch in den meisten Nummern des Art. 8 GtE lässt der Gesetzgeber ausdrücklich andere Nutzungsarten durch die Formulierung „und andere" offen.

Allerdings widerspräche ein weit gefasster, autonomer Gestaltungsspielraum des Planträgers dem Zweck der Bauleitplanung in Bulgarien, interessengerechte, effiziente, ausgewogene Flächennutzung zu gewährleisten. Ein derartiger rechtlicher Widerspruch ist gesetzlich nicht intendiert. Daher ist es sachgerecht, lediglich eine eingeschränkte Auswahlmöglichkeit des Planträgers dahingehend anzunehmen, dass es ihm freisteht, sich für eine bzw. mehrere der Nutzungen, die der Hauptnutzungsart zugeordnet sind, zu entscheiden. Hiermit gemeint sind andere konkrete Nutzungsarten, die sich von dem Gesamtkonzept des Oberbegriffs nicht qualitativ und wesentlich unterscheiden. Im Zweifelsfall müssen die Nutzungsvariationen so ausgelegt werden, dass sie von einer der bestehenden konkreten Zweckbestimmung abgedeckt sind oder im Zusammenhang mit diesen stehen.

Beispiel: Ein in einer urbanen Fläche gelegenes Grundstück kann als solches zu Wohn- und Erholungszwecken festgesetzt werden.

Der Planträger muss sich also insoweit an die in Art. 8 GtE gesetzlich vorgegebenen Kategorien halten, als sie als Leitbilder die besondere Nutzungsart der Grundstücke bestimmen. Er darf nicht wesentlich vom Oberbegriff der Hauptnutzungsart abweichen.

3. Gegenüberstellung zum deutschen Recht

Die Regelungen der Art. 7 und 8 GtE sind teilweise mit den Regelungen §§ 5 Abs. 2 Nr. 1, 9 Abs. 1 Nr. 1 BauGB und §1 Abs. 1, 2, 3 BauNVO vergleichbar. Denn auch der bulgarische Gesetzgeber unterscheidet zwischen der allgemeinen und besonderen Art der Nutzung. Ebenso charakteristisch für die Nutzungsfestlegung in beiden Rechtsordnungen ist der Typenzwang entsprechend den Baugebiets- und Bauflächenkurzbezeichnungen nach § 9a BauGB i.V.m. §§ Bau VO und Art. 7, 8 GtE i.V.m. Verordnung Nr. 7 zum GtE.

Im Gegensatz zu §§ 5 Abs. 2 Nr. 1, 9 Abs.1 Nr. 1 BauGB und § 1 Abs. 1 und 2 BauNVO, die alleine an die allgemeine und besondere Art der für die Bebauung vorgesehenen Flächen anknüpfen, beziehen sich die bulgarischen Normen nicht nur auf die für die Bebauung vorgesehenen Flächen. Dies hängt mit der Aufgabe des Gesetzes über territoriale Entwicklung zusammen, ein fast exklusives Enswicklungs- und Ordnungsinstrumentarium für die räumliche Planung des Staatgebiets zu gewähren, die nicht nur die Grund- und Bodennutzung zum Gegenstand hat, sondern auch die Nutzung und die umfassende, vielfältige Gestaltu des gesamten Staatsterritoriums bezweckt.[117]

Ein anderer wichtiger Unterschied ist die im deutschen Recht vorzufindende einheitliche Regelungsstruktur gem. §§ 2 bis 9 BauNVO. Diese Vorschrifte sind in der Weise einheitlich aufgebaut, dass im jeweiligen Absatz 1 die allgemeine Zweckbestimmung der Baugebiete, im jeweiligen Absatz 2 die Regelbebauung und schließlich im jeweiligen Absatz 3 die Ausnahmebebauung niedergelegt sind. Eine derartige systematische und zugleich gebietsausschöpfende B trachtungsweise ist dem bulgarischen Gesetzgeber und Verordnungsgeber fremd.

---

[117] Zum Begriff der territorialen Entwicklung: *Sivkov*, in: Sikov/Sinovieva/Dimitrov/Panayotova/Nikolova/Yankulova/Tscherneva/Miltscheva, Verwaltungsrecht, Besonderer Teil, S. 105.

3. Kapitel:
Arten von Entwicklungsplänen

I. Der allgemeine Entwicklungsplan

1. Funktion

Wie der deutsche Gesetzgeber geht der bulgarische von einer Zweistufigkeit der Bauleitplanung aus. Ausgangsplan ist der allgemeine Entwicklungsplan, der dem Flächennutzungsplan nach dem Baugesetzbuch gegenüberzustellen ist. Systematisch sind Art. 7 GtE, Art. 4 Abs. 3 Verordnung Nr. 7[118] als Grundlagennormen anzusehen. Sie regeln die Einteilung des Staatsgebiets in unterschiedliche Plankategorien. Neben den raumordnerischen Planungsmechanismen wird durch den allgemeinen Entwicklungsplan die allgemeine Art der für territoriale Entwicklung vorgesehenen Flächen festgelegt. Die erste Funktion des allgemeinen Entwicklungsplans ist also die Ausweisung der allgemeinen Nutzungsart einer bestimmten Fläche.[119]

Nach Art. 103 Abs. 2 GtE bestimmen die allgemeinen Entwicklungspläne die überwiegende, grundlegende und gemeinsame Zweckbestimmung und die Nutzungsart der einzelnen territorialen Bestandteile und Flächen[120], die vom Plan umfasst sind. Die Beschränkung der Ausweisungen auf das „Überwiegende, Grundlegende und Gemeinsame" bringt die fundamentale, primäre und vorbereitende Funktion des allgemeinen Entwicklungsplans zum Ausdruck. Auch Art. 104 Abs. 1 GtE bestätigt die allgemeinen Entwicklungspläne als Grundlage für die gesamte Raumentwicklung der Gemeinden, Teile davon oder einzelner Siedlungsgebiete mit deren Außenbereich. Sie werden gem. Art. 17 Abs. 2 und Art. 22 Abs. 2 Verordnung Nr. 8 für einen Prognosezeitraum von 15-20 Jahren erlassen. Dies lässt den auf einen längeren Zeitraum angelegten Rahmencharakter des

---

[118] Auf der Grundlagen von Art. 13 Abs. 1 GtE erlassene Verordnung Nr. 7 vom 22.12.2003 über die Enzwicklung der einzelnen Flächenarten und Entwicklungszonen, wird als Verordnung Nr. 7 in der nachfolgenden Arbeit zitiert.
[119] *Kowatschev/Getscheva/Ilova/Philipova/Dimitrov*, Verfahren und Anwendungsunterlagen im Bereich der territorialen Entwicklung des Bauwesens, S. 22.
[120] Das Gesetz benutzt das Wort „територии", das als Territorien oder territoriale Einheiten übersetzt werden kann. Um es von den territorialen Einheiten als administrativ-territoriale Einheiten iSd GatARBG zu unterscheiden, wird hier die Bezeichnung „Flächen" verwendet.

allgemeinen Entwicklungsplans erkennen.[121] Zum Vergleich: der Geltungszeitraum des deutschen Flächennutzungsplans wird auf ca. 10-15 Jahre geschätzt.[122] Aufgabe des allgemeinen Entwicklungsplans ist es, langfristig die raumbezogenen Ziele des Planungsträgers das Plangebiet betreffend zu verkörpern.[123] Sie bereiten die Basis und den Planungsrahmen für eine gesamträumige, vollständige Ordnung des Gemeindegebiets vor.[124] Sie sind nach dem gesetzgeberischen Willen eine essenzielle Bedingung für die Gewährleistung einer nachhaltigen Entwicklung der Gemeinde.[125]

Als zentrales Planungsinstrument gesamträumlicher Kommunalordnung hat der allgemeine Entwicklungsplan die Aufgabe, eine nachhaltige Entwicklung und positive Lebens-, Arbeits- und Erholungsbedingungen im Sinne des Art. 1 Abs. 1 S. 2 GtE zu garantieren.[126] In Anbetracht der Rechtssicherheit und des Bestandsvertrauens der Bürger darf ein gültiger Plan nur eingeschränkt aufgehoben oder geändert werden. Daher regelt Art. 134 Abs. 1 GtE abschließende Voraussetzungen (wie die gravierende Umgestaltung der gesellschaftlichen, wirtschaftlichen und städtebaulichen Verhältnisse) für die Planänderung.

Vor diesem Hintergrund legt der allgemeine Entwicklungsplan in Bulgarien das Rahmenprogramm für die wirtschaftliche Entfaltung, die Bebauungs- und Bodennutzungspolitik sowie die soziale, technische und infrastrukturelle Entwicklung des kommunalen Plangebiets. Durch seine grundlegende Funktion verkörpert er das erste Instrument kommunaler Raumplanungsmechanismen, das auf Konkretisierung und Ausdifferenzierung angelegt ist.

Zieht man die Parallele zur deutschen Bauleitplanung, ähnelt der allgemeine Entwicklungsplan dem Flächennutzungsplan. Der Flächennutzungsplan ist gem. § 2 Abs. 2 BauGB ein vorbereitender Bauleitplan, der gem. § 5 Abs. 1 S. 1 BauGB für das ganze Gemeindegebiet gilt und der auch die Art der Bodennutzung regelt, welche sich einerseits aus der beabsichtigten städtebaulichen Entwicklung ergibt und sich andererseits an den voraussehbaren Bedürfnissen der Gemeinde orientiert. Auch der Flächennutzungsplan stellt ein grobkörniges Pla-

[121] *Djerov/Ewrev/Gegov*, Kataster, Grundbuch und territoriale Entwicklung, S. 317.

[122] *Mitschang*, LKV 2007, 102 (103) m.w.N.

[123] Verfassungsgericht Nr. 5, Urt. v. 5.6.2006; *Kowatschev*, Kommentar zum GtE, S. 67.

[124] Verfassungsgericht Nr. 5, Urt. v. 5.6.2006; *Kowatschev*, GtE Kommentar, S. 67; *Lazarov/Todorov*, Verwaltungsprozess, S. 182.

[125] Motive zum Änderungs- und Ergänzungsgesetz des GtE, S. 3: http://www.mrrb.govern ment.bg/docs/8de34beca51322380f8d687e85e5dd27.doc (Abruf 8.4.2015).

[126] Verfassungsgericht Nr. 5, Urt. v. 5.6.2006.

nungsinstrument dar, das als gesamträumliches Entwicklungskonzept der Lenkung der städtebaulichen Entwicklung und Ordnung im gesamten Gemeindegebiet dient.[127] Dies deutet darauf hin, dass er einen Spielraum für die Konkretisierung durch Bebauungspläne lassen soll.[128]

Daraus lässt sich schließen, dass beide Pläne als vorbereitende Pläne eine gemeinsame Entwicklungs- und Koordinationsfunktion innehaben und auf eine parzellenscharfe Konkretisierung durch Bebauungspläne und detaillierte Entwicklungspläne ausgerichtet sind. Der allgemeine Entwicklungsplan stellt die erste Stufe städtebaulicher Planung dar.

Somit ist für die vorliegende Studie festzuhalten, dass sowohl der Flächennutzungsplan als auch der allgemeine Entwicklungsplan die maßgebende Leitfunktion in der städtebaulichen Entwicklung aufweist.

2. Der räumliche Geltungsbereich

Im Unterschied zum deutschen Flächennutzungsplan, der - abgesehen vom sachlichen und räumlichen Teilflächennutzungsplan gem. § 5 Abs. 2 b BauGB - das städtebauliche Gesamtkonzept für das ganze Gemeindegebiet enthält (§ 5 Abs. 1 S. 1 BauGB), differenziert Art. 105 GtE zwischen vier Arten allgemeiner Entwicklungspläne entsprechend ihrem territorialen Umfang:
Nr. 1 die Gemeinde, einschließlich aller Siedlungsgebiete mit Außenbereich;
Nr. 2 Gemeindeteile, benachbarte Siedlungsgebiete und ihre Außenbereiche;
Nr. 3 Siedlungsgebiet – Stadt mit dem dazu gehörenden Außenbereich;
Nr. 4 Siedlungsstruktur von nationaler Bedeutung nach dem Gesetz über den administrativ-territorialen Aufbau der Republik Bulgarien.

Der bulgarische Gesetzgeber eröffnet die Möglichkeit einer etwas feinkörnigeren Gesamtflächenplanung, die zwar eine bauleitplanerische Grundlage verkörpert, dennoch nicht unbedingt die gesamte Gemeindefläche umfasst. Der Grund dafür liegt in den inhaltlichen Unterschieden, die mit dem territorialen Umfang zusammenhängen.

Auch hier ist eine innere hierarchische Struktur zu erkennen. Dem allgemeinen Entwicklungsplan für das Gemeindegebiet und für Teile davon gem. Art. 105 Nr. 1 und 2 GtE ist der allgemeinen Entwicklungsplan für die urban ausgewie-

---

[127] BVerwGE 109, 371 (376 f.); 124, 132 (139).
[128] *Schiller*, in: Bracher/Reidt/Schiller, Bauplanungsrecht, Rn. 120.

58

senen Gemeindeflächen nebst Außenbereich nachgeordnet. Er erstreckt sich auf einen räumlich kleineren Geltungsbereich. Dabei hat der Planträger die Darstellungen des übergeordneten allgemeinen Entwicklungsplans zu beachten, so Art. 103 Abs. 4 GtE. Dies bewirkt eine Selbstbindung der Gemeinde.

Der urbane allgemeine Entwicklungsplan ergeht nur, nachdem entweder der allgemeine Entwicklungsplan der Gemeinde oder das regionale Schema für Raumordnung die allgemeine Art der territorialen Entwicklung gem. Art. 7 Abs. 1 Nr. 1 GtE, Art. 4 Abs. 3 Verordnung Nr. 7 das betroffene Plangebiet als urbane Fläche (Siedlungsgebiet[129] und Siedlungsstruktur[130]) ausgewiesen hat. In räumlicher Hinsicht darf die zuständige Behörde einen derartigen allgemeinen Entwicklungsplan nur für die angeführten Flächen „Stadt mit Außenbereich" oder „Siedlungsstruktur" aufstellen. Was einen Außenbereich darstellt, lässt sich aus folgender Legaldefinition für das Territorium des Siedlungsgebietes in § 5 Nr. 6 GtE Zusatzvorschriften zum GtE herleiten: „Das Territorium des Siedlungsgebiets wird von den in einem allgemeinen Entwicklungsplan bestimmten Baugrenzen festgesetzt, ohne den Außenbereich". Im Umkehrschluss ergibt sich, dass sich der Außenbereich außerhalb der Baugrenzen des urbanisierten Siedlungsgebiets befindet.

3. Regelungsinhalt, Art. 106, 107 GtE

Wie bereits dargelegt wurde, unterscheidet das Gesetz über territoriale Entwicklung zwischen zwei unterschiedlichen Arten von allgemeinen Entwicklungsplänen. Diese Differenzierung betrifft nicht nur den räumlichen, sondern auch den sachlichen Geltungsbereich, denn das bulgarische Gesetz sieht unterschiedliche Darstellungsmöglichkeiten entsprechend der Art des allgemeinen Entwicklungsplans vor. Maßgeblich hierfür sind Art. 106 und Art. 107 GtE.
Die inhaltlichen Angaben in diesen Rechtsnormen sind für den Planträger verbindlich und im Gegensatz zu § 5 Abs. 2 BauGB abschließend. Somit soll eine einheitliche Struktur des Staatsgebiets gewährleistet werden. Zugleich wird der Planungsspielraum des Planungsträgers eingeschränkt. So darf der gem. Art. 124 Abs. 1 GtE zuständige Gemeinderat nicht beliebig handeln, sondern ist an die gesetzlichen Vorgaben gebunden.

---

[129] Zur Legaldefinition vgl. Fn. 62.
[130] Zur Legaldefinition vgl. Fn. 107.

a. allgemeine Entwicklungspläne für das ganze Gemeindegebiet

Art. 106 Nr. 1-6 GtE regelt die Darstellungen hinsichtlich des allgemeinen Entwicklungsplans, der sich auf das Gemeindegebiet oder auf Teile davon erstreckt. Demnach werden die allgemeine Struktur und Hauptflächentypen des Plangebiets, die Infrastrukturnetze in der Gemeinde, die Vernetzung zu den benachbarten Gemeinden und die Vernetzung zu Flächen von nationaler Bedeutung sowie die Gestaltungsart kommunalen oder staatlichen Grundeigentums ausgewiesen.

b. allgemeine Entwicklungspläne für urbane Flächen

Art. 107 GtE enthält die Anforderungen an einen allgemeinen Entwicklungsplan, der urbanisierte Flächen und den dazu gehörenden Außenbereich ausweist. Während Art. 106 GtE allgemeinere Darstellungen zur Entwicklung des Gemeindegebiets betrifft, enthalten Art 107 i.V.m. Art. 21 ff. Verordnung Nr. 8[131] konkretere städtebauliche und urbanisierende Ziele und Maßnahmen. So soll die planerische Steuerung eine optimale und komplexe Struktur unter Beachtung der Umwelt-, Kultur- und Naturschutzbelange erreichen und zudem der Errichtung und Unterhaltung eines Regional- und Nahverkehrsnetzes sowie der ästhetischen Gestaltung des Orts- und Landschaftsbildes dienen. Außerdem soll der Zugang für behinderte Menschen sichergestellt werden.

4. Rechtsnatur und Rechtswirkung

Weder in der Literatur noch in der Rechtsprechung herrscht Einigkeit in der Frage nach der Rechtsnatur der allgemeinen Entwicklungspläne. Zum einen wird er als individueller Verwaltungsakt angesehen, zum anderen als allgemeiner Verwaltungsakt. Bevor die Streitproblematik näher erörtert wird, sollen die zwei Rechtsbegriffe geklärt werden.

a. Streitstand: Einordnung der Entwicklungspläne als Verwaltungsakte

Die bulgarische Verwaltungsprozessordnung (VwPO) differenziert zwischen individuellen und allgemeinen Verwaltungsakten. Dieses Gesetz umfasst verwaltungsverfahrensrechtliche Vorschriften (Verwaltungsverfahren, Handlungsformen der Verwaltung, Erlass und Aufhebung von Verwaltungsakten, etc.) und verwaltungsgerichtliche Rechtsnormen (Rechtskontrolle, Instanzenzug, Vollstreckung). Demnach sind die entsprechenden Kapitel der bulgarischen Verwal-

---

[131] Verordnung Nr. 8 vom 14.6.2001 über den Umfang und Inhalt der Entwicklungspläne, wird nur als Verordnung Nr. 8 im Nachfolgenden zitiert.

tungsprozessordnung sowohl mit dem deutschen Verwaltungsverfahrensgesetz (VwVfG) als auch mit der deutschen Verwaltungsgerichtsordnung (VwGO) vergleichbar.

Art. 21 Abs. 1 VwPO enthält eine Legaldefinition für den Begriff des individuellen Verwaltungsakts. Hiernach ist ein individueller Verwaltungsakt eine ausdrückliche oder konkludente Willenserklärung eines Verwaltungsorgans, durch die Rechte und Pflichten von einzelnen Bürgern oder Organisationen unmittelbar geschaffen oder berührt werden. Art. 214 Nr. 1 GtE gibt eine speziellere Definition des individuellen Verwaltungsakts. Diese kennzeichnet Akte territorialer Entwicklung gem. Art. 1 GtE als individuelle Verwaltungsakte, durch die Rechte oder Pflichten natürlicher oder juristischer Personen geschaffen oder berührt werden, unabhängig von der ausdrücklichen Aufnahme der Adressaten. Damit sind nur Akte der durch das Gesetz über territoriale Entwicklung berechtigten Hoheitsträger gemeint, die unmittelbar Rechte und Pflichten der Adressaten betreffen.[132] Ähnlich wie der deutsche Verwaltungsakt gem. § 35 S. 1 VwVfG handelt es sich bei dem individuellen Verwaltungsakt in Bulgarien um eine verwaltungsrechtliche Willenserklärung, die auf eine konkrete unmittelbare Rechtswirkung nach außen ausgerichtet ist.[133]

Wie der individuelle Verwaltungsakt nach Art. 21 Abs. 1 VwPO ist der allgemeine Verwaltungsakt nach Art. 65 VwPO eine hoheitliche Regelung mit Außenwirkung mit dem Unterschied, dass er sich nicht an einzelne Adressaten, sondern an einen nach allgemeinen Merkmalen bestimmbaren Personenkreis richtet. Eine andere Besonderheit betrifft die Geltungsdauer der Anordnung, denn sie erschöpft sich in einem einmaligen Ge- oder Verbot.[134] Angesichts des konkret-generellen Regelungscharakters ist der allgemeine Verwaltungsakt i.S.d. Art. 65 VwPO mit dem deutschen Verständnis einer adressatenbezogenen Allgemeinverfügung gem. § 35 S. 2 VwVfG vergleichbar.[135]

---

[132] Vgl. *Slatinova*, in: Djerov/Schaldupova/Ilova/Slatinova, Rechtliche Probleme des GtE, S. 310.

[133] Zu § 35 S. 1 VwVfG: *Maurer/Waldhoff*, Allgemeines Verwaltungsrecht, § 9 Rn. 5 ff.; zu Art. 21 VwPO: *Lazarov/Todorov*, Verwaltungsprozess, S. 179; *Todorov*, Der Begriff des individuellen Verwaltungsakts nach VwPO, S. 8 ff.

[134] Zu Art. 65 VzPO *Lazarov/Todorov*, Verwaltungsprozess, S. 179; *Todorov*, Begriff des individuellen Verwaltungsakts nach VwPO, S. 14.

[135] zu § 35 S. 2 VwVfG *Maurer/Waldhoff*, Allgemeines Verwaltungsrecht, § 9 Rn. 31.

In Bezug auf die Rechtsnatur des allgemeinen Entwicklungsplans vertreten das Oberste Verwaltungsgericht und Teile der Literatur die Ansicht, die allgemeinen Entwicklungspläne seien individuelle Verwaltungsakte i.S.d. Art. 214 Nr. 1 GtE.[136] Das Gericht führte Folgendes aus: „Ihre Darstellungen betreffen einzeln und auf unterschiedliche Art und Weise die Grundstücke und die Flächen (...); sie stellen eine Grundlage für die künftige detaillierte Planung dar und zielen auf eine längere Wirkungsdauer, weswegen sie nicht als allgemeine Verwaltungsakte nach Art. 65 VwPO zu kennzeichnen seien".

Die Pläne nach dem Gesetz über territoriale Entwicklung entfalten keine einmalige Rechtswirkung. Hierdurch werden die Flächen langfristig ausgewiesen und betreffen eine Vielzahl von Grundstücken. Dementsprechend regeln sie die Grundstücksrechte einer Vielzahl von Grundeigentümern.[137]

Teile der Judikatur und der Literatur vertreten die Auffassung, es handle sich um einen allgemeinen Verwaltungsakt.[138] Sie stützen sich darauf, der Plan betreffe die einzelnen Grundstückseigentümer nicht, sondern bestimme für eine gewisse Dauer die Nutzungsart des betroffenen Territoriums. Der allgemeine Entwicklungsplan weise lediglich den allgemeinen Rechtsrahmen räumlicher Gesamtplanung auf, ohne Rechte der dinglich Berechtigten unmittelbar zu betreffen.

b. Stellungnahme

Keiner der vorstehenden Auffassungen ist zuzustimmen.

Zwar handelt es sich bei den allgemeinen Entwicklungsplänen um Planungsinstrumente, durch welche die öffentlichen Verhältnisse im Sinne des Art. 1 Abs. 2 GtE geregelt werden, dennoch ist die unmittelbare rechtliche Bindungswirkung gegenüber privaten Dritten zweifelhaft.[139]

Für Diskussionen sorgt die Regelung des Art. 104 Abs. 3 GtE, wonach der allgemeine Entwicklungsplan nicht unmittelbar auf das Baugenehmigungsverfahren anwendbar ist, also für den Erlass einer Baugenehmigung nicht unmittelbar maßgebend ist. Es werden keine Rechte der Planbetroffenen durch den allge-

---

[136] Oberstes VG 2. Senat, Urt. v. 17.12.2007, Nr. 12884; *Slatinova*, in: Djerov/Schaldupova/Ilova/Slatinova, Rechtliche Probleme des GtE, S. 350.

[137] *Slatinova*, in: Djerov/Schaldupova/Ilova/Slatinova, Rechtliche Probleme des GtE, S. 350.

[138] Verfassungsgericht, Urt. v. 9.5.2006 Nr. 5; Oberstes VG, Urt. v. 14.3.2011, Az. 3614, S. 8; Oberstes VG, Urt. v. 15.1.2014, Az. 543; *Lazarov/Todorov* Verwaltungsprozess, S. 182.

[139] So auch Verfassungsgericht, Urt. v. 9.5.2006 Az. 1/2006.

meinen Entwicklungsplan unmittelbar berührt, sondern erst durch die konkreten Festsetzungen des detaillierten Entwicklungsplans.[140] Hieraus drängt sich der Schluss auf, dass es sowohl an einer einmaligen als auch an einer unmittelbaren Regelungswirkung i.S.d. Art. 65 VwPO fehlt. Demnach kann es sich beim allgemeinen Entwicklungsplan nicht um einen allgemeinen Verwaltungsakt handeln.

Die fehlende unmittelbare Rechtswirkung gegenüber Dritten spricht auch gegen den Rechtscharakter eines individuellen Verwaltungsakts. Zudem sind auch Art. 103 Abs. 4 GtE und Art. 104 Abs. 1 S. 2 GtE anzuführen. Danach sind die detaillierten Entwicklungspläne an die Darstellungen der allgemeinen Entwicklungspläne gebunden. In diesem Kontext ist einerseits der Punkt anzuführen, dass das Gesetz über territoriale Entwicklung den Grundstückseigentümern und sonstigen dinglich Berechtigten einen Anspruch auf Aufstellung eines detaillierten Entwicklungsplans gewährt (so Art. 124a Abs. 5 GtE). Diese wiederum sind an die Darstellungen in dem allgemeinen Entwicklungsplan gebunden und können keine Nutzungsänderung beantragen, ohne dass der allgemeine Entwicklungsplan dementsprechend angepasst wird. Vor diesem Hintergrund erscheint die Außenwirkung des allgemeinen Entwicklungsplans nicht fernliegend. Andererseits sind die Darstellungen der allgemeinen Entwicklungspläne, die die Gesamtstruktur und Hauptzweckbestimmung der Flächen sowie die Art und Funktion der technischen Infrastruktur, den Umweltschutz und die unter Denkmalschutz stehenden Objekte betreffen, alleine für die zuständige Behörde im Aufstellungsverfahren detaillierter Entwicklungspläne verbindlich. Denn Adressaten von Art. 103 Abs. 4 GtE und Art. 104 Abs. 1 S. 2 GtE sind alleine die für das Bauleitplanverfahren in Bulgarien zuständigen Behörden und nicht Dritte. Diese Vorschriften legen den Schluss nahe, dass sich die rechtliche Wirkung des allgemeinen Entwicklungsplans alleine auf den verwaltungsinternen Bereich beschränkt. Folglich ist der allgemeine Entwicklungsplan eine Handlungsform, die alleine die Planbehörden bindet und keine Außenwirkung gegenüber Dritter entfaltet. Zieht man die rechtsvergleichende Parallele zur Rechtsform des Flächennutzungsplanes, wird dieses Ergebnis bestätigt. Denn das Pendant des allgemeinen Entwicklungsplans nach deutschem Recht, der Flächennutzungsplan, ist als vorbereitender Bauleitplan gem. § 1 Ans. 2 BauGB bezeichnet worden. Daher

---

[140] Stellungnahme der Richterin St. Stoyanova zum Urteil des Verfassungsgerichts v. 9.5.2006 Az.1/2006.

steht fest, dass der Flächennutzungsplan keine rechtliche Außenwirkung, sondern lediglich eine interne Rechtswirkung entfaltet.[141] Obwohl begründete Zweifel an der VA- und Rechtsnormenqualität der allgemeinen Entwicklungspläne bestehen, fehlt es im bulgarischen Schrifttum an einer herrschenden Meinung. Grund dafür ist möglicherweise der Umstand, dass die Konsequenzen für den Rechtsschutz unabhängig von der Rechtsnatur aus dem Gesetz hervorgehen. Gem. Art. 215 Abs. 6 GtE unterliegen die allgemeinen Entwicklungspläne sowie deren Änderungen keiner Anfechtung. Folglich sind die allgemeinen Entwicklungspläne in vergleichbarer Weise wie die Flächennutzungspläne in Deutschland nicht einer Anfechtungsklage bzw. Normenkontrolle zugänglich.[142]

II. Der detaillierte Entwicklungsplan

1. Funktion

Der detaillierte Entwicklungsplan bildet die nächste Etappe der Bauleitplanung in Bulgarien.

Die Aufgabe der detaillierten Entwicklungspläne besteht darin, die Darstellungen in den allgemeinen Entwicklungsplänen zu konkretisieren und weiter zu entwickeln.[143] Gem. Art. 8 und Art. 103 Abs. 3 GtE bestimmen die detaillierten Entwicklungspläne die konkrete Zweckbestimmung und das Maß der baulichen Nutzung einzelner Grundstücke sowie die besondere Art der baulichen Nutzung.[144] Die besondere Art der baulichen Nutzung ist dasjenige Planungsmerk-

---

[141] Zu der Rechtsnatur des Flächennutzungsplans: *Schiller*, in: Bracher/Reidt/Schiller, Bauplanungsrecht, Rn. 131 ff.; *Pauli*, in: Rabe/Pauli/Wenzel in Bau- und Planungsrecht, S. 67; *Koch/Hendler*, Baurecht, Raumordnungs-und Landesplanungsrecht, § 14 Rn. 12 f.; BVerwGE 128, 382 (385) über die statthafte Normenkontrolle gem. § 47 Abs. 1 Nr. 1 VwGO bei Darstellungen im FNP mit den Rechtswirkungen des § 35 Abs. 3 S. 3 BauGB.

[142] Auf die Rechtsschutzmöglichkeit in der Bauleitplanung wird ausführlich im 6. Kapitel eingegangen.

[143] *Sivkov*, Grundlagen der territorialen Entwicklung, S. 66; *Djerov/Ewrev/Gegov*, Kataster, Grundbuch und territoriale Entwicklung, S. 325; *Kowatschev*, Kommentar zum GtE, S. 66.

[144] *Djerov/Ewrev/Gegov*, Kataster, Grundbuch und territoriale Entwicklung, S. 325; *Kowatschev/Getscheva/Ilova/Philipova/Dimitrov*, Verfahren und Anwendungsunterlagen im Bereich der territorialen Entwicklung des Bauwesens, S. 44; zu den unterschiedlichen konkreten Nutzungsarten vgl. 2. Kapitel. IV. 2.

mal, das die selbständige Bebauung und Nutzung des vom Plan umfassten Grundstücks festlegt.[145]

Gem. Art. 12 Abs. 2 GtE wird die Bebauung nur dann zugelassen, wenn ein detaillierter Entwicklungsplan in Kraft getreten ist. Vor diesem Hintergrund ist der detaillierte Entwicklungsplan unentbehrlich, wenn der Bauherr die bauliche Nutzung seines Grundstücks plant. Dies hängt mit Art. 14 Abs. 1 GtE zusammen. Hiernach werden durch den detaillierten Entwicklungsplan Straßen, Stadtteile und Grundstücke zur Bebauung und sonstigen Nutzung verbindlich geregelt.[146] Das Gesetz differenziert zwischen geregelten und nicht geregelten Grundstücken. Die Definition des geregelten Baugrundstücks[147] enthält § 5 Nr. 11 der Zusatzvorschriften zum GtE. Demnach ist ein Baugrundstück durch einen detaillierten Entwicklungsplan insoweit geregelt, als dessen Grenzen, also den Zugang zur Straße oder zu Gehwegen, die konkrete Art und das Maß der baulichen Nutzung sowie die Bauweise festgesetzt sind. Die verbindliche Planung hat zur Folge, dass das betroffene Grundstück als „geregeltes", eigenständiges Eigentumsobjekt zu identifizieren ist, das bebaubar ist und einen höheren Marktwert hat.[148] Hingegen sind ungeregelte Flächen solche, für die weder ein wirksamer detaillierter Entwicklungsplan nach den Regeln des Gesetzes über territoriale Entwicklung noch ein gem. § 6 Abs. 1 Zusatzvorschriften zum Gesetz über territoriale Entwicklung gültiger Stadtentwicklungsplan nach dem alten Gesetz vorliegt.[149]

Die besondere Art der baulichen Nutzung, die durch den detaillierten Entwicklungsplan festgesetzt wird, unterliegt der Grundbucheintragungspflicht.[150]

2. Planarten

Im Einklang mit der Regelungsdichte und der planerischen Präzisierung ist der territoriale Umfang der detaillierten Entwicklungspläne eingeschränkter als jeder der allgemeinen Entwicklungspläne. Gem. Art. 108 Abs. 1 GtE konkretisieren

---

[145] *Bakalova/Yankulov*, Aktuelle Fragen der territorialen Entwicklung und des Katasters, Kommentar, S. 158.

[146] Das bulgarische Wort ist „регулира" kann als „regeln" übersetzt werden.

[147] Bulg. урегулиран поземлен имот.

[148] *Bakalova/Yankulov*, Aktuelle Fragen der territorialen Entwicklung und des Katasters, Kommentar, S. 158.

[149] *Kowatschev/Bakalova/Kischkilova/Angelieva/Daraktschiev/Ilova*, Aktuelle Fragen der territorialen Entwicklung und des Bauens, Kommentar, S. 14.

[150] Vgl. *Djerov*, in: Djerov/Schaldupova/Ilova/Slatinova, Rechtliche Probleme des GtE, S. 22.

sie die Ordnung und Bebauung der Flächen innerhalb der Siedlungsgebiete und deren Außenbereichen sowie der Siedlungsstrukturen.

Im Gegensatz zum deutschen Gesetz substantiiert das bulgarische Gesetz über territoriale Entwicklung unterschiedliche Arten von detaillierter Entwicklungsplanung. Kriterien für die Differenzierung der Planarten ist einerseits der territoriale Geltungsbereich, andererseits der Regelungsinhalt.[151]

a. Planarten nach dem räumlichen Umfang

Art. 109 GtE regelt die Planarten gemessen an dem territorialen Geltungsbereich:

Nr. 1 Siedlungsgebiete und deren Außenbereiche sowie Bestandteile der Siedlungsgebiete;

Nr. 2 Siedlungsgebiete und Siedlungsstrukturen sowie Teile davon, die zumindest einen Stadtteil erfassen;

Nr. 3 Außenbereiche oder Teile davon.

Die systematische Aufzählung dieser Planarten zeigt, dass der Gesetzgeber eine absteigende Qualifizierung der detaillierten Entwicklungspläne regelt, nämlich von mehr raumbeanspruchenden zu kleinräumigeren detaillierten Entwicklungsplänen.

b. Planarten nach dem Regelungsgehalt

Art. 110 legt fünf verschiedene Kategorien detaillierter Entwicklungspläne entsprechend ihrem Regelungscharakter fest:

Nr. 1 Plan zur Regelung und Bebauung – PRB (Plan zur Regulierung von Straßen und Grundstücken und Art der baulichen Nutzung);

Nr. 2 Plan zur Regulierung – PR (Plan zur Regulierung von Straßen und Grundstücken ohne Art der baulichen Nutzung);

Nr. 3 Plan zur Bebauung – PB;

Nr. 4 vorläufiger detaillierter Entwicklungsplan;

Nr. 5 parzellierte Pläne für die Elemente der technischen Infrastruktur außerhalb der Grenzen der urbanen Flächen.

---

[151] *Sivkov*, in: Sikov/Sinovieva/Dimitrov/Panayotova/Nikolova/Yankulova/Tscherneva/Miltscheva, Verwaltungsrecht, Besonderer Teil, S. 112.

Der in Art. 110 Abs. 1 Nr. 1 GtE niedergelegte Plan zur Regelung und Bebauung stellt die umfangreichste und ausführlichste detaillierte Planart dar.[152] Diese Planart detaillierter Entwicklungsplanung ist von rechtsvergleichendem Interesse, denn er ist mit dem qualifizierten Bebauungsplan gem. § 30 Abs. 1 BauGB vergleichbar. Der Plan zur Regelung und Bebauung ist dadurch gekennzeichnet, dass er gem. Art. 112 GtE i.V.m. Art. 47 Verordnung Nr. 8 ausführliche Festsetzungen über Art und Maß der baulichen Nutzung (z. B. Größe der Geschossfläche, Höhe baulicher Anlagen, Grundflächenzahl, etc.) enthält. Ebenso sollen die überbaubaren Grundstücksflächen und die örtlichen Verkehrsflächen festgesetzt werden. Ein wesentlicher Unterschied liegt in der Bedeutung des Liegenschaftskatasters für die Bestimmung der überbaubaren Grundstücksfläche. Zu differenzieren ist zwischen den Grundstücksgrenzen nach der Maßgabe des Liegenschaftskatasters und den durch den Plan zur Regelung und Bebauung gem. Art. 110 Abs. 1 Nr. 1 GtE festgesetzten Grundstücksgrenzen. Während die ersten das zivilrechtliche Eigentumsrecht betreffen, legen die zweiten die besondere Art der baulichen Nutzung gem. Art. 8 GtE fest.[153] In der Regel orientiert sich der Plangeber an den Eigentumsverhältnissen nach dem Liegenschaftskataster bei der Grenzenfestsetzung nach dem Gesetz über territoriale Entwicklung.[154] Ausnahmsweise gelten die dinglichen Eigentumspositionen für den Fall nicht, wenn die angrenzenden Nachbarn eine Abweichung von der zivilrechtlichen Lage durch einen notariell beurkundeten Vorvertrag vereinbart haben.[155] Demgegenüber beziehen sich die Festsetzungen im Bebauungsplan, wie sich aus § 9 Abs. 1 BauGB deutlich ergibt, auf eine flächenbezogene Planung, die nicht an die Grundstücksgrenzen im zivilrechtlichen Sinne gebunden ist.[156]

Der mögliche Grund für diesen Unterschied liegt in der Berechtigung eines gesetzlich autorisierten Personenkreises zur Planinitiative gem. Art. 124a Abs. 5, 131 GtE. Da das Initiativrecht nur Trägern von dinglichen Rechten eingeräumt ist, liegt es nahe, dass diese ihre Berechtigung nur im Rahmen ihrer sachenrechtlichen Grenzen ausüben dürfen.

---

[152] *Sivkov*, Grundlagen der territorialen Entwicklung, S. 71; *Djerov/Ewrev/Gegov*, Kataster, Grundbuch und territoriale Entwicklung, S. 327; *Petrov*, territoriale Entwicklung, S. 68.

[153] So *Bakalova/Yankulov*, Aktuelle Fragen der territorialen Entwicklung und des Katasters, Kommentar, S. 157.

[154] *Kowatschev/Bakalova/Kischkilova/Angelieva/Darktschiev/Ilova*, Aktuelle Fragen der territorialen Entwicklung und des Bauwesens, S. 18 f.

[155] Ebd.

[156] *Spannowsky/Uechtritz*, BauGB Kommentar, § 1 Rn. 8.

Der in Art. 110 Abs. 1 Nr. 2 GtE vorgesehene Plan zur Regulierung beinhaltet lediglich Festsetzungen in Bezug auf die Erschließungsanlagen. Der Plan zur Bebauung (Art. 110 Nr. 3 GtE) darf erstellt werden, wenn die in Nr. 1 und 2 aufgezählten Entwicklungspläne bereits vorliegen. Der vorläufige detaillierte Entwicklungsplan (Nr. 4) erstreckt sich nur auf ein Grundstück oder auf eine Gruppe von Grundstücken, die bereits Plangegenstand eines bestehenden detaillierten Entwicklungsplans sind. Hierdurch soll die Präzisierung der bestehenden Festsetzungen (bspw. Abstand, Maß und Tiefe der Gebäude) ermöglicht werden.[157] Die letzte Planart im Sinne der Nummer 5 weist bestimmte Erschließungs- und Infrastrukturanlagen aus.

Art. 110 Abs. 2 GtE besagt, dass sich die Wahl einer der in Abs. 1 aufgezählten Planarten nach den Entwicklungszielen und Aufgaben sowie nach den konkreten Erfordernissen richtet. Im Gegensatz zu der Anordnung im alten Gesetz über territoriale Entwicklung und Ortschaftsordnung bringt das aktuelle Gesetz zum Ausdruck, dass lediglich eine der im Absatz 1 angeführten Planarten detaillierter Entwicklungsplanung aufgestellt werden kann.[158] Maßgebend für die Entscheidung, welche der Planarten erforderlich ist, ist die konkrete städtebauliche Notwendigkeit des entsprechenden Plangebiets.

c. Verhältnis der Planarten untereinander

Art. 110 Abs. 2 GtE untersagt eine Kombination der unter Absatz 1 aufgezählten Planarten. Gemessen an dem Regelungsgehalt des Plans ist die Wahl nur auf eine der oben genannten Planarten beschränkt. Dies gilt aber nicht für die Kombination aus einer der Planarten nach Art. 109 Abs. 1 einerseits und nach Art. 110 Abs. 1 GtE andererseits. Die verschiedenen detaillierten Planarten gem. Art. 109 Abs. 1 und Art. 110 Abs. 1 GtE können nicht nur aufeinander aufbauen, sondern vielmehr hat der Planträger kumulativ die räumlichen Anforderungen des Art. 109 Abs. 1 GtE und die sachlichen Kriterien gem. Art. 110 Abs. 1 GtE zu beachten. Demnach lässt sich ein detaillierter Entwicklungsplan sowohl hinsichtlich des räumlichen Umfangs als auch in Bezug auf den Regelungsgehalt kategorisieren.

---

[157] *Sivkov*, Grundlagen der territorialen Entwicklung, S. 72 f.
[158] *Sivkov*, in: Sikov/Sinovieva/Dimitrov/Panayotova/Nikolova/Yankulova/Tscherneva/Miltscheva, Verwaltungsrecht, Besonderer Teil, S. 113.

Beispiel: Ein detaillierter Plan erstreckt sich auf das ganze Siedlungsgebiet und dient der Regulierung von Straßen und Grundstücken in diesem Siedlungsgebiet und setzt zudem die Art der baulichen Nutzung fest. Demnach ist dieser Plan einerseits dem Art. 109 Abs. 1 Nr. 1 GtE, andererseits dem Art. 110 Abs. 1 Nr. 1 GtE zuzuordnen.

3. Rechtsnatur und Rechtswirkung

Gem. Art. 12 Abs. 2 GtE ist die Bebauung von dem Inkrafttreten eines detaillierten Entwicklungsplans abhängig. Daher sind die detaillierten Entwicklungspläne im Vergleich zu den allgemeinen Entwicklungsplänen ein unentbehrlicher Schritt für den Erlass einer Baugenehmigung. Dies bringt Art. 108 Abs. 1 S. 2 GtE zum Ausdruck: Die Festsetzungen der detaillierten Entwicklungspläne sind für das Baugenehmigungsverfahren verbindlich. Wie der Bebauungsplan in Deutschland (§§ 1 Abs. 2, 8 Abs. 1 BauGB) beinhaltet der detaillierte Entwicklungsplan verbindliche Festsetzungen für die bauliche und sonstige Nutzung der im Plangebiet gelegenen Grundstücke. Somit sind die Festsetzungen eines Bebauungsplans von unmittelbarer Relevanz für das Baugenehmigungsverfahren und regeln die Eigentumsrechte der betroffenen Personen.[159]

Maßgebend für den Rechtscharakter des detaillierten Entwicklungsplans ist Art. 214 Nr. 1 GtE, der die Entwicklungspläne nach dem Gesetz über territoriale Entwicklung als individuelle Verwaltungsakte einordnet.[160] Jede Planart gem. Art. 110 GtE regelt die Nutzung eines bestimmten Grundstücks und ist zum Zeitpunkt des Inkrafttretens des Plans an bestimmbare Grundstückseigentümer adressiert.[161] Selbst wenn der detaillierte Entwicklungsplan eine Gruppe von Grundstücken erfasst, handelt es sich nicht um einen allgemeinen Verwaltungsakt, sondern um eine Gesamtheit individueller Verwaltungsakte.[162]

Ein rechtsvergleichender Blick auf § 10 Abs. 1 BauGB bringt den Unterschied zum deutschen Recht deutlich zum Ausdruck. Denn die Kommune in der Bun-

---

[159] Dazu auch *Sivkov*, Grundlagen der territorialen Entwicklung, S. 66.
[160] Zum Rechtscharakter des detaillierten Entwicklungsplans gem. Art. 214 Nr. 1 GtE: *Lazarov/Todorov*, Verwaltungsprozess, S. 180; *Slatinova*, in: Djerov/Schaldupova/Ilova/Slatinova, Rechtliche Probleme des GtE, S. 316 f.
[161] *Lazarov/Todorov*, Verwaltungsprozess, S. 180.
[162] *Lazarov/Todorov*, Verwaltungsprozess, S. 181; Oberstes VG 2. Senat, Urt. v. 16.9.2008, Nr. 9335; VG Sofia Gebiet, Urt. v. 21.7.2008 Nr. 429.

desrepublik Deutschland beschließt den Bebauungsplan als Satzung, also als eine abstrakt-generelle Rechtsnorm. Auch wenn früher Teile der deutschen Literatur[163] und Verwaltungsgerichtsbarkeit[164] dem Bebauungsplan, genauer dem Beschluss des Gemeinderats, eine konkret-individuelle Regelung zusprachen und damit die Rechtsform des Verwaltungsaktes annahmen, war der Meinungskonflikt um die Rechtsnatur des Bebauungsplans mit Einführung des § 10 Bundesbaugesetzes (BBauG) im Jahr 1960 BauGB zu Ende.[165] Denn diese Norm qualifizierte den Bebauungsplan als gemeindliche Satzung. Die Auseinandersetzungen bezüglich der gerichtlichen Überprüfbarkeit von Bebauungsplänen endeten endgültig mit der Änderung des § 47 Abs. 1 Nr. 1 VwGO im Jahr 1976, wodurch ausdrücklich die Normenkontrolle für Satzungen und Verordnungen nach dem Baugesetzbuch zugelassen wurde.[166]

III. Besondere Entwicklungspläne – Sofia und die Schwarzmeerküste

Im Unterschied zum deutschen Gesetzgeber sieht die bulgarische Rechtsordnung zwei weitere Spezialgesetze vor, die die Vorschriften im Gesetz über territoriale Entwicklung in Bezug auf die räumliche Planung der Schwarzmeerküste und der Gemeinde Sofia[167] verdrängen.[168] Das sind das Gesetz über die Entwicklung und Bebauung von Sofia (GBauSofia) und das Gesetz über die Entwicklung der Schwarzmeerküste (GES).

Dem Gesetz über die Entwicklung und Bebauung von Sofia[169] liegen folgende Regelungsgegenstände zugrunde: Entwicklung und Bebauung des Gemeindegebiets, Entwicklung der stadtnahen Flächen, Entwicklung der städtischen (auch zentralen) Flächen, Entwicklung der Grünflächen und der technischen Infrastruktur. Im Gegensatz zu den meisten Gemeinden in Bulgarien, die immer noch keine allgemeinen Entwicklungspläne haben, ist ein für das ganze Gemeindege-

---

[163] Zum früheren Meinungsstand: *Brohm*, Rechtsschutz im Bauplanungsrecht, 1959, S. 27 f.; *Pestalozza*, Formenmissbrauch des Staates, S. 154 f.

[164] Zur Anfechtbarkeit des Bebauungsplans als Verwaltungsakt: VGH Stuttgart, DÖV 1954, 663 (664); Bebauungsplan als Gegenstand prinzipaler verwaltungsgerichtlicher Normenkontrolle: *Bartlsperger*, DVBl. 1967, 360 (368 f.).

[165] Bundesbaugesetz vom 23.6. 1960 (Bundesgesetzblatt I S. 341- 388) war der Vorgänger vom gegenwärtigen Baugesetzbuch, das am 1.7.1987 in Kraft trat.

[166] So *Battis*, Öffentliches Baurecht und Raumordnungsrecht, Rn. 207; zur historischen Entwicklung der VwGO: *Schlacke*, Überindividueller Rechtsschutz, S. 104.

[167] Sofia ist seit 1878 die Hauptstadt Bulgariens.

[168] Vgl. *Sivkov*, Grundlagen der territorialen Entwicklung, S. 64.

[169] Das GBauSofia trat am 27.12.2006 in Kraft.

biet geltender allgemeiner Entwicklungsplan seit 2007 anwendbar. Darauf verweisen die konkreten Bestimmungen des Gesetzes über die Entwicklung und Bebauung von Sofia in Bezug auf die detaillierten Entwicklungspläne.

Das Schwarzmeerküstengesetz[170] stellt das spezielle Regelungswerk zur räumlichen Planung, Nutzung und Vermessung sowie zur Konzessionsvergabe der an der Schwarzmeerküste gelegenen Gebiete dar. Aufgrund der wirtschaftlichen und naturschutzrechtlichen Bedeutung der Schwarzmeerküste waren restriktive Bestimmungen erforderlich, die die Nutzung und Bebauung der betreffenden Flächen regeln.[171] Die Ordnung und Entwicklung des Schwarzmeerraums erfolgt gem. Art. 18 Abs. 1 GES auf der Grundlage der raumordnerischen Konzepte und Schemen, der allgemeinen Entwicklungspläne, der detaillierten Entwicklungspläne sowie der speziellen detaillierten Entwicklungspläne. Besonderheiten ergeben sich hinsichtlich der festgesetzten Grenzen des Küstenstreifens, der Natur- und Kulturschutzgebiete, der zulässigen Rekreationskapazitäten der Kur- und Badeorte, Holiday Clubs, Ferienwohnungssiedlungen und insbesondere der staatlichen Grenzen sowie deren Sicherheitsvorkehrungen.

---

[170] Das GES trat am 15.6.2007 in Kraft.
[171] *Miltschev/Kowatschev*, Der neue Gesetzesstand der territorialen Entwicklung, S. 9.

4. Kapitel:
Rechtmäßigkeitsanforderungen

Kennzeichnend für die bulgarische Städtebauordnung ist, dass grundsätzlich alle Normen, die aus dem Gesetz über territoriale Entwicklung stammen, als materielle Voraussetzungen angesehen werden, auch wenn sie reine Zuständigkeits- oder Verfahrensanordnungen enthalten. Auch Schrifttum und Judikatur unterscheiden nicht nach formell- und materiell-rechtlichen Kriterien, sondern alleine nach materiellen und prozessrechtlichen Gesetzesvorgaben. Die materiell-rechtlichen Vorgaben sind die Anordnungen der materiellen Gesetze, die die Rechtsverhältnisse zwischen den Verwaltungsorganen und den Beteiligten an dem Verwaltungsverfahren regeln, hierzu gehören auch die ersten zwei Kapitel mit verwaltungsverfahrensrechtlichen Vorschriften der bulgarischen Verwaltungsprozessordnung. Prozessrechtliche Gesetzesvorgaben sind hingegen die Rechtsvorschriften, die die Prozesshandlungen im Rahmen eines Gerichtsverfahrens festlegen. Diese Vorschriften sind auf die gerichtliche Überprüfbarkeit von Verwaltungshandlungen bezogen.[172] Demnach sind sowohl die formellen als auch die materiellen Rechtmäßigkeitsvoraussetzungen oft in einem Gesetz, wie hier in dem Gesetz über territoriale Entwicklung, niedergeschrieben. In Anlehnung an das Schema der Rechtsprüfung nach deutschem Recht sind die formellen und materiell-rechtlichen Rechtmäßigkeitsvoraussetzungen des bulgarischen Bauleitplanungsrechts zu prüfen. Sie werden gemeinsam für die allgemeinen und die detaillierten Entwicklungspläne dargestellt und nur soweit notwendig wird auf die Unterschiede zwischen den beiden Planungsinstrumenten hingewiesen. Hierbei ist erneut zu betonen, dass die allgemeinen Entwicklungspläne im Gegensatz zu den detaillierten Entwicklungsplänen keiner Individualklagemöglichkeit zugänglich sind.

I. Ermächtigungsgrundlagen

Wegen des Grundrechtseingriffs staatlicher Bauleitplanung bedarf es gesetzlicher Ermächtigungsgrundlagen. Die für die bulgarische Bauleitplanung relevan-

---

[172] Zur Differenz zwischen materiellen und prozessualen Vorschriften: *Pentschev/Todorov/ Angelov/Yordanov*, Administrativprozessualer Kodex, Kommentar, S. 384 f.; zum materiellen Recht im Verwaltungsrecht in Abgrenzung zum Zivilrecht: Stalev/Mingova/Popova/ *Ivanova*, Bulgarisches Zivilprozessrecht, S. 71 f.

ten Ermächtigungsgrundlagen[173] und Verfahrensvorschriften hinsichtlich der Planaufstellung sind im dritten Abschnitts des sechsten Kapitels (Art. 124 – Art. 134 GtE) dargelegt. Konkret einschlägig für die Planaufstellung allgemeiner Entwicklungspläne sind Art. 124, 127 GtE, für die Planaufstellung detaillierter Entwicklungspläne sind dies Art. 124a, 128 GtE. Einige Vorschriften wie die Bestimmung über den städtebaulichen Auftrag gem. Art. 125 GtE gelten gemeinsam für alle Entwicklungspläne. In Bezug auf die Änderung bereits bestehender Entwicklungspläne verweist Art. 136 Abs. 1 GtE auf die verfahrensrechtlichen Vorschriften bei der Planaufstellung. Demnach ist eine separate Darstellung der formellen Anforderungen an die Planänderung entbehrlich.

II. Formelle Anforderungen an die Entwicklungspläne

1. Zuständigkeiten

Die bulgarischen Verwaltungsgesetze, darunter auch das Gesetz über territoriale Entwicklung, unterscheiden nicht zwischen Verbands- und Organkompetenz, sondern beziehen sich auf die Kompetenzen der Staats- und Kommunalorgane. Bei den Staatsorganen differenzieren die Gesetze zwischen territorialen und zentralen Organen vollziehender Gewalt.[174] Territoriale Organe sind die Gebietsverwalter auf der Gebietsebene und die Bürgermeister auf der Kommunalebene als Einzelorgane der vollziehenden Gewalt mit Allgemeinkompetenz.[175] Der Bürgermeister hat eine doppelte Position inne: Zum einen ist er gem. Art. 38 Abs. 1 S. 1 des Gesetzes über die örtliche Selbstverwaltung und die örtliche Administration (GöSöA) das Exekutivorgan der Gemeinde, also ein kommunales Organ, zum anderen territoriales Organ der vollziehenden Gewalt (Art. 19 Abs.3 Nr.2 des Gesetzes über die Administration (GA)). Der Ministerrat, der Ministerpräsident, die vertretenden Ministerpräsidenten, die Ressortminister sind gem. Art. 19 Abs. 2 GA die zentralen Exekutivorgane.

---

[173] Bulg. правно основание.

[174] Allgemein werden die Kompetenzen der Exekutivorgane durch das Gesetz über die Administration (GA) geregelt.

[175] *Dermendjiev/Kostov/Hrusanov*, Verwaltungsrecht der Republik Bulgarien, S. 123 f.

Art. 2 GtE ff. regeln die Kompetenzen der zuständigen Organe im Bereich der Raumplanung. Entsprechend den raumbezogenen Zielen, Aufgaben und dem territorialen Umfang sind sie zwischen den Staats- und Kommunalorganen aufgeteilt.[176] Systematisch bilden die in Art. 2 bis 6 GtE geregelten Zuständigkeiten eine hierarchische Struktur, die sich auf unterschiedliche territorialbedingte Entscheidungsebenen bezieht.[177]

Auf der obersten Stufe bestimmt gem. Art. 2 GtE der Ministerrat die allgemeinen politischen Richtungen und Prinzipien der territorialen Entwicklung (Raumplanung) und beschließt die Finanzierungsfragen in diesem Bereich.

Nach Art. 3 Abs. 1 S. 1 GtE leitet der Minister für regionale Entwicklung und öffentliche Arbeiten die Durchführung der Staatspolitik im Bereich der territorialen Entwicklung. Er koordiniert auch die Tätigkeit der zentralen und territorialen Organe der vollziehenden Gewalt sowie der Organe der örtlichen Selbstverwaltung und der örtlichen Administration. Zudem beaufsichtigt er durch die von ihm geleitete Behörde für nationale Bauaufsicht (BfnB) die gesamte Tätigkeit auf dem Gebiet der Raumplanung.[178]

Der Gebietsverwalter setzt die Staatspolitik im Bereich der Raumplanung auf der Gebietsebene um (Art. 4 Abs. 1 GtE). Im Zusammenhang mit den Entwicklungs-und Ordnungszielen und den Aufgaben auf überörtlicher Ebene kann der Gebietsverwalter nach den Normen im Gesetz über territoriale Entwicklung ein Gebietssachverständigengremium bilden, das sich mit der Raumplanung auseinandersetzt. Schließlich verpflichtet Art. 4 Abs. 3 GtE den Gebietsverwalter zur Führung eines Archivregisters, das der Öffentlichkeit Informationen über die von ihm auf der Grundlage des Gesetzes über territoriale Entwicklung erlassenen Verwaltungsakte zugänglich macht.

Die genannten Organe der Staatsgewalt (Ministerrat, der Ressortminister und der Gebietsverwalter) vollziehen die raumplanungsrechtliche Staatspolitik. Auf der unteren Ebene sind der Gemeinderat und der Bürgermeister als Repräsentanten der örtlichen Gewalt für die örtliche Raumplanung, die Bauleitplanung, zuständig. Dies lässt sich Art. 5 Abs. 1 GtE entnehmen. Demnach bestimmen die

---

[176] *Bakalova/Yankulov*, Aktuelle Fragen der territorialen Entwicklung und des Katasters, Kommentar, S. 105.

[177] *Petrov*, Territoriale Entwicklung, S. 39.

[178] *Slatinova*, in: Djerov/Schaldupova/Ilova/Slatinova, Rechtliche Probleme des GtE, S. 311; *Sivkov*, Grundlagen der territorialen Entwicklung, S. 20.

Gemeinderäte und die Bürgermeister im Rahmen ihrer delegierten Kompetenz die raumbezogene Politik auf Gemeindeebene. Sie sind im Bereich der territorialen Entwicklung in der entsprechenden Gemeinde tätig. Diese Norm korrespondiert mit dem in Art. 17 Abs. 1 Nr. 2 GöSöA geregelten örtlichen Selbstverwaltungsrecht im Bereich der territorialen Entwicklung und Ordnung der Gemeinde. Der Gemeinderat und der Bürgermeister werden dementsprechend auf kommunaler Ebene ermächtigt, die Kommunalpolitik hinsichtlich städtebaulicher Entscheidungen im Rahmen ihres gesetzlich eingeräumten Kompetenztitels zu bestimmen und durchzuführen.[179] Diese Norm stellt die allgemeine Ermächtigungsgrundlage für die Aufstellung und Änderung von Entwicklungsplänen in Bulgarien dar. Die gesetzlich eingeräumten Kompetenztitel sind als konkrete Ermächtigungsgrundlagen in dem gesamten Gesetz über territoriale Entwicklung niedergelegt. Art. 124 GtE ff. sind die für die Bauleitplanung einschlägigen Normen.

Ein weiteres Organ der Bauleitplanung ist der Hauptarchitekt in einer Gemeinde. Art. 5 Abs. 3 S. 1 GtE ermächtigt ihn zur Leitung, Koordination und Kontrolle der städtebaulichen Tätigkeiten. Der Hauptarchitekt wird von einem kommunalen Prüfungsausschuss gewählt.[180] Im Rahmen seiner Kompetenzen kann er dementsprechend auch Verwaltungsakte erlassen. Somit ist er als eigenständiger und unabhängiger Entscheidungsträger im Bereich der Bauleitplanung etabliert.[181] Das früher im Gesetz über territoriale Entwicklung und Ortschaftsordnung geregelte sogenannte „Subordinationsverhältnis" zwischen dem Bürgermeister und dem Hauptarchitekten, wonach der Hauptarchitekt als weisungsabhängiger Verwaltungshelfer der kommunalen Administration dem Bürgermeister untergeordnet war, schaffte das Gesetz über territoriale Entwicklung ab. Nach Maßgabe der geänderten Rechtslage leitet der Hauptarchitekt auch gegenüber dem Bürgermeister sein Ressort als selbständiger Entscheidungsträger.[182]

---

[179] So auch *Bakalova/Yankulov*, Aktuelle Fragen der territorialen Entwicklung und des Katasters, Kommentar, S. 105.

[180] Zum Prüfungsverfahren zur Wahl des Hauptarchitekten in Sofia: http://www.sofia.db/ Glaven-arhitekt-Sofia_Dl_Opisanie_protsedura.asp (Abruf v. 15.10.2016).

[181] *Kowatschev*, Aktuelle Änderungen des Rechtswesens im Bereich der territorialen Entwicklung, Kommentar, S. 13; *Sivkov*, in: sikov/Sinovieva/Dimitrov/Panayotova/Nikolova/Yankulova/Tscherneva/Miltscheva, Verwaltungsrecht, Besonderer Teil, S. 110.

[182] *Sivkov*, Grundlagen der territorialen Entwicklung, S. 21; *Kowatschev*, Aktuelle Änderungen des Rechtswesens im Bereich der territorialen Entwicklung, Kommentar, S. 13.

Demnach werden dem Hauptarchitekten bestimmte Aufgaben im Bereich der territorialen Entwicklung übertragen (z. B. Planinitiativrecht bei der detaillierten Entwicklungsplanung gem. Art. 124a Abs. 2 GtE), die er selbständig gegenüber dem Bürgermeister und in Eigenverantwortung wahrnimmt. Der Hauptarchitekt ist im öffentlichen Dienst tätig.

Schließlich sieht Art. 6 Abs. 1 GtE bestimmte Hilfsgremien mit speziellen Beratungs- und Begutachtungsfunktionen vor. Das sind das nationale Sachverständigengremium für Raumplanung und regionale Politik, die Gebiets- und Gemeindesachverständigengremien (noch kommunale Sachverständigengremien genannt) für Raumplanung. Das nationale Sachverständigengremium wird vom Minister für regionale Entwicklung und örtliche Arbeiten ernannt, der Gebietsverwalter bestellt das Gebietsgremium, der Bürgermeister das Gemeindesachverständigenkollegium.[183] Gem. Art. 6 Abs. 2 GtE sind die Hilfsgremien aus Fachkräften auch außerhalb der entsprechenden Administration zusammenzusetzen, wobei das Gesetz ebenso Vertreter von Organisationen im Bereich der Raumplanung und des Bau- und Planungswesens zulässt. Zu der letztgenannten Kategorie gehören beispielsweise Ingenieure, Architekten, Bausachverständige.

Die Aufgabenverteilung im Bereich der Raumplanung zeigt, dass der bulgarische Gesetzgeber ein komplexes Gebilde der territorialen Ordnung geschaffen hat. Er ermächtigt sowohl Organe höchster zentraler vollziehender Gewalt als auch territoriale Exekutivorgane bis hin zu eng spezialisierten Behörden auf örtlicher Ebene. Das auf diese Weise aufgebaute Zuständigkeitssystem deutet auf den gesetzgeberischen Willen hin, den kommunalen Organen einen eigenständigen und selbstbestimmenden Aufgaben- und Entscheidungsraum örtlicher Planung zu überlassen. Geht der Entscheidungsumfang über die lokale Planungsstruktur hinaus, wirken auch die nachgeordneten Organe vollziehender Gewalt mit. Dies belegt u. a. Art. 124 GtE. Nach Abs. 1 sind grundsätzlich der Gemeinderat und der Bürgermeister für den Aufstellungsbeschluss der allgemeinen Entwicklungspläne zuständig. Abs. 2 sieht bei der Planaufstellung hinsichtlich Siedlungsstruktur von nationaler Bedeutung oder der Gemeinden an der Schwarzmeerküste eine zusätzliche Genehmigung des Ministers für regionale Entwicklung nach den Vorschriften des Gesetzes über die Entwicklung der Schwarzmeerküste vor.

---

[183] *Petrov*, Territoriale Entwicklung, S. 40 f.

2. Verfahrensetappen

a. Initiative und Aufstellungsakt

Im Gegensatz zu dem deutschen Planaufstellungsverfahren (§§ 2 - 4b BauGB) ist nach bulgarischem Recht nicht alleine der Gemeinderat für die Einleitung und den Erlass des Planaufstellungsbeschlusses zuständig. Das Gesetz über territoriale Entwicklung unterscheidet zwischen dem einleitungsbefugten Organ bzw. Personenkreis und dem genehmigungs- bzw. zulassungsbefugten Organ.[184] Das erstgenannte Organ unterbreitet den Vorschlag, ergreift also die Initiative, daher wird es als „Initiativträger" bezeichnet.[185] Das zulassungsbefugte Organ setzt durch einen Aufstellungsakt (Beschluss oder Verfügung) das förmliche Planaufstellungsverfahren in Gang. Der Initiativträger ist nicht dem deutschen Verständnis des Vorhabenträgers gleichzusetzten. Der Vorhabenträger im deutschen Baurecht kann zum einen als Baubewerber dem Baugenehmigungsverfahren unterworfen sein, zum anderen kann er aber auch gleichberechtigter Vertragspartner der Gemeinde aufgrund eines städtebaulichen Vertrags i.S.d. § 11 BauGB sein. Dennoch sieht das deutsche Baurecht weder in § 11 noch in § 12 BauGB einen Anspruch auf Planaufstellung vor, vgl. § 1 Abs. 3 S. 2 BauGB. Der Initiativträger (i.S.d. GtE-Vorschriften) ist gesetzlich ermächtigt, den Planungsanstoß zu geben. Ob ein Planentwurf ausgearbeitet werden darf, entscheidet das zuständige Organ in dem maßgeblichen Aufstellungsakt. Hierdurch wird das initiierte Planvorhaben genehmigt oder abgelehnt.

Sowohl der Aufstellungsbeschluss (bulg. „решение") als auch die Aufstellungsverfügung (bulg. „заповед") sind im Umkehrschluss zu Art. 124b Abs. 4 GtE, der die Beschlüsse und die Verfügungen nach Art. 124 und 124a GtE für unanfechtbar erklärt, interne Maßnahmen. Somit entfalten diese Akte keine rechtsverbindliche Außenwirkung. Dennoch ist der einschlägige Aufstellungsakt eine zwingende Verfahrensvoraussetzung, deren Vorliegen für die Einleitung des förmlichen Verfahrens unentbehrlich ist. Fehlt es daran, hat dies die Unwirksamkeit des Planes zur Folge.[186]

Im Unterschied zu den Bauleitplänen in Deutschland, bei denen das Planaufstellungsverfahren grundsätzlich einheitlich erfolgt (§§ 2-4b BauGB), stellen Art.

---

[184] *Bakalova/Yankulov*, Aktuelle Fragen der territorialen Entwicklung und des Katasters, Kommentar, S. 183; *Sivkov*, Grundlagen der territorialen Entwicklung, S. 77.

[185] Bulg. възложител.

[186] Vgl. *Sivkov*, Grundlagen der territorialen Entwicklung, S. 76.

124 und 124a GtE entsprechend der Planart unterschiedliche Anforderungen an Initiativträger und Aufstellungsakte auf.

aa. bzgl. allgemeiner Entwicklungspläne

Zuständig für die Einleitung und Beschließung allgemeiner Entwicklungspläne sind sowohl die kommunalen als auch die staatlichen Exekutivorgane. Dies korrespondiert mit ihrer eingeräumten Befugnis zur Durchführung kommunaler und staatlicher Politik.[187] Den Grundsatz bildet Art. 124 Abs. 1 GtE. Danach hat der Bürgermeister das Initiativrecht zur Einleitung des Aufstellungsverfahrens inne. Der Gemeinderat erlässt hiernach den Aufstellungsbeschluss, der die Planaufstellung in die Wege leitet.[188] Eine Ausnahme hiervon sieht Art. 124 Abs. 2 GtE vor.[189] In diesem Fall erlässt der Minister für regionale Entwicklung und öffentliche Arbeiten eine Aufstellungsverfügung, wenn es sich um einen allgemeinen Entwicklungsplan für eine Siedlungsstruktur von nationaler Bedeutung oder für eine Gemeinde, die vom Schwarzmeerküstengesetz betroffen ist, handelt.

bb. bzgl. detaillierter Entwicklungspläne

(1) Art. 124a Abs. 1 GtE

Die allgemeine Regel in Art. 124a Abs. 1 GtE lautet, dass der Bürgermeister das Initiativrecht innehat, woraufhin der Gemeinderat durch den Planaufstellungsbeschluss das Aufstellungsverfahren einleitet.[190] Dies gilt sowohl für urbane Flächen[191] und Grundstücke außerhalb der urbanen Flächen als auch für Siedlungsstrukturen von nationaler Bedeutung sowie für Grundstücke außerhalb der Grenzen urbaner Flächen. In der Literatur wird kritisiert, dass die vorbezeichneten Kriterien (Grenzen urbaner Flächen, Grenzen von Siedlungsgebieten, Objek-

---

[187] *Bakalova/Yankulov*, Aktuelle Fragen der territorialen Entwicklung und des Katasters, Kommentar, S. 109.

[188] Hierzu *Kowatschev*, Aktuelle Änderungen des Rechtswesens im Bereich der territorialen Entwicklung, Kommentar, S. 29.

[189] *Kowatschev*, Das Neue im Planaufstellungsverfahren von allgemeinen Entwicklungsplänen, „Eigentum und Recht" 2012, 45 (46).

[190] So auch *Ilova/Miltschev*, Der neue Stand des Gesetzes über territoriale Entwicklung, Kommentar, S. 43.

[191] Zu urbanen Flächen siehe 4. Kapitel, II. 2.a.aa.

te von regionaler oder nationaler Bedeutung) die Rechtsanwendung erschweren und zu uneinheitlicher Rechtsprechung führen.[192]

(2) Art. 124a Abs. 2 GtE

Für einen Teil urbaner Flächen in Sofia mit einem räumlichen Umfang von bis zu einem Stadtviertel sowie in Städten, die in Stadtbezirke unterteilt sind,[193] - bis zu drei Stadtvierteln, ist der Hauptarchitekt zur Verfahrenseinleitung ermächtigt. Eine Ausnahme bilden hier Siedlungsstrukturen von nationaler Bedeutung. Der Bürgermeister setzt die Planung durch eine Aufstellungsverfügung in Gang.[194] Bei dieser Konstellation ist der Hauptarchitekt Planinitiativträger, der Bürgermeister der Entscheidungsträger hinsichtlich der Zulässigkeit der Aufstellung.

(3) Art. 124a Abs. 3 GtE

Auf Vorschlag des Bürgermeisters als Initiativträger stimmt der Gebietsverwalter das Planaufstellungsverfahren mit den detaillierten Entwicklungsplänen von regionaler Bedeutung oder im überörtlichen territorialen Bereich ab. Demnach ist der Gebietsverwalter der Entscheidungsträger, der die Planaufstellung durch eine Aufstellungsverfügung genehmigt.

(4) Art. 124a Abs. 4 GtE

Auf Vorschlag des Bürgermeisters genehmigt der Minister für regionale Entwicklung und öffentliche Arbeiten als Entscheidungsträger die Aufstellung de-

---

[192] *Miltschev/Kowatschev*, Der neue Gesetzesstand der territorialen Entwicklung, S. 27 f.

[193] Die Gemeinden sind gem. Art. 135 Abs. 2 Verfass. RBG, Art. 10 GatARBG ff. in zwei administrativ-territoriale Einheiten - Bürgerämter (кметства) und die Stadtbezirke (райони) – unterteilt. Bürgerämter können gem. Art. 14 Abs. 1, Art. 16 GatARBG innerhalb des Gemeindegebiets mit mehr als 350 Einwohnern durch einen Beschluss des Gemeinderats gebildet werden. Wie sich dem Wort entnehmen lässt, werden die Bürgerämter von Bürgermeistern geleitet. Stadtbezirke gibt es in der Hauptstadt sowie in Städten mit über 300 000 Einwohnern (Art. 10 Abs. 1 GatARBG). Diese werden immer gebildet und sind daher als obligatorisch gekennzeichnet. Ebenso befugt zur Beschließung von Stadtbezirken sind auch die Gemeinderäte von Städten mit über 100 000 Einwohnern (Art. 10 Abs. 2 GatARBG), freiwillige Aufteilung. Auch hier werden Bürgermeister als Exekutivorgane der Stadtbezirke gewählt. Nach Art. 39 a Abs. 1 GöSöA werden sie auf Vorschlag des Bürgermeisters der Gemeinde von dem Gemeinderat für dessen Legislaturperiode gewählt. Da die Bürgerämter und die Stadtbezirke Bestandteile der Gemeinde sind, verwirklicht sich auch in diesen die örtliche Selbstverwaltung.

[194] Vgl. *Kowatschev*, Aktuelle Änderungen des Rechtswesens im Bereich der territorialen Entwicklung, Kommentar, S. 29; *Kowatschev*, Eigentum und Recht 2013, 65 (66).

taillierter Entwicklungspläne, die sich über die Grenzen eines Verwaltungsgebiets erstrecken oder Objekte von nationaler Bedeutung festsetzen.

(5) Art. 124a Abs. 5 GtE

Gem. Art. 124a Abs. 5 GtE können berechtigte Personen (bulg. заинтересовани лица) einen Anspruch auf Einleitung des Aufstellungsverfahrens auf eigene Rechnung geltend machen. Die unter Art. 1-4 GtE angeführten zuständigen Behörden (Gemeinderat, Bürgermeister, Gebietsverwalter, Ressortminister) sollten dem Antrag zustimmen und damit über den Einleitungsanspruch entscheiden. Aus Sicht des deutschen Baurechts stellt diese Berechtigung des Einzelnen, einen detaillierten Entwicklungsplan anzufordern, keinen unerheblichen Planungsunterschied dar. Anders als die ausdrückliche Negierung von Individualansprüchen auf Bauleitpläne gem. § 1 Abs. 3 S. 2 BauGB räumt das bulgarische Gesetz Privatpersonen ein subjektiv-öffentliches Recht auf Entscheidung über die Aufstellung eines detaillierten Entwicklungsplans ein. Der legitime Personenkreis wird gem. Art. 131 GtE konkretisiert. Hiernach gelten als berechtigte Personen Grundstückseigentümer und Inhaber eingetragener dinglicher Rechte sowie Konzessionäre der im Plangebiet gelegenen Grundstücke. In sachlicher Hinsicht ist jemand initiativberechtigt, wenn er durch die Festsetzungen im detaillierten Entwicklungsplan unmittelbar betroffen ist.[195] Art. 131 Abs. 2 Nr.1-4 GtE führt abschließend die unmittelbar betroffenen Grundstücke und damit die unmittelbar betroffen Individualanspruchssteller an. Hierzu zählen die Planunterworfenen (Nr. 1) und die benachbarten Grundstückseigentümer (Nr. 2-4). An den letztgenannten Personenkreis stellt das Gesetz folgende Anforderungen: ihr Grundstück muss als Teil einer geschlossenen Bauweise (Nr. 2) sein; der Abstand zwischen den benachbarten Grundstücken wird verringert (Nr. 3); die konkrete Art der baulichen Nutzung des Plangegenstands wird geändert (Nr. 4). Aus der strikten, vom Gesetzgeber gewählten Formulierung und Aufzählung ist zu folgern, dass bis auf die Konzessionäre, nur dinglich Berechtigte befugt sind, sich als Individualanspruchssteller an der Bauleitplanung zu beteiligen. Ausgeschlossen sind somit obligatorisch Berechtigte (Mieter, Pächter).

Den Aufstellungsakt (Verfügung oder Beschluss) erteilen die Organe nach Art. 124a Abs. 1-4 GtE entsprechend dem territorialen Umfang des initiierten detaillierten Entwicklungsplans.

---

[195] So auch *Slatinova*, in: Djerov/Schaldupova/Ilova/Slatinova, Rechtliche Probleme des GtE, S. 361.

Das private Initiativrecht ist auf die demokratischen Änderungen Anfang der neunziger Jahre im damaligen „Ostblock" zurückzuführen. Wie bereits oben ausgeführt wurde, sollte das Gesetz über territoriale Entwicklung zur Rehabilitierung des während des Sozialismus unterdrückten Privatgrundeigentums beitragen und die überholten Vorschriften des alten Gesetzes über territoriale Entwicklung und Ortschaftsordnung im Bereich der Bauleitplanung an die neuen Verhältnisse anzupassen.[196] Das alte Recht sah eine übertrieben große Vielzahl von Planungsinstrumenten im Bereich der Raumplanung vor, die das Ziel hatten, eine ideal „durchgeplante" Städtebauordnung zu schaffen.[197] Auch damals war ein sogenannter detaillierter Städtebauplan (bulg. подробен градоустройствен план) gem. Art. 21 GtEO erforderlich, um die Bebauung öffentlicher und privater Grundstücke durchzuführen. Allerdings waren das private Initiativrecht und sein Anwendungsbereich ziemlich eingeschränkt.[198] Der Kreis der privaten Planinitiativberechtigten war sowohl in persönlicher als auch in sachlicher Hinsicht eng umrissen. Das Gesetz über territoriale Entwicklung und Ortschaftsordnung bezog sich lediglich auf berechtigte Grundstückseigentümer, weitere dinglich Berechtigte sowie Konzessionäre wurden im Gegensatz zur gegenwärtigen Gesetzeslage nicht befugt. Zudem war nur eine durch das Eigentumsgesetz a. F. bestimmte Grundstücksfläche für die private Bebauung zulässig.

Ein weiterer Aspekt für die Einführung des Individualrechts in das Gesetz über territoriale Entwicklung lag in den Restituierungsprozessen. Denn eine Großzahl der ehemals enteigneten Grundstücke wurde den privaten Eigentümern im Wege der Restituierung zurückübereignet, was eine neue Welle von Grundstücksneunutzungen herbeiführte. Allerdings fehlten aktuelle detaillierte Entwicklungspläne, was ein Hindernis für die Realisierung der Bauvorhaben darstellte. Auch die Gemeinden konnten mangels ausreichender Haushaltsmittel keine neuen Bauleitpläne aufstellen.[199]

Vor diesem Hintergrund entschied sich der Gesetzgeber für ein neu formuliertes Grundstückseigentümerprivileg, das mit der zwingenden Pflicht zur detaillierten Entwicklungsplanung als Bedingung für die bauliche und sonstige Nutzung des Grundstücks (vgl. 12 Abs. 2 GtE) korrespondiert. Zwar braucht der Grundstück-

---

[196] Vgl. die vorstehenden Ausführungen unter 1. Kapitel.
[197] So Djerov/Schaldupova/Ilova/Slatinova, Rechtliche Probleme des GtE, S.14.
[198] Sivkov, Grundlagen der territorialen Entwicklung, S. 28.
[199] Vgl. *Bakalova/ Yankulov*, Aktuelle Fragen der territorialen Entwicklung und des Katasters, Kommentar, S. 108.

seigentümer einen detaillierten Entwicklungsplan als unentbehrliche Voraussetzung für die Grundstücksnutzung, er darf aber diesen detaillierten Entwicklungsplan selbst beantragen und ist nicht auf die Initiative der Kommune oder
der Zentralbehörden angewiesen. Folglich setzen die detaillierten Entwicklungspläne einerseits die bereits vom sozialistischen Gesetz geschaffene Rechtstradi-
tion im Bereich der verbindlichen Grundstücksplanung fort, andererseits erweitert die postsozialistische Gesetzeslage die privaten Eigentumsrechte an Grundstücken und räumt den privaten Eigentümern und weiteren dinglich Berechtigten
ein Recht auf Entscheidung über die Aufstellung eines detaillierten Entwicklungsplans ein.

b. Städtebaulicher Auftrag
Gemeinsam mit dem entsprechenden Aufstellungsakt (Aufstellungsbeschluss
oder Aufstellungsverfügung) nach Art. 124, 124a GtE wird auch der schriftliche
Auftrag nach Art. 125 GtE genehmigt (Art. 124b Abs. 1 S. 1 GtE). Art. 125 Abs.
1 GtE sieht den Auftrag als zwingende Voraussetzung, auf der die Planentwürfe
allgemeiner und detaillierter Entwicklungspläne beruhen. Er begleitet den Vorschlag bzw. Anspruch nach Art. 124, 124a GtE und wird vom Initiativträger erstellt (Art. Abs. 2 S. 1 GtE). Laut Art. 125 Abs. 1 GtE erfasst er – sofern es erforderlich ist - einen Grundlagenplan (bulg. опорен план) sowie zusätzliche Information über die räumliche Entwicklung, die die Gemeinden, das Amt für Geodäsie, Kartographie und Kataster sowie die zentralen und territorialen Verwaltungsträger auf Anfrage des Initiativträgers zur Verfügung stellen. Darüber hinaus soll der Initiativträger nach Art. 125 Abs. 2 S. 1 GtE die Planerforderlichkeit
im Auftrag begründen. Weiterhin enthält er Angaben über den Geltungsbereich,
die Aufstellungsfristen und -etappen sowie über die auf dem entsprechenden
Plangebiet geltenden raumordnungsrechtlichen Pläne und Entwicklungspläne.
Art. 125 Abs. 6 sieht eine Stellungnahme des Kultusministeriums vor, wenn der
Planentwurf Objekte betrifft, die unter Denkmalschutz stehen.
Art. 125 Abs. 7 GtE dient maßgeblich der Umsetzung von Unionsrecht. Der
städtebauliche Auftrag wird dem Ministerium für Umwelt und Wasserwirtschaft
(nachfolgend: Umweltministerium) und der zuständigen regionalen Umweltbe-
hörde vorgelegt, die die anwendbaren Verfahren nach dem sechsten Kapitel des
Umweltschutzgesetzes (UmweltschG) und gem. Art. 31 des Gesetzes über die
biologische Vielfalt (GbV) bestimmen. Nach Art. 125 Abs. 7 S. 2 GtE ist der
Umweltbericht ein Teil des Entwicklungsplans. Untrennbarer Bestandteil des

Entwicklungsplans ist dabei die abschließende Stellungnahme des zuständigen Organs zum Umweltbericht.[200] Aufgrund der europarechtlichen Relevanz dieser Vorschriften wird für Einzelheiten auf das fünfte Kapitel der Arbeit verwiesen.

c. Ausarbeitung des Planentwurfs

Nächster Verfahrensschritt ist die Ausarbeitung des Entwicklungsplanentwurfs. Diesbezüglich unterscheidet das Gesetz danach, ob das Aufstellungsverfahren auf einen privaten oder einen öffentlichen Initiativträger zurückzuführen ist.

aa. private Initiativträger

Bei Planentwürfen privater Initiativträger i.S.d. Art. 124a Abs. 5 GtE treffen die Initiativträger selbst die Entscheidung, welches Architekturbüro den gewünschten Planentwurf des detaillierten Entwicklungsplans ausarbeiten wird. Das entsprechende Planungsbüro wird auf der Grundlage eines privatrechtlichen Vertrages mit der Fertigstellung des Entwurfs beauftragt. Die Auswahlfreiheit ist die konsequente Folge der den Initiativträgern gem. Art. 124a Abs. 5 GtE auferlegten Kostentragungspflicht.

bb. öffentliche Hand als Initiativträger

Art. 126 Abs. 1 GtE besagt, dass die Ermittlung und die Ausarbeitung des Entwicklungsplanentwurfs sowie die Wahl des einschlägigen städtebaulichen Konzepts nach den Regelungen des bulgarischen Vergabegesetzes i.V.m. der Verordnung über das Vergabeverfahren im Bereich der Bauleitplanung und Investitionsentwicklung zu erfolgen hat. Da das bulgarische Vergabegesetz ebenso wie die deutschen §§ 97 ff. GWB einen öffentlichen Auftraggeber voraussetzt, gelten die Vergabevorschriften für die Auftragsvergabe allgemeiner Entwicklungspläne und detaillierter Entwicklungspläne der öffentlichen Hand. In diesem Fall liegen Vorbereitung, Ausarbeitung und Wahl des städtebaulichen Konzepts nicht in dem Organisationsbereich des entsprechenden Organträgers, sondern er ist zwingend verpflichtet, diese Verfahrensschritte (und Sachentscheidung) an einen privaten Dritten nach Maßgabe der Vergaberechtsvorschriften zu übertragen.[201] Demnach ist die Einschaltung Dritter nicht lediglich eine rechtliche Mög-

---

[200] Oberstes VG, Urt. v. 21.12.2009, Az. 15765.
[201] Bzgl. öffentlicher Auftragsvergabe bei Entwicklungsplänen: *Bakalova/Yankulov*, Aktuelle Fragen der territorialen Entwicklung und des Katasters, Kommentar, S. 107.

lichkeit, wie dies das deutsche BauGB in § 4b BauGB vorsieht, sondern ein zwingendes Erfordernis. Die Pflicht zur Auftragsvergabe wurde durch die Gesetzesänderung im Jahre 2006 in das Gesetz über territoriale Entwicklung eingeführt. Seitdem steigt die Tendenz zur passiven Behandlung der städtebaulichen Probleme seitens der Gemeinde und zur Abwälzung der Konfliktbewältigung auf private Initiativträ-ger.[202] Dass das Gesetz nicht einmal die Möglichkeit in Betracht zieht, die vor-bezeichneten Verfahrensschritte im Rahmen der kommunalen Administration durchzuführen, hängt nicht alleine mit der Entlastung der Kommune zusammen. Vielmehr gilt Bulgarien nach wie vor als einer jener EU-Mitgliedstaaten mit dem höchsten wahrgenommenen Korruptionsniveau und zwar sowohl auf hoher Staatsebene als auch generell in öffentlichen Einrichtungen.[203] Ausgerechnet der Bereich der öffentlichen Auftragsvergabe wird von der EU-Kommission in ihren jährlichen Berichten, die im Rahmen des Kontroll- und Kooperationsverfahrens entstehen, kontinuierlich für äußerst korrupt und reformbedürftig gehalten. Die Umsetzung der im Frühjahr 2015 verabschiedeten Antikorruptionsstrategie so-wie konkrete Maßnahmen wie – „die Ausstattung der Agentur für die Vergabe öffentlicher Aufträge mit den rechtlichen Befugnissen und organisatorischen Kapazitäten für die Durchführung eingehender risikobasierter Kontrollen bei Verfahren zur Vergabe öffentlicher Aufträge" wurden seitens der Kommission angeregt.[204]

Die Auftragsvergabe im Bereich der Bauleitplanung ist nicht alleine aufgrund der Tatsache, dass der jeweilige Amtswalter leicht die Möglichkeit erhält, sich finanziell zu bereichern, korruptionsgefährdet. Häufig kommt das Interesse der Gemeinde mit ins Spiel, ein bestimmtes Privatunternehmen ihres Vertrauens zu beauftragen, um die von der Gemeinde vorgegeben, favorisierten Grundstücks-grenzen durchzusetzen.

Dies ist am Beispiel folgender Fallkonstellation zu erläutern: Ein Gemeinde-grundstück grenzt an ein privates Grundstück. Die Gemeinde will im detaillier-ten Entwicklungsplan zu ihrem Vorteil vom Liegenschaftsregister abweichende

---

[202] Ebd.
[203] Vgl. Bericht der EU-Kommission über Bulgariens Fortschritte im Rahmen des Kooperati-ons- und Kontrollverfahrens vom 25.1.17, S. 7 f., abrufbar unter: https://ec.europa.eu/info/file/ 81507/download_en?token=KglaolBc (Abruf v. 17.2.17).
[204] Vgl. Bericht der EU-Kommission über Bulgariens Fortschritte im Rahmen des Kooperati-ons- und Kontrollverfahrens vom 27.1.16, S. 14, abrufbar unter: http://ec.europa.eu/cvm/docs/ com_2016_40_de.pdf (Abruf v. 16.10.16).

Grundstücksgrenzen festsetzen. Das Inkrafttreten des Entwicklungsplans ändert wie beim Bebauungsplan die zivilrechtlichen Grundstücksgrenzen nicht, dennoch müssen nach bulgarischem Recht die sachenrechtlichen Grenzen im Kataster und die Baugrenzen im detaillierten Entwicklungsplan übereinstimmen.[205] Daraufhin beantragt die Gemeinde nach Inkrafttreten des detaillierten Entwicklungsplans anlässlich der neu festgesetzten Baugrenzen eine Berichtigung des Grundbuchs und des Katasters. Die Änderung wird dem Angrenzer mitgeteilt, der als juristischer Laie die für ihn folgenden rechtlichen Konsequenzen nicht nachvollziehen kann. Häufig bekommt er von den Angestellten im Katasteramt gesagt, dass die Änderung an sich nur das Grundstück der Gemeinde betrifft. Konsequenz ist ein vertuschter Eingriff in das Eigentumsrecht des Angrenzers. Kommt das Komplott ans Licht, verweist der öffentliche Auftraggeber auf den beauftragten privaten Planer, der angeblich für die „unbewussten" Ungenauigkeiten im Planentwurf verantwortlich sei. Dabei wird der private Auftragnehmer für den angeblich unbewussten Planfehler und mithilfe des intransparent erteilten Zuschlags ausreichend vergütet. Um den illegalen Preisabsprachen seitens der Kommune vorzubeugen, sollten neben der nationalen Antikorruptionsstrategie auch auf überörtlicher Ebene – auf der Gebietsebene – Kontrollmechanismen zur Überwachung der kommunalen Auftragsvergabe eingeführt werden.

Darüber hinaus erscheint es erwägenswert, die kommunale Verwaltung jedenfalls von größeren Gemeinden in die Lage zu versetzen, selbst Planentwürfe zu erstellen. Im Hinblick auf kleine Kommunen sollte eine gemeinsame Planung im Wege der interkommunalen Zusammenarbeit möglich sein. Dies kann der Gesetzgeber dadurch ermöglichen, dass er die imperative Regelung des Art. 126 Abs. 1 GtE in eine Ermessensentscheidung des öffentlichen Initiativträgers umformuliert, so dass dieser frei über die Erstellung des Planentwurfs entscheiden darf und nicht gesetzlich gezwungen ist, einen privaten Planer zu beauftragen.

d. Behörden- und Öffentlichkeitsbeteiligung, Art. 127, 128 GtE

aa. frühzeitige Öffentlichkeitsbeteiligung, Art. 124 b Abs. 2, 3 GtE

Die Gemeinde, der Gebietsverwalter sowie der Minister für regionale Entwicklung und öffentliche Arbeiten sind verpflichtet, die Aufstellungsakte nach Art. 124, 124a GtE (Aufstellungsbeschluss des Gemeinderats, Aufstellungsverfügung des Gebietsverwalters oder des Ministers über regionale Entwicklung und

---

[205] Vgl. *Bakalova/Yankulov*, Aktuelle Fragen der territorialen Entwicklung und des Katasters, Kommentar, S. 162.

öffentliche Arbeiten) öffentlich bekannt zu machen. Dabei wird die Öffentlichkeit nur unterrichtet. Eine frühzeitige Gelegenheit zur Äußerung und Erörterung sieht das bulgarische Gesetz im Gegensatz zu § 3 Abs. 1 und § 4 Abs. 1 BauGB nicht vor. Eine Gesetzeslücke der bulgarischen Bauleitplanung ist in dem Fehlen der vorgezogenen Öffentlichkeitsbeteiligung nicht zu erkennen. Denn selbst der deutsche Gesetzgeber sieht im Umkehrschluss aus 214 Abs. 1 Nr. 2 BauGB keine Konsequenzen beim Verstoß gegen § 3 Abs. 1 und § 4 Abs. 1 BauGB vor. Zudem kann der Planträger beim vereinfachten Verfahren von den vorbezeichneten Regelungen über die frühzeitige Unterrichtung und Erörterung nach § 13 Abs. 2 Nr. 1 BauGB absehen. Ebenso entbehrlich ist die frühzeitige Beteiligung, wenn ein Bebauungsplan der Innenentwicklung gem. § 13a BauGB aufgestellt wird.

bb. förmliche Beteiligung
(1) der Öffentlichkeit, Art. 127 Abs. 1, 128 Abs. 1-5 GtE
Die förmliche Auslegung ist hinsichtlich der allgemeinen und detaillierten Entwicklungspläne gesondert geregelt. Im Unterschied zu § 3 Abs. 2 BauGB, der für alle Bauleitpläne gilt, sieht die bulgarische Rechtsordnung unterschiedliche Regelungen vor.

Gem. Art. 127 Abs. 1 S. 1 GtE werden die Planentwürfe allgemeiner Entwicklungspläne auf der Internethomepage der Gemeinde veröffentlicht und einer öffentlichen Diskussion unterzogen. Der Initiativträger, also i.d.R. der Bürgermeister, hat einen bestimmten Termin und einen öffentlich zugänglichen Ort zur öffentlichen Besprechung des Planentwurfs anzuberaumen. Der Auslegungstermin sowie der Gegenstand des Planentwurfs sind der Öffentlichkeit rechtzeitig bekannt zu machen.[206]
Der Planinitiativträger organisiert und leitet die öffentliche Diskussion. Die öffentliche Debatte wird protokolliert und das Protokoll wird nebst den anderen Unterlagen dem kommunalen Sachverständigenausschuss und dem Gemeinderat vorgelegt.

---

[206] Zu der Art und Weise der Bekanntmachung sieht das Gesetz unterschiedliche Möglichkeiten vor – Aushänge an öffentlich zugänglichen Stellen, bspw. im Gebäude des Bürgeramts, Veröffentlichung in einer überregionalen Tageszeitung sowie in einer örtlichen Zeitung und Mitteilung auf der Homepage der Gemeinde.

Eine wichtige Norm ist Art. 127 Abs. 1 S. 5 GtE. Diese Vorschrift besagt, dass die Öffentlichkeitsbeteiligung ein Teil des Verfahrens über die Umweltprüfung und/oder Verträglichkeitsprüfung ist. Der Planinitiativträger hat diese nach Maßgaben des Umweltschutzgesetzes und des Gesetzes über biologische Vielfalt zu organisieren und durchzuführen.[207]

Hinsichtlich der Auslegung detaillierter Entwicklungspläne ist Art. 128 GtE maßgebend. Die förmliche Bekanntmachung an die berechtigten Personen (Art. 124b Abs. 5 GtE) veranlasst die Gemeinde durch Veröffentlichung im Amtsblatt (bulg. „държавен вестник"), Art. 128 Abs. 1 GtE. Der Planentwurf wird auf der Homepage der Gemeinde und in mindestens einer lokalen Zeitung veröffentlicht (Art. 128 Abs. 2 GtE). Handelt es sich um einen Planentwurf mit räumlichem Umfang bis zu einem Stadtviertel, erfolgt die öffentliche Bekanntmachung gem. Art. 128 Abs. 3 GtE nicht durch eine Veröffentlichung im Amtsblatt, sondern durch Bekanntgabe an die berechtigten Personen.

Innerhalb eines Monats ab der Bekanntmachung nach Art. 128 Abs. 1 GtE und vierzehn Tage ab der Bekanntgabe nach Art. 128 Abs. 3 GtE können die berechtigten Personen schriftliche Einwendungen, Vorschläge oder Anregungen gegenüber der Gemeinde gem. Art. 128 Abs. 5 GtE erheben.

Die rechtzeitige Ausübung der Mitwirkungsrechte (Stellungsnahmen, Meinungen und Einwände) durch die berechtigten Personen wirkt sich unmittelbar auf die zweckmäßige Planentscheidung aus und stellt eine frühzeitige Möglichkeit dar, Rechte und Interessen der Grundstückseigentümer geltend zu machen und zu wahren.[208]

Ähnlich wie § 3 BauGB bezweckt die Öffentlichkeitsbeteiligung nach Art. 127, 128 GtE die Anregung zur Mitwirkung bei der Planung (Anstoßfunktion).[209] Allerdings setzt Art. 128 GtE im Gegensatz zu Art. 127 GtE und rechtsvergleichend zu § 3 Abs. 2 BauGB die Beteiligung berechtigter Personen und nicht der breiten Öffentlichkeit voraus. Die Beteiligung nur von berechtigten Personen i.S.d. Art. 128 GtE wird im bulgarischen Schrifttum im Zusammenhang mit dem Initiativrecht berechtigter Personen gem. Art. 131 GtE behandelt.[210] Angeknüpft wird an die Funktion des detaillierten Entwicklungsplans, die konkrete Art und

---

[207] Auf die Umwelt- und Verträglichkeitsprüfung wird aufgrund der unionsrechtlichen Relevanz in 5. Kapitel näher eingegangen.

[208] *Bakalova/Yankulov*, Aktuelle Fragen der territorialen Entwicklung und des Katasters, Kommentar, S. 186.

[209] Zur Anstoßfunktion: BVerwGE 55, 369 (375).

[210] *Slatinova*, in: Djerov/Schaldupova/Ilova/Slatinova, Rechtliche Probleme des GtE, S. 87 f.

das Maß der baulichen Nutzung sowie andere für die Bebauung des entsprechenden Grundstücks relevante Vorgaben verbindlich festzusetzen, die gleichzeitig das Eigentumsrecht der Berechtigten einschränken.[211] Als Fortsetzung der unterschiedlichen Städtebaukonzeption in Bezug auf detaillierte Entwicklungspläne sieht Art. 128 Abs. 13 GtE die Partizipation der Bürger als entbehrlich an, wenn als einzige berechtigte Person alleine der Planinitiativträger in Betracht kommt.

Der Ausschluss der breiten Öffentlichkeit und die Gewährung von Mitwirkungsrechten nur bestimmter Personengruppen hängt auch mit der Klagebefugnis gem. Art. 215 GtE i.V.m. Art. 147 Abs. 1 VwPO zusammen. Nach diesen Vorschriften sind lediglich berechtigte Personen im Sinne des Art. 131 GtE befugt, gegen den detaillierten Entwicklungsplan gerichtlich vorzugehen.[212] Im Umkehrschluss kann gefolgert werden, dass das Gesetz die Möglichkeit für Beeinträchtigungen von Planexternen, die nicht unter Art. 124a Abs. 5, 131 GtE fallen, für ausgeschlossen hält.

(2) der Behörden, Art. 127 Abs. 2, 128 Abs. 6 GtE

Art. 127 Abs. 2 GtE regelt die Beteiligung der Träger öffentlicher Belange bei der Aufstellung allgemeiner Entwicklungspläne. Auf diese Vorschrift verweist Art. 128 Abs. 6 GtE hinsichtlich detaillierter Entwicklungspläne, so dass hier alleine auf Art. 127 Abs. 2 GtE einzugehen ist.

Der Initiativträger hat Stellungnahmen der interessierten zentralen und regionalen Behörden einzuholen. Dabei unterscheidet das Gesetz zwischen dem Einverständnis der zuständigen Umweltfachbehörde und den unverbindlichen Stellungnahmen anderer Träger öffentlicher Gewalt.[213] Die Umweltfachbehörde hat im Rahmen der Umweltprüfung (bulg. екологична оценка) in einem Abschlussakt verbindlich über die Umweltbelange zu befinden.[214] Da es sich bei der Umweltprüfung um ein europarechtlich geprägtes Verfahren handelt, das selbständig neben dem Planaufstellungsverfahren nach Maßgaben des Umweltschutzgesetzes durchgeführt wird, sind weitere Ausführungen dem fünften Kapitel vorbehalten.

---

[211] *Bakalova/Yankulov*, Aktuelle Fragen der territorialen Entwicklung und des Katasters, Kommentar, S. 186.

[212] Zur Klagebefugnis vgl. 6. Kapitel I. 1. c. aa.

[213] *Kowatschev*, Eigentum und Recht 2012, 45 (48).

[214] Vgl. Art. 82 Abs. 4 UmweltschG; Oberstes VG, Urt. v. 15.6.2012, Az. 8663; *Kowatschev*, Eigentum und Recht 2012, S. 45 (46).

Alle anderen Stellungnahmen von Behörden gem. Art. 127 Abs. 2 GtE sind für die Gemeinde unverbindliche Stellungnahmen.[215] Das GtE enthält keine ausdrückliche Aufzählung der mitwirkungsberechtigten Behörden, sondern nur, dass es sich um zentrale und territoriale Verwaltungsträger handelt. Die Einschätzung, welche Träger öffentlicher Gewalt zu beteiligen sind, liegt sowohl beim Initiativträger als auch bei der Aufstellungsbehörde, i.d.R. bei der Gemeinde.[216]

(3) Kritik

Zwar kodifiziert das Gesetz über territoriale Entwicklung Vorschriften über die Öffentlichkeits- und Behördenbeteiligung im Planverfahren, dennoch fehlen Bestimmungen über die Bedeutung der zuvor ausgeführten Vorschriften für die materielle Planentscheidung. Denn es mangelt an einer Pflicht der Gemeinde, wesentliche Anregungen und Einwendungen der Bürger und der Behörden als abwägungsrelevante Tatsachen zu ermitteln und zu bewerten. Aus der Gesetzeslage in Bulgarien geht der gesetzgeberische Wille hervor, lediglich der Öffentlichkeit und den Trägern öffentlicher Gewalt Mitwirkungsrechte einzuräumen, ohne die damit korrespondierende Pflicht der Gemeinde, die eingegangenen Stellungnahmen zur Kenntnis zu nehmen und die somit erfassten privaten und öffentlichen Belange auf irgendeine Art und Weise zum Zweck späterer Planentscheidungen zu berücksichtigen. Ausnahme davon ist die verbindliche Wirkung der Umweltprüfung. Weder Art. 127 noch Art. 128 GtE regelt, ob und wie die zuständige Planbehörde die abgegebenen Stellungnahmen ins Bauleitplanverfahren zu integrieren bzw. zu berücksichtigen hat.

Ein rechtsvergleichender Blick auf § 3 Abs. 2 S. 4 BauGB zeigt die ausdrücklich normierte Pflicht der Gemeinde, die fristgemäß abgegebenen Stellungnahmen der Bürger zu prüfen und das Ergebnis mitzuteilen. Gem. § 4a Abs. 1 BauGB dienen die Vorschriften der Öffentlichkeits- und Behördenbeteiligung der vollständigen Ermittlung und zutreffenden Bewertung der von der Planung berührten Belange sowie der Information der Öffentlichkeit. Nach § 2 Abs. 3 BauGB sind bei der Aufstellung der Bauleitpläne die abwägungserheblichen Belange zu ermitteln und zu bewerten. In der abschließenden Etappe ist erst das zusammengestellte Abwägungsmaterial nach § 1 Abs. 7 BauGB im Wege der Abwägung

---

[215] *Kowatschev*, Eigentum und Recht 2012, 45 (47).
[216] *Bakalova/Yankulov*, Aktuelle Fragen der territorialen Entwicklung und des Katasters, Kommentar, S. 186.

zu berücksichtigen. Diese Vorgehensweise hat den Vorteil, dass sie spätere Konflikte zwischen der Gemeinde und den tangierten Rechtsträgern vorausschauend koordiniert und damit vermeiden hilft. Vor diesem Hintergrund leuchtet es ein, dass das bulgarische Gesetz den erhobenen Vorschlägen, Einwendungen etc. im Aufstellungsverfahren nach Art. 124 ff. GtE nicht genügend Rechnung trägt. Dies weist auf die fehlende gesetzgeberische Intention hin, die im Rahmen der Öffentlichkeits- und Behördenbeteiligung vorgebrachten Einwendungen im Verfahren zu bearbeiten und zu einem späteren Zeitpunkt in die Planentscheidung miteinzubeziehen. Dies deutet darauf hin, dass die Beteiligungsvorschriften lediglich pro-forma Bedeutung haben und kaum Relevanz für die Planentscheidung entfalten. Dies erweckt den Eindruck, als ob der bulgarische Gesetzgeber durch die Kodifizierung der Beteiligungsvorschriften seiner Umsetzungspflicht lediglich wegen der europa- und völkerrechtlichen Verträge nachzukommen bezweckte, ohne an der Effektivität dieser Vorschriften interessiert zu sein.

Es liegt auf der Hand, dass der Gesetzgeber den Zweck der im Gesetz über territoriale Entwicklung geregelten Beteiligungsvorschriften zu überdenken und zu korrigieren hat. Alleine die in Art. 127 GtE gesetzlich vorgesehene Protokollführung während der Öffentlichkeitsbeteiligung reicht nicht aus, um einem transparenteren und partizipationseffizienten Planaufstellungsverfahren Rechnung zu tragen.

Vielmehr ist die Verpflichtung der Behörde erforderlich, sich mit den vorgebrachten Stellungnahmen auseinanderzusetzen, indem die aufgegriffenen Belange zunächst verfahrenstechnisch ermittelt, beschrieben und bewertet werden. Eine derartige Vorschrift ist aufgrund eines rechtssicheren und transparenten Planverfahrens im Gesetz über territoriale Entwicklung wünschenswert. Als Vorbild können die miteinander korrespondierenden Bestimmungen gem. § 2 Abs. 3 BauGB i.V.m. § 3 Abs. 2 S. 5 BauGB dienen. Hiernach ist einerseits die Pflicht der Gemeinde zur Ermittlung und Bewertung abwägungserheblicher Belange enthalten, andererseits ist ihr die Pflicht auferlegt, die fristgemäß abgegeben Stellungnahmen zu prüfen und das Ergebnis mitzuteilen.

e. Beschlussfassung

Nach der Öffentlichkeits- und Behördenbeteiligung werden die Planentwürfe dem kommunalen Sachverständigenausschuss zur Genehmigung vorgelegt (Art. 127 Abs. 3, 128 Abs. 7 GtE).

Die Entwicklungspläne in Bulgarien unterliegen grundsätzlich einer obligatorischen Zustimmungspflicht durch das kommunale Sachverständigengremium.[217] Ausnahmsweise kann der Gemeinderat dem regionalen oder dem nationalen Sachverständigengremium den Planentwurf des detaillierten Entwicklungsplans zukommen lassen, (Art. 128 Abs. 9 GtE).

An dieser Stelle sind einige Unklarheiten und Widersprüche im Gesetz über territoriale Entwicklung zu bemängeln. Aus Art. 127 ff. GtE lässt sich nicht ableiten, im welchem Umfang die Sachverständigengremien zu befinden haben und generell welchen Zweck das Gesetz über territoriale Entwicklung durch die Einbeziehung dieser Organe verfolgt. Lediglich Art. 128 Abs. 10 GtE sieht ein Zurückbringen des detaillierten Entwicklungsplans zur Änderung oder Ergänzung vor. Daraus lässt sich schließen, dass diese Gremien eine Prüfungs- und Beanstandungskompetenz haben. Dies ergänzt die Zuständigkeitsregelung in Art. 6 Abs. 1 GtE, die eine „Beratungs- und Begutachtungsfunktion" vorsieht.

Das Planaufstellungsverfahren endet mit dem Beschluss des Gemeinderats gem. 127 Abs. 6 S. 1 GtE. Gem. Art. 127 Abs. 6 S. 2 wird der Beschluss innerhalb von sieben Tagen nach der Beschlussfassung des Gemeinderats der Rechtsaufsichtsbehörde – dem Gebietsverwalter - vorgelegt. Dieser kann entweder innerhalb von vierzehn Tagen ab Zugang des Beschlusses den rechtswidrigen Beschluss beanstanden und zu erneuter Entschließung zurückverweisen oder diesen gem. Art. 45 Abs. 4 GöSöA vor dem Verwaltungsgericht anfechten.

Der nicht beanstandete oder angefochtene Entwicklungsbeschluss oder der neue Beschluss, falls doch beanstandet oder angefochten, wird im Staatsanzeiger verkündet. Der allgemeine Entwicklungsplan wird auch auf der Homepage der entsprechenden Gemeinde veröffentlicht.

Auch der detaillierte Entwicklungsplan wird gem. Art. 129 Abs. 1 GtE durch Beschluss des Gemeinderats angenommen. Einer Genehmigung durch den Gebietsverwalter bedarf es im Gegensatz zu dem Aufstellungsverfahren allgemeiner Entwicklungspläne nicht. Durch öffentliche Bekanntmachung im Staatsanzeiger wird der detaillierte Entwicklungsplan wirksam.

---

[217] Zur Zusammensetzung des kommunalen Sachverständigengremiums vgl. die Ausführungen im 4. Kapitel II. 1.

III. Materielle Anforderungen an die Entwicklungspläne

Neben den dargelegten verfahrensrechtlichen Anforderungen zu der Planaufstellung und Planänderung stellt das Gesetz über territoriale Entwicklung nur wenige materiell-rechtliche Anforderungen an die Rechtswirksamkeit der Entwicklungspläne.

1. Planungserfordernis

a. Kritische Analyse der Rechtslage in Bulgarien

Während die Planungskompetenz der Gemeinden in Deutschland unter dem Vorbehalt der städtebaulichen Erforderlichkeit steht, erachtet der bulgarische Gesetzesmacher die Bauleitplanung grundsätzlich für zwingend. Anders als das deutsche Bauplanungsrecht sieht das bulgarische Gesetz über territoriale Entwicklung keine den §§ 34, 35 BauGB vergleichbaren planersetzenden Normen vor, die eine zulässige Bebauung im unbeplanten Innenbereich und Außenbereich ermöglichen. Vielmehr geht der bulgarische Gesetzgeber von dem zwingenden Charakter der Bauleitplanung aus.

Aufschluss über den Zweck des bulgarischen Gesetzes, eine flächendeckende Planung zu gewährleisten, liefern die nachfolgenden Vorschriften im Gesetz über territoriale Entwicklung.

Ausgangsnorm ist die Zweckbestimmung nach Art. 1 Abs. 1 S. 2 GtE. Danach soll die territoriale Entwicklung Nachhaltigkeit und gute Bedingungen zum Wohnen, Arbeiten und zur Erholung der Bevölkerung garantieren. Der Gesetzgeber geht davon aus, dass gute Lebens-, Arbeits- und Erholungsverhältnisse mit der Raumplanung zusammenhängen. Die Raumplanung an sich ist ein Bestandteil der komplexen Planung und steht im Zusammenhang mit der Wirtschaft-, Sozial- und Umweltplanung.[218] Dabei wird das Planungserfordernis als notwendige Vorbedingung für eine gute Qualität der oben genannten Lebensverhältnisse angenommen. Hieraus folgt ein gesetzliches Pflichtkonzept zur räumlichen Gesamtplanung auf jeder Planungsebene.[219]

Das gesetzliche Pflichtkonzept untermauert Art. 12 Abs. 2 GtE. Danach ist die Bebauung nur dann zulässig, wenn ein detaillierter Entwicklungsplan in Kraft getreten ist. Diese Norm bringt nicht nur die rechtliche, sondern auch die praktische Relevanz der Bauleitplanung zum Ausdruck, nämlich, dass ein Bauvorha-

---

[218] *Djerov/Ewrev/Gegov*, Kataster, Grundbuch und territoriale Entwicklung, S. 25.
[219] Vgl. Schema räumlicher Gesamtplanung unter 2. Kapitel, III. 3.

ben zunächst auf ein vorheriges Planaufstellungsverfahren angewiesen ist. Erst danach ist ein Antrag auf Erlass einer Baugenehmigung möglich. In einfachen Worten: Will man in Bulgarien bauen, braucht man zuvor einen detaillierten Entwicklungsplan.

Betrachtet man aber die Umsetzung des Gesetzeszweckes in der Praxis, stellt sich die Frage, was genau der eigentliche Grund für das bulgarische Pflichtkonzept ist. Der Planungszwang geht auf die sozialistische Planungsphilosophie zurück, die darauf angelegt war, eine ideal „durchgeplante" Städtebauordnung zu verwirklichen. Aufgrund der damals stark zentralistisch ausgestalteten Rechtsordnung war es Aufgabe des Staates, das sozialistische Ideal eines durchgeplanten Ortschaftsbilds zu realisieren. Der Staat war nicht nur der Hauptentscheidungsträger, sondern auch der hauptsächliche Bauherr. Allerdings stellt sich die Frage, ob dieser Zwang als sozialistisches Erbe immer noch zeitgemäß ist. Von einer ausgewogenen, nachhaltigen Bodennutzung kann etwa dann nicht die Rede sein, wenn man einige Prozesse in Bulgarien kritisch betrachtet, die als Phänomene der postsozialistischen Ära gelten. Hierzu zählt die Umwidmung landwirtschaftlicher Flächen und unter Naturschutz gestellter Gebiete zum Zweck der Errichtung großer Hotelanlagen.[220] Zu Lasten der innerstädtischen Versorgungsbereiche werden auch riesige Einkaufszentren in den Großstädten gebaut.[221] Darüber hinaus zeigt sich seit Inkrafttreten des Gesetzes über territoriale Entwicklung eine zunehmende Tendenz zur detaillierten Entwicklungsplanung, deren Initiativträger juristische oder natürliche Privatpersonen i.S.d. Art. 131 GtE sind.[222] Dahinter verbergen sich einseitige privatwirtschaftliche Interessen, die mit der Idee einer ausgewogenen und nachhaltigen Raumentwicklung kaum in Einklang zu bringen sind.

Diese weite Planinitiativberechtigung führte in den letzten Jahren zur fragmentarischen, chaotischen und zusammenhanglosen Bebauung. Dies bezeugen die außer Kontrolle geratene Urbanisierung naturschutzrechtlich relevanter Flächen an der Schwarzmeerküste und die übermäßige Bebauung des Sofiagebietes. Um Denkanstöße für Verbesserung der Planungssituation in Bulgarien zu geben,

---

[220] Laut Auswertungen des nationalen Instituts für Statistik belaufen sich die Hotelanlagen für 2015 auf die Zahl von 434 alleine in den offiziell (durch Beschluss des Ministerrates № 45/25.1.2005) als Kurorte beschlossenen Ortschaften, vgl. http://www.nsi.bg/en/content/7074/annual-data (Abruf v. 30.10.16).
[221] Allein in Sofia befinden sich über 15 riesige Einkaufscentren.
[222] Hierzu auch *Bakalova/Yankulov*, Aktuelle Fragen der territorialen Entwicklung und des Katasters, Kommentar, S. 108; zur kritischen Ausführungen in Bezug auf Art. 124a Abs. 5 GtE vgl. 4. Kapitel, I. 3. bb. (5).

wird ein rechtsvergleichender Blick auf die Rechtslage in Deutschland geworfen.

b. Erforderlichkeit in Deutschland, § 1 Abs. 3 S. 1 BauGB

Gem. § 1 Abs. 3 S. 1 BauGB darf die Gemeinde in Deutschland ihre Planungsbefugnis nur dann wahrnehmen, sobald und soweit es für die städtebauliche Entwicklung und Ordnung erforderlich ist. Die Vorschrift beinhaltet sowohl das Verbot zur Planaufstellung bei fehlendem Erfordernis als auch das Gebot, Bauleitplanung dann zu betreiben, wenn dies von der städtebaulichen Entwicklung und Ordnung verlangt wird.[223] Bauleitpläne sind dann erforderlich, wenn sie nach der städtebaulichen, planerischen Konzeption der Gemeinde als erforderlich angesehen werden können.[224] Die Planungskonzeption und Städtebaupolitik vorzuschreiben, ist kommunale Aufgabe, deren Erledigung im Erschließungs- und Auswahlermessen der Gemeinde liegt. Dies ergibt sich aus der Natur der Bauleitplanung als Selbstverwaltungsaufgabe gem. Art. 28 Abs. 2 S. 1 GG. Somit stehen der Gemeinde sowohl eine Planungsbefugnis als auch ein Planungsermessen zu, ob, wann und wie sie einen Bauleitplan aufstellt, ändert oder aufhebt. Lassen qualifizierte städtebauliche Gründe von besonderem Gewicht ein bauleitplanerisches Einschreiten als dringend geboten erscheinen, kann sich der Planungsspielraum zu einer Planungsverpflichtung der Gemeinde verdichten.[225] Im Gegensatz zum bulgarischen Planungskonzept lässt sich hier eine objektiv begründbare Planungspflicht nur in Extremfällen herleiten. Dabei ist die Bauleitplanung erst dann als erforderlich zu bewerten, wenn sie dazu dient, einen Beitrag zur städtebaulichen Entwicklung und Ordnung zu leisten und dabei ihre bodenrechtliche Relevanz zum Tragen kommt.[226] Die sich aus § 1 Abs. 3 S. 1 BauGB ergebende Planungsbefugnis und ggf. Planungspflicht sind objektiv-rechtlicher Natur. Nach ständiger Rechtsprechung der Verwaltungsgerichte muss die Bauleitplanung einen bodenrechtlichen Bezug aufweisen. Dies setzt eine Rechtfertigung durch städtebauliche Gründe voraus.[227] Anhaltspunkte für

---

[223] *Dirnberger*, in: Spannowsky/Uechtritz, BauGB Kommentar, § 1 Rn. 32; *Koch/Hendler* Baurecht, Raumordnungs-und Landesplanungsrecht, § 13 Rn. 22 f.; *Erbguth/Schubert*, Öffentliches Baurecht, § 5 Rn. 72 f.; *Battis*, in: Battis/Krautzberger/Löhr, BauGB Kommentar, § 1 Rn. 25; *Reidt*, in: Bracher/Reidt/Schiller, Bauplanungsrecht, Rn. 35.
[224] BVerwGE 133, 310 (314).
[225] BVerwGE 119, 25 (32).
[226] *Dirnberger*, in: Spannowsky/Uechtritz, BauGB Kommentar, § 1 Rn. 37 ff.
[227] BVerwG, NVwZ 1999, 1338 f.

die Planerforderlichkeit ergeben sich aus den Planungsgrundsätzen und Abwägungsbelangen des § 1 Abs. 5 und 6 sowie des § 1a BauGB.[228] Dies trägt zur rechtsklaren und kohärenten Städtebauordnung bei. Dabei ist alleine das öffentliche Interesse ausschlaggebender Planungsimpuls. Dies hat zur Folge, dass ein Bebauungsplan, der nicht auf bodenrechtlich relevante Allgemeinbelange ausgerichtet ist, bereits an der fehlenden Erforderlichkeit im Rahmen der Rechtskontrolle scheitert. Anders als in Bulgarien geht der deutsche Gesetzgeber von Wettbewerbsneutralität aus. Es fehlt an der planerischen Konzeption nach deutschem Recht, wenn die Planung ausschließlich wirtschaftslenkende Ziele ohne bodenrechtliche Relevanz verfolgt.[229] Das gleiche gilt auch, wenn die Planung nur erfolgt, um dem Eigentümer der Flächen aus wirtschaftlichen Gründen den Verkauf oder die Nutzung von Baugrundstücken zu ermöglichen.[230] Daher ist ein Bauleitplan dann nicht erforderlich, wenn er ausschließlich individuellen Interessen des Einzelnen zu dienen bestimmt ist.[231] Insoweit korrespondiert das Planungserfordernis mit der Bestimmung in § 1 Abs. 3 S. 2 BauGB, der einen Anspruch – auch vertraglicher Art – auf Aufstellung, Änderung, Ergänzung oder Aufhebung von Bauleitplänen untersagt. Dementsprechend ist ein subjektives, einklagbares Recht des Einzelnen auf Bauleitplanung als unzulässig anzusehen. Dies schließt aber nicht aus, dass sich die Gemeinde auch im Rahmen der Bauleitplanung an den Wünschen und Interessen von Grundstückseigentümern im Plangebiet orientieren darf, solange ihre Planung auf hinreichend gewichtigen städtebaulichen Motiven basiert.[232] Zudem räumt das Gesetz im Rahmen des vorhabenbezogenen Bebauungsplans gem. § 12 BauGB auch privaten Investoren gewisse Kooperationsrechte und Pflichten ein.

Demgegenüber ist die detaillierte Entwicklungsplanung darauf angelegt, überwiegend private Interessen dinglich Berechtigter zu begünstigen, ohne an das Vorliegen erheblicher Allgemeinbelange anzuknüpfen. Dabei sind wirtschaftliche Beweggründe – wie die Erhöhung des Marktwertes des Grundstücks – maßgebend.[233]

---

[228] *Söfker*, in: Ernst/Zinkahn/Bielenberg, Baugesetzbuch Kommentar, § 1 Rn. 32.
[229] VGH Bayern v. 12.6.1986, 2 B 83 A.2467, BRS 46 Nr. 20.
[230] BVerwG 34, 301 (310); OVG Lüneburg, NVwZ-RR 2005, 9 f.
[231] *Stüer*, in: Hoppenberg/de Witt (Hrsg.): Handbuch des öffentlichen Baurechts, Band I, B, Rn. 154; *Dirnberger*, in: Spannowsky/Uechtritz, BauGB Kommentar, § 1 Rn. 39 f.
[232] VGH Mannheim, NVwZ-RR 1997, 684 (685).
[233] So *Bakalova/Yankulov*, Aktuelle Fragen der territorialen Entwicklung und des Katasters, Kommentar, S. 158.

c. Eigene Lösungsansätze für Bulgarien

Aus dem Dargelegten lässt sich schließen, dass beide Regelwerke grundsätzlich auf eine nachhaltige städtebauliche Entwicklung zielen, die eine langfristige ausgewogene Nutzungsplanung ermöglichen soll. Dem Städtebaurecht liegt in beiden Referenzordnungen das gesetzgeberische Konzept zugrunde, dass die geordnete und nachhaltige städtebauliche Entwicklung auf planerischer Grundlage beruht. Der entscheidende Unterschied wurzelt in dem bulgarischen Ordnungskonzept, das den Anspruch auf Planung eines berechtigten Personenkreises sowie die ausnahmslose Planungspflicht der zuständigen Planbehörden regelt.

Unabhängig von der im Gesetz über territoriale Entwicklung angelegten Planungsphilosophie, die eine zwingende Bauleitplanung vorsieht, erfordert eine nachhaltige zukunftsorientierte Planung klare und für alle geltende Anforderungen, die sich am gesellschaftlichen Wohlergehen orientieren. Solche objektiven Plankriterien fehlen im bulgarischen Gesetz. Daher widmen sich die nachfolgenden Ausführungen möglichen Reformvorschlägen für die als kritisch betrachtete Rechtslage in Bulgarien.

Grundsätzlich sollte die Planungsbefugnis der zuständigen Planbehörde an eine generationenübergreifende Verantwortlichkeit anknüpfen. In diesem Kontext soll die Bauleitplanung der Verwirklichung von legitimen Entwicklungszielen dienen und nicht die Interessen einzelner Initiativträger und Berufsgruppen bedienen. All dies erfordert eine objektive, transparente Zielsetzung im Gesetz über territoriale Entwicklung, die sich an gesetzlich festlegbaren Kriterien orientiert. Dementsprechend ist es Aufgabe des Gesetzgebers, Rahmenbedingungen zu schaffen, die zugleich investitionsfreundlich sind und die nachhaltige Stadtentwicklung fördern.

Daher wird hier folgender Vorschlag unterbreitet: Objektive Elemente bzgl. der Erforderlichkeit der allgemeinen Entwicklungspläne sind als ausschlaggebende materielle Kriterien einzuführen. Auch bei den detaillierten Entwicklungsplänen sollen zum Wohl der Allgemeinheit und einer ausbalancierten nachhaltigen Städtebauentwicklung sowie zum Wohl des einzelnen Initiativträgers objektive Maßstäbe an die planerische Konzeption gesetzt werden. Dies kann ohne Änderung des Pflichtkonzepts realisiert werden. Es reicht aus, wenn das Gesetz neben den privaten Erwägungen dinglich berechtigter natürlicher und juristischer Personen bei der Bestimmung der Zulässigkeit des konkreten Planvorhabens auch öffentliche und städtebauliche Planungsziele verlangt. Beispielsweise kann der in Art. 1 Abs. 1 S. 2 GtE kodifizierte gesamträumliche Planungsauftrag im Hinblick auf die Bauleitplanung in Art. 101 ff. GtE dahingehend konkretisiert werden, dass die Entwicklungspläne erforderlich sind, um Nachhaltigkeit und gute Bedingungen zum Wohnen, Arbeiten und zur Erholung der Bevölkerung zu ermöglichen. Nach dem Vorbild von § 1 Abs. 5 BauGB können allgemeine Planungsziele (Nachhaltigkeit, Sicherung einer menschenwürdigen Umwelt, Schutz natürlicher Lebensgrundlagen, Klimaschutz, Förderung der Stadtentwicklung u.a.) eingeführt werden, die die Notwendigkeit der Entwicklungspläne untermauern. Solche Ansatzpunkte sollten Aufschluss darüber geben, ob dem entsprechenden Entwicklungsplan neben den privaten Belangen eine allgemeine städtebauliche Motivation zugrunde liegt. Hiervon unberührt ist die später zu untersuchende Frage nach der planerischen Abwägung öffentlicher und privater Interessen.

Ein weiterer Reformansatz richtet sich gegen die großzügige Planinitiativberechtigung gem. Art. 124a Abs. 5, 131 GtE. Im Hinblick auf das Planerfordernis sollte dieses Planungsprivileg bestimmter Personenkreise überdacht werden. Obwohl Art. 124a Abs. 5, 131 GtE den Grundstückseigentümern aus gutem Grund subjektiv-öffentliche Rechte im Rahmen des Planaufstellungsverfahrens einräumen,[234] darf nicht übersehen werden, dass die territoriale Ordnung und Entwicklung innerhalb der Gemeinde und der Siedlungsgebiete örtliche Selbstverwaltungsaufgabe der Kommune bleibt. Demnach kann sie sich aus finanziellen oder anderen Gründen nicht ihrer Pflicht entledigen. Zwar wird das Planaufstellungsverfahren auf Initiativrecht des Einzelnen nur unter Zustimmung der zuständigen Behörde eingeleitet, dennoch sieht das Gesetz keinerlei Anforderungen an diese Zustimmung vor. Art. 124b Abs. 1 S. 2 GtE besagt lediglich, dass die Genehmigungen nach Art. 124a Abs. 5 GtE spätestens einen Monat nach Eingang des Antrags erteilt werden.

Zieht man die Parallele zum deutschen Recht, ähneln die Planinitiativberechtigungsvorschriften dem vorhabenbezogenen Bebauungsplan in § 12 BauGB, bei dem die Initiative nicht von der Gemeinde, sondern vom Vorhabenträger ausgeht. Die Gemeinde entscheidet über den Antrag gem. § 12 Abs. 2 S. 1 BauGB nach pflichtgemäßem Ermessen. Somit ist die Kommune als Planentscheidungsträgerin sowohl zu einer aus dem Rechtsstaatsprinzip ableitbaren Rechtmäßig-

---

[234] Vgl. die vorstehenden Ausführungen in Bezug auf Art. 124a Abs. 5 GtE im 4. Kapitel, I. 3. bb. (5).

keitsprüfung als auch zu einer Zweckmäßigkeitsprüfung verpflichtet. Zudem bleibt Maßstab für den Erlass einer Satzung über den Vorhaben- und Erschließungsplan das beabsichtigte Ziel, das sich aus § 1 Abs. 3 BauGB ergibt.[235] Somit sind Vorhaben- und Erschließungspläne gem. § 1 Abs. 3 BauGB erforderlich, soweit sie nach der planerischen Konzeption der Gemeinde erforderlich sind. Aufgrund der Tatsache, dass die bulgarischen Verwaltungsträger ebenso an Recht und Gesetz gebunden sind[236], dürfen sie die Planinitiativanträge nicht beliebig genehmigen. In Anbetracht von Art. 5 GtE, wonach die Gemeinderäte und die Bürgermeister im Rahmen ihrer delegierten Kompetenz die lokale Raumplanungspolitik bestimmen und sich innerhalb der Gemeinde planerisch betätigen, sollten die kommunalen Planbehörden ihren Gestaltungsspielraum auch bezüglich detaillierter Entwicklungspläne von Planinitiativberechtigten ausüben können.

Vor diesem Hintergrund ist dem Gesetzgeber zu empfehlen, die Initiativberechtigung an objektiven, nachvollziehbaren und bestimmbaren (materiellen) Kriterien festzumachen oder zumindest die Einschränkung „nach pflichtgemäßem Ermessen" in Art. 124b Abs. 1 S. 2 GtE einzufügen. Darüber hinaus bleibt die Frage nach der planerisch abgewogenen Sachentscheidung, bei der nicht alleine die Interessen der dinglich Berechtigten berücksichtigt werden, dem untenstehenden Untersuchungspunkt „Abwägung" vorbehalten.

2. Zwingende Berücksichtigungsgebote
a. Beachtung der Raumordnungsvorschriften

Für das Verhältnis der Planungsarten untereinander ist Art. 103 Abs. 4 GtE maßgeblich. Hiernach hat jeder Entwicklungsplan die Angaben der Raumordnungsinstrumente und der höherstufigen Entwicklungspläne zu beachten, sofern diese vorliegen. Im Vergleich mit diesen gibt der Entwicklungsplan ein konkreteres und ausführlicheres Konzept vor.

Vergleichbar ist Art. 103 Abs. 4 GtE mit den materiellen Vorgaben in Deutschland gem. § 4 Abs. 1 ROG und § 1 Abs. 4 BauGB. § 1 Abs. 4 BauGB erlegt der Gemeinde eine Handlungspflicht auf, die Bauleitpläne auch nachträglich an die zeitlich nachfolgenden Ziele der Raumordnung anzupassen. Demgegenüber be-

---

[235] Vgl. *Krautzberger*, in: Ernst/Zinkahn/Bielenberg/Krautzberger, BauGB, Kommenater, § 12, Rn. 42 f.

[236] Gem. Art. 4 Verfass. RBG ist Bulgarien ein Rechtsstaat, zur Bindung der Staatsgewalt an Verfassung und Gesetze vgl. *Sheljaskow*, Das Rechtsstaatsprinzip im bulgarischen Verfassungsrecht am Maßstab der deutschen Verfassungsrechtslehre und -praxis, S. 142 f.

deutet die Beachtenspflicht nach § 4 Abs. 1 ROG keine Handlungspflicht, sondern bewirkt eine strikte Bindung an die raumordnerischen Ziele.[237] Grammatikalisch ähnelt die bulgarische Vorschrift dem § 4 Abs. 1 ROG: „(…) sind die Ziele der Raumordnung zu beachten sowie Grundsätze und sonstige Erfordernisse der Raumordnung in Abwägungs- oder Ermessensentscheidungen zu berücksichtigen". Ausdrücklich bezieht sich Art. 103 Abs. 4 GtE nur auf die bereits gültigen Raumplanungsinstrumente, schließt also eine nachträgliche Anpassungspflicht aus. Auch angesichts der Tatsache, dass nicht nur die Gemeinde, sondern auch der berechtigte Personenkreis gem. § 131 GtE einen Antrag auf Aufstellung eines detaillierten Entwicklungsplans beantragen kann, kann keine über die Bindungspflicht hinausgehende Anpassungspflicht im Sinne des § 1 Abs. 4 BauGB gemeint sein. Ansonsten wäre das Initiativrecht der Berechtigten zu sehr durch die nachträgliche Anpassungspflicht der Gemeinde beschränkt. Auch im bulgarischen Schrifttum ist anerkannt, dass Art. 103 Abs. 4 GtE die Koordinations- und Subordinationsprinzipien, also eine Beachtung der bereits bestehenden höherrangigen Planungsmechanismen regelt.[238]

Vor diesem Hintergrund steht fest, dass das bulgarische Pendant im Gegensatz zu § 1 Abs. 4 BauGB lediglich eine Beachtens- und Bindungspflicht der zuständigen Aufstellungsbehörde vorsieht, raumbedeutsame Maßnahmen zum Zeitpunkt der Planung aufeinander abzustimmen und keine nachträgliche Anpassungspflicht besteht.

Darüber hinaus schreibt die Vorschrift eine enge Verbindung zwischen den unterschiedlichen Planungsarten vor: Jeder untergeordnete Plan stellt eine planerische Präzisierung, eine ausführlichere, vollere und konkretere Version gegenüber dem höherrangigen Plan dar.[239] In Bezug auf die Bauleitplanung sind die allgemeinen Entwicklungspläne höherrangig gegenüber den detaillierten. Die allgemeinen Entwicklungspläne sollen sich an den materiellen Vorgaben in den raumordnerischen Konzepten und Schemen orientieren.[240] Wenn kein allgemeiner Entwicklungsplan existiert, soll der detaillierte Entwicklungsplan aus-

---

[237] *Goppel*, in: Spannowsky/Runkel/Goppel, ROG, Kommentar, § 4 Rn. 22 f.; *Erbguth/Schubert*, Öffentliches Baurecht, § 5 Rn. 90. *Koch/Hendler*, Baurecht, Raumordnungs- und Landesplanungsrecht, § 13 Rn. 14 f.

[238] Vgl. *Kowatschev*, Kommentar zum GtE, S 66.

[239] *Sivkov*, Grundlagen der territorialen Entwicklung, S. 54, 59; *Kowatschev*, Kommentar zum GtE, S. 66.

[240] So auch *Ilova/Miltschev*, Der neue Stand des Gesetzes über territoriale Entwicklung, S. 15.

nahmsweise und unmittelbar die raumordnungsrechtlichen Vorgaben beachten.[241]
Somit ist festzuhalten, dass das Gesetz als materielle Anforderung an die Rechtmäßigkeit der Entwicklungspläne die Beachtung der existierenden übergeordneten Raumordnungspläne nach dem Gesetz über regionale Entwicklung bezweckt. Nach aktuellem Kenntnisstand besteht eine Vielzahl von höherrangigen Raumordnungsplänen (Konzepte und Schemen) für das Staatsgebiet Bulgariens.

b. Entwicklungsgebot
Gem. § 1 Abs. 2 BauGB bezeichnet der deutsche Gesetzgeber den Flächennutzungsplan als vorbereitenden und den Bebauungsplan als verbindlichen Bauleitplan. Die Stufenfolge setzt er im Entwicklungsgebot nach § 8 Abs. 2 S. 1 BauGB fort, wonach die Bebauungspläne aus dem Flächennutzungsplan zu entwickeln sind.
Da es an einer ähnlich dem § 8 Abs. 1 S. 1 BauGB gefassten Rechtsvorschrift im bulgarischen Gesetz fehlt, ist es fraglich, ob der detaillierte Entwicklungsplan und der allgemeine Entwicklungsplan durch ein Ableitungsverhältnis miteinander verbunden sind.
Rechtsprechung und Literatur in Bulgarien haben bisher keine klare Stellung hinsichtlich des Ableitungsverhältnisses beider Planarten bezogen.

aa. Argumente für und gegen ein Entwicklungsgebot im Gesetz über territoriale Entwicklung
Für eine planerische Abhängigkeit spricht zunächst die oben dargelegte Beachtenspflicht im hierarchischen Raumplanungssystem, Art. 103 Abs. 4 GtE. Hiernach sollte der detaillierte Entwicklungsplan dem allgemeinen Entwicklungsplan entsprechen.[242] Das bulgarische Verfassungsgericht sprach sich im Jahre 2006 zum Verhältnis zwischen beiden Planarten dahingehend aus, dass die detaillierten Entwicklungspläne an die Darstellungen im allgemeinen Entwicklungsplan gebunden seien.[243] Dies untermauert auch Art. 104 Abs. 1 S. 2 GtE, wonach die Darstellungen der allgemeinen Entwicklungspläne, welche die allgemeine Struktur und überwiegende Zweckbestimmung sowie die Art und Nutzung der technischen Infrastruktur und zudem den Umwelt- und Denkmalschutz

---

[241] Ebd.
[242] Oberstes VG, Beschluss v. 7.5.2007, Nr. 4516, Rechtsprechung zum GtE, S. 111 (112).
[243] Verfassungsgericht, Urt. v. 5.6.2006, Az. 1/2006.

bestimmen, für die Aufstellung der detaillierten Entwicklungspläne verpflichtend sind. Auch die Konkretisierungs- und Präzisierungsfunktion detaillierter Entwicklungspläne sprechen für die Unentbehrlichkeit von allgemeinen Entwicklungsplänen für die Bauleitplanung.[244] Zudem führt ein Verstoß gegen Art. 103 Abs. 4 und Art. 104 Abs. 1 S. 2 GtE zur Anfechtbarkeit des detaillierten Entwicklungsplans.[245]

All dies deutet darauf hin, dass die Darstellungen eines allgemeinen Entwicklungsplans - sofern dieser besteht - für die detaillierte Entwicklungsplanung maßgebend sind. Alleine hieraus kann sich jedoch kein grundsätzliches Entwicklungsgebot herleiten. Denn im Umkehrschluss aus Art. 103 Abs. 4 Abs. 1 GtE lässt sich folgen, dass die zwingende Beachtungspflicht erst dann eingreift, wenn ein allgemeiner Entwicklungsplan besteht. Auch das bulgarische Schrifttum ist sich einig: Falls ein detaillierter Entwicklungsplan für ein Gemeindegebiet ohne einen wirksamen allgemeinen Entwicklungsplan aufgestellt werden soll, so sind allein die raumordnungsrechtlichen Konzepte und Schemen für die Entwicklung maßgebend.[246] Dies spricht gegen eine Stufenfolge bei der Entwicklungsplanung in Bulgarien.

Daher ist der gesetzgeberische Wille hinsichtlich des Entwicklungsverhältnisses nicht klar festlegbar.

Für die hier aufgeworfene Frage ist auch die neue Fassung von Art. 109 Abs. 2 GtE von Relevanz. Die neue Fassung, die erst mit dem 1.1.2019 in Kraft treten wird, regelt drei Sondervarianten der Aufstellung eines detaillierten Entwicklungsplans bei fehlendem allgemeinem Entwicklungsplan für das entsprechende Plangebiet. Nach Abs. 2 S. 1 Var. 1 und 2 kann ein detaillierter Entwicklungsplan über die urbanen Flächen (Siedlungsgebiet und Siedlungsstruktur) auch ohne einen allgemeinen Entwicklungsplan entwickelt werden. Wenn der Außenbereich beplant werden soll, ist ein detaillierter Entwicklungsplan gem. Abs. 2 S. 1 Var. 3 nur für den ganzen Außenbereich zulässig. Erfasst der detaillierte Entwicklungsplan das ganze Siedlungsgebiet, die ganze Siedlungsstruktur oder den ganzen Außenbereich, nimmt er die Funktion eines allgemeinen Entwicklungs-

---

[244] Zu den Konkretisierungs- und Präzisierungsfunktion detaillierter Entwicklungspläne vgl. *Sivkov*, Grundlagen der territorialen Entwicklung, S. 66.

[245] Oberstes VG, Beschluss v. 7.5.2007, Nr. 4516, Rechtsprechung zum GtE, S. 111 (112); *Schaldupova*, in: Djerov/Schaldupova/Ilova/Slatinova, Rechtliche Probleme des GtE, S. 80; *Ilova/Miltschev*, Der neue Stand des Gesetzes über territoriale Entwicklung, S. 17.

[246] *Schaldupova*, in: Djerov/Schaldupova/Ilova/Slatinova, Rechtliche Probleme des GtE, S. 80; *Ilova/Miltschev*, Der neuen Stand des Gesetzes über territoriale Entwicklung, S. 16.

plans an (Art. 109 Abs. 2 S. 2 GtE). Diese Norm kann als Argument für das Ableitungsverhältnis herangezogen werden, da das Gesetz ausdrücklich drei Möglichkeiten der Planaufstellung detaillierter Entwicklung ohne vorherige Aufstellung des sonst gem. Art. 103 Abs. 4 GtE zu berücksichtigenden allgemeinen
Entwicklungsplans zulässt. Daraus lässt sich der Schluss ziehen, dass die expli-
zite Regelung für den Fall des fehlenden allgemeinen Entwicklungsplans, gerade
den Grundsatz der Notwendigkeit vorheriger Aufstellung allgemeiner Entwicklungspläne bekräftigt. Zudem ist die Norm in Verbindung mit § 123 Über-
gangsverordnung zum GtE als eine Ausnahmeregelung auszulegen. Hiernach
wird den Bürgermeistern der Gemeinden ohne einen allgemeinen Entwicklungsplan eine sechsmonatige Frist ab dem Inkrafttreten der Gesetzesänderung (ab
Inkrafttreten von Art. 109 GtE) eingeräumt, dem Gemeinderat einen Planvor-
schlag über die Aufstellung eines allgemeinen Entwicklungsplans vorzulegen.
Ein Verstoß gegen die Vorlagepflicht des Bürgermeisters führt gem. Art. 232 b
Abs. 1 GtE zu einer Geldsanktion in Höhe von 5.000 €. Durch die vorgesehenen
Sanktionsmittel will der Gesetzgeber auf das kommunale Planungsrecht Einfluss
nehmen und zwar mit dem Ziel, das unbeplante Staatsgebiet durch allgemeine
Entwicklungspläne zu ordnen.[247] Allerdings wurde der Beginn der vorgenannten
Gesetzesänderung bereits zweimal verlängert, so dass nach derzeitigem Rechts-
stand Art. 109 Abs. 2 GtE erst ab dem 1.1.2019 zu greifen beginnt. Dies hängt
mit dem besorgniserregenden Umstand zusammen, dass bisher nur 56 von insgesamt 265 Gemeinden in Bulgarien einen allgemeinen Entwicklungsplan haben.[248] Offenkundig will der Gesetzgeber den bulgarischen Gemeinden mehr
Zeit für die Initiierung von Planaufstellungsverfahren einräumen und verzögert
daher den Fristbeginn und die damit zusammenhängenden Sanktionsmittel bis
zum 1.1.2019.

Dennoch weisen die gesetzlich normierten Sanktionsmittel darauf hin, dass Ziel
des Gesetzgebers ist, das Planaufstellen detaillierter Entwicklungspläne für einzelne Grundstücke oder für eine Vielzahl von Grundstücken außerhalb der
Grenzen urbaner Siedlungsgebiete ohne einen wirksamen allgemeinen Entwicklungsplan einzuschränken. Die betroffenen Gemeinden sollen zur aktiven Planung bewegt werden.[249] Dabei ist die Planungsbefugnis der Gemeinde hinsicht-

---

[247] So auch *Ilova/Miltschev*, Der neue Stand des Gesetzes über territoriale Entwicklung, S. 41.
[248] https://www.mrrb.bg/bg/ministur-nikolaj-nankov-v-predavaneto-sedmicata-na-darik-radio/
(Abruf v. 25.09.18).
[249] *Ilova/Miltschev*, Der neue Stand des Gesetzes über territoriale Entwicklung, S. 41.

lich der Aufstellung detaillierter Entwicklungspläne durch die Sonderfälle des Art. 109 Abs. 2 GtE begrenzt. Hieraus lässt sich die Regel-Ausnahme-Struktur der Norm erschließen. In der Regel sollte vom Entwicklungsgrundsatz ausgegangen werden. Ausnahmsweise darf ein detaillierter Entwicklungsplan auch ohne einen allgemeinen Entwicklungsplan für die in Art. 109 Abs. 2 angeführten Flächen aufgestellt werden. Auch § 8 Abs. 2 S. 2, Abs. 3 und Abs. 4 BauGB enthält Ausnahmen von Entwicklungsgebot, nämlich in Gestalt eines selbständigen, eines parallelen und eines vorgezogenen Bebauungsplans. Allerdings kommt die Regel-Ausnahme-Struktur der deutschen Vorschrift im Gegensatz zu den bulgarischen Vorschriften im Gesetz über territoriale Entwicklung deutlich zum Ausdruck. Das in § 8 Abs. 2 S. 1 BauGB gesetzlich verankerte Entwicklungsgebot kann als Vorbild für ein transparentes und rechtsklares Ableitungsverhältnis der Bauleitpläne zueinander dienen.

bb. Eigene Lösungs- und Reformvorschläge

Festzuhalten ist, dass das Gesetz über territoriale Entwicklung kein dem § 8 Abs. 2 S. 1 BauGB gleichzustellendes Entwicklungsgebot statuiert. Die derzeitige Gesetzesfassung lässt dem Planträger hinsichtlich der Frage, ob der detaillierte Entwicklungsplan aus dem allgemeinen Entwicklungsplan zu entwickeln ist, einen gewissen Auslegungsspielraum. Dem Gesetz ist jedoch eine Beachtenspflicht gegenüber den höhergestuften Raumplanungsinstrumenten einschließlich des allgemeinen Entwicklungsplans zu entnehmen, so dass es materiell die Beachtung sowohl der Anforderungen des allgemeinen Entwicklungsplans als auch der Angaben des bestehenden Regionalplans voraussetzt. Da aber die oben ausgeführten Argumente für ein Entwicklungserfordernis sprechen, müsste sich der Gesetzgeber aus Gründen der Rechtsklarheit und Rechtssicherheit eindeutig und widerspruchsfrei für das Ableitungsverhältnis der Entwicklungspläne auf dem Wege der Gesetzesnovellierung entscheiden. Diesbezüglich ist es dem bulgarischen Gesetzgeber anzuraten, von einer nochmaligen Verlängerung der vorbezeichneten Frist betreffend Art. 109 Abs. 2 GtE, § 123 Zusatzvorschriften zum GtE abzusehen, damit die fehlenden allgemeinen Entwicklungspläne in Bulgarien zeitnah aufgestellt werden.

3. Abwägungsgebot

Die Abwägung ist Merkmal jeder rechtmäßigen Planung – eine Planung ohne die Abwägung aller Interessen kann nicht lege artis durchgeführt werden.[250] Daher ist das Abwägungsgebot sowohl bei der räumlichen Gesamtplanung (§ 1 Abs. 7 BauGB; § 4 Abs. 1 S. 1 ROG) als auch bei den meisten Fachplanungen (z. B. § 18 AEG, § 8 Abs. 1 S. 2 LuftVG, § 17 Abs. 1 S. 2 FStrG) in Deutschland positiv-rechtlich geregelt. Als Modell einer rechtsstaatlichen Planung wird daher das Abwägungsgebot nach deutschem Baurecht aufgezeigt.

a. Das Gebot gerechter Abwägung in Deutschland

Das Abwägungsgebot ist in § 1 Abs. 7 BauGB niedergelegt. Die Belange, die für die Abwägung von Bedeutung sind (Abwägungsmaterial), sind gem. § 2 Abs. 3 BauGB als Verfahrensschritt zu ermitteln und zu bewerten.

aa. Rechtsgrundlagen

Das Abwägungsgebot findet seine verfassungsrechtliche Grundlage in der Eigentumsgarantie (Art. 14 GG), der Selbstverwaltungsgarantie (Art. 28 Abs. 2 S. 1 GG) und den rechtsstaatlichen sowie demokratischen Erfordernissen (Art. 20 Abs. 3 GG).[251]

Das Gebot der planerischen Abwägung war bereits im Vorgänger des Baugesetzbuches – im Bundesbaugesetz von 1960, § 1 Abs. 4 S. 2 BBauG[252] - niedergelegt. Zu der Bedeutung des Abwägungsgebots judizierte das Bundesverwaltungsgericht Folgendes:

„Bei der Planung geht es durchwegs um einen Ausgleich mehr oder weniger zahlreicher, in ihrem Verhältnis zueinander komplexer Interessen, die überdies meist in eigentümlicher Weise miteinander verschränkt sind, so dass dem eigenen Interesse nichts zugestanden werden kann, ohne in einer Art Kettenreaktion zahlreiche andere Interessen zu berühren.... Der Schutz privater Interessen im Allgemeinen und des Privateigentums im Besonderen muss sich bei der Aufstellung von Plänen nach Regeln vollziehen, die dem Wesen der Planung angemessen sind. Zu diesen Regeln gehört in erster Linie das Gebot gerechter Abwägung

---

[250] *Dreier*, Die normative Steuerung der planerischen Abwägung, S. 41.
[251] *Stüer*, Der Bebauungsplan, Rn. 832 f.; in Hoppenberg/de Witt, Handbuch des öffentlichen Rechts, Band I, Rn. 896.
[252] § 1 Abs. 4: „*1.* Die Bauleitpläne haben sich nach den sozialen und kulturellen Bedürfnissen der Bevölkerung, ihrer Sicherheit und Gesundheit zu richten. *2.* Dabei sind die öffentlichen und privaten Belange gegeneinander und untereinander gerecht abzuwägen."

der von der Planung berührten öffentlichen und privaten Belange, das sich aus § 1 Abs. 4 S. 2 BBauG ergibt, jedoch, weil dem Wesen einer rechtsstaatlichen Planung entsprechend, unabhängig von dieser Vorschrift allgemein gilt".[253] Das Bundesverwaltungsgericht betont in einer anderen Entscheidung, dass *„die insofern überragende Bedeutung des Abwägungsgebots"* deutlicher hervorgetreten wäre, wenn dieses Erfordernis als ein gesonderter sechster Absatz geregelt wäre.[254] In der bearbeiteten Form vom Jahr 1987 wurde das Abwägungsgebot in einem separaten Absatz - § 1 Abs. 6 BauGB - angesiedelt und so seiner überragenden Bedeutung Rechnung getragen.[255] Zudem ermöglicht das planerische Gebot gerechter Abwägung einen am Einzelfall orientierten gerecht wahrzunehmenden Interessenausgleich unter Beachtung des Verfassungsgebots der Verhältnismäßigkeit.[256] Darüber hinaus hat die höchstrichterliche Rechtsprechung in Bezug auf andere öffentlich-rechtlich verantwortete Planungen entschieden, dass das Gebot gerechter Abwägung privater und öffentlicher Belange unabhängig von einer gesetzlichen Positivierung auf den Gehalt des Rechtsstaatsprinzips zurückzuführen sei und daher generell Geltung beanspruche.[257] Das Abwägungsgebot lässt sich also aus dem Wesen einer rechtsstaatlichen Planung herleiten und gilt dementsprechend allgemein, unabhängig von der einfachgesetzlichen Normierung. Es ist kennzeichnend für jede rechtsstaatliche Planung und bindet auch die planende Gemeinde bei der Aufstellung sowohl von Bauleitplänen als auch von anderen Satzungen nach dem Baugesetzbuch.[258] Dies hängt auch damit zusammen, dass die Bauleitplanung als Inhalts- und Schrankenbestimmung i.S.d. Art. 14 Abs. 1 S. 2 GG in die verfassungsrechtlich geschützte Eigentumsgarantie eingreift und es daher einer Rechtfertigung bedarf, wenn das Eigentumsrecht gegenüber anderen Belangen zurücktritt.

Wie bereits ausgeführt wurde, obliegt die Planungshoheit als Bestandteil der Selbstverwaltungsgarantie gem. Art. 28 Abs. 2 S. 1 GG der Gemeinde, die wiederum konkret in § 2 Abs. 1 S. 1 BauGB als bauleitplanerische Gestaltungsfrei-

---

[253] So BVerwG, DVBl. 1969, 697 (699).

[254] BVerwGE 34, 301 (309).

[255] Nach *Reidt*, Bracher/Reidt/Schiller, Bauplanungsrecht, Rn. 607, ist die Zahl der gerichtlichen Entscheidung zur planerischen Abwägung kaum noch überschaubar.

[256] BVerwGE 104, 144 (152).

[257] BVerwGE 41, 67 (69); zum §§ 16 ff. FStrG BVerwGE 48, 56 (63) zur abfallrechtlichen Abfallplanung nach AbfG: VGH Mannheim, NVwZ 1990, 487 (489).

[258] *Stüer*, Der Bebauungsplan, Rn. 833.

heit niedergelegt ist.[259] Eine Planung ohne Gestaltungsspielraum wäre ein Widerspruch in sich.[260] Der planerische Gestaltungsspielraum ist charakterisiert durch die fehlende Rangordnung der von der Planung berührten Belange[261] sowie durch eine alleine dem Planträger eingeräumte Planungsentscheidung. Da die Verwaltung gem. Art. 20 Abs. 3 GG an Recht und Gesetz gebunden ist, darf sich das planerische Ermessen[262] nicht über den pflicht- und sachgerechten Rahmen hinaus erstrecken. Einer willkürlichen Planungsentscheidung stehen die privaten und öffentlichen Belange (Abwägungsdirektiven[263]) entgegen, die zum Teil gesetzlich vorgesehen sind.

bb. Abwägungsdirektiven und Abwägungsprozess

Der Wortlaut des § 1 Abs. 7 BauGB differenziert zwischen öffentlichen und privaten Belangen. Die in der Abwägung zu beachtenden öffentlichen Belange werden in dem nicht abschließenden Katalog in § 1 Abs. 5 BauGB (allgemeine Planungsziele) und in § 1 Abs. 6 BauGB (konkrete Planungsleitlinien) angeführt.[264] Gem. § 1 Abs. 5 S. 1 und 2 BauGB sollen die Bauleitpläne eine nachhaltige städtebaulichen Entwicklung, die die sozialen, wirtschaftlichen und umweltschutzbezogenen Anforderungen auch in Verantwortung gegenüber künftigen Generationen miteinander in Einklang bringen und eine dem Wohl der Allgemeinheit entsprechende sozialgerechte Bodennutzung gewährleisten sowie dazu beitragen, eine menschenwürdige Umwelt zu sichern und die natürlichen Lebensgrundlagen zu schützen und zu entwickeln. Dabei bildet das Gebot einer nachhaltigen städtebaulichen Entwicklung den Grundsatz bauleitplanerischer Aufgabenwahrnehmung, in dessen Licht die Planungsziele und -leitlinien auszulegen sind.[265] Der Nachhaltigkeitsaspekt erstreckt sich als führendes Leitbild auf die gesamte städtebauliche Entwicklung und hebt die Interessentrias (soziale, wirtschaftliche und umweltrechtliche Belange) hervor. Das Abwägungsgebot steht auch hinsichtlich der sparsamen, schonenden Bodennutzung kraft der Bodenschutzklausel (§ 1a Abs. 2 BauGB) sowie der naturschutzrechtlichen Ein-

---

[259] Vgl. die oberstehenden Ausführungen zur örtlichen Selbstverwaltung unter 2. Kapitel II. 1.
[260] BVerwGE 34, 301 (304).
[261] *Schmidt-Assmann*, Aufgaben und Perspektiven verwaltungsrechtlicher Forschung, S. 165.
[262] BVerwGE 34, 301 (304); BVerwGE 119, 25 (28).
[263] Zum Begriff: *Hoppe*, in: Hoppe/Bönker/Grotefels, Öffentliches Baurecht, § 7 Rn. 12, 24 f.
[264] *Hoppe*, in: Hoppe/Bönker/Grotefels, Öffentliches Baurecht, § 7 Rn. 12 f.; *Stollmann/Beaucamp*, Öffentliches Baurecht, § 7 Rn. 25 f.; *Erbguth/Schubert*, Öffentliches Baurecht, § 5 Rn. 119 f.; *Hoppe*, DVBl 1977, 136 (137).
[265] Vgl. *Erbguth/Schubert*, Öffentliches Baurecht, § 5 Rn. 121.

griffsregelung (§ 1a Abs. 3 BauGB) mit dem Nachhaltigkeitsgebot im Zusammenhang.[266] Für eine rechtsstaatliche Planung müssen die abwägungserheblichen Belange vollständig ermittelt werden. Einzubeziehen sind auch die nicht ausdrücklich in § 1 Abs. 6 BauGB genannten öffentlichen und privaten Belange. Zu den beachtlichen Belangen privater Art gehören alle nachteilig betroffenen Belange, die mehr als geringfügig, schutzwürdig und erkennbar sind.[267] Zentrales privates Interesse ist das Grundeigentum. Zu den abwägungserheblichen Belangen zählen nicht nur die eigentumsmäßig geschützten Positionen, sondern auch die Nutzungsinteressen von Mietern und Pächtern, die Belange im Zusammenhang mit einem eingerichteten und ausgeübten Gewerbebetrieb, u.a.[268]

Die Analyse der §§ 2 Abs. 3 und 4, 2a Abs. 1 S. 2, 1 Abs. 7 BauGB ergibt zwei zu differenzierende Bestandteile des planerischen Abwägungsprozesses zu: der Abwägungsvorgang und das Abwägungsergebnis.[269] Der Abwägungsvorgang besteht gem. §§ 2 Abs. 3 und 2 Abs. 4 BauGB aus der Ermittlung und Bewertung des Abwägungsmaterials und ist in erster Linie dem verfahrensrechtlichen Planungsprozess zuzuordnen.[270] Das Abwägungsergebnis[271] – die Gewichtung und Relation der ermittelten und bewerteten Belange zueinander – gehört zum materiell-rechtlichen Gehalt des Abwägungsgebots gem. § 1 Abs. 7 BauGB. Der verfahrensrechtliche Abwägungsvorgang ist in drei aufeinander folgende Schritte aufgeteilt.[272] Erstens ist die planende Behörde gem. §§ 2 Abs. 3 und 4, 2 a Abs. 1 S. 2 dazu verpflichtet, das gesamte Abwägungsmaterial für die Abwägung einschließlich der Umweltbelange im Rahmen einer gesonderten Umweltprüfung zu ermitteln. Dabei sind die abwägungserheblichen Belange zusammenzustellen.[273] Der Ermittlungsphase dienen die verfahrensrechtlichen Öffent-

---

[266] Auch zum Optimierungsgebot vgl. *Koch/Hendler*, Baurecht, Raumordnungs- und Landesplanungsrecht, § 17 Rn. 43 ff.

[267] BVerwGE 59, 87 (98); BVerwG, BauR 2000, 1834 (1835); BVerwG, NVwZ 2004, 1120 (1121).

[268] vgl. *Reidt*, in: Bracher/Reidt/Schiller, Bauplanungsrecht, Rn. 636 f.

[269] BVerwGE 45, 309 (315).

[270] Regierungsentwurf zum EAG Bau 2004, BT-Drs. 15/2250, S. 42 f. und 65 f.; auch VG Ansbach, BeckRS 2014, 54642; OVG Rheinland-Pfalz, BauR 2012, 1753 (1755).

[271] Zum Begriff: *Reidt* in Bracher/Reidt/Schiller, Bauplanungsrecht, Rn. 611 f.; *Weyreuther*, BauR 1977, 293 (300).

[272] Zu den drei Schritten, auch Phasen genannt: *Stollmann/ Beaucamp*, Öffentliches Baurecht, § 7 Rn. 37 f.; *Erbguth/Schubert*, Öffentliches Baurecht, Rn. 148 f.; *Reidt*, in: Bracher/Reidt/ Schiller, Bauplanungsrecht, Rn. 613 f.

[273] Mager, JA 2009, S. 398 (400).

lichkeits- und Behördenbeteiligungsvorschriften nach §§ 3, 4, 4a BauGB. Die Notwendigkeit aktiver Mitwirkung ergibt sich insofern als die Gemeinde nur das in ihre Abwägung einstellen kann und muss, was ihr bekannt ist oder was sie hätte kennen müssen.[274] Als zweiter Schritt folgt die Bewertung des zusammengestellten Abwägungsmaterials. Die ordnungsgemäß eingestellten Belange sind zutreffend, entsprechend ihrer nach den rechtlichen Vorgaben und tatsächlichen Gegebenheiten objektiven Bedeutung zu gewichten.[275] Drittens hat die Gemeinde die eigentliche Planungsentscheidung, „die Abwägung im engeren Sinne" zu treffen. Hierbei werden die widerstreitenden, abwägungsrelevanten Belange in Relation zueinander gewichtet, dann nach Maßgabe des Verhältnismäßigkeitsgrundsatzes gegeneinander und untereinander zu einem Ausgleich gebracht, wobei dies die Bevorzugung bestimmter und die Zurücksetzung anderer Belange impliziert.[276] Das Abwägungsergebnis ist die Folge dieser Planungsentscheidung und wird schließlich Inhalt des Bauleitplans.[277]

cc. Verletzung des Abwägungsgebots

Aufgrund des der Gemeinde eingeräumten Abwägungsspielraums ist die Bauleitplanung in der gerichtlichen Kontrolle nur auf bestimmte Abwägungsfehler zu untersuchen.

Das Bundesverwaltungsgericht entwickelte folgende Abwägungsfehlerlehre: „ 1. eine (sachgerechte) Abwägung findet überhaupt nicht statt (Abwägungsausfall), 2. in die Abwägung wird an Belangen nicht eingestellt, was nach Lage der Dinge in sie eingestellt werden muss (Abwägungsdefizit), 3. die Bedeutung der betroffenen privaten Belange wird verkannt (Abwägungsfehleinschätzung) oder 4. der Ausgleich wird zwischen den von der Planung berührten öffentlichen und privaten Belangen in einer Weise vorgenommen, der zur objektiven Gewichtigkeit einzelner Belange außer Verhältnis steht (Abwägungsdisproportionalität). Innerhalb des so gezogenen Rahmens wird das Abwägungsgebot jedoch nicht verletzt, wenn sich die zur Planung ermächtigte Stelle in Kollision mit verschiedenen Belangen für die Bevorzugung des einen und damit notwendig für die Zurückstellung eines anderen entscheidet".[278] Die oben ausgeführte Unterschei-

---

[274] *Reidt*, in: Bracher/Redit/Schiller, Bauplanungsrecht, Rn. 624.
[275] *Hoppe*, in: Hoppe/Bönker/Grotefels, Öffentliches Baurecht, § 7 Rn. 60 f.
[276] *Hoppe*, in: Hoppe/Bönker/Grotefels, Öffentliches Baurecht, § 7 Rn. 68 f.; und in DVBl 1977, S. 136 (138); *Reidt*, in: Bracher/Reidt/Schiller, Bauplanungsrecht, Rn. 614 f.
[277] *Söfker*, in: Ernst/Zinkahn/Bielenberg/Krautzberger, § 1 Rn. 187.
[278] BVerwGE 34, 301 (309).

dung zwischen dem Abwägungsvorgang und dem Abwägungsergebnis ist für die Gerichtskontrolle wesentlich. Bis vor dem EAG Bau 2004 wurden sämtliche Abwägungsaspekte - also Fehler sowohl im Abwägungsvorgang als auch im Abwägungsergebnis - dem materiellen Recht zugeordnet.[279] Seit der Änderung des Baugesetzbuches durch das EAG Bau ist nach § 214 Abs. 1 Nr. 1 BauGB die Ermittlung und Bewertung des Abwägungsmaterials nach § 2 Abs. 3 BauGB als eine Verfahrensfrage zu bewerten. Das EAG Bau hat gemeinschaftsrechtliche Verfahrensvorgaben, insbesondere die Vorgaben der Plan-UP-Richtlinie, in das Baugesetzbuch mit dem Willen integriert, hinsichtlich des Ermittelns und Bewertens eine verfahrensbezogene Pflicht zu schaffen.[280] Dementsprechend sind Ermittlungsdefizite (Abwägungsausfall, Abwägungsdefizit) und Bewertungsfehler (Abwägungsfehleinschätzung) Verfahrensfehler, lediglich die fehlerhafte Gewichtung der Belange untereinander (Abwägungsdisproportionalität) stellt einen Verstoß gegen das materiell-rechtliche Abwägungsgebot gem. § 1 Abs. 7 BauGB dar.[281]

b. Zentrale Erkenntnisse

Die obigen Ausführungen über die Rechtslage in Deutschland sind wie folgt zusammenzufassen:

- Die wichtigste Planungsschranke der deutschen Bauleitplanung ist das in § 2 Abs. 3 und § 1 Abs. 7 BauGB geregelte Abwägungsgebot. Die planerische Abwägung ist zugleich das Kernstück der gesamten Bauleitplanung, deren Ziel darauf beruht, die unterschiedlichen öffentlichen und privaten Ansprüche an die Grundstücksnutzung dergestalt in Einklang zu bringen, dass alle Belange in angemessener Weise ermittelt und bewertet werden. Dadurch werden dem kommunalen Gestaltungsspielraum Grenzen gesetzt, die einer willkürlichen und einseitigen Boden- und Raumnutzung entgegenwirken. Das Abwägungsgebot dient einer sachgerechten und somit einer rechtsstaatlichen Planung. Es wird aus dem Wesen der Rechtsstaatlichkeit abgeleitet und gilt dementsprechend allgemein, d. h. es bindet den Planträger, unabhängig von seiner gesetzlichen Normierung. Dennoch ist das Abwägungsgebot aufgrund seiner überragenden Bedeutung und Bindungskraft positiv-rechtlich zu normieren. Die Abwägungsdogmatik in Deutschland verdankt der Judikatur ihre detaillierte Gestalt.

[279] BVerwGE 45, 309 (322).
[280] Vgl. BVerwG, NVwZ 2008, 899 (901); BT-Dr 15/2250, S. 63.
[281] Vgl. Mager, JA 2009, S. 398 (400).

- Bei der Abwägung sind sowohl private als auch öffentliche Belange zu ermitteln, zu gewichten und untereinander abzuwägen. Die planerische Abwägung impliziert das Fehlen eines vorgegebenen Rangverhältnisses der zu berücksichtigenden Interessen.

- Die Bauleitplanung setzt als Planungsmechanismus örtlicher Selbstverwaltung einen Gestaltungs- und Bewertungsspielraum der Gemeinde voraus, wobei sie die Vor- und Nachteile der jeweiligen Entscheidung gegeneinander und untereinander gerecht abzuwägen hat. Aufgrund des Planungsermessens ist die Planungsentscheidung - nur auf bestimmte Abwägungsfehler beschränkt - verwaltungsgerichtlich zu kontrollieren.

c. Kritische Analyse der Rechtslage in Bulgarien

Das Gesetz über territoriale Entwicklung sieht eine den §§ 2 Abs. 3, 1 Abs. 7 BauGB vergleichbare Abwägungsanforderung an das Planaufstellen positivrechtlich nicht vor. Rechtshistorisch sah die Literatur die Unentbehrlichkeit des Interessenausgleichs ein und entwickelte materiell-rechtliche Prinzipien des Gesetzes über territoriale Entwicklung. Hierzu zählen das Gebot der Widerspruchsfreiheit staatlicher, öffentlicher und individueller Interessen sowie das Harmonisierungsprinzip.[282] Eine der Hauptaufgaben des Gesetzes über territoriale Entwicklung ist demzufolge die Aufrechterhaltung des Gleichgewichts zwischen den individuellen und öffentlichen Interessen. Die territoriale Entwicklung ist darauf angelegt, private und öffentliche Interessen miteinander zu vereinbaren und auszubalancieren.[283]

Paradox ist der Umstand, dass die Autoren die signifikante Rolle des Gesetzes über territoriale Entwicklung für den Ausgleich konfliktträchtiger Belange betonen, ohne sich mit der Frage nach der fehlenden gesetzlichen Grundlage auseinanderzusetzen. Hinsichtlich des Interessenausgleichs wird die verfahrensrechtliche Bürgerbeteiligung im Aufstellungsverfahren vorgebracht, die auf die freiheitsstaatlichen, demokratischen Rechte des Einzelnen zurückzuführen ist.[284] Auf die fehlende materiell-rechtliche Normierung wird aber nicht eingegangen.

---

[282] *Sivkov*, Grundlagen der territorialen Entwicklung, S. 16 spricht von Prinzipien der territorialen Entwicklung; *Sivkov*, in: sikov/Sinovieva/Dimitrov/Panayotova/Nikolova/Yankulova/Tscherneva/Miltscheva, Verwaltungsrecht, Besonderer Teil, S. 106; *Djerov/Ewrev/Gegov*, Kataster, Grundbuch und territoriale Entwicklung, spricht von Prinzipien des GtE, S. 242 f.
[283] *Sivkov*, Grundlagen der territorialen Entwicklung, S. 25.
[284] So *Djerov/Ewrev/Gegov*, Kataster, Grundbuch und territoriale Entwicklung, S. 243.

Alleine die Verfahrensnormen ersetzen die Pflicht der Gemeinde zur planerischen Abwägung nicht. Die obige Kritik an der lediglich formalen Natur der Vorschriften der Öffentlichkeits- und Behördenbeteiligung gelangte zum Schluss, dass diese nicht einmal der Ermittlung abwägungserheblicher Belange genügen, ganz zu schweigen von der planerischen Abwägungsentscheidung selbst.[285]

Die mangelnde positiv-rechtliche Regelung des Abwägungserfordernisses hat auch eine fehlende verwaltungsgerichtliche Planungsjudikatur zur Folge. So werden die angefochtenen detaillierten Entwicklungspläne in Bulgarien im Wege der Planaufstellung oder Änderung nicht auf die Einhaltung des Interessenausgleichs überprüft. Die Rechtmäßigkeitsprüfung wird in der Regel nur in Bezug auf Art. 127, 128, 134 Abs. 2 Nr. 6 GtE hinsichtlich der Bürgerbeteiligung vorgenommen.[286]

Ein vertiefter Blick auf die Abwägungsproblematik in Bulgarien deutet in Anbetracht der vorbezeichneten, lediglich im Schrifttum entwickelten Prinzipien des Gesetzes über territoriale Entwicklung auf eine substanzlose Abstraktion hin, die weder für die zuständige Behörde noch für das Verwaltungsgericht rechtliche Relevanz entfaltet.

Vor diesem Hintergrund wird die Kernfrage aufgeworfen, ob die bulgarische Verfassungs- und Rechtsordnung grundsätzlich eine planerische Abwägung vorsieht.

d. Eigene Lösungs- und Reformvorschläge

Überträgt man die unter dem Buchstaben b. ausgeführten zentralen Erkenntnisse auf die Rechtslage in Bulgarien, lässt sich dort das planerische Abwägungsgebot ebenso aus dem Rechtsstaatsprinzip ableiten. Gem. Art. 4 Abs. 1 S. 1 Verfass. RBG ist die Republik Bulgarien ein Rechtsstaat, der laut Satz 2 gemäß der Verfassung und den Gesetzen des Landes regiert wird. Nach der Rechtsprechung

---

[285] Vgl die vorstehenden Ausführungen über die Beteiligungsanforderungen im 4. Kapitel, I. 3. d. bb. (3).

[286] VG Sofia Gebiet, 6. Kammer, v. 19.11.2010, Nr. 876; VG Sofia Stadt, 2.Kammer, v. 30.4.2010, Nr. 1210; VG Varna, 2. Kammer, v. 18.12.2013, Nr. 3254 erklären die Rechtswidrigkeit eines detaillierten Entwicklungsplans aufgrund des Verstoßes gegen die Genehmigungsvoraussetzung nach Art. 134 Abs. 2 Nr. 6 im Pländerungsverfahren. Bei der Pländerung bedarf es der Genehmigung benachbarter Grundstückseigentümer oder anderweitig dinglich Berechtigter, nachdem sie über den Planentwurf von der zuständigen Behörde gem. Art. 128 Abs. 3 GtE hätten benachrichtigt werden müssen. Da die Benachrichtigung sowie die erforderliche Genehmigung unterblieben, geht das Gericht von der Rechtswidrigkeit des detaillierten Entwicklungsplans aus.

des Verfassungsgerichts beinhaltet das Rechtsstaatsprinzip die gleichrangige Bindung sowohl der Staatsgewalt – Legislative, Exekutive und Judikative – als auch aller Rechtssubjekte an die in der Verfassung determinierten Grundlagen der Rechtsordnung.[287] Die Funktionen des Rechtsstaatsprinzips sind im Diskurs der deutschen und der bulgarischen Verfassungsrechtslehre sowie der Entscheidungspraxis der Verfassungsgerichte ähnlich.[288] Das Rechtsstaatsprinzip etablierte sich in den Rechtsordnungen beider Referenzländer als Verfassungsprinzip bestehend aus diversen Einzelverbürgungen. Zu den ausdrücklich verfassungsrechtlich determinierten Ausprägungen des Rechtsstaatsprinzips in Bulgarien zählen der Vorrang der Verfassung (Art. 5 Abs. 1 Verfass. RBG), die Gewaltenteilung (Art. 8 Verfass. RBG), die Grundrechte sowie die Garantie des Rechtsschutzes, wobei die Rechtssicherheit, der Vertrauensschutz und die Rechtsklarheit mittelbar aus Art. 4 Abs. 1 Verfass. RBG herzuleiten sind.[289] Da die zuständige Planungsbehörde als Organ der vollziehenden Gewalt gem. Art. 4 Abs. 1 Verfass. RBG an die Verfassung gebunden ist, müsste sie sich bei der Planaufstellung an dem ungeschriebenen, mittelbar von dem Rechtsstaatprinzip ausgehenden Abwägungsgebot orientieren. Somit ist das Abwägungsgebot auch für die bulgarische Bauleitplanung aus der Verfassung ableitbar und seine Verletzung sollte justiziabel sein.

Allerdings wurde im Rahmen der Anfechtung von detaillierten Entwicklungsplänen bisher weder ein solcher Verstoß gerügt noch hat sich die Gerichtsbarkeit aus irgendeinem Grund mit der Abwägungsproblematik beschäftigt. De jure ist die rechtsstaatliche Abwägung also zu bejahen, de facto hat sie aber bisher keine Bedeutung für die Verwaltung und die Judikative entfaltet.

Die vorliegende Analyse unterbreitet folgenden Reformansatz: Es ist erforderlich, das Abwägungsgebot im Gesetz über territoriale Entwicklung positivrechtlich zu normieren. Dieses Abwägungsgebot sollte für alle Entwicklungspläne gelten, unabhängig von der Tatsache, dass das Gesetz den Individualrechtsschutz gegen allgemeine Entwicklungspläne ausdrücklich ausschließt. Immerhin ist der Gebietsverwalter nach Art. 127 Abs. 6 S. 2 GtE befugt, die Darstellungen des allgemeinen Entwicklungsplans rechtlich zu überprüfen und gegebenenfalls das Verwaltungsgericht anzurufen. Diese Kontroll- und Bean-

---

[287] Verfassungsgericht v. 3.1.2007 DV Nr. 22/2007; vgl. auch Tasseva, Jahrbuch für Ostrecht 2005, S. 75 (79).
[288] Hierzu gelangt *Sheljaskow*, Das Rechtsstaatsprinzip im bulgarischen Verfassungsrecht am Maßstab der deutschen Verfassungsrechtslehre und –praxis, S. 278.
[289] Ebd.

standungsbefugnis des Gebietsverwalters sollte den Verstoß gegen den Abwägungsgrundsatz mitumfassen, damit die Rechtmäßigkeit der allgemeinen Entwicklungspläne auch diesbezüglich gesetzlich garantiert ist. Zur konkreten Begründung dieses Reformansatzes sind folgende Aspekte in Betracht zu ziehen:

Erstens bedarf jeder Eingriff in die Eigentumsgarantie einer Rechtsgrundlage. Wenn die zuständige Behörde anderen berechtigten Interessen zu Lasten des Eigentumsrechts Vorzug einräumt, bedarf der Eingriff in Art. 17 Verfass. RBG einer Rechtsgrundlage. Zur Begründung dessen ist der Gesetzeszweck heranzuziehen, welche Probleme durch das Gesetz über territoriale Entwicklung bewältigt werden sollen. Das Gesetz über territoriale Entwicklung ist ein Gesetz von öffentlicher gesellschaftlicher Bedeutung, das die Eigentumsgarantie zum Zweck der städtebaulichen Ordnung einschränkt (Art. 1 Abs. 2 GtE). Daher beruht die Hauptaufgabe des Gesetzes auf der Aufrechterhaltung des Gleichgewichts zwischen den individuellen und öffentlichen Interessen, also auf einer Interessenkoordination.[290] Die Bauleitplanung in Bulgarien stellt sich als Steuerungsmechanismus dar, um eine nachhaltige Entwicklung der Gemeinde realisieren zu können, so Art. 1 Abs. 1 S. 1 GtE. Dies kann verwirklicht werden, wenn die Zweckmäßigkeit der Planentscheidung gewährleistet ist.

Aufgrund der überragenden Bedeutung eines Abwägungsgebotes für jede rechtmäßige Planung, unabhängig von Planungsinhalt und Planarten, sollte zweitens eine klare, widerspruchsfreie und eindeutige Gesetzesnorm positivrechtlich eingeführt werden. Die Balance zwischen den privaten und öffentlichen Interessen sollte für die Adressaten der GtE-Regelungen aus dem Gesetzestext hinreichend bestimmbar und nachvollziehbar sein. Dies verlangen auch die auf das Rechtsstaatsgebot zurückzuführenden Ausprägungen der Rechtsklarheit und Rechtssicherheit.

Drittens sprechen für die Erforderlichkeit der Norm nicht nur die vorbezeichneten rechtsdogmatischen Argumente, sondern auch die Erfahrungen der Gesetzesanwendung aus den letzten 15 Jahren. Wie bereits oben ausgeführt wurde, zeichnet sich die Tendenz zur fragmentarischen, chaotischen und zusammenhanglosen Bebauung ab.[291] Die außer Kontrolle geratene Urbanisierung naturschutzrechtlich relevanter Flächen an der Schwarzmeerküste und die Überbau-

---

[290] Vgl. *Bakalova/Yankulov*, Aktuelle Fragen der territorialen Entwicklung und des Katasters, Kommentar, S. 203 f.
[291] Vgl. 4. Kapitel I. 3. bb. (5).

ung des Sofiagebiets sind nicht alleine auf die materiell-rechtlich unbeschränkte Planinitiativberechtigung bestimmter Personenkreise gem. Art. 124a Abs. 5, 131 GtE zurückzuführen. Die für die nachhaltige Städtebauordnung in Bulgarien verhängnisvolle Entwicklung wird vielmehr durch die fehlende Pflicht der zuständigen Planbehörde zur planerischen Abwägung befördert. Aus dem bulgarischen Baurecht sollte deutlich hervorgehen, dass die zuständige Planungsbehörde – in der Regel die Gemeinde – die ausschließliche Verantwortung trägt, dass alle relevanten Belange sorgfältig ermittelt und bewertet werden, die planerischen Festsetzungen auf der Grundlage einer gerechten Abwägung aller Belange erfolgen und keine Abwägungsfehler unterlaufen. Diese Erwägungen korrespondieren auch mit den oben dargelegten Ausführungen zur Behörden- und Öffentlichkeitsbeteiligung. Denn die Mitwirkung der Öffentlichkeit bzw. anderer öffentlicher Träger sollte dazu dienen, die abwägungserheblichen Belange – das Abwägungsmaterial – zusammenzustellen und abschließend sachgerecht zu entscheiden. Somit würde die materielle Pflicht zur Abwägung der im Rahmen der Öffentlichkeits- und Behördenbeteiligung ermittelten und bewerteten Interessen die Grundlage einer rechtsstaatlichen Planungsentscheidung in Bulgarien bilden. Viertens würden der Einschaltung Dritter (Architekten, Planungsbüros u.a. nach Maßgabe des Vergaberechts) klare Grenzen gesetzt. Denn wenn die maßgebende Planentscheidung der Planbehörde vorbehalten wird, würde die Letztentscheidung demnach bei der Gemeinde bleiben. Somit kann das Gesetz der Abwälzung materieller Entscheidungen auf unmittelbare Planbegünstigte entgegenwirken.

Systematisch sollte die Pflicht der jeweiligen Planungsbehörde zur gerechten Abwägung der öffentlichen und privaten Interessen klar, widerspruchsfrei, und eindeutig in das Gesetz über territoriale Entwicklung eingefügt werden. Da dem deutschen Konzept eine innere Systematik und Stimmigkeit zu bescheinigen sind, kann der bulgarische Gesetzgeber § 2 Abs. 3 und § 1 Abs. 7 BauGB als Richtschnur für eine rechtsstaatliche Abwägung nehmen.

Im Einklang mit dem bulgarischen Gesetzeskonzept und in Ermangelung einer dem § 214 BauGB vergleichbaren Planerhaltungsvorschrift würde ein Verstoß gegen die entsprechende Abwägungspflicht die Unwirksamkeit des Entwicklungsplans bedeuten.

Gesetzessystematisch ist das sechste als „Entwicklungspläne" bezeichnete Kapitel (Art. 103-114 GtE) die passende Stelle. Denn diese Vorschriften regeln –

ähnlich wie §§ 1 ff. BauGB – die allgemeingültigen Leitsätze und Berücksichtigungsgebote für die Entwicklungspläne. Die speziellen Planaufstellungsvorschriften, Art. 124 ff. GtE, beinhalten dagegen gesonderte Vorschriften für allgemeine und detaillierte Entwicklungspläne. Konkret scheint Art. 103 GtE, der die Grundregeln für die Aufstellung allgemeiner und detaillierter Entwicklungspläne bestimmt, die geeignete Rechtsvorschrift zu sein. Wie bereits oben ausgeführt bestimmen Absatz 1-3 die Arten von Entwicklungsplänen und beschreiben ihre Hauptfunktionen. Absatz 4 regelt die zwingenden Beachtenspflichten in Bezug auf höherrangige Pläne, Absatz 5 ist weggefallen und Absatz 6 regelt die Pflicht zur Vornahme von Ingenieur- und Hydrountersuchungen des Bodens im Rahmen der Planaufstellung. Art. 104-108 GtE beziehen sich nur auf die allgemeinen Entwicklungspläne, Art. 108-114 GtE haben die detaillierten Entwicklungspläne zum Regelungsgegenstand. Vor diesem Hintergrund ist Art. 103 GtE die einzig in Betracht kommende bestehende Rechtsnorm, deren Regelungswirkung durch das Abwägungsgebot erweitert werden kann. Der Gesetzgeber könnte das Abwägungsgebot in einen neuen Absatz, nämlich Absatz 7 anfügen. Unter Beachtung des GtE-Sprachgebrauchs und Heranziehung der in der Literatur entwickelten Grundsätze der Widerspruchsfreiheit öffentlicher und individueller Interessen sowie des Harmonisierungsprinzips kann Art. 103 Absatz 7 folgendermaßen lauten:

„Bei der Aufstellung der Entwicklungspläne ist ein gerechter Ausgleich zwischen den öffentlichen und individuellen Interessen zu gewährleisten."

IV. Zusammenfassung

Durch Gegenüberstellung der einschlägigen Vorschriften des bulgarischen Gesetzes über territoriale Entwicklung und dem deutschen Recht lassen sich folgende Schlussfolgerungen ziehen:
Art. 124 ff. GtE enthalten eine Vielzahl von formell-rechtlichen Anforderungen an die Aufstellung allgemeiner und detaillierter Entwicklungspläne, die zum Teil widersprüchlich sind und die Gesetzesanwendung erschweren bzw. zur Verfahrensverlangsamung beitragen. Es ist Aufgabe des Gesetzgebers, unbestimmte Begriffe, Ungenauigkeiten und gesetzliche Widersprüche zu bereinigen. Demgegenüber sind materiell-rechtliche Rechtmäßigkeitsvoraussetzungen entweder auslegungsbedürftig (Art. 103 Abs. 4 GtE) oder sie fehlen komplett. Es bedarf aber einer klaren gesetzlichen Regelung für das Ableitungsverhältnis

zwischen allgemeinem und detailliertem Entwicklungsplan und das planungsrechtliche Abwägungsgebot. Der bulgarische Gesetzgeber sollte entsprechende
materielle Rechtsvorschriften im Gesetz über territoriale Entwicklung zu treffen,
um bestehenden Missständen abzuhelfen sowie zugleich die Investitionsfreund-
lichkeit und die nachhaltige Stadtentwicklung zu fördern.

5. Kapitel:
Kritische Würdigung der Richtlinienumsetzung in das bulgarische Recht

Angesichts der europäischen Integration nimmt die unionsrechtliche Umweltpolitik einen starken Einfluss auf die Ausgestaltung nationaler und kommunaler Raumplanungsstrukturen. Signifikante Bedeutung kommt im europäisch-ökologischen Kontext der Richtlinie über die Strategische Umweltprüfung[292] sowie den naturschutzrechtlichen Richtlinien, der Vogelschutzrichtlinie[293] und der Flora-Fauna-Habitatrichtlinie[294], zu.

Vor diesem Hintergrund werden im Folgenden die Anforderungen dieser Richtlinien und ihre Umsetzung ins bulgarische Recht erörtert. Im Wege der Rechtsvergleichung werden die spezifischen Besonderheiten der Umsetzungsphilosophie beider Referenzländer vorgebracht und Rückschlüsse für die Effizienz der jeweiligen Umweltschutzvorschriften gezogen.

I. Überblick über die Rechtslage in Bulgarien

Die Anforderungen der SUP-Richtlinie wurden in Bulgarien in Art. 81 - 91 Umweltschutzgesetz (UmweltschG) und die untergesetzliche Durchführungsverordnung vom 24.6.2004 transformiert.[295] Der Vorgänger des aktuellen Umweltschutzgesetzes datiert aus dem Jahre 1991. Es enthielt viele Gesetzesverweise, wobei seine als abstrakt und kaum praxistauglich bewerteten Regelungen keinen ausreichenden Umweltschutz gewähren konnten.[296] Entscheidend waren auch die Vorgaben des am 8.3.1993 in Brüssel zwischen der Europäischen Gemeinschaft und Bulgarien abgeschlossenen Assoziierungsabkommens. Eine der darin vereinbarten Anpassungsvoraussetzungen war die in Art. 70 vorgesehene Verpflichtung zur Reformierung und Annährung des Umweltrechts an die unionsrechtlichen Bestimmungen. Teil der Beitrittsverhandlungen waren auch die im Kapitel 22 „Umweltschutz" niedergelegten Angleichungserfordernisse an das Balkanland, zum Zeitpunkt des Beitritts den unions-

---

[292] Siehe o. Fn. 42.
[293] Siehe o. Fn. 44.
[294] Siehe o. Fn. 43.
[295] *Pentschev*, Aktuelles Recht, 40 (47).
[296] Vgl. *Pentschev*, Aktuelles Recht, 62 (67).

rechtlichen Besitzstand in die nationale Rechtsordnung transferiert zu haben.[297] Zum „acquis communautaire" der Gemeinschaft kam 2001 auch die SUP-RL hinzu, die ebenso in das nationale Recht umzusetzen war. Eine Änderung des damals geltenden Gesetzes reichte nicht aus, um die mehr als 2000 erlassenen Sekundärakte der Europäischen Gemeinschaft in die bulgarische Rechtsordnung zu implementieren. Vor diesem Hintergrund trat das heute geltende Umweltschutzgesetz 2002 in Kraft. Dadurch sollten 57 Richtlinien, darunter die UVP-Richtlinie[298], die SUP-Richtlinie, die FFH-Richtlinie und die Vogelschutzrichtlinie umgesetzt werden.[299] Darüber hinaus wurden die auf die Naturschutzrichtlinien zurückzuführenden Vorgaben in das ebenfalls 2002 in Kraft getretene Gesetz über die biologische Vielfalt (GbV) umgesetzt.[300] Im Zeitraum zwischen 1878 und 2002 existierte keine rechtliche Ordnung in Bulgarien, die ausschließlich den Naturschutz kodifizierte.[301] Daher stellt das Biodiversitätsgesetz das erste Gesetz in Bulgarien dar, das dem Schutz der Artenvielfalt und der Erhaltung der Ökosysteme dient. Vor diesem Hintergrund bewirkten die hier zu untersuchenden Richtlinien rechtliches Neuland in Bulgarien mit erheblichen Berührungspunkten zur Bauleitplanung.

II. Strategische Umweltprüfung

Die strategische Umweltprüfungsrichtlinie[302] ist auf die Ermittlung, Beschreibung, Bewertung und Berücksichtigung von erheblichen Umweltauswirkungen im Planungsrecht ausgerichtet. Ist eine Umweltprüfung durchzuführen, erfolgt die Öffentlichkeitsbeteiligung im Rahmen der Strategischen Umweltprüfung nach Maßgabe der SUP-RL. Diese Richtlinie erweist sich als das entscheidende

---

[297] Die Vertragsverhandlungen über das 22. Kapitel fingen am 27.7.2001 an und endeten Juni 2003.
[298] Richtlinie 85/337 EWG vom 27.6.1985, ABl. EG L Nr. 175, hier bezeichnet als UVP-RL, geändert durch: die UVP-Änderungsrichtlinie 97/11/EG vom 3.3.1997, ABl. EG L 73; geändert durch die neuen UVP-RL 2011/92/EU v. 13.12.2011, ABl. L 26/1 und die RL 2014/52/EU v. 16.4.2014, ABl. EU L 124/1.
[299] *Boneva*, Harmonization of the Bulgarian legislation in the field of environment with the EU legislation, S. 1 (5).
[300] Vgl. *Pentschev*, Umweltrecht, Besonderer Teil, S. 202 f.; *Spirodonov/Peev*, Integrierung der Anforderungen der biologischen Vielfalt in die Umweltprüfung, S. 14 f.
[301] So *Pentschev*, Umweltrecht, Besonderer Teil, S. 203.
[302] Siehe o. Fn. 42.

unionsrechtliche Verfahrensinstrument zur Verwirklichung des umweltrechtlichen Vorsorgeprinzips im Bereich der Bauleitplanung.

1. Anforderungen der SUP-RL

a. Zweckbestimmung und Anwendungsbereich

aa. Allgemeine Vorgaben der SUP-RL

Die strategische Umweltprüfung (abgekürzt als „UP") bezieht sich auf die dem Projektgenehmigungsverfahren vorgelagerten Planungen und Programme, die einen rechtlichen Rahmen für zukünftige Zulassungsentscheidungen setzen (vgl. Art. 3 Abs. 2 lit. a SUP-RL). Die strategische Umweltprüfung ergänzt die Umweltverträglichkeitsprüfung nach der Richtlinie über die Umweltverträglichkeitsprüfung[303] um die Durchführung einer Umweltprüfung auf Planebene.[304] Während die UVP-Richtlinie eine Umweltprüfung für Projekte auf der Ebene der Projektzulassung einführte, geht die SUP darüber hinaus und zielt auf die einer Projektgestattung vorausliegende räumliche Planungsebene.[305] Ziel der Richtlinie ist es, im Hinblick auf die Förderung einer nachhaltigen Entwicklung, ein hohes Umweltschutzniveau sicherzustellen.[306] Ebenso bezweckt die Richtlinie, dass Umwelterwägungen in die Ausarbeitung und Annahme von Plänen und Programmen einbezogen werden, indem dafür gesorgt wird, bestimmte Pläne und Programme, die voraussichtlich erhebliche Umweltauswirkungen haben, entsprechend der Richtlinie einer Umweltprüfung einzubeziehen (Art. 1 SUP-RL). Dem Sinn nach stellt die SUP-RL einen präventiven, dem Umweltschutz dienenden Früherkennungsmechanismus dar. Nach den Vorgaben zur Öffentlichkeitsbeteiligung soll eine UP mit ausreichender Partizipation schon auf der Planungsebene und nicht erst bei der Projektgenehmigung etabliert werden.

Dem neunten Erwägungsgrund zufolge betrifft die Richtlinie lediglich einen Verfahrensaspekt, wobei ihre Anforderungen entweder in die in den Mitglied-

---

[303] Siehe o. Fn. 298.

[304] 7. Erwägungsgrund der SUP-RL: „...bei dem zweiten Treffen der Vertragsparteien in Sofia am 26. und 27. Februar 2001 wurde beschlossen, ein rechtlich bindendes Protokoll über die strategische Umweltprüfung auszuarbeiten, das die bestehenden Vorschriften über die Umweltverträglichkeitsprüfung im grenzüberschreitenden Rahmen ergänzen würde (...)"; zur Richtlinienhistorie auch *Scherer/Heselhaus*, in: Dauses, Handbuch des EU-Wirtschaftsrechts, O. Rn. 269 f.

[305] *Koch/Hendler*, Baurecht, Raumordnungs- und Landesplanungsrecht, § 11 Rn. 31; *Winkler*, in Hoppe/Beckmann/Kment: UVPG UmwRG Kommentar, Einleitung, Rn. 46; *Erbguth/Schubert*, Öffentliches Baurecht, § 3 Rn. 29 f.

[306] Zum Nachhaltigkeitsgebot als Strukturprinzip der Strategischen Umweltprüfung vgl. *Schlacke*, in: Kahl (Hrsg.), Nachhaltigkeit durch Organisation und Verfahren, S. 335 ff.

staaten bereits bestehenden Verfahren oder aber in eigene für diese Zwecke geschaffene Verfahren einbezogen werden sollen. Demnach handelt es sich um ein Verfahrensinstrument, das den Planungsbehörden keinerlei materiell-rechtliche Kriterien auferlegt.[307]

Nach Art. 2 lit. a SUP-RL gilt die Richtlinie für solche Pläne und Programme, die aufgrund von Rechts- oder Verwaltungsvorschriften erstellt werden müssen und die einschließlich erfolgender Änderungen, von einer Behörde nationaler, regionaler oder lokaler Ebene ausgearbeitet werden.[308]

Wesentliches Ziel der Richtlinie ist es, Pläne und Programme, die voraussichtlich erhebliche Umweltauswirkungen haben, bei ihrer Ausarbeitung und vor ihrer Annahme einer Umweltprüfung zu unterziehen.[309] Nach der Rechtsprechung des EuGH fällt auch ein Verfahren zur völligen oder teilweisen Aufhebung eines Plans grundsätzlich in den Geltungsbereich der Richtlinie, da der Aufhebungsakt eine Änderung des rechtlichen Bezugsrahmens mit sich bringt und daher die Umweltauswirkungen beeinflusst.[310]

Den Anwendungsbereich regelt Art. 3 SUP-RL. Eine Umweltprüfung findet bei Plänen und Programmen mit erheblichen Umweltauswirkungen statt. Das Vorliegen erheblicher Umweltauswirkungen wird bei zwingend SUP-pflichtigen Plänen und Programmen gem. Art. 3 Abs. 2 SUP-RL unwiderleglich vermutet.[311] Zwingend erforderlich sind laut lit. a. Pläne und Programme in den dort explizit aufgezählten Bereichen, durch die der Rahmen für die künftige Genehmigung der in den Anhängen I und II der UVP-RL aufgeführten Projekte gesetzt wird. Entscheidend für die vorliegende Studie ist der Umstand, dass zu den angeführten Sektoren auch jener der Raumordnung und der Bodennutzung gehört.[312]

---

[307] Vgl. auch *Ginzky*, UPR 2002, 47 (51); *Schink*, NVwZ 2005, 615 (616), m.w.N.

[308] Zum Begriff der Pläne und Programme, „die aufgrund von Rechts- und Verwaltungsvorschriften erstellt werden müssen": EuGH, Urt. v. 22.3.2012, C-567/10, BeckEuRS 2012, 650391, Rn. 30 S. 694 – *Inter-Environnement Bruxelles*; *Kahl*, JZ 2014, 722 (725); *Kümper*, ZUR 2014, 74 (76).

[309] Vgl. auch EuGH, Urt. v. 17.6.2010, C-105/09 und C-110/09, Slg. 2010 I-5611, Rn. 32 – *Terre wallone und Inter-Environnement Wallonie*.

[310] EuGH, Urt. v. 22.3.2012, C-567/10, BeckEuRS 2012, 650391, Rn. 38.– *Inter-Environnement Bruxelles*.

[311] Vgl. zur obligatorischen UP: *Hendler*, NuR 2003, 2 (4); *Callies*, in: Erbguth (Hrsg.), Strategische Umweltprüfung (SUP), S. 24 f.; *Schink*, NVwZ 2005, 615 (619).

[312] „a) die in den Bereichen der Landwirtschaft, Forstwirtschaft, Fischerei, Energie, Industrie, Verkehr, Abfallwirtschaft, Wasserwirtschaft, Telekommunikation, Fremdenverkehr, Raumordnung oder Bodennutzung ausgearbeitet werden (…)".

Darüber hinaus besteht eine obligatorische Umweltprüfung für solche Pläne und Programme der aufgezählten Sektoren, „bei denen angesichts ihrer voraussichtlichen Auswirkungen auf Gebiete eine Prüfung nach der Richtlinie 92/43/EG für erforderlich erachtet wird" (vgl. Art. 3 Abs. 2 lit. b. SUP-RL). Neben den Fällen zwingender Umweltprüfung ist auch die bedingte Umweltprüfung in Art. 3 Abs. 3 und 4 SUP-RL niedergelegt. Betreffen die Pläne im Sinne des Abs. 2 SUP-RL nur die Nutzung kleiner Gebiete auf lokaler Ebene oder sollten nur geringfügige Änderungen vorgenommen werden, ist die Umweltprüfung davon abhängig, ob die Mitgliedstaaten im Rahmen einer Vorprüfung feststellen, dass erhebliche Umweltauswirkungen vorliegen. Auch in Bezug auf Pläne und Projekte, die nicht unter den Anwendungsbereich des Abs. 2 fallen, bestimmen die Mitgliedstaaten über das Vorliegen umweltrechtlicher Auswirkungen und damit über die Durchführung der Umweltprüfung (Art. 3 Abs. 4 SUP-RL). Gem. Art. 3 Abs. 5 SUP-RL üben die Mitgliedstaaten ihr Bestimmungsrecht entweder durch Einzelfallentscheidung oder durch Festlegung bestimmter Arten von Plänen und Programmen oder durch eine Kombination beider Varianten aus, wobei sie die Anforderungen des Anhangs II der Richtlinie zu berücksichtigen haben.

Die Richtlinie sieht die Möglichkeit einer Abschichtung der Umweltprüfung zum Zweck der Verhinderung einer Mehrfachprüfung vor, denn Art. 4 Abs. 3 SUP-RL lässt zu, in mehrstufigen Planungsetappen auf Informationen zurückzugreifen, die auf anderen Planungsstufen gewonnen wurden.[313]

bb. Anwendungsbereich der SUP-RL in Bezug auf die Bauleitplanung

Vor dem Hintergrund der oben ausgeführten Grundsätze sind hinsichtlich des Anwendungsbereichs der strategischen Umweltprüfung folgende Schlüsse zu ziehen. Erstens fallen Bauleitpläne unter die Begriffsdefinition des Art. 2 lit. a SUP-RL, denn sie werden in der Regel von einer Behörde auf lokaler Ebene aufgrund von Rechtsvorschriften ausgearbeitet. Zweitens sollte eine Umweltprüfung zwingend bei Bauleitplänen stattfinden, die im Bereich der Bodennutzung den Rahmen für die künftige Genehmigung der in den Anhängen I und II zur UVP-RL aufgeführten Projekte setzen und/oder einer FFH-Verträglichkeitsprüfung zu unterziehen sind.

---

[313] Dies betont auch die Rechtsprechung des EuGH in: Urt. v. 22.3.2012, C-567/10, BeckEuRS 2012, 650391, Rn. 42 – *Inter-Environnement Bruxelles*; auch Urt. v. 10.9.2015, C-473/14, BeckRS 2015, 81120, Rn. 26 f. – *Dimos Kropias Attikis*.

Und drittens ist eine bedingte Umweltprüfung für Bauleitpläne zulässig, welche lediglich die Nutzung kleiner Gebiete festlegen. Dies gilt ebenso für geringfügige Änderungen von Bauleitplänen und sonstige genehmigungsrahmensetzende Pläne, die nicht der obligatorischen Umweltprüfungspflicht des Art. 3 Abs. 2 SUP-RL unterliegen.

b. Verfahrensbezogene Anforderung der SUP-RL

Art. 2 lit. b. SUP-RL legt die Legaldefinition der Umweltprüfung als „die Ausarbeitung eines Umweltberichts, die Durchführung von Konsultationen, die Berücksichtigung des Umweltberichts und der Ergebnisse der Konsultationen bei der Entscheidungsfindung und die Unterrichtung über die Entscheidung gemäß den Art. 4 bis 9" fest. Diese Vorgaben sorgen für bessere und harmonisierte Planungsverfahren und fördern so einen transparenten, partizipatorischen Beschlussfassungsprozess.[314] Die nachfolgenden Ausführungen erläutern die Verfahrensschritte im Einzelnen.

aa. Umweltbericht

Vorstufe der Erstellung eines Umweltberichts ist die Feststellung des Untersuchungsrahmens, das sogenannte „Scoping". Gem. Art. 5 Abs. 4 SUP-RL sollten die in Art. 6 Abs. 3 SUP-RL ausgeführten Umweltbehörden bei der Festlegung des Umfangs und Detaillierungsgrads der in den Umweltbericht aufzunehmenden Informationen konsultiert werden. Diese frühzeitige Einschaltung der Umweltbehörden soll dazu dienen, den Planungsträgern möglichst früh fachspezifische Informationen zur Abgrenzung der Reichweite umweltträchtiger Auswirkungen zu liefern. Die Umweltprüfung wird nach Art. 4 Abs. 1, 17. Erwägungsgrund SUP-RL während der Ausarbeitung und vor der Annahme eines Plans durchgeführt.

Gem. Art. 5 Abs. 1 S. 1 SUP-RL werden im Umweltbericht die voraussichtlichen Umweltauswirkungen, die sich bei der Durchführung des Plans oder Programms ergeben würden, ermittelt sowie vernünftige Alternativen, die die Ziele und den geografischen Anwendungsbereich des Plans berücksichtigen, beschrieben und bewertet. Die konkreten Inhaltserfordernisse enthält der Anhang I

---

der Richtlinie. So sind im Anhang I. lit. f) die in Frage kommenden Ausprägungen des Schutzgutes „Umwelt" näher ausgeführt.[315]

Trotz der wörtlichen Bezeichnung stellt der Umweltbericht nach der Konzeption der Richtlinie nicht das Abschlussdokument der Umweltprüfung dar, sondern vielmehr ein Dokument, das die Prüfungsergebnisse der Planungsbehörde beschreibt und das im weiteren Verfahren zuerst als Grundlage für die Behörden- und Öffentlichkeitsbeteiligung dient und schließlich bei der Entscheidungsfindung zu berücksichtigen ist.[316]

bb. Konsultationen

Gem. Art. 6 Abs. 1 SUP-RL ist der Planentwurf nebst dem Umweltbericht den von den Mitgliedstaaten bestimmten Behörden sowie der Öffentlichkeit[317] zur Verfügung zu stellen. Ihnen ist innerhalb einer ausreichenden Frist Gelegenheit zur Stellungnahme einzuräumen (vgl. Art. 6 Abs. 2 SUP-RL). Dem Sinn nach soll die ausreichende Partizipation als rechtsstaatliches und demokratisches Instrument der Transparenz und Kohärenz bei den planerischen Entscheidungsprozessen dienen.

Die Anhörung der Öffentlichkeit zu Beginn der Planung als Prozessschritt trägt nach allgemeiner Erfahrung dazu bei, dass die Pläne und Programme mehr Akzeptanz finden und Konflikte früh erkannt und gelöst werden.[318]

Handelt es sich um grenzüberschreitende Umweltauswirkungen, fordert Art. 7 SUP-RL eine grenzüberschreitende Konsultation mit anderen betroffenen Mitgliedstaaten.

---

[315] f) „die voraussichtlichen erheblichen Umweltauswirkungen, einschließlich der Auswirkungen auf Aspekte wie die biologische Vielfalt, die Bevölkerung, die Gesundheit des Menschen, Fauna, Flora, Boden, Wasser, Luft, klimatische Faktoren, Sachwerte, das kulturelle Erbe einschließlich der architektonisch wertvollen Bauten und der archäologischen Schätze, die Landschaft und die Wechselbeziehung zwischen den genannten Faktoren".

[316] Ginzky, UPR 2002, 47 (51).

[317] „Öffentlichkeit" ist in Art. 2 lit. d) SUP-RL legal definiert als: „eine oder mehrere natürliche oder juristische Personen und, in Übereinstimmung mit den innerstaatlichen Rechtsvorschriften oder der innerstaatlichen Praxis, deren Vereinigungen, Organisationen oder Gruppen". Gem. Art. 7 Abs. 4 SUP-RL bestimmen die Mitgliedstaaten, was genau darunter verstanden wird. Allgemein schließt der Begriff Teile der Öffentlichkeit ein, die vom Entscheidungsprozess der Richtlinie betroffen sind oder voraussichtlich betroffen sein werden oder ein Interesse daran haben.

[318] Hierzu Bericht der EU-Kommission, KOM/2009/0469.

cc. Einbeziehung in die Entscheidung und Bekanntgabe

Gem. Art. 8 SUP-RL sollten der erstellte Umweltbericht, die im Rahmen der Konsultation abgegebenen Stellungnahmen und ggf. die Ergebnisse grenzüberschreitenden Beteiligung nach Art. 7 SUP-RL bei der Ausarbeitung und vor Annahme des Plans berücksichtigt werden. Im deutschen Schrifttum wird diesbezüglich über den rein verfahrensrechtlichen oder auch materiell-rechtlichen Charakter dieser Anforderung diskutiert.[319]

Art. 9 SUP-RL verlangt, dass die Öffentlichkeit und die konsultierten Behörden, ggf. Mitgliedstaaten, über die Planentscheidung informiert werden. Konkret sind die Planungsträger zur Abgabe einer zusammenfassenden Erklärung verpflichtet. Mitzuteilen ist, wie die aus den Konsultationen resultierenden Stellungnahmen berücksichtigt wurden und aus welchen Gründen der angenommene Plan, nach Abwägung mit den geprüften vernünftigen Alternativen, gewählt wurde. Die zusammenfassende Erklärung bildet das Abschlussdokument der Umweltprüfung, dessen Erstellung ebenso zwingend ist.[320]

dd. Überwachung („Monitoring")

Schließlich überwachen die Mitgliedstaaten gem. Art. 10 Abs. 1 SUP-RL die erheblichen Umweltauswirkungen bei der Durchführung des Plans, um u. a. frühzeitig unvorhergesehene negative Auswirkungen zu ermitteln und in der Lage zu sein, geeignete Abhilfemaßnahmen zu ergreifen.

2. Implementierung der SUP-RL in das bulgarische Recht

Die vorbezeichnete Richtlinie wurde in Art. 81 - 91 UmweltschG und in die Verordnung über die Umweltprüfung (UP-Verordnung)[321] umgesetzt.[322]

Sowohl für die Durchführung einer Umweltverträglichkeitsprüfung auf Projektzulassungsebene als auch für die Umweltprüfung auf Planungsebene setzt Art. 81 Abs. 1 UmweltschG die Wahrscheinlichkeit erheblicher Umweltauswirkun-

---

[319] Vgl. *Ginzky*, UPR 2002, 47 (51); *Callies*, in: Erbguth, Strategische Umweltprüfung (SUP), S. 43, m.w.N.

[320] *Ginzky* UPR 2002, 47 (52).

[321] Auf Art. 90 Abs. 1 UmweltschG gestützte Verordnung über die Bedingungen und das Durchführen der Umweltprüfung von Plänen und Programmen, am 11.7.2004 in Kraft getreten und wurde am 12.2.2016 novelliert.

[322] Umweltministerium, Anwendungsanalyse über die Umweltprüfung von Pläne und Programmen in Bulgarien, S. 7; *Pentschev*, Aktuelles Recht 2007, 40 (47) und in Annähring des bulgarischen Rechts an das Umweltschutzrecht der Europäischen Gemeinschaft, S. 79.

gen voraus. Auch der deutsche Gesetzgeber transformierte diese Richtlinienziel-setzung in § 2 Abs. 1 S. 2 UVPG und speziell für die Bauleitplanung in das Re-gelverfahren zur Aufstellung von Bauleitplänen, vgl. § 2 Abs. 4 S. 1 BauGB. Gem. § 1 Abs. 6 Nr. 7 BauGB berücksichtigen die Gemeinden bei der Aufstel-lung von Bauleitplänen u. a. die Belange des Umweltschutzes einschließlich des Naturschutzes und der Landschaftspflege. Für diese Belange wird nach § 2 Abs. 4 S. 1 BauGB eine Umweltprüfung durchgeführt, die aus der Ermittlung der vo-raussichtlichen erheblichen Umweltauswirkungen und der Beschreibung und Bewertung in einem Umweltbericht besteht.

Wie in Deutschland[323] ist auch die in die bulgarische Rechtsordnung eingebaute Umweltprüfung (bulg. екологична оценка) ein rechtlich festgelegtes Verfah-rensinstrument, das der Bewertung erheblicher Umweltauswirkungen durch Plä-ne und Programme dient, und zwar mit dem Ziel, die voraussichtlichen Auswir-kungen, die später auf der Zulassungsebene zu erwarten sind, bereits im Vorfeld zu identifizieren und zu analysieren. Die Umweltprüfung wird als ein bedeuten-des Vorsorgemittel im Bereich des Umweltschutzes angesehen.[324] Sie zielt auf die Integrierung des Nachhaltigkeitsgebots.[325] Das Hauptziel der Umweltprü-fung besteht darin, die durch den Plan erwarteten potentiell nachhaltigen Um-weltauswirkungen zu analysieren und eventuelle Schutzmaßnahmen zugunsten der Umweltkomponenten und der menschlichem Gesundheit zu treffen.[326]

In Anbetracht unterschiedlicher raumbedeutsamer Planungsstufen hatte sich der bulgarische Gesetzgeber nicht für er eine sektor- und planungsspezifische Um-setzung entschieden, sondern die Implementierung aller Richtlinienvorgaben ungeachtet der Planungsart, in das sechste Kapitel des Umweltschutzgesetzes bevorzugt. Sondervorschriften für Bauleitplanung oder Raumordnung wurden, vorbehaltlich der Verweisnormen Art. 125 Abs. 7 GtE und Art. 23 Abs. Nr. 2 GrE, die auf die Vorschriften des Umweltschutzgesetzes Bezug nehmen, nicht in das jeweilige Aufstellungsverfahren aufgenommen. Dennoch versucht die vor-liegende Studie die umweltschutzrechtlichen Vorschriften unter Hervorhebung der für die städtebaulichen Entwicklungspläne relevanten Kriterien darzustellen und rechtsvergleichend zum deutschen Recht zu analysieren. Im Einklang mit

---

[323] Zur Umweltprüfung als Verfahrensinstrument der Bauleitplanung: BT-Drs. 15/2250, S. 28 f.; *Koch/Hendler*, Baurecht, Raumplanungs- und Landesplanungsrecht, § 15, Rn. 8 f.
[324] Vgl. *Pentschev*, Umweltrecht, Allgemeiner Teil, S. 147.
[325] Umweltministerium, Anwendungsanalyse über die Umweltprüfung von Plänen und Pro-grammen in Bulgarien, S. 9.
[326] Oberstes VG, Urt. v. 15.06.2012, Az. 8022/2007.

den Ausführungen zur SUP-RL sind der Anwendungsbereich und die verfahrensbezogenen Etappen der Umweltprüfung nach bulgarischem Recht anzuzeigen. Anschließend wird die Frage nach der ordnungsgemäßen Umsetzung der SUP-RL aufgeworfen.

a. Anwendungsbereich

Der Anwendungsbereich der strategischen Umweltprüfung wird durch Art. 82, 85 UmweltschG i.V.m. Art. 2, 3, Anhang I und II UP-Verordnung bestimmt. In Anlehnung an die Begriffsbestimmung in Art. 2 lit. a SUP-RL findet eine Umweltprüfung bei Plänen und Programmen während des Ausarbeitungsprozesses und vor der Annahme des Plans durch zentrale und territoriale Verwaltungsorgane, Organe örtlicher Selbstverwaltung sowie die Nationalversammlung[327] statt (Art. 81 Abs. 1 UmweltschG, Art. 1 UP-Verordnung).

Auch die Differenzierung zwischen zwingender und bedingter Umweltprüfung sieht der bulgarische Gesetzgeber vor. Die als zwingend klassifizierte Umweltprüfungspflicht ist fast wörtlich vom Art. 3 Abs. 2 lit. a) SUP-RL in Art. 85 Abs. 1 UmweltschG übernommen worden.[328] In Anlehnung an Art. 3 Abs. 2 lit. b) SUP-RL ist die Umweltprüfung ebenso für Pläne und Programme zwingend, die sich voraussichtlich negativ auf die Gebiete des Schutznetzes „Natura 2000" auswirken werden (Art. 2 Abs. 1 Nr. 1 UP-Verordnung).

Auch die konditionale Umweltprüfung ist - unter dem Vorbehalt wahrscheinlicher erheblicher Umweltauswirkungen - wie die Vorgabe des Art. 3 Abs. 3 SUP-RL fast wortwörtlich in Art. 85 Abs. 2 UmweltschG aufgenommen worden. Demnach bedürfen die unter Art. 85 Abs. 1 UmweltschG fallenden Pläne und Programme, die die Nutzung kleiner Gebiete auf lokaler Ebene festlegen, sowie geringfügige Änderungen dieser Pläne nur dann einer Umweltprüfung, wenn unerhebliche Umweltauswirkungen möglich sind.

Geringfügige unerhebliche Planänderungen unterliegen einer bedingten Prüfungspflicht gem. Art. 85 Abs. 2 UmweltschG i.V.m. Art. 2 Abs. 1 Nr. 3 UP-

---

[327] Gem. Art. 62 Abs. 1 Verfass. RBG übt die Nationalversammlung die gesetzgebende Gewalt aus.

[328] Art. 85 Abs. 1 UmweltschG: „Die Umweltprüfung ist zwingend für Pläne und Programme in den Bereichen Landwirtschaft, Fortwirtschaft, Fischerei, Verkehr, Energie, Abfallwirtschaft, Wasserwirtschaft, Industrie einschließlich Bergbau, Telekommunikation, Fremdenverkehr, Raumordnung und Bodennutzung, wenn diese Pläne und Programme den Rahmen zukünftiger Entwicklung von Investitionsvorhaben nach den Vorgaben im Anhang Nr. 1 und Nr. 2 setzen".

Verordnung, d. h. die zuständigen Fachbehörden bescheiden im Wege der einzelfallbezogenen Vorprüfung über die Erforderlichkeit einer Umweltprüfung.[329] Dies ist im Einklang mit der in Art. 3 Abs. 3 Alt. 2 SUP-RL normierten Ausnahmebestimmung.

Das Gesetz über territoriale Entwicklung enthält keinerlei Vorgaben über die Umweltprüfung. Als Planung im Bereich der Bodennutzung fällt auch die Bauleitplanung, also die Entwicklungspläne, in den Anwendungsbereich der Plan-UP-RL. Dies bestätigt auch der Verweis in Art. 125 Abs. 7 S. 1 GtE auf die Vorschriften des sechsten Kapitels des Umweltschutzgesetzes. Demnach sind Art. 81 UmweltschG ff. und die umweltrechtlichen Bestimmungen der auf der Grundlage des Art. 90 UmweltschG erlassenen Verordnung über die Umweltprüfung im Bauleitplanverfahren zu berücksichtigen. Während der deutsche Gesetzgeber gem. § 2 Abs. 4 S. 1 BauGB eine generelle Umweltprüfung für alle Bauleitpläne und konkret bezeichnete Ausnahmen gem. §§ 13, 13a BauGB für das vereinfachte Verfahren und Bebauungspläne der Innenentwicklung kodifiziert, regelt das bulgarische Gesetz eine entsprechend dem Entwicklungsplantyp differenzierende Pflicht zur Umweltprüfung.

aa. Allgemeine Entwicklungspläne

Nach Maßgabe der alten Rechtslage vom Jahre 2012 unterlagen alle allgemeinen Entwicklungspläne einer obligatorischen Umweltprüfungspflicht. Nach Inkrafttreten der aktuellen UP-Verordnung am 12.2.2016 sind nur bestimmte, im Anhang I enumerativ aufgelistete allgemeine Entwicklungspläne der Umweltprüfungspflicht unterworfen. Positiv fällt auf, dass neben den allgemeinen Entwicklungsplänen der Gemeinde und Teilen der Gemeinde nach dem Gesetz über territoriale Entwicklung und den allgemeinen Entwicklungsplänen von Sofia Stadt und Sofia Gemeinde nach dem Gesetz über die Entwicklung und Bebauung von Sofia auch die allgemeinen Entwicklungspläne der Gemeinde der Schwarzmeerküste ausdrücklich angeführt werden. Allerdings wurden allgemeine Entwicklungspläne mit territorialem Umfang („Stadt mit dem dazu gehörenden Außenbereich") und allgemeine Entwicklungspläne, die sich auf Siedlungsstrukturen von nationaler Bedeutung erstrecken, von der obligatorischen Umweltprü-

---

[329] Entsprechend den Vorgaben der Art. 8 ff. UP-Verordnung.

fungspflicht ausgenommen und der konditionalen Umweltprüfung zugewiesen (Ziff. 9.1. des Anhangs II UP-Verordnung). Demnach bedürfen diese Planarten allgemeiner Entwicklungsplanung dann einer Umweltprüfung, wenn die Fachbehörde im Rahmen einer Einzelfallentscheidung dies für erforderlich ansieht, andernfalls werden sie ohne Ermittlung, Bewertung, und Beschreibung der Umweltauswirkungen nach Maßgabe des Umweltschutzgesetzes im Planverfahren aufgestellt. Allerdings bleibt die Möglichkeit, umweltrelevante Erwägungen in das Beteiligungsverfahren nach Art. 127 Abs. 1 GtE einzubringen. Angesichts der oben kritisierten Gesetzeslücke hinsichtlich einer Pflicht der bulgarischen Gemeinde, wesentliche Anregungen und Einwendungen der Verfahrensbeteiligten als abwägungsrelevante Tatsachen zu ermitteln und zu bewerten[330] sowie in Anbetracht der Tatsache, dass ein materiell-rechtliches Abwägungsgebot im bulgarischen Baurecht fehlt[331], bestehen Zweifel an der tatsächlichen Erhebung und Berücksichtigung von Umweltbelangen nach Maßgabe des Gesetzes über territoriale Entwicklung. Zwar bleibt es theoretisch möglich, dass die Behörden und die Öffentlichkeit die Beachtung umweltrelevanter Aspekte im Beteiligungsverfahren fordern, dennoch sind das Resultat der durchgeführten Beteiligung und seine tatsächliche Relevanz für die Sachentscheidung fraglich.

bb. Detaillierte Entwicklungspläne

Detaillierte Entwicklungspläne fallen unter Pläne und Programme, die die Nutzung kleiner Gebiete festsetzen und somit der konditionalen Umweltprüfung zugeordnet sind (vgl. Art. 85 Abs. 2 und 6, 90 UmweltschG i.V.m. Art. 2 Abs. 2 Nr. 1, Anhang II Nr. 9.1 UP-Verordnung).[332] Die zuständige Behörde hat im Rahmen der Vorprüfung das Vorliegen erheblicher Umweltauswirkungen zu untersuchen.

Anders als die in § 2 Abs. 4 S. 1 BauGB geregelte grundsätzliche Umweltprüfung aller Bauleitpläne – vorbehaltlich der gesetzlichen Ausnahmen nach §§ 13, 13a BauGB – unterliegen alle detaillierten Entwicklungspläne in Bulgarien dann einer SUP-Pflicht, wenn das durchzuführende Vorverfahren (Screening) ergibt, dass durch diese erhebliche Umweltauswirkungen zu erwarten sind. Dies scheint auf den ersten Blick mit den Vorgaben der SUP-RL vereinbar zu sein. Denn Art. 3 Abs. 3 Var. 1 SUP-RL eröffnet den Mitgliedstaaten einen Ermessensspielraum,

---

[330] Vgl. Ausführungen unter 4. Kapitel, I. 3. d. (3).
[331] Zum Abwägungsgebot vgl. 4. Kapitel, II. 3 c. und d.
[332] So auch Oberstes VG, Urt. v. 20.1.2016, Az. 2939/2015; Urt. v. 19.1.2016, Az. 946/2015.

um im Einzelfall zu bestimmen, ob Pläne und Programme, die die Nutzung kleiner Flächen auf lokaler Ebene festlegen, der UP-Pflicht unterliegen.

b. Zuständigkeit

Im Gegensatz zur Umweltprüfung als Bestandteil der deutschen Bauleitplanung gem. § 2 Abs. 4 S. 1 BauGB, bei der die Gemeinde als Planträgerin auch mit der Ermittlung und Bewertung der erheblichen Umweltauswirkungen betraut ist, sieht das bulgarische Umweltschutzgesetz Sonderzuständigkeiten vor.

Der Planinitiativträger (bulg. възложител на плана) ist nach Art. 83 Abs. 1 UmweltschG verpflichtet, die Umweltprüfung in die Wege zu leiten. Bezogen auf die Bauleitplanung soll der Bürgermeister als Initiativträger für die Aufstellung eines allgemeinen Entwicklungsplans der zuständigen Umweltbehörde den städtebaulichen Auftrag gem. Art. 125 Abs. 7 S. 1 GtE vorlegen.[333] Hinsichtlich detaillierter Entwicklungspläne sind i.d.R. private Initiativträger[334] verpflichtet, im Rahmen der Vorprüfung neben dem planerischen Auftrag einen Antrag auf Feststellung der Umweltprüfungspflicht samt einer Vielzahl von vorgeschriebenen Unterlagen einzureichen.[335]

Mit der Erstellung des Umweltberichts ist ein „Expertengremium" betraut. Der Planinitiativträger und das Expertengremium organisieren die Behörden- und Öffentlichkeitsbeteiligung.

Über die Einzelfallprüfung und die eigentliche Umweltprüfung entscheidet die zuständige Fachbehörde - der Umweltminister oder der Leiter der entsprechenden Regionalumweltbehörde - verbindlich gem. Art. 84 Abs. 1 UmweltschG. Gem. Art. 90 Abs. 1 UmweltschG i.V.m. Art. 4 UP-Verordnung entscheidet der Umweltminister über Pläne und Programme im Kompetenzbereich zentraler Verwaltungsorgane oder der Nationalversammlung; der Leiter der entsprechenden regionalen Umweltbehörde entscheidet über Pläne und Programme im Kompetenzbereich territorialer Exekutivorgane oder des Gemeinderats.

In Anbetracht der Tatsache, dass die SUP-RL keine Regelung hinsichtlich der zuständigen Behörde zur Durchführung der Umweltprüfung enthält, kann man

---

[333] vgl. Initiative und Aufstellungsakt bzgl. allgemeiner Entwicklungspläne unter 4. Kapitel. I. 3. a. aa.

[334] vgl. Initiative und Aufstellungsakt, bzgl. detaillierter Entwicklungspläne unter 4. Kapitel. I. 3.a. bb.

[335] Art. 8 Abs.1 und 2 der UP-Verordnung zählt abschließend die erforderlichen Unterlagen auf (z. B. Finanzierung, Umfang, Landschaftskarten, Beschreibung des Plans, Angaben über das geplante Vorhaben u.a.).

schließen, dass die Mitgliedstaaten selbst darüber zu entscheiden haben. Bessere Sachkompetenz der nach Art. 84 Abs. 1 UmweltschG befugten Fachbehörden und Entlastung kommunaler Verwaltungsorgane sprechen für die Angemessenheit und Zweckmäßigkeit der bulgarischen Kompetenzverteilung. Zudem steht das Prinzip örtlicher Selbstverwaltung gem. Art. 136 Abs. 1 S. 1 Verfass. RBG, Art. 17 Abs. 1 GöSöA nicht entgegen, da dieses, wie bereits oben ausgeführt wurde, nur ein delegiertes Recht der Gemeinde im Bereich der Bauleitplanung gewährleistet und nicht ausschließt, dass auch andere Träger öffentlicher Gewalt Aufgaben, die im Zusammenhang mit der Bauleitplanung auftreten, wahrnehmen.

c. Verfahren der Strategischen Umweltprüfung nach dem Umweltschutzgesetz

Art. 81 Abs. 3 UmweltschG ordnet an, dass die Umweltprüfung neben der Planaufstellung durchzuführen ist. Der bulgarische Gesetzgeber macht von der Möglichkeit Gebrauch, die Umweltprüfung in ein eigenes für diese Zwecke geschaffenes Verfahren einzubeziehen (vgl. 9. Erwägungsgrund der SUP-RL). Damit ist das Umweltprüfungsverfahren in Bulgarien - im Vergleich zur in § 2 Abs. 4 BauGB integrierten Umweltprüfung - ein Sonder- bzw. Parallelverfahren, das neben die bislang schon erforderlichen Verfahrensschritte tritt.[336] Trotz der Verfahrensselbständigkeit sind die zuständigen Fachbehörden gem. Art. 82 Abs. 1 UmweltschG verpflichtet, die Umweltprüfung mit dem Planaufstellungsverfahren zu koordinieren.[337] Daher sind die Umweltprüfungsvorschriften auf die Verfahrensregelungen im Gesetz über territoriale Entwicklung abzustimmen.

In Bulgarien findet die Strategische Umweltprüfung im Bereich der Bauleitplanung im Rahmen eines Vor- und eines Hauptverfahrens statt. Bei der Aufstellung oder Änderung allgemeiner Entwicklungspläne hinsichtlich des Gemeindegebietes oder Teilen davon wird nur das Hauptverfahren, die eigentliche Umweltprüfung, durchgeführt, denn diese sind stets SUP-pflichtig. Wenn es sich aber um die Aufstellung aller anderen Planarten oder um eine (unerhebliche) Planänderung handelt, ist zunächst die Erforderlichkeit der Umweltprüfung im Rahmen der Vorprüfung festzulegen.

---

[336] Einheitliche Rechtsprechung, so bspw. Oberstes VG, Urt. v. 15.6.2012, Az. 8663.
[337] *Pentschev*, Umweltrecht, Allgemeiner Teil, S. 150.

aa. Vorverfahren

Das Vorverfahren als Einzelfallprüfung stellt einen selbständigen Verfahrensschritt innerhalb des Umweltprüfungsverfahrens dar, der mit gesonderter Beschlussfassung endet.

Wie bereits oben ausgeführt wurde, wird das Vorverfahren durch einen Antrag des befugten Planinitiativträgers nebst der vorgeschriebenen Dokumentation eingeleitet. Nach Eingang der Unterlagen hat die zuständige Fachbehörde über die Erforderlichkeit einer Umweltprüfung innerhalb von dreißig Tagen mit einem begründeten Beschluss, Art. 85 Abs. 5 UmweltschG, zu entscheiden.

Gem. Art. 85 Abs. 4 UmweltschG beurteilt[338] der Umweltminister oder der Leiter der regionalen Umweltbehörde die UP-Erforderlichkeit entsprechend der in Nr. 1-3 angeführten Kriterien. Maßgebend ist die Wahrscheinlichkeit einer erheblichen Umweltauswirkung. Hierbei handelt es sich um eine Ermessensentscheidung, deren Zweckmäßigkeit gerichtlich nicht überprüfbar ist.[339] Wird die Umweltprüfung für notwendig gehalten, beschließt die Umweltbehörde, dass eine Umweltprüfung durchzuführen ist. Trifft die Umweltbehörde die Entscheidung, keine Umweltprüfung vorzuschreiben, wird der mit einer Begründung versehenen Beschluss der Öffentlichkeit im Einklang mit Art. 3 Abs. 7 SUP-RL zugänglich gemacht.

bb. Hauptverfahren

Die eigentlichen Umweltprüfungsschritte sind nach Art. 90 Abs. 1 UmweltschG i.V.m. Art. 3 Abs. 1 UP-Verordnung folgende: (1) Erstellung eines Umweltberichts; (2) Durchführung von Konsultationen; (2) Darstellung der Ergebnisse der Konsultationen im Umweltbericht; (4) Festlegung der Kontroll- und Überwachungsmaßnahmen beim Planvollzug; (5) Erstellung einer Stellungnahme über die Umweltprüfung; (6) Monitoring.

Die nachfolgenden Schilderungen zeigen die einzelnen Verfahrensetappen nicht im Detail, sondern nur die relevanten Vorschriften, die unter Ziffer 3 dieses Abschnitts auf eventuelle Defizite zu untersuchen sind.

---

[338] Bulg. „преценява", was als „beurteilen", „bewerten", „einschätzen" zu übersetzen ist.
[339] Oberstes VG, Urt. v. 20.12.2007, Az. 8022/2007.

132

(1) Erstellung des Umweltberichts, Art. 86 UmweltschG
Am Beginn der Umweltprüfung werden Umfang und Detaillierungsgrad der Umweltprüfung bestimmt (Art. 19a UP-Verordnung). Die Regelung entspricht dem sogenannten „Scoping" nach Art. 5 Abs. 4 SUP-RL.
Art. 16 Abs. 1 UP-Verordnung kennzeichnet den Umweltbericht als den Umweltbestandteil des Plans bzw. des Programms.
In Anlehnung an Art. 5 SUP-RL werden die ermittelten und bewerteten Umweltbelange[340] in einem Umweltbericht dargelegt (Art. 86 Abs. 3 UmweltschG). Zudem werden die Vorbeugemaßnahmen sowie die möglichen Alternativen unter Berücksichtigung der Ziele des Plans verifiziert. Die Informationen, die ein Umweltbericht zwingend beinhalten soll, sind in Art. 86 Abs. 3 Nr. 1-10 UmweltschG aufgezählt.[341] Hierbei sind die Angaben des Anhangs I zum Art. 5 Abs. 1 SUP-RL fast wörtlich übersetzt worden.
Der Umweltbericht stellt als zentrales Instrument der Umweltprüfung die Grundlage für die nachfolgenden Konsultationen dar. In den Umweltbericht sind die Ergebnisse der Öffentlichkeits- und Behördenbeteiligung aufzunehmen. Diese Ergebnisse haben die zuständigen Fachbehörden bei dem Abschlussakt zu berücksichtigen (Art. 87 Abs. 2 UmweltschG).

(2) Öffentlichkeitsbeteiligung
Konsultationen in Form einer Öffentlichkeits- und Behördenbeteiligung nach den Vorschriften des Umweltschutzgesetzes finden nur in zwei Fällen statt: bei der obligatorischen Umweltprüfung und wenn die Einzelfallentscheidung im Rahmen der Vorprüfung die Erforderlichkeit der Umweltprüfung beschieden hat.[342] Andernfalls bleibt es gem. Art. 127 und 128 GtE alleine bei der bauleitplanerischen Beteiligungsvorschriften.
Für die Aufstellung von allgemeinen Entwicklungsplänen hat der bulgarische Gesetzgeber eine besondere Anordnung gem. Art. 127 Abs. 1 S. 5 GtE getroffen.[343] Hiernach ist die allgemeine Beteiligung nach dem Gesetz über territoriale

---

[340] Art. 86 Abs. 3 Nr. 6 enthält einen Katalog der zu berücksichtigenden Belange.
[341] *Pentschev*, Umweltrecht Allgemeiner Teil, S. 155.
[342] Zu diesem Punkt ist sich die Rechtsprechung einig: Oberstes VG, Urt. v. 25.6.2015, Az. № 11735/2014; 21.12.2015, Az. 11348/2015.
[343] Art. 127 Abs. 1 S. 5 GtE lautet: *Die öffentliche Besprechung ist ein Teil des Verfahrens über die Durchführung von Konsultationen im Rahmen der Umweltprüfung und/oder Verträglichkeitsprüfung, die der Planinitiativträger nach Maßgaben des Umweltschutzgesetzes und/oder des Gesetzes über die biologische Vielfalt zu organisieren und durchzuführen hat.*

Entwicklung auf die speziellen Vorschriften nach dem Umweltschutzgesetz abzustimmen, in dem die Öffentlichkeits- und Behördenbeteiligung nach dem Gesetz über territoriale Entwicklung Teil der umweltprüfungsrechtlichen Konsultationen ist. Dadurch trägt der bulgarische Gesetzgeber dem verfahrensökonomischen Ansatz bei der Umsetzung der SUP-RL Rechnung, die sonst erforderliche Öffentlichkeitsbeteiligung nach Art. 127 GtE gemeinsam mit den Konsultationen nach Art. 87 UmweltschG durchzuführen. Demnach werden die Beteiligungsschritte aufeinander abgestimmt, und es bedarf keiner doppelten Öffentlichkeitsbeteiligung. Die umweltspezifischen Partizipationsvorschriften ergänzen somit die Beteiligungsvorschrift in Art. 127 GtE.

Negativ fällt auf, dass eine dem Art. 127 Abs. 1 S. 5 GtE ähnliche Vorschrift über die Partizipation hinsichtlich detaillierter Entwicklungspläne im Gesetz über territoriale Entwicklung fehlt. Die für die Beteiligung maßgebende Vorschrift - Art. 128 GtE - verweist nicht auf die Konsultationsvorschriften nach dem Umweltschutzgesetz.[344]

Es besteht eine grundsätzliche Ähnlichkeit der bulgarischen Regelungen mit der förmlichen Öffentlichkeitsbeteiligung und der Beteiligung der Träger öffentlicher Belange nach §§ 3 Abs. 2, 4 Abs. 2 BauGB.

Gem. Art. 87 Abs. 1 Nr. 1-4 UmweltschG organisieren der Planinitiativträger und das Expertengremium die Durchführung innerstaatlicher und grenzüberschreitender Konsultationen. Hinsichtlich allgemeiner Entwicklungspläne ist also der Bürgermeister zur Vorbereitung und Vornahme der Konsultationen verpflichtet.

Die partipationsfähige Öffentlichkeit knüpft an einen breit gefassten, nicht näher konkretisierten, Personenkreis an. Hierzu zählen daran interessierte Personen (natürliche oder juristische), die durch den Planvollzug „betroffen" sind oder voraussichtlich betroffen sein werden.[345] Das bulgarische Verständnis korrespondiert mit der weit ausgelegten „Betroffenheit" im Sinne des Art. 6 Abs. 4 SUP-RL.[346]

---

[344] Dieses Problem wird den nachstehenden Ausführungen im Punkt 3.vorbehalten.

[345] So wörtlich: Art. 87 Abs. 1 Nr. 2 UmweltschG, Art. 3 Abs. 1 Nr. 3, Art. 19 Abs. 1 UP-Verordnung.

[346] Art. 6 Abs. 4 2. HS: „dieser Begriff schließt die Teile der Öffentlichkeit ein, die vom Entscheidungsprozess gemäß dieser Richtlinie betroffen sind oder voraussichtlich betroffen sein werden oder ein Interesse daran haben, darunter auch relevante Nichtregierungsorganisationen, z. B. Organisationen zur Förderung des Umweltschutzes und andere betroffene Organisationen".

Nach Art. 87 Abs. 1 Nr. 1 UmweltschG i.V.m. Art. 19a UP-Verordnung sind andere Träger öffentlicher Gewalt, insbesondere die für die Planaufstellung und den Planvollzug zuständigen Behörden, an den Konsultationen zu beteiligen.

Die Öffentlichkeit und die mitwirkenden Behörden können innerhalb einer öffentlich gemachten Frist und an einem öffentlich zugänglichen Ort zum Planentwurf und Umweltbericht Stellungnahmen abgeben (Art. 20, Art. 21 UP-Verordnung i. V. m. Art. 127 Abs. 1 S. 5 GtE).

Die Ergebnisse der Konsultationen sind im Umweltbericht darzulegen und von der zuständigen Fachbehörde beim Erlass des Abschlussaktes, der Stellungnahme, zu berücksichtigen (Art. 87 Abs. 2 UmweltschG). Verfahrenstechnisch impliziert dies vorerst eine verfahrensrechtliche Ermittlung und Bewertung der umwelterheblichen Belange.

Schließlich wird der Öffentlichkeit die abschließende Stellungnahme bekanntgemacht und ihr Zugang zu der Stellungnahme gewährt.

In Bezug auf die Öffentlichkeitsbeteiligung im Einklang mit Art. 6 SUP-RL ist die stringente Richtlinienumsetzung in beiden Referenzländern zu begrüßen. Die unionsrechtlich beeinflussten Partizipationsvorschriften sollen der Verbesserung der Informationsmöglichkeit der Bürger und der Transparenz der Planung dienen.[347] Art. 6 Abs. 2 SUP-RL spricht von einer frühzeitigen und effektiven Gelegenheit zur Stellungnahme. Daher ist nicht eine formale Beteiligung gefordert, sondern eine Möglichkeit zur Einflussnahme auf das Planvorhaben. Vor diesem Hintergrund ist hier positiv festzustellen, dass sowohl die deutsche als auch die bulgarische Rechtsordnung nicht allein die formale Einräumung von Mitwirkungsrechten regeln, sondern vielmehr die Pflicht zur Aufnahme der Ergebnisse der geführten Beteiligung in den Umweltbericht und schließlich die Berücksichtigung der ermittelten Umweltbelange bei Erstellung der verfahrensbeendenden Planabschlussentscheidung vorsehen.

(3) Alternativenprüfung

Im Einklang mit der in Art. 5 Abs. 1 S. 1 SUP-RL verlangten Alternativenprüfung hat die Fachbehörde vernünftige Alternativen zum Zweck des Erreichens der Grundziele des Plans zu ermitteln, zu beschreiben und zu bewerten (Art. 25 Abs. 2 Nr. 4, Art. 26 Abs. 2 Nr. 1 UP-Verordnung).

---

[347] Hinsichtlich des deutschen Europarechtsanpassungsgesetzes Bau 2004 und der Zweckbestimmung der Öffentlichkeitsbeteiligung in § 3 Abs. 2 BauGB vgl. BT-Drs. 15/2250 S. 43 f.

Durch diese Vorschriften nähert sich der bulgarische Gesetzgeber der planerischen Abwägungsdogmatik. Eine fachliche Alternativenprüfung intendiert einen dem Abwägungsvorgang vergleichbaren Evaluierungsprozess, bei dem mehrere vernünftige Alternativen unter umweltrechtlichem Aspekt gegeneinander und untereinander bewertet werden. Die Normen besagen zwar, dass die Planziele und die Ergebnisse der geführten Konsultationen eine führende Rolle für die Auswahl der passendsten Alternative spielen. Dennoch räumt der bulgarische Gesetzgeber dem Umweltschutz einen Vorrang vor anderen Planungszielen ein. Daher werden die Umweltbelange nicht gegenüber anderen Belangen, die etwa soziale oder wirtschaftliche Aspekte betreffen, bewertet. Dies ergibt sich aus Art. 26 Abs. 2 Nr. 2 UP-Verordnung („Begründung der bevorzugten Alternative aus umweltrechtlicher Sicht").

Damit ist festzustellen, dass das bulgarische Recht lediglich eine umweltrechtlich relevante Alternativenprüfung und eine fachliche Berücksichtigung der Umweltbelange zum Zwecke der Auswahl der umweltrechtlich besten Alternative vorsieht. Demgegenüber differenziert das deutsche Recht einerseits zwischen einer fachlichen, verfahrensrechtlichen Ermittlung der Umweltauswirkungen sowie deren Bewertung im Umweltbericht nach § 2 Abs. 4 S. 1 BauGB, zum anderen einer Behandlung des Ergebnisses der Umweltprüfung im Rahmen der materiell-rechtlichen, planerischen Abwägung gem. §§ 2 Abs. 4 S. 4, 1 Abs. 7 BauGB.[348] Der Grund für diesen wesentlichen Unterschied liegt u. a. darin, dass die bulgarische Bauleitplanung - wie bereits oben dargelegt wurde - das gesetzlich niedergelegte Abwägungsgebot nicht ausdrücklich vorsieht.[349]

d. Abschlussakte

Das UP-Hauptverfahren sowie die verselbständigte Vorprüfung enden gem. Art. 82 Abs. 4 UmweltschG mit gesonderten Abschlussakten, d. h. mit Stellungnahme (bulg. становище) und Beschluss (bulg. решение).

Im Beschluss entscheidet die zuständige Umweltbehörde darüber, ob eine Umweltprüfung durchzuführen ist oder nicht. Auf der Grundlage des Art. 14 UP-Verordnung und des Kriterienkatalogs des Art. 85 Abs. 4 UmweltschG wird die Erforderlichkeit der Umweltprüfung entsprechend dem Grad der voraussichtlichen Auswirkungen auf die Umwelt und die menschliche Gesundheit eingeschätzt.

---

[348] vgl. *Schrödter*, BauGB Kommentar, § 2 Rn. 171 f. m.w.N.
[349] vgl. die vorstehenden Ausführungen unter 4. Kapitel, II. 4.

Mit der Stellungnahme stimmt die Umweltbehörde dem Entwicklungsplan zu. Voraussetzung ist, dass die Bestimmungen des Entwicklungsplans mit den umweltrechtlichen Anforderungen übereinstimmen, keine begründeten Erwägungen im Rahmen der Öffentlichkeitsbeteiligung entgegenstehen und ggf. die FFH-Verträglichkeitsprüfung zum Ergebnis kommt, dass keine unverträglichen Eingriffe in die Schutzziele der Naturschutzgebiete möglich sind oder gegebenenfalls eine Abweichungsentscheidung getroffen wurde.[350] Andernfalls kann eine genehmigende Stellungnahme nicht erfolgen. In diesem Fall kann die planaufstellende Behörde den Entwicklungsplan nicht aufstellen.

Art. 82 Abs. 4 S. 3 UmweltschG gibt imperativ vor, dass die Organe, die für die Annahme und den Vollzug des Plans oder Programms verantwortlich sind, an die Anordnungen (Bedingungen, Maßnahmen und Auflagen) der Stellungnahme oder des Beschlusses gebunden sind.[351] Demnach trifft die Umweltprüfung eine rechtsverbindliche Entscheidung über die Zulässigkeit der Planung.

Vor diesem Hintergrund ist festzustellen, dass die vom bulgarischen Gesetzgeber gewählte Richtlinienimplementierung sich von der deutschen Gesetzeslage nicht nur hinsichtlich der Verfahrensautonomie der Umweltprüfung unterscheidet, sondern auch in Bezug auf deren materiell-rechtlichen Charakter. Während die Umweltprüfung nach § 2 Abs. 4 BauGB als ein formeller Verfahrensschritt des Regelverfahrens angesehen wird, dessen Ergebnisse von sich aus keinen Vorrang vor anderen Belangen haben, sondern wie die anderen abwägungserheblichen Belange der planerischen Abwägung gem. § 1 Abs. 7 BauGB unterliegen[352], entfaltet der Abschlussakt in Bulgarien eine materiell-rechtliche Bindungswirkung gegenüber der planaufstellenden Gemeinde, die zu einem endgültigen Planungsverbot führen kann.

Das bulgarische Gesetz setzt nicht nur die materielle Bindungskraft der Abschlussverfügung voraus. Gegen den Beschluss und die Stellungnahme kann der

---

[350] So Art. 26 UP-Verordnung.
[351] Hierzu hat sich die höchstrichterliche Rechtsprechung in Bulgarien mehrmals ausgesprochen, Oberstes VG Urt. v. 23.4.2015, Urt. v. 20.2.2013, Az. 2442; Urt. v. 9.10.2013, Az. 13026; Urt. v. 29.4.2010, Az. 5642.
[352] Nach einheitlicher Meinung kommt den bei der UP ermittelten und bewerteten Umweltbelangen weder Gewichtungsvorrang noch Optimierungswert zu, vgl. *Hoppe*, NVwZ 2004, 903 (909); *Koch/Hendler*, Baurecht, Raumordnungs-und Landesplanungsrecht, § 15, Rn. 21; *Schrödter*, BauGB Kommentar, § 2 Rn. 172; *Stüer*, in: Hoppenberg/de Witt (Hrsg.), Handbuch des öffentlichen Baurechts, Band I, Rn. 642.

Berechtigte[353] gem. Art. 88 Abs. 3 UmweltschG innerhalb von vierzehn Tagen ab Bekanntgabe Klage nach der bulgarischen Verwaltungsprozessordnung einlegen. Bei den Abschlussakten handelt es sich nicht um verwaltungsinterne Verfahrenshandlungen, die zusammen mit der Sachentscheidung revidierbar sind, sondern um selbständig anfechtbare Sachentscheidungen, die die selbständige Umweltprüfung beenden. Sie weisen den Rechtscharakter eines individuellen Verwaltungsakts i.S.d. Art. 21 Abs. 1 VwPO auf, denn sie berühren und regeln verbindlich Rechte und Pflichten der berechtigten Personen.[354] Die Krönung liefert Art. 82 Abs. 4 S. 2 UmweltschG. Hiernach stellt das Vorliegen eines bestandskräftigen Abschlussakts - Beschluss oder Stellungnahme - eine unerlässliche Bedingung für die Annahme des entsprechenden Plans dar. Der bestandskräftige Verwaltungsakt steht dem deutschen Verständnis für die formelle Bestandkraft im Sinne von Unanfechtbarkeit gleich, d. h. dass der Verwaltungsakt nicht oder nicht mehr mit ordentlichen Rechtsmitteln angefochten werden kann.[355] Somit kann ein Entwicklungsplan nur dann aufgestellt bzw. geändert werden, wenn ein bestandkräftiger Abschlussakt der Umweltbehörde das Ergebnis der Umweltprüfung verbindlich und endgültig feststellt.

3. Europarechtskonformität der bulgarischen Vorschriften

Nachdem vorstehend die rechtlichen Rahmenbedingungen der strategischen Umweltprüfung gemäß der SUP-RL und die sie umsetzenden Vorschriften in die bulgarische Rechtsordnung dargestellt worden sind, sollen im Folgenden Umsetzungsdefizite erläutert werden, die mit dem Bereich der Bauleitplanung im Zusammenhang stehen. Die nachfolgend kritisch zu analysierenden Punkte werden im Hinblick auf das allgemeine Gebot effektiver Richtlinienumsetzung

---

[353] Klagebefugt sind diejenigen natürlichen oder juristischen Personen, die ein berechtigtes - persönliches oder unmittelbares - Interesse zur Anfechtung des individuellen oder allgemeinen Verwaltungsakts haben, so *Lazarov/Todorov*, Verwaltungsprozess, S. 205; hinsichtlich der Abschlussakte der Umweltprüfung sind die Gemeinden, vertreten durch den Bürgermeister, private Planinitiativträger i.S.d. Art. 131 GtE sowie Naturschutzverbände klagebefugt.

[354] Zum Normcharakter der Abschlussakte: Oberstes VG, Urt. v. 15.6.2012, Az. 12651/2009; Urt. v. 25.6.2013, Az. 14767/2008; Urt. v. 15.6.2012, Az. 8663; Urt. v. 9.10.2013, Az. 15109/2012.

[355] Zur formellen Bestandskraft nach deutschem Verständnis: *Maurer/Waldhoff*, Allgemeines Verwaltungsrecht, § 10 Rn. 16; § 11, Rn. 79; nach bulgarischem Recht: *Djulgerov*, in: E-lenkov/Angelov/Djulgerov u.a., Administrativ-prozessualer Kodex, Kommentar, S. 583.

überprüft. Entscheidend ist, dass die bulgarischen Normen den Zielen der SUP-RL genügend Rechnung tragen, ohne unnötige verfahrensrechtliche Anforderungen an die Bauleitplanung zu stellen.

Im Anschluss hieran werden mögliche Lösungsansätze in Gegenüberstellung zu den Rechtserkenntnissen aus dem deutschen Recht ausgearbeitet.

a. Umweltprüfungspflicht bei allgemeinen Entwicklungsplänen

Bedenken hinsichtlich der Unionsrechtskonformität der Umsetzung der SUP-RL ergeben sich daraus, dass der bulgarische Gesetzgeber manche allgemeine Entwicklungspläne und alle detaillierten Entwicklungspläne der fakultativen Umweltprüfung zugeordnet hat. Dies könnte die Grenzen des ihm nach Art. 3 Abs. 5 S. 1 und Abs. 3 Var. 1 SUP-RL eingeräumten Wertungsspielraums überschreiten.

Art. 3 Abs. 3 Var. 1 SUP-RL nimmt all diejenigen Pläne aus dem zwingenden Umweltprüfverfahren aus, die „die Nutzung kleiner Gebiete auf lokaler Ebene festlegen". Die Vorschrift ist als Ausnahmetatbestand, als eine „Bagatellklausel" konzipiert.[356] Dem Wortlaut nach kommen kleinflächige Teile innerhalb der lokalen, also kommunalen Ebene in Betracht. Demnach scheiden kleine Gemeindegebiete aus der obligatorischen Umweltprüfungspflicht aus und werden nur einer Einzelfallprüfung der Erforderlichkeit unterzogen. Hauptbeispiel bei der deutschen Bauleitplanung bildet der kleinflächige Bebauungsplan, während der Flächennutzungsplan, der sich gem. § 5 Abs. 1 BauGB über das ganze Gemeindegebiet erstreckt, nicht erfasst wird.[357] Gerade für Bebauungspläne der Innenentwicklung sehen §§ 13, 13a BauGB die Anwendung des beschleunigten Verfahrens vor und damit eine Ausnahme von der Durchführung der Umweltprüfung gem. § 2 Abs. 4 BauGB vor. Dies gilt für Bebauungspläne, die eine Grundfläche von weniger als 20.000 Quadratmetern festsetzen und damit die Nutzung kleiner Gebiete auf lokaler Ebene festlegen. Für Bebauungspläne mit einer Grundfläche von weniger als 70.000 Quadratmetern ordnet das deutsche Recht eine besondere Einzelfallprüfung an. Hierbei soll das beschleunigte Verfahren anwendbar sein, wenn eine Vorprüfung des Einzelfalls zu dem Ergebnis führt, dass keine erheblichen Umweltauswirkungen zu erwarten sind. Da die Höhe der Schwellenwerte die spezifischen Anforderungen von Art. 3 Abs. 3 und Abs. 5

---

[356] *Callies*, in: Erbguth, Strategische Umweltprüfung SUP, S. 27.
[357] *Kehl*, KommJur 2005, Heft 7, 245 (248).

SUP-RL berücksichtigt, ist ein Ausschluss von der Umweltprüfung europarechtskonform.[358]
Vor diesem Hintergrund ist es nicht nachvollziehbar, warum der bulgarische Gesetzgeber bei der letzten Änderungen der Rechtsverordnung zum Gesetz über territoriale Entwicklung im Februar 2016 seine ursprüngliche Umweltprüfungspflicht hinsichtlich aller Arten allgemeiner Entwicklungspläne dadurch aufgab, dass allgemeine Entwicklungspläne mit Geltungsbereichen gem. Art. 105 Nr. 3 und 4 GtE, nämlich „Stadt und der dazu gehörende Außenbereich" und „Siedlungsstruktur von nationaler Bedeutung" ausdrücklich der fakultativen Umweltprüfung zugewiesen wurden, obwohl sie Pläne im Sinne des Art. 85 Abs. 1 UmweltschG sind, d. h. Pläne im Bereich der Bodennutzung, die den Rahmen für künftige Genehmigung von Projekten der Anhänge I und II der UVP-RL setzen. Der obligatorischen Umweltprüfung bleiben lediglich die allgemeinen Entwicklungspläne für das Gemeindegebiet oder Teile der Gemeinde vorbehalten. Nach Maßgabe von Art. 18 GatARBG ff. sind sowohl die Stadt als auch die Siedlungsstruktur territoriale Einheiten. Eine grundsätzliche Größe oder Bevölkerungsdichte geben die bulgarischen Gesetze nicht vor, so dass die Flächen unterschiedlich groß und besiedelt sein können. So kann es vorkommen, dass allgemeine Entwicklungspläne für das Stadtgebiet einer großen Stadt mit dem dazu gehörenden Außenbereich eine Planungsfläche umfassen, die in manchen Fällen deutlich größer ist als das Gemeindegebiet einer kleinen Gemeinde. Das gleiche gilt auch für allgemeine Entwicklungspläne für Siedlungsstrukturen von nationaler Bedeutung.

Der Umstand, dass allgemeine Entwicklungspläne, die sich auf das ganze Stadtgebiet mit Außenbereich oder das Gebiet einer Siedlungsstruktur erstrecken, nicht unbedingt als kleinflächig einzustufen sind, führt zu Zweifeln an der Richtlinienkonformität der maßgebenden Vorschriften in der UP-Verordnung. Zudem sieht die bulgarische Rechtsordnung im Gegensatz zu der deutschen Ausnahmevorschrift nach § 13a BauGB keine bestimmten oder bestimmbaren Größenvorgaben vor, die als Kriterium für die Qualifizierung allgemeiner Entwicklungspläne dienen könnten, die zwar unter Art. 85 Abs. 1 UmweltschG fallen, dennoch nur die Nutzung kleiner Gebiete auf lokaler Ebene ausweisen. Daher drängt sich der Schluss auf, dass die pauschale Zuordnung der vorbezeichneten allgemeinen Entwicklungspläne zu der fakultativen Umweltprüfung nach Maß-

---

[358] BT-Drs. 16/2496, S. 13 f.

gabe von Art. 2 Abs. 2 Nr. 1, Ziff. 9.1. des Anhangs II UP-Verordnung nicht unter die Ausnahmeregelung gem. Art. 3 Abs. 3 Var. 1 SUP-RL fällt, sondern vielmehr der systematisch strengeren zwingenden Umweltprüfungspflicht nach Art. 3 Abs. 2 SUP-RL unterliegt.

b. Fakultative Umweltprüfung bei detaillierten Entwicklungsplänen

Ebenso bedenklich ist die Zuordnung sämtlicher detaillierter Entwicklungspläne zur fakultativen Umweltprüfung. Wie bereits oben ausgeführt wurde, fallen alle detaillierten Entwicklungspläne unter die Pläne und Programme über die Nutzung kleiner Gebiete gem. Art. 2 Abs. 2 Nr. 1, Ziff. 9.1. des II. Anhangs der UP-Verordnung, so dass sie einer Einzelfallbetrachtung zur Erforderlichkeit einer Umweltprüfung bedürfen.

In beiden hier als mit einem Wertungsspielraum gem. Art. 3 Abs. 3 Var. 1, Abs. 5 SUP-RL als bedenklich bewerteten Fällen übersieht der Gesetzgeber, dass ein pauschaler Ausschluss aus der zwingenden Umweltprüfungspflicht nicht logisch ist, da sich das Ausmaß und die Größe detaillierter Entwicklungspläne von Fall zu Fall unterscheiden. Detaillierte Entwicklungspläne können sich gerade in den Großstädten, insbesondere in Sofia, auf größere Gemeindeteile erstrecken als allgemeine Entwicklungspläne kleiner Gemeinden. Hieraus resultiert der Wertungswiderspruch, dass großflächige detaillierte Entwicklungspläne ipso iure vorbehaltlich des Vorprüfungsergebnisses, von der Umweltprüfung ausgenommen sind, während kleinflächigere allgemeine Entwicklungspläne der Gemeinde oder Gemeindeteile der obligatorischen Umweltprüfung unterliegen. Ausgerechnet bei kontroversen und gleichzeitig lukrativen detaillierten Entwicklungsplänen mit größerem territorialem Umfang zeigt die bulgarische Verwaltungs- und Rechtsprechungspraxis, dass die gesetzlichen Bestimmungen des Vorprüfungsverfahrens aus vorgeschobenen Gründen nicht berücksichtigt oder umgangen werden. Erhebliche Umweltauswirkungen, die gerade dann zu erwarten sind, wenn ein detaillierter Entwicklungsplan ein Großprojekt, beispielsweise die Errichtung von Hotelanlagen an der Schwarzmeerküste, zum Gegenstand hat, bleiben häufig im Planaufstellungsverfahren unbeachtet.[359]

---

[359] z. B. Oberstes VG, Urt. v. 25.6.2015, Az. 11734/2014 und Urt. v. 21.12.2015, Az. 113481/2015 zum detaillierten Entwicklungsplan zur Bebauung Teile der an der Schwarzmeerküste gelegenen Orts „St. Konstantin und Elena" – das Gericht bestätigte den Beschluss des Umweltministers, dass eine UP nicht erforderlich ist; Verwaltungsgericht Burgas, Urt. v. 7.11.2014, Az. 1857: hob die Entscheidung der regionalen Umweltbehörde auf, die Erforderlichkeit der UP anzunehmen, obwohl der detaillierte Entwicklungsplan in unmittelbarer Nähe

Nach der Rechtsprechung des EuGH ist gerade in Anbetracht des Richtlinienziels, ein hohes Umweltschutzniveau sicherzustellen, jede Ausnahme und Beschränkung in Bezug auf die Bestimmungen, die den Geltungsbereich abgrenzen, eng auszulegen.[360] Die weit gefasste Bestimmung des bulgarischen Gesetzes, alle detaillierten Entwicklungspläne als kleinflächige Entwicklungspläne anzusehen und somit unter die Ausnahmevorschrift[361] des Art. 3 Abs. 3 Var. 1 SUP-RL zu subsumieren, läuft der Zielrichtung der SUP zuwider, ein frühzeitiges Prüfverfahren für Rechtsakte zu schaffen, die voraussichtlich erhebliche Umweltauswirkungen haben und Kriterien und Modalitäten der Bodennutzung festlegen. Vor diesem Hintergrund birgt die geltende Rechtslage die Gefahr, dass die hier maßgeblichen Vorschriften der SUP-RL wirkungslos bleiben bzw. ins Leere laufen, wenn die zuständige Umweltbehörde im Rahmen der Vorprüfung, zu Unrecht zum Schluss gelangt, dass eine Umweltprüfung nicht durchzuführen ist und ein detaillierter Entwicklungsplan ohne die sonst erforderliche Umweltprüfung angenommen wird. Dies wird durch die beliebige Verwaltungs- und Rechtsprechungspraxis untermauert.

Damit sind die Grenzen des dem Gesetzgeber nach Art. 3 Abs. 3 Var. 1 und Abs. 5 S. 1 SUP-RL eingeräumten Wertungsspielraums überschritten, denn die bulgarische Gesetzeslage ermöglicht, dass detaillierte Entwicklungspläne, die voraussichtlich erhebliche Umweltauswirkungen haben, von der Umweltprüfung im Wege willkürlicher Einzelfallprüfung ausgenommen werden.

c. Öffentlichkeitsbeteiligung bei detaillierten Entwicklungsplänen

Wie bereits oben festgestellt wurde, sieht das Gesetz über territoriale Entwicklung eine Berücksichtigung der Vorschriften über Öffentlichkeits- und Behördenbeteiligung nur hinsichtlich der Planaufstellung von allgemeinen Entwicklungsplänen gem. Art. 127 Abs. 1 S. 5 GtE vor. In Bezug auf detaillierte Entwicklungspläne, deren SUP-Pflicht aus dem Vorverfahren hervorgeht, fehlt eine entsprechende Vorschrift. Detaillierte Entwicklungspläne, die einer Umweltprü-

---

von einigen ausgewiesenen Naturschutzgebieten liegt und aus diesem Grund erhebliche Umweltauswirkungen nicht auszuschließen sind; ähnlich Verwaltungsgericht Sofia, Urt. v. 7.8.2015, Az. 5504, hob den rechtswidrigen Beschluss der regionalen Umweltbehörde über die Erforderlichkeit der UP auf, da erhebliche Umweltauswirkungen abgelehnt wurden, ohne dies unter Berücksichtigung der dort ausgewiesenen Schutzgebiete hinreichend zu bewerten und zu begründen.
[360] EuGH, Urt. v. 10.9.2015, C-473/14, BeckRS 2015, 81120, Rn.50 - *Dimos Kropias Attikis*.
[361] Zum Ausnahmecharakter des Art. 3 Abs. 3 SUP-RL zur Grundregel des Art. 3 Abs. 2 SUP-RL: *Hendler*, NuR 2003, 2 (9).

fung ausweislich des Vorprüfungsbeschlusses zu unterziehen sind, unterliegen ebenso den Regelungen über die Öffentlichkeitsbeteiligung nach dem Umweltschutzgesetz und sind nicht ausdrücklich hiervon ausgenommen. Auch die bulgarische Rechtsprechung erkennt die Anwendbarkeit der Sondervorschriften über die Öffentlichkeits- und Behördenmitwirkung nach dem Umweltschutzgesetz und der UP-Verordnung an. Dies gilt in zwei Fällen: Erstens im Fall einer zwingenden Umweltprüfung, zweitens wenn die Vorprüfung das Erfordernis über die Durchführung der Umweltprüfung ergab.[362] Nach gefestigter Rechtsprechung ist demnach den Beteiligten neben dem Planentwurf des detaillierten Entwicklungsplans auch der Umweltbericht zur Verfügung zu stellen.

Vor diesem Hintergrund steht fest, dass das Gesetz über territoriale Entwicklung eine Regelungslücke hinsichtlich der Koordination der allgemeinen Mitwirkungsvorschriften im Planaufstellungsverfahren gem. Art. 128 GtE mit den umweltrechtlichen Beteiligungsvorschriften aufweist.

d. Der bestandskräftige umweltprüfungsrechtliche Abschlussakt

Die bulgarische Umweltprüfung erstreckt sich hinsichtlich der materiellrechtlichen Bindungswirkung und des Erfordernisses eines bestandskräftigen Abschlussakts nach Art. 82 Abs. 4 UmweltschG über die lediglich verfahrensbezogene Relevanz der Umweltprüfung hinaus, die die SUP ausweislich des neunten Erwägungsgrundes beansprucht. Der bulgarische Gesetzgeber übersieht, dass der europäische Richtliniengeber die Umweltprüfung ausdrücklich lediglich als ein formalisiertes Verfahrensinstrument anfordert. Dies kommt unter anderem durch den neunten Erwägungsgrund der Plan-UP-RL – „diese Richtlinie betrifft den Verfahrensaspekt" – zum Ausdruck. Inhaltliche, materiell-rechtliche Maßstäbe, wie mit den Ergebnissen der Prüfung im Rahmen der abschließenden Sachentscheidung umzugehen ist, enthält demgegenüber die SUP-RL nicht.[363]

Durch die Bindungswirkung der Umweltprüfung und das Erfordernis eines bestandskräftigen Abschlussakts gem. Art. 82 Abs. 4 S. 2 UmweltschG überschreitet der bulgarische Gesetzgeber auch die bloße Berücksichtigungsanforderung der Ergebnisse der Umweltprüfung bei der Ausarbeitung und vor der Annahme

---

[362] So Oberstes VG, Urt. v. 25.6.2015, Az. 11735/2014; 21.12.2015, Az. 11348/2015; Urt. 29.9.2015, Az. 3320/2014.

[363] Vgl. *Gärditz*, Landmann/Rohmer, Umweltrecht, Vorbemerkungen zu §§ 14 a bis 14 n UVPG, Rn. 12 f.

des Plans gem. Art. 8 der SUP-RL. Insoweit setzte der nationale Gesetzgeber die verfahrensbezogenen Vorgaben der SUP-RL überschießend um.

Die „überschießende" Richtlinienumsetzung betrifft nationale Umsetzungsakte, die sich auf Sachverhalte erstrecken, auf die die Richtlinie selbst keine Anwendung beansprucht.[364] Eine derartige Implementierung ist den Mitgliedstaaten nicht untersagt, wenn und soweit damit den Richtlinienvorgaben nicht widersprochen wird.[365] Daher ist eine überschießende Richtlinienumsetzung nicht unzulässig, soweit den Richtlinienvorgaben damit nicht widersprochen und dem Wirksamkeitsgebot genügend Rechnung getragen wird.

Ob die auf den ersten Blick „strengen" Anforderungen des bulgarischen Gesetzes ohne unnötige, verfahrensverzögernde Hindernisse geeignet sind, die vollständige Wirksamkeit der Richtlinie entsprechend ihrer Zielsetzung zu gewährleisten, ist fraglich.

Zuerst ist ein Blick auf die Bindungswirkung des Abschlussakts gegenüber der planaufstellenden Gemeinde zu werfen. Zwar ist diese Umsetzungsphilosophie als über die verfahrensrechtlichen Vorgaben der Plan-UP-RL hinausgehend zu bewerten, entfaltet aber keinerlei Bedenken unter dem Aspekt des Effektivitätsgebots. Anders verhält sich aber die Frage nach dem Erfordernis eines bestandskräftigen Abschlussakts als zwingende Voraussetzung für die Planannahme. Eine derart weitgehende Anforderung ermöglicht eine unkalkulierbare Verfahrensverzögerung. Alleine das vollständige Umweltprüfungsverfahren dauert bereits ca. 413 Tage. Wird die UP-Stellungnahme angefochten, wird der Abschlussakt erst dann bestandskräftig, wenn aufgrund Rechtswegerschöpfung kein Rechtsmittel mehr eingelegt werden kann. Zieht sich das Gerichtsverfahren durch zwei Instanzenzüge, darf der Entwicklungsplan jahrelang nicht beschlossen werden, bzw. ohne die zwingende Voraussetzung eines bestandskräftigen Abschlussakts wäre der Entwicklungsplan rechtswidrig. An diesem Punkt gelangt man zu dem größten Rechtsprechungs- und Gesetzesparadox der Umweltprüfung und der Bauleitplanung in Bulgarien.

Einerseits geht der bulgarische Gesetzgeber über die Anforderungen des Art. 8 SUP-RL, also über die bloße Berücksichtigung der Umweltprüfung bei der Pla-

---

[364] zum Begriff: *Habersack/Mayer*, JZ 1999, 913 (914); *Kuhn*, EuR 2015, 216 f; Über die Entscheidungskompetenz des EuGH im Bereich der überschießenden Umsetzung: EuGH Urt. vom 18.10.1990, C-297/88 u. C-197/89, Slg. 1990 I-3763 Rn. 36 – *Dzodzi*; Urt. v. 8.11.1990, Rs. C-231/89, Slg. 1990 I-4003 - *Gmurzynska-Bscher*.
[365] Vgl. *Nettesheim*, in: Grabitz/Hilft/Nettesheim, Das Recht der europäischen Union, Kommentar, Band 3, Art. 288 Rn. 131.

144

nentscheidungsfindung hinaus, und setzt das zwingende Vorliegen eines bestandskräftigen Abschlussakts voraus. Andererseits ermöglicht das bulgarische Gesetz in Art. 215 Abs. 6 GtE, Art. 19 Abs. 3 S. 2 GES[366] aufgrund der Unanfechtbarkeit der allgemeinen Entwicklungspläne die Umgehung aller Vorschriften über die Umweltprüfung. Die bulgarische Verwaltungspraxis zeigt an dem in der Öffentlichkeit breit diskutierten Fall „Zarevo"[367], dass es möglich ist, einen allgemeinen Entwicklungsplan auch ohne eine bestandskräftige Stellungnahme des Umweltministers zu beschließen. Hierdurch ist der allgemeine Entwicklungsplan zwar (formell und materiell) rechtswidrig, kann aber gem. Art. 215 Abs. 6 GtE, Art. 19 Abs. 3 S. 2 GES nicht angefochten werden, so dass er als solcher vollziehbar ist. Selbst die Europäische Kommission forderte im Februar 2014 laut Medienberichten eine Stellungnahme seitens des bulgarischen Umweltministers zur Umgehung gemeinschaftsrechtlicher Normen. Was im Fall „Zarevo" eine besondere gesellschaftliche Dynamik gewonnen hat, gilt gleichermaßen für zahlreiche andere umstrittene Planungen, die weniger öffentlichkeitsbekannt sind.

Die Verwaltungspraxis zeigt, dass sich das Umweltprüfverfahren gerade im sensiblen Bereich allgemeiner Entwicklungsplanung, wo mehr als zwei Drittel der bulgarischen Gemeinde dringend einen allgemeinen Entwicklungsplan benötigen, ausgerechnet wegen der Notwendigkeit des bestandskräftigen Akts über Jahre verzögern.[368]

Daraus kann geschlossen werden, dass die auf den ersten Blick strengere Anforderung an einen bestandskräftigen Abschlussakt gem. Art. 82 Abs. 4 S. 2 UmweltschG in vielen Fällen zur Verzögerung des Planverfahrens zu führen geeig-

---

[366] Beide Normen erklären die Unanfechtbarkeit des vom Gemeinderat beschlossenen allgemeinen Entwicklungsplans.

[367] Ein allgemeiner Entwicklungsplan für das Gemeindegebiet Zarevo an der Schwarzmeerküste wurde mit Verfügung des zuständigen Ministers für regionale Entwicklung und öffentliche Arbeiten beschlossen, obwohl der für die Umweltprüfung zuständige Umweltminister seine Stellungnahme als rechtswidrig zurücknahm. Nachdem der allgemeine Entwicklungsplan angefochten wurde, entschied das Oberste Verwaltungsgericht, 5 Kammer (Urt. v. 15.1.2014, Az. 543) in der letzten Instanz, dass der allgemeine Entwicklungsplan des Art. 215 Abs. 6 GtE, Art. 19 Abs. 3 GES unanfechtbar ist und kein Verstoß gegen Art. 9 Abs. 2 der Aarhus-Konvention (Zugang der betroffenen Öffentlichkeit zu Gerichten) vorliegt. Somit blieb der an sich formell und materiell rechtswidrige allgemeine Entwicklungsplan in Kraft und weist Flächen zur Bebauung auch im Rahmen des Naturreservats „Strandjagebirge" aus.

[368] http://www.mrrb.government.bg/?controller=news&id=8381 (Abruf v. 24.11.16) – als Beispiel wird das seit 2014 andauernde Planaufstellungsverfahren aufgezeigt und auf das noch laufende Umweltprüfverfahren verwiesen.

net ist, ohne die Gewähr zu leisten, dass ein hohes Umweltschutzniveau im Sinne der Ermittlung, Bewertung und Berücksichtigung der Umwelterwägungen bei der Planentscheidung erfolgen wird.

4. Zwischenergebnis

Die Untersuchung zeigt den nachhaltigen Einfluss der SUP-Richtlinie auf das nationale Bauleitplanungsrecht. In beiden Referenzländern hat die strategische Umweltprüfung eine erhebliche Aufwertung erhalten, indem die europäischen Richtlinienvorgaben die Bauleitplanung erfassen. Dabei werden systematische und teleologische Unterschiede deutlich erkennbar. Gleichwohl ist in Anbetracht des Effektivitätsgrundsatzes eine unzureichende Umsetzungs- und Anwendungspolitik des bulgarischen Umweltschutzgesetzes und der untergeordneten Rechtsverordnungen festzustellen. Der bulgarische Gesetzgeber hat die Vorgaben der SUP-RL an einigen Stellen unpräzise, sogar richtlinienwidrig ins nationale Recht umgesetzt.

Während der deutsche Gesetzgeber bestrebt war, das Bauleitplanungsrecht mit den europäischen Vorgaben strukturell zu harmonisieren und gleichzeitig das Bauleitplanungsrecht unter Vermeidung von Sonderverfahren vereinfachen,[369] nimmt das bulgarische Recht einerseits zu weitgehend Planungen von der Umweltprüfung aus und gestaltet andererseits das Bauleitplanverfahren möglichst kompliziert und bürokratisch.

Anstatt die Umweltprüfung in die bestehenden Verfahrensschritte zu integrieren, wurden Sonderverfahren nach dem Umweltschutzgesetz und der Rechtsverordnung geschaffen, die zusätzlich neben den planerischen Verfahrensschritten anzuwenden sind. Im Falle der Bauleiplanung nach dem Gesetz über territoriale Entwicklung führen die umweltrechtlichen Anforderungen eine Verzögerung und eine Erschwerung des Planaufstellungsverfahrens herbei.

5. Lösungs- und Reformvorschläge

Um der Unionsrechtswidrigkeit abzuhelfen, werden die folgenden Rechtsänderungen empfohlen:

---

[369] BT-Drs. 15/2250, S. 28.

(1) Der Verordnungsgeber sollte die letzten Änderungen (Stand 12. Februar 2016) hinsichtlich der der fakultativen Umweltprüfung zugeordneten allgemeinen Entwicklungspläne rückgängig machen. Im Einklang mit Art. 3 Abs. 2 SUP-RL müssen alle Pläne im Bereich der Bodennutzung, die einen Rahmen für die künftige Genehmigung von Projekten der Anhänge I und II der UVR-RL setzen und eben nicht lediglich die Nutzung kleiner lokaler Flächen festsetzen, einer zwingenden Umweltprüfung unterzogen werden. Demnach muss der bulgarische Gesetzgeber alle Typen allgemeiner Entwicklungsplanung der obligatorischen Umweltprüfungspflicht zuweisen.

(2) Angesichts der Schlussfolgerung, dass eine generelle Einordnung der detaillierten Entwicklungspläne als kleinflächige Gebiete den Richtlinienzielen zuwiderläuft, sollte der bulgarische Gesetzesmacher über geeignete Vorschriften nachdenken, die tatsächlich nur die kleinflächigen detaillierten Entwicklungspläne einer Einzelfallentscheidung unterziehen.

Ein rechtsvergleichender Blick auf die Harmonisierung der Richtlinie durch das EAG-Bau 2004 ins BauGB zeigt, dass die deutsche Legislative zu Recht erkannt hat, dass nicht jeder Bebauungsplan unter Art. 3 Abs. 3 Var. 1 SUP-RL fällt. Zwar integrierte sie die Umweltprüfung in das Regelverfahren bei der Aufstellung von grundsätzlich allen Bauleitplänen, was den Vorteil hat, dass kein kompliziertes Vorprüfungs- und Auswahlverfahren stattfinden muss.[370] Jedoch sieht auch der deutsche Gesetzgeber auf der Grundlage von Art. 3 Abs. 3, Abs. 4 und Abs. 5 S. 1 SUP-RL gewisse Abweichungen von der generellen Umweltprüfungspflicht vor. Zum einen verzichtet das deutsche Gesetz in Ausnahmenfällen des vereinfachten Verfahrens gem. § 13 Abs. 1 BauGB auf die Umweltprüfung, wenn – neben anderen Voraussetzungen - durch die Änderung des Bauleitplans die Grundzüge der Planung nicht berührt werden. Dies lässt der deutsche Gesetzgeber unter der Prämisse zu, dass das vereinfachte Verfahren ergänzend zu der Ausgestaltung der Umweltprüfung als Regelverfahren zur Behandlung von solchen Bauleitplänen fortentwickelt werden soll, bei denen von vornherein keine erheblichen Umweltauswirkungen zu erwarten sind.[371]

Zum anderen wurde die Umweltprüfung zur Stärkung der Innenentwicklung in der Novelle 2007 in Bezug auf Bebauungspläne der Innenentwicklung gelockert. § 13a Abs. 1 BauGB legt die genaue zulässige Größe der festgesetzten Grund-

---

[370] Vgl. *Stüer*, Handbuch des Bau- und Fachplanungsrechts, A. Rn. 997.
[371] Vgl. BT-Drs. 15/2250, S. 30; auch BVerwGE 134, 264 (269).

fläche[372] und konkrete Voraussetzungen für das Planvorhaben bezüglich klein-räumiger Gemeindegebiete zum Zweck der Innenentwicklung fest. In seiner Entscheidung vom 18.4.2013, Rs. C-463/11, judizierte der EuGH, dass §13a BauGB an sich die Mindestanforderungen hinsichtlich jener Pläne wahrt, welche die Nutzung kleiner Gebiete auf lokaler Ebene festlegen.[373] Allerdings sah der Gerichtshof Planerhaltungsvorschriften mit den Zielen der SUP-RL als unver-einbar an, die Rechtsverstöße gegen Umsetzungsvorschriften für unbeachtlich erklären.

Zieht man die deutschen Erfahrungen heran, erscheint die Einführung einer ge-nerellen Umweltprüfung in Bezug auf alle Entwicklungspläne als regelmäßiger Bestandteil vorbehaltlich generell-abstrakt festgelegter Ausnahmen vorteilhafter. Denn ein derartiges Regel-Ausnahme-Verhältnis gewährleistet, dass die Ermitt-lung und Bewertung von Umwelterwägungen für alle Bauleitpläne einheitlich und vollständig auf der Grundlage desselben Prozedere erfolgt.

Allerdings würde hier eine komplette Änderung der bulgarischen Vorschriften am Vorbild der deutschen Umsetzungsstrategie dem gesamten Gesetzgebungs-konzept des bulgarischen Gesetz- und Verordnungsgebers zuwiderlaufen und kann keine sachgerechte Problemlösung darstellen. Im Einklang mit den Vorga-ben der Art. 3 Abs. 3 und 5 SUP-RL und der Rechtsprechung des EuGH könn-ten aber alle Entwicklungspläne, die Kriterien und Modalitäten der Bodennut-zung festsetzen, eine Vielzahl von Projekten betreffen und nicht lediglich die Nutzung kleinflächiger Gebiete regeln, der Umweltprüfungspflicht nach Art. 85 Abs. 1 UmweltschG unterstellt werden. Unter die Einzelfallprüfung gem. Art. 85 Abs. 2 UmweltschG i.V.m. § 2 Abs. 2 Nr. 1 UP-Verordnung sollten dann al-leine jene detaillierten Entwicklungspläne fallen, die die Nutzung der kleinen Gebiete auf örtlicher Ebene ausweisen. Aus Gründen der Rechtsklarheit und der transparenten Rechtsanwendung sollten diese detaillierten Entwicklungspläne eng, generell-abstrakt und hinreichend bestimmt geregelt sein. Anknüpfend an § 13a BauGB könnten konkrete Größenordnungen in Bezug auf die zulässigen Grundflächenparameter, den Standort und die Art der baulichen Nutzung vorge-geben werden. Diesbezüglich könnten konkrete Grundflächengrößen der für kleinflächig gehaltenen detaillierten Entwicklungspläne (z. B. Nutzungs- und

---

[372] § 13a Abs. 1 S. 2 unterscheidet zwei Alternativen: Nr. 1: weniger 20.000 km² und Nr. 2 weniger als 70.000 km².
[373] Zur Europarechtskonformität von § 13a BauGB und Nichtanwendbarkeit von § 214 Abs. 2a BauGB: EuGH, Urt. v. 18.4.2013, Rs. C-463/11 mit Anm. von *Stüer/Garbrock* DVBl 2013, 778 (780).

Bebauungsplan von einigen Grundstücken in einem urbanen Gebiet) niedergelegt werden. Vorschriften, die dazu führen würden, dass die Ziele der SUP-RL
oder der UVP-RL wirkungslos bleiben bzw. ins Leere laufen, sollten vermieden
werden. Demnach soll sichergestellt werden, dass detaillierte Entwicklungspläne, die zwar eine geringfügige Flächennutzung beanspruchen, aber die Zulässigkeit von Vorhaben gestatten, die einer Umweltverträglichkeitsprüfung gem. Art.
92 ff. UmweltschG unterliegen, nicht von der Umweltprüfungspflicht ausgenommen sind.

Damit könnten unsachgemäße und willkürliche Entscheidungen vermieden werden und eine einheitliche Rechtsanwendung hinsichtlich detaillierter Entwicklungspläne gewährleistet werden, die voraussichtlich erhebliche Umweltauswirkungen haben.

(3) Zu untersuchen ist, wie die vorstehend festgestellte Regelungslücke im Gesetz über territoriale Entwicklung bezüglich der Berücksichtigung der umweltprüfungsrechtlichen Konsultationsvorschriften im Zusammenhang mit den detaillierten Entwicklungsplänen geschlossen werden kann.
In Betracht kommt zunächst eine analoge Anwendung des Art. 127 Abs. 1 S. 5
GtE. Dies setzt eine Regelungslücke und eine vergleichbare Interessenlage voraus.[374]
Die Regelungslücke liegt eindeutig vor. Ob sie durch eine entsprechende Anwendung von Art. 127 Abs. 1 S. 5 GtE interessengerecht geschlossen werden
kann, bedarf einer kritischen Würdigung.
Für die Analogie spricht der Umstand, dass die zuständigen Fachbehörden gem.
Art. 82 Abs. 1 UmweltschG verpflichtet sind, das Umweltprüfverfahren mit den
geltenden Planaufstellungsverfahren abzustimmen.[375] Da die Öffentlichkeits-
und Behördenbeteiligung nach Art. 128 GtE Verfahrensschritte im Rahmen des
Prozedere zur Planaufstellung eines detaillierten Entwicklungsplans darstellen,
sollte die Umweltschutzbehörde diese mit den entsprechenden Beteiligungsvorschriften bei der Umweltprüfung koordinieren. In analoger Anwendung nach
Art. 127 Abs. 1 S. 5 GtE bedeutet dies, dass die Öffentlichkeits- und Behörden-

---

[374] So über die Analogie in der methodischen Rechtslehre zur Schließung von gesetzlichen
Lücken: *Taschev*, Norma 4/2013, S. 17 f.; *Lazarov/Todorov*, Verwaltungsrecht, S. 42; *Baltad-
jieva/Todorov*, Wechselwirkung zwischen dem europäischen und bulgarischen Verwaltungsrecht, S. 50 – entgegen der deutschen Dogmatik, knüpft die die bulgarische Literatur an die
Anforderung einer unbewussten Regelungslücke nicht an.
[375] *Pentschev*, Umweltrecht, Allgemeiner Teil, S. 150.

beteiligung nach Art. 128 GtE Teil der umweltprüfungsrechtlichen Konsultationen ist. Ohne sich mit der rechtsdogmatischen Frage nach der Analogie auseinanderzusetzten, bestätigt die oberste Verwaltungsgerichtsbarkeit dieses Ergebnis, indem sie die umweltprüfungsrechtlichen Vorschriften über die Konsultationen nach Art. 87 UmweltschG i.V.m. Art. 19 ff. UP-Verordnung bei der Planaufstellung detaillierter Entwicklungspläne anerkennt, nachdem diese im Rahmen der Vorprüfung als umweltprüfungspflichtig angesehen wurden. Wenn das Screening zum Ergebnis kommt, der entsprechende detaillierte Entwicklungsplan wird voraussichtlich keine erheblichen Umweltauswirkungen aufweisen, richtet sich die Öffentlichkeits- und Behördenbeteiligung alleine nach Art. 128 GtE.[376]

Zudem ist hier zu berücksichtigen, dass die Beteiligungsvorgaben der Plan-UP-RL als Herzstück des SUP-Verfahrens vorsehen, dass der Entwurf des Plans und der Umweltbericht den beteiligten Behörden und der Öffentlichkeit zugänglich gemacht werden. Demgegenüber ist gem. Art. 128 Abs. 1 GtE lediglich der Planentwurf des detaillierten Entwicklungsplans auszulegen. Es leuchtet ein, dass ohne die Koordination der Beteiligungsvorschriften nach dem Gesetz über territoriale Entwicklung mit den Vorgaben im Umweltschutzgesetz die gemeinschaftsrechtliche Zielsetzung - die betroffenen Behörden und die Öffentlichkeit von der Annahme des Plans in Kenntnis zu setzen und ihnen relevante, im Umweltbericht umschriebene Informationen zugänglich zu machen (vgl. Erwägungsgrund Nr. 18 der SUP-RL) - ins Leere laufen würde. Zudem ist auch dem Erwägungsgrund Nr. 15 SUP-RL Beachtung zu schenken, wonach die Konsultationen zu einer transparenten Entscheidungsfindung beitragen sowie die Vollständigkeit und Zuverlässigkeit der für die Prüfung bereitgestellten Informationen gewährleisten sollen. Durch die Öffentlichkeitsbeteiligung wird also nicht nur der planerische Horizont der planaufstellenden Behörde erweitert. Unter Einbeziehung anderer öffentlicher Träger und der Öffentlichkeit erleichtert die Ermittlung und Bewertung der Umweltauswirkungen die politische und soziale Akzeptanz des Plans.

Vor dem Hintergrund der oben angeführten Argumente ist hier zu schließen, dass ein rechtliches Interesse besteht, die Beteiligungsvorschriften nach Art. 128 GtE und Art. 87 UmweltschG i.V.m. Art. 19 ff. UP-Verordnung aufeinander abzustimmen, damit erstens doppelte Beteiligungen verhindert werden und zwei-

---

[376] So Oberstes VG, Urt. v. 29.9.2015, Az. 3320/2014.

tens den gemeinschaftsrechtlichen Gesichtspunkten auch im Bauleitplanverfahren hinsichtlich detaillierter Entwicklungspläne genügend Rechnung getragen wird.

Allerdings ist eine Analogie des Art. 127 Abs. 1 S. 5 GtE bezüglich detaillierter Entwicklungspläne nicht unbedingt die rechtsklare und rechtssichere Lösungsalternative, denn Art. 127 Abs. 1 S. 5 GtE bezieht sich ausdrücklich auf allgemeine Entwicklungspläne. Art. 128 GtE ist die maßgebende Vorschrift, die das Beteiligungsverfahren bei detaillierten Entwicklungsplänen regelt. Einer derartigen weiten Interpretation des Tatbestands von Art. 127 Abs. 1 S. 5 GtE stehen der Wortlaut und die Gesetzessystematik entgegen. Daher ist es vielmehr eine klare Regelung erforderlich, die die Koordination zwischen den allgemeinen Beteiligungsvorschriften nach Art. 128 Abs. 1-3 GtE und den umweltspezifischen Konsultationsnormen festlegt. Der Gesetzgeber muss in Art. 128 GtE, beispielsweise anstelle des entfallenen Absatzes 4, eine ausdrückliche Bestimmung über das Verhältnis beider Partizipationsverfahren aufnehmen. In Anlehnung an Art. 127 Abs. 1 S. 5 GtE kann Art. 128 Abs. 4 GtE wie folgt lauten:

„Ist eine Umweltprüfung und/oder Verträglichkeitsprüfung erforderlich, ist die Öffentlichkeitsbeteiligung ein Teil des Verfahrens über die Durchführung von Konsultationen im Rahmen der Umweltprüfung und/oder Verträglichkeitsprüfung, die der Planinitiativträger nach Maßgaben des Umweltschutzgesetzes und/oder des Gesetzes über die biologische Vielfalt zu organisieren und durchzuführen hat."

(4) Schließlich stellt sich die Frage, wie unionsrechtliche Zuwiderhandlungen aufgrund der zu weitgehenden Anforderung an den bestandskräftigen Abschlussakt der Umweltprüfung als zwingende Voraussetzung für die Planaufstellung gem. Art. 82 Abs. 4 UmweltschG verhindert werden können.

Die SUP-Richtlinie ist nicht darauf angelegt, nach dem Motto „viel hilft viel" möglichst viel in Bezug auf die Strategische Umweltprüfung vorzuschreiben.[377] Maßgebend ist alleine, dass die nationalen Vorschriften dem Richtlinienziel des Zusammenwirkens aus Ermittlung, Erfassung und Bewertung von Umweltbelangen für das Verfahren der Erstellung von Plänen und Programmen die praktische Wirksamkeit verleihen. Das Vorliegen eines bestandskräftigen Abschlussakts - Beschluss oder Stellungnahme - wirkt in Anbetracht der Zielsetzung der

---

[377] *Kümper*, ZUR 2014, S. 74.

Richtlinie, mithilfe der Umweltprüfung als Verfahrensinstrument ein hinrei-
chendes Umweltschutzniveau zu gewährleisten, als eine unnötige Voraussetzung, die hauptsächlich zu Verfahrensverzögerungen führt. Auch aus deutscher
Sicht ist die Anforderung an eine bestandskräftige Umweltprüfungsentscheidung
als zu weitgehend und daher als „unnötig" zu bewerten. Denn der deutsche Gesetzgeber hat sich im Einklang mit den unionsrechtlichen Vorgaben zu Recht
dafür entschieden, unnötige Verfahrensschritte dadurch zu vermeiden, dass die
Umweltprüfung so in das bestehende Bauleitplanverfahren integriert wird, dass
dieses nicht zusätzlich erschwert wird. Die Voraussetzung eines bestandskräftigen Abschlussakts gibt den Anreiz zur Bestechung der Verwaltung und der Jus-
tiz, denn es kann lange dauern, bis ein Abschlussakt in der Umweltprüfung erlassen wird und noch länger, bis dieser Akt unanfechtbar wird. Das Verfahren
kann aber von „außen" mit den notwendigen Motivationsmitteln beschleunigt
werden.

Vor diesem Hintergrund wird hier der Reformansatz unterbreitet, das Erfordernis eines bestandskräftigen Umweltprüfungsakts in Art. 82 Abs. 4 S. 2 UmweltschG im Wege der nächsten Modernisierungsnovelle abzuschaffen.

III. Die europäischen Naturschutzrichtlinien

Einfluss auf die Bauleitplanung üben auch die Vogelschutzrichtlinie[378] und die
FFH-RL[379] aus. Ähnlich der SUP-RL knüpfen auch diese Sekundärunionsakte
an das allgemeine unionsrechtliche Ziel einer nachhaltigen Entwicklung an.[380]
Beide Naturschutzrichtlinien beruhen auf der Erkenntnis, dass sich der Zustand
der natürlichen Lebensräume im europäischen Gebiet der Mitgliedstaaten stetig
verschlechtert, wodurch wildlebende Vogelarten, Tiere und Pflanzen bedroht
sind.[381] Hauptziel beider Richtlinien ist der Schutz bedrohter Lebensräume durch
die Errichtung eines europäischen Netzwerks mit der Bezeichnung „Natura
2000". Neben dem Habitatschutzregime beinhalten diese beiden Richtlinien ar-
tenschutzrechtliche Vorgaben (Art. 5 ff. VRL, Art. 12 ff. FFH-RL). Der Unter-
suchungsfokus dieser Arbeit richtet sich auf die habitatschutzrechtlichen Richtlinienvorgaben und deren Umsetzung ins nationale Recht, denn insbesondere die

---

[378] Siehe o. Fn. 44.
[379] Siehe o. Fn. 43.
[380] Vgl. 5. Erwägungsgrund der VRL und 3. Erwägungsgrund der FFH-RL.
[381] Vgl. 3. Erwägungsgrund der VRL und 4. Erwägungsgrund der FFH-RL.

Frage nach der FFH-Verträglichkeitsprüfung (Art. 6 Abs. 3, Abs. 4 FFH-RL) stellt eine zwingende materielle Voraussetzung für die Rechtmäßigkeit der Bauleitpläne dar, wohingegen die artenschutzrechtlichen Verbotstatbestände überwiegend erst auf der Projektzulassungsebene eine entscheidende Bedeutung entfalten.[382] Da sich die rechtlichen Regelungen der Vogelschutz- und der Habitatrichtlinie, insbesondere hinsichtlich der Verpflichtungen der Mitgliedstaaten, voneinander unterscheiden und sich ein Mitgliedstaat seinen Pflichten aus Art. 4 VRL nicht dadurch entziehen kann, dass er sich auf andere naturschutzrechtliche Maßnahmen beruft,[383] werden nachfolgend beide Richtlinien einzeln dargestellt.

1. Vogelschutzrichtlinie

a. Zielsetzung

Gem. Art. 1 S. 1 VRL betrifft die hier zu untersuchende Richtlinie die Erhaltung sämtlicher wildlebenden Vogelarten, die im europäischen Gebiet der Mitgliedstaaten heimisch sind. Entsprechend dem vierten Erwägungsgrund stellen diese Vogelarten ein gemeinsames Erbe dar, deren wirksamer Schutz als ein typisch grenzüberschreitendes Umweltproblem die gemeinsame Verantwortlichkeit einfordert. Art. 1 S. 2 VRL definiert das Hauptziel der VRL, namentlich den Schutz, die Bewirtschaftung und die Regulierung aller wildlebenden Vogelarten. Den Mitgliedstaaten steht es zu, die erforderlichen Maßnahmen zum Schutz sowie zur Pflege und zur Wiederherstellung einer ausreichenden Vielfalt und einer ausreichenden Flächengröße für Lebensräume als unerlässliche Bedingungen für die Erhaltung der Vogelarten zu treffen. Nach Art. 3 Abs. 1 VRL treffen die Mitgliedstaaten die erforderlichen Maßnahmen zur Erhaltung und Wiederherstellung der für die wildlebenden Vogelarten ausreichenden Flächengröße der Habitate.

b. Ausweisungs- und Schutzpflichten gem. Art. 4 VRL

Kernaufgabe der Mitgliedstaaten ist die Auswahl und Einrichtung besonderer Vogelschutzgebiete gem. Art. 4 Abs. 1 und 2 VRL. Abs. 1 der Vorschrift legt

---

[382] Vgl. *Halama*, in: Beckermann/Halama, Handbuch zum Recht der Bau- und Umweltrichtlinien der EU, S. 831.
[383] So EuGH, Urt. v. 14.10.2010, Rs. C-535/07, Slg. 2010 I-9483, Rn. 24 - *Kommission/Österreich*.

den Mitgliedstaaten die Pflicht auf, die für die Erhaltung der in Anhang I aufgeführten Arten zahlen- und flächenmäßig geeignetsten Gebiete zu Schutzgebieten zu erklären. Nach Abs. 2 dieses Artikels sind die Mitgliedstaaten ebenso verpflichtet, entsprechende Maßnahmen für die nicht in Anhang I aufgeführten, jedoch regelmäßig auftretenden Zugvogelarten hinsichtlich ihrer Vermehrungs-, Mauser- und Überwinterungsgebiete sowie der Rastplätze in ihren Wanderungsgebieten zu treffen. Nach gefestigter Rechtsprechung verpflichtet Art. 4 Absätze 1 und 2 VRL die Mitgliedstaaten dazu, besondere Schutzgebiete (als BSG in den EuGH-Entscheidungen bezeichnet) mit einem rechtlichen Schutzstatus (Art. 4 Abs. 4 VRL) auszustatten, der geeignet ist, u.a. das Überleben und die Vermehrung der in Anhang I der VRL aufgeführten Vogelarten sowie die Vermehrung, die Mauser und die Überwinterung der nicht in Anhang I aufgeführten, regelmäßig auftretenden Zugvogelarten sicherzustellen.[384] Verfahrenstechnisch unterscheidet sich die Unterschutzstellung nach der VRL von dieser nach Art. 4 FFH-RL dadurch, dass weder ein Meldeverfahren noch eine Erstellung von Länderlisten verlangt wird. Vielmehr liegt es im Ermessen der Mitgliedstaaten, bestimmte Flächen als besondere Schutzgebiete durch einen „förmlichen Akt" auszuweisen.[385] Dabei bezieht sich der mitgliedstaatliche Ermessensspielraum nach gefestigter Rechtsprechung des Europäischen Gerichtshofs auf die Anwendung dieser Kriterien für die Bestimmung der Gebiete, die für die Erhaltung der in Anhang I der VRL aufgeführten Arten am geeignetsten sind.[386] Dementsprechend sind die Mitgliedstaaten verpflichtet, alle Gegenden zu besonderen Schutzgebieten zu erklären, die nach ornithologischen Kriterien am geeignetsten für die Erhaltung der betreffenden Arten erscheinen. Bei der Auswahl und der Abgrenzung eines besonderen Schutzgebiets sind lediglich ornithologische Gründe zu berücksichtigen. Demgegenüber dürfen „naturschutzexterne" Erwägungen wirtschaftlicher,

---

[384] EuGH. Urt. v. 19.5.1998, Rs. C-3/96, Slg. 1998 I-3031, Rn. 55 – Kommission/Niederlande; Urt. 23.3.2006, Rs. C-209/04, Slg. 2006 I-2755, Rn. 32 – Kommission/Österreich; Urt. v. 6.3.2003, Rs. 240/00, Slg. 2003 I-2187, Rn. 16 – Kommission/Finnland; Urt. v. 14.10.2010, Rs. C-535/07, Slg.2010 I-9483, Rn. 56 – Kommission/Österreich; Urt. v. 14.1.2016, Rs. C-141/14, Rn. 27 – Kommission/Bulgarien, abrufbar unter http://curia.europa.eu/juris/liste.jsf?language=de&jur=C,T,F&num=C-141/14&td=ALL (Abruf v. 12.1.2017).
[385] EuGH, Urt. v. 7.12.2000, Rs. C-374/98, Slg. 2000 I-0799, Rn. 53 – Kommission/Frankreich.
[386] u.a. EuGH. Urt. v. 19.5.1998, Rs. C-3/96, Slg. 1998 I-3031, Rn. 61 – Kommission/Niederlande; Urt. 23.3.2006, Rs. C-209/04, Slg. 2006 I-2755, Rn. 33 – Kommission/Österreich.

freizeitbedingter oder sozialer Art bei der Unterschutzstellung nicht herangezogen werden.[387] In vielen Urteilen erkennt der EuGH dem von der Nichtregierungsorganisation BirdLife International erstellten IBA-Katalog[388] zwar keine zwingende Wirkung, jedoch eine Orientierungshilfe zu, um zu beurteilen, ob der verpflichtete Mitgliedstaat zahlen- und flächenmäßig ausreichende Flächen zu besonderen Schutzgebieten erklärt hat.[389] In den ausgewiesenen Vogelschutzgebieten haben die Mitgliedstaaten ferner Schutzvorkehrungen zu treffen, die der Beeinträchtigung der Lebensräume sowie der Belästigung der Vögel entgegenwirken (vgl. Art. 4 Abs. 4 VRL). Diese Bestimmung begründet die mitgliedstaatliche Dauerpflicht, die Habitate der geschützten der Populationen zu erhalten und Störungen der Wildvogelarten zu vermeiden bzw. zu unterlassen.[390]

c. faktische Vogelschutzgebiete

Von großer Bedeutung ist die sich im Laufe der Jahre etablierte Auffassung des Gerichtshofs zur Einhaltung der strengen Schutzpflichten gem. Art. 4 Abs. 4 VRL auch in Bezug auf Gebiete, die nicht zu Vogelschutzgebieten erklärt worden sind, obwohl dies erforderlich gewesen wäre.[391] Dies wird damit begründet, dass nicht vertragstreuen Mitgliedstaaten kein Vorteil daraus erwachsen dürfe, dass sie ihren Ausweisungspflichten aus Art. 4 Abs. 1 und 2 VRL nicht nachkommen. Zudem sollten ornithologisch signifikante Flächen auch bei unterlassener Unterschutzstellung einen angemessenen Schutz genießen.

---

[387] zu den wirtschaftlichen Gründen bei der Ausweisung gem. Art. 4 Abs. 1 und 2 VRL in Abgrenzung zu den zwingenden Gründen i.S.d. Art. 6 Abs. 4 S. 1 FFH-RL: EuGH, Urt. v. 11.7.1996, Rs. C-44/95, Slg. 1996 I-3805, Rn. 26 und 42 – *Society for the protection of birds*.
[388] Inventory of Bird Areas in the European Community.
[389] EuGH, Urt. v. 19.5.1998, Rs. C-3/96, Slg. 1998 I-3031, Rn. 66 f. – *Kommissiom/Niederlande*; Urt. v. 25.11.1999, Rs. C-96/98, Slg. 1999 I-8531, Rn. 13 – *Kommission/Frankreich*.
[390] *Halama*, in: Beckermann/Halama, Handbuch zum Recht der Bau- und Umweltrichtlinien der EU, S. 778.
[391] EuGH, Urt. v. 25.11.1999, Rs. C-96/98, Slg. 1999 I-8531, Rn. 41 – *Kommission/Frankreich*.

2. Flora-und-Fauna-Habitat-Richtlinie

a. Sicherung der Artenvielfalt und „Natura 2000"

Laut dem dritten Erwägungsgrund der FFH-RL liegt dieser Naturschutzrichtlinie das Hauptziel zugrunde, die Erhaltung der biologischen Vielfalt unter Berücksichtigung der wirtschaftlichen, sozialen, kulturellen und regionalen Anforderungen zu fördern. Zur Sicherung der FFH-Schutzgüter, zur Erhaltung der natürlichen Lebensräume und der Habitate der Arten wird ein kohärentes europäisches ökologisches Netz „Natura 2000" errichtet, dass sich sowohl aus den FFH-Gebieten als auch den förmlich ausgewiesenen Vogelschutzgebieten als besonderen Schutzgebieten zusammensetzt (Art. 3 FFH-RL). Art. 3 Abs. 1 S. 2 FFH-RL legt als schutzwürdige FFH-Gebiete diejenigen Gebiete fest, die die natürlichen Lebensraumtypen des Anhangs I sowie die Habitate der Arten des Anhangs II umfassen.

Den Richtlinienvorgaben ist zu entnehmen, dass der Unionsgeber ein europäisches Biotopverbundsystem zu etablieren bezweckt, das zur Sicherung der Artenvielfalt beitragen soll. Dies korrespondiert mit der Pflicht jedes Mitgliedstaates zur Ausweisung der in seinem Hoheitsgebiet vorhandenen besonderen Schutzgebiete und auf diese Weise im angemessenen Umfang zu dem Biotopverbund beizutragen (vgl. Art. 3 Abs. 2 FFH-RL).

b. Prozedere der Gebietsausweisung, potentielle Schutzgebiete

Art. 4 FFH-RL gibt ein für alle Mitgliedstaaten vereinheitlichtes Unterschutzstellungsverfahren vor, das sich in drei Verfahrensphasen gliedert. In der ersten Phase sind die Mitgliedstaaten binnen einer dreijährigen Frist ab Bekanntgabe der Richtlinie verpflichtet, der Kommission eine Länderliste von Gebieten zur Prüfung vorzulegen (Art. 4 Abs. 1 FFH-RL). Sodann erstellt die Kommission auf der Grundlage der nationalen Meldelisten, am Maßstab der in Anhang III festgelegten Kriterien sowie im Einvernehmen mit den Mitgliedstaaten eine Liste der Gebiete von gemeinschaftlicher Bedeutung (zweite Phase, Art. 4 Abs. 2 FFH-RL). In der dritten Phase obliegt es den Mitgliedstaaten gem. Art. 4 Abs. 4 FFH-RL, diese Gebiete spätestens binnen sechs Jahren als besondere Schutzgebiete auszuweisen. Hierbei sind die Prioritäten nach Maßgabe der Wichtigkeit dieser Gebiete für die Wahrung oder die Wiederherstellung eines günstigen Erhaltungszustands eines natürlichen Lebensraumtyps des Anhangs I der FFH-RL oder einer Art des Anhangs II der FFH-RL und für die Kohärenz des Netzes

„Natura 2000" sowie danach festzulegen, inwieweit diese Gebiete von Schädigung oder Zerstörung bedroht sind (Art. 4 Abs. 4 2. HS. FFH-RL). Gem. Art. 4 Abs. 5 FFH-RL unterliegen die in der Gemeinschaftsliste aufgenommenen Gebiete den Schutzanforderungen gem. Art. 6 Abs. 2, 3 und 4 FFH-RL. Insbesondere in der deutschen Verwaltungsgerichtsbarkeit war früher die Frage nach den sogenannten „potentiellen FFH-Gebieten" und ihrem Schutzstatus ein breit diskutiertes Problem.[392] Unter potentiellen Schutzgebieten sind die der Kommission gemeldeten Gebiete zu verstehen, die aber zum maßgeblichen Zeitpunkt der behördlichen Entscheidung über ein potentiell beeinträchtigendes Vorhaben noch nicht in die Gemeinschaftsliste aufgenommen oder solche Gebiete, die noch nicht gemeldet worden sind, obwohl sie den naturschutzrechtlichen Kriterien des Anhangs III (Phase 1) entsprechen.[393] Der EuGH entschied in seinem „Draggagi"-Urteil, dass die FFH-Schutzvorschriften des Art. 6 Abs. 2-4 FFH-RL angesichts der ausdrücklichen Bestimmung des Art. 4 Abs. 5 FFH-RL lediglich für die in die Gemeinschaftsliste aufgenommenen Gebiete gelten.[394] Dabei hob der Gerichtshof hervor, dass Gebiete, die ein Mitgliedstaat der Kommission gem. Art. 4 Abs. 1 FFH-RL gemeldet habe aber noch nicht als Gebiete von gemeinschaftlicher Bedeutung nach Art. 4 Abs. 3 FFH-RL ausweislich der Kommissionsliste gelten, nicht dem Schutzstatus nach Art. 6 Abs. 2-4 FFH-RL unterlägen. Diesbezüglich bestehe eine Pflicht der Mitgliedstaaten, insbesondere hinsichtlich jener Gebiete, die prioritäre natürliche Lebensräume umfassen oder prioritäre Arten beherbergen, „geeignete Schutzmaßnahmen zur Wahrung der ökologischen Bedeutung" des Gebiets zu ergreifen.[395] In einem anderen Urteil führte der EuGH aus, dass solche Maßnahmen untersagt seien, die die ökologischen Merkmale des betroffenen Gebiets „ernsthaft beeinträchtigen könnten".[396]

---

[392] Nach früherer Auffassung des BVerwG entfalte die FFH-RL auch schon vor Aufnahme in die Kommissionsliste bestimmte Vorwirkungen, insbesondere wenn es sich um ein Gebiet mit prioritären Biotopen oder Arten handele: so BVerwGE 107, 1 (21 f.); 110, 302 (308).
[393] Zum Begriff vgl. *Halama*, in: Beckermann/Halama, Handbuch zum Recht der Bau -und Umweltrichtlinien der EU, S. 788.
[394] Zum Anwendungsbereich des Art. 4 Abs. 5 FFH-RL: EuGH, Urt. v. 13.1.2005, Rs. C-117/03, Slg. 2005 I-0167, Rn. 21 f. – *Draggagi*; hierdurch wird nicht mehr die strengere Rechtsprechung des BVerwG vertreten, vgl. zusammenfassend: *Schütz*, UPR 2005, 137 (140).
[395] Zum Anwendungsbereich des Art. 4 Abs. 5 FFH-RL: EuGH, Urt. v. 13.1.2005, Rs. C-117/03, Slg. 2005 I-0167, Rn. 29 – *Draggagi*.
[396] EuGH Urt. v. 14.9.2006, Rs. C 244/05, Slg. 2006 I-8445, Rn. 46 – *Bund Naturschutz in Bayern u.a.*

c. Verschlechterungsverbot und Verträglichkeitsprüfung

Im Fokus des Schutzregimes der Habitatrichtlinie steht Art. 6 Abs. 2, 3 und 4 FFH-RL. Art. 6 Abs. 2 FFH-RL beinhaltet ein an die Mitgliedstaaten gerichtetes umfassendes Verschlechterungsverbot. Hiernach treffen die EU-Mitglieder geeignete Maßnahmen, um in den besonderen Schutzgebieten die Verschlechterung der FFH-Schutzgüter sowie die Störung von schutzbedürftigen Arten zu vermeiden, sofern sich solche Störungen erheblich im Hinblick auf die Ziele dieser Richtlinie auswirken könnten. Eine spezifische Schutzpflicht enthält Art. 6 Abs. 3 FFH-RL für Pläne oder Projekte. Solche Vorhaben, die ein „Natura-2000"-Gebiet erheblich beeinträchtigen könnten, bedürfen einer Prüfung auf Verträglichkeit mit den für dieses Gebiet festgelegten Erhaltungszielen. Vorbehaltlich der Abweichungen nach Art. 6 Abs. 4 FFH-RL darf die nationale Fachbehörde dem Plan nur dann zustimmen, wenn die Verträglichkeitsprüfung keinen negativen Einfluss auf das Schutzgebiet als solches ergeben hat und nachdem ggf. die Öffentlichkeit angehört wurde.

In Bezug auf das Verhältnis zwischen dem Verschlechterungsverbot und der Verträglichkeitsprüfung judizierte der EuGH, dass beide Bestimmungen nicht gleichzeitig anwendbar seien, denn Art. 6 Abs. 2 FFH-RL gebe eine allgemeine Schutzpflicht vor, während Art. 6 Abs. 3 FFH-RL ein Verfahren zur Prüfung der Vereinbarkeit des entsprechenden Plans mit den Erhaltungszielen der Richtlinie einführe.[397] Demnach entfaltet Art. 6 Abs. 2 Habitatrichtlinie eine generelle Schutzwirkung, während Absatz 3 speziell dem Erlass von Plänen und Projekten vorbehalten ist.

Vor der eigentlichen Verträglichkeitsprüfung gem. Art. 6 Abs. 3 S. 1 FFH-RL haben die zuständigen nationalen Behörden im Rahmen einer vorangegangenen Vorprüfung festzustellen, ob die Wahrscheinlichkeit oder die Gefahr besteht, dass der Plan oder das Projekt das betreffende Gebiet erheblich beeinträchtigt.[398] Kommt die vorausschauende Beurteilung zum Schluss, dass die für das geschützte Gebiet festgelegten Erhaltungsziele gefährdet werden können, ist die Verträglichkeitsprüfung unentbehrlich. Liegen keine Gefährdungsanhaltspunkte

[397] Vgl. EuGH, Urt. v. 7.9.2004, Rs. C-127/02, Slg. 2004 I-7405, Rn. 38 - *Behoud van de Waddenzee u.a.*
[398] EuGH Urt. v. 4.10.2007, Rs. C 179/06, Slg. 2007 I-8131, Rn. 34 - *Kommission/Italien.*

vor, ist der Plan oder das Projekt keiner Prüfung gem. Art. 6 Abs. 3 FFH-RL zu unterziehen.

Bei der eigentlichen Verträglichkeitsprüfung geht es nicht um den Schutz eines Gebiets in seiner Gesamtheit, sondern um die Sicherung der auf bestimmte Lebensraumtypen und Tier- und Pflanzenarten bezogene Erhaltungsziele, um den Fortbestand dieser Habitate und Arten.[399] Gem. Art. 6 Abs. 3 S. 2 FFH-RL ist der entsprechende Plan bzw. das Projekt FFH-zulassungsfähig, wenn die nationale Behörde im Wege der Verträglichkeitsprüfung zum Ergebnis gelangt, dass das besondere Schutzgebiet als solches nicht beeinträchtigt wird. Im Umkehrschluss darf die Behörde den Plan bzw. das Projekt nicht aufstellen, wenn eine Gebietsbeeinträchtigung festgestellt wurde und damit die Prüfung negativ ausfällt. Die nationalen Behörden dürfen eine Tätigkeit in einem Schutzgebiet nur dann genehmigen, wenn sie die Gewissheit erlangt haben, d. h. aus wissenschaftlicher Sicht kein vernünftiger Zweifel besteht, dass es keine nachteiligen Auswirkungen auf das Gebiet gibt.[400] Zieht man die Parallele zu der oben untersuchten strategischen Umweltprüfung nach der SUP-RL, lässt sich hervorheben, dass die FFH-Verträglichkeitsprüfung eine wesentlich weiter reichende Auswirkung aufweist.[401] Im Gegensatz zu der lediglich verfahrensregelnden Bedeutung der Umweltprüfung darf die nationale zuständige Behörde den Plan bzw. das Projekt nur genehmigen, wenn sie im Rahmen der FFH-Verträglichkeitsprüfung zu dem Ergebnis gekommen ist, dass das Gebiet als solches nicht beeinträchtigt wird, und nachdem gegebenenfalls die Öffentlichkeit angehört worden ist.

Bezogen auf die Bauleitplanung lässt sich hieraus die zwingende, materiellrechtliche Bedeutung der Verträglichkeitsprüfung als unerlässliche Bedingung für den Erlass eines rechtswirksamen Bauleitplans herleiten.

d. Abweichungen gem. Art. 6 Abs. 4 FFH-RL

Endet die Verträglichkeitsprüfung mit einem negativen Ergebnis, kann das Planvorhaben nur dann realisiert werden, wenn die Ausnahmeregelung gem. Art. 6 Abs. 4 FFH-RL greift. Denn Satz 1 dieser Vorschrift lässt in Ausnahmefällen zu, dass ein nichtumweltverträgliches Vorhaben aus zwingenden Gründen des überwiegenden öffentlichen Interesses einschließlich solcher sozialer oder

---

[399] *Jarass*, NuR 2007, 371 (373).
[400] *Kahl*, JZ 2012, 729 (733).
[401] Vgl. hinsichtlich der Umweltverträglichkeitsprüfung: *Faßbender*, NVwZ 2005, 1122 (1127); *Neumann/Külpmann*, in: Stelkens/Bonk/Sachs, Verwaltungsverfahrensgesetz, § 74 Rn. 149-150.

wirtschaftlicher Art durchgeführt werden darf, wenn keine Alternativlösung vorhanden ist und alle notwendigen Ausgleichsmaßnahmen zum Schutz der ökologischen Kohärenz der Natura 2000-Gebiete getroffen werden. Von den Kohärenzsicherungsmaßnahmen ist die Kommission zu unterrichten.

Dem Wortlaut lässt sich entnehmen, dass die innerstaatliche Behörde nur öffentliche, nicht ausschließlich private Erwägungen berücksichtigen darf und zwar solche Gemeinwohlbelange, denen überwiegendes und zwingendes Gewicht zukommt. Dies intendiert eine „bipolare Abwägung", die keinerlei Planungselemente beinhaltet, bei der alleine die Richtlinienziele als Wertungsmaßstäbe ohne eigenen Gestaltungsspielraum der zuständigen Behörde heranzuziehen sind.[402]

Diese Abweichungsbestimmung erfährt eine weitere Einschränkung in Satz 3 der vorbezeichneten Norm für den Fall, dass das betreffende Gebiet einen prioritären Lebensraumtyp und/oder eine prioritäre Art einschließt.[403] In diesem Fall darf eine Abweichungsentscheidung nur aus Gründen der Gesundheit des Menschen oder der öffentlichen Sicherheit oder aus Gesichtspunkten im Zusammenhang mit maßgeblichen günstigen Auswirkungen für die Umwelt oder aus anderen zwingenden Gründen des überwiegenden öffentlichen Interesses nach Stellungnahme der Kommission getroffen werden.

In seiner Rechtsprechung hebt der Europäische Gerichtshof hervor, dass Art. 6 Abs. 4 FFH-RL als Ausnahme von dem in Abs. 3 S. 2 festgelegten Genehmigungskriterien eng auszulegen und von der Voraussetzung abhängig ist, dass das Fehlen von Alternativlösungen nachgewiesen wird.[404]

Zudem kann einer irreversiblen Beeinträchtigung des Biotopschutzverbunds vorgebeugt werden, wenn alle erforderlichen Kohärenzsicherungsmaßnahmen ergriffen werden.

3. Verhältnis der Naturschutzrichtlinien

Die dargelegten Charakteristika der VRL und der FFH-RL zeigen zwar gewisse Unterschiede im Ausweisungsverfahren und im Hinsicht auf die Schutzverpflichtungen der Mitgliedstaaten, dennoch stellen die ausgewiesenen Vogel-

---

[402] *Halama*, in: Beckermann/Halama, Handbuch zum Recht der Bau -und Umweltrichtlinien der EU, S. 798.

[403] Legaldefinitionen der „prioritären natürlichen Lebensraumtypen" und der „prioritären" Arten enthält Art. 1 Buchst. d) und h) FFH-RL.

[404] EuGH, Urt. v. 26.10.2006, Rs. C-239/04, Slg. 2006 I-10183, Rn. 36 f. – *Kommission/Portugal*.

schutzgebiete einen Teil des kohärenten europäischen Biotopverbundsystems „Natura 2000" dar. Vor diesem Hintergrund regelt Art. 7 FFH-RL, dass an die Stelle der Schutzpflichten gemäß Art. 4 Abs. 4 VRL die Verpflichtungen nach Art. 6 Abs. 2-4 FFH-RL für diejenigen Schutzgebiete treten, die von den Mitgliedstaaten förmlich zu besonderen Schutzgebieten erklärt wurden oder als solche anerkannt worden sind.

Dies gilt aber nicht für die vorbezeichneten „faktischen Vogelschutzgebiete". Nach Auffassung des Gerichtshofs sei die in Art. 4 Abs. 4 VRL festgelegte Schutzbestimmung strenger als die Schutzanforderungen nach Art. 6 Abs. 2-4 FFH-RL. Weiterhin führt der Gerichtshof aus, dem Mitgliedstaat, der seiner Ausweisungspflicht nicht nachkomme, könne möglicherweise ein Vorteil entstehen, wenn er sich auf Art. 6 Abs. 3 und 4 FFH-RL berufe.[405]

Das strengere Schutzregime der VRL kommt in Anbetracht der Abweichungsmöglichkeiten deutlich zum Ausdruck. Im Gegensatz zum habitatrechtlichen Schutzregime und den Ausnahmemöglichkeiten gem. Art. 6 Abs. 4 FFH-RL sieht die VRL keinerlei Ausnahmeregelungen vor. Nach gefestigter Rechtsprechung des EuGH können Abweichungen vom Schutzstatus nach Art. 4 Abs. 4 VRL lediglich durch überragende Gemeinwohlgründe, also Gründe, die Vorrang vor den mit der Richtlinie verfolgten Umweltbelangen haben, nicht aber durch wirtschaftliche oder freizeitbedingte Erfordernisse gerechtfertigt werden.[406] In Anbetracht der Richtlinienzielsetzung kommen vorzugswürdige Gründe in Betracht wie der Schutz des Lebens und der Gesundheit, der öffentlichen Sicherheit sowie des Naturschutzes selbst. Dementgegen kann der Mitgliedstaat nach Maßgabe des Art. 6 Abs. 4 FFH-RL ein nicht umweltverträgliches Vorhaben auch aus wirtschaftlichen oder sozialen Gründen aufstellen. Demnach sind die Hürden nach der Habitatrichtlinie weniger streng als diejenigen der Vogelschutzrichtlinie.

4. Richtlinienumsetzung in das bulgarische Recht

Sowohl der bulgarische als auch der deutsche Gesetzgeber haben keine eigenständigen städtebaulichen Mechanismen zur Umsetzung der naturschutzrechtli-

---

[405] EuGH, Urt. v. 7.12.2000, Rs. C-374/98, Slg. 2000 I-10799, Rn. 50 f. – *Kommission/Frankreich.*
[406] EuGH, Urt. v. 28.1.1991, Rs. C-57/89, Slg. 1991 I-0883, Rn. 22 – *Kommission/Deutschland.*

chen Bestimmung der vorbezeichneten Richtlinien in der Bauleitplanung geschaffen. Im bulgarischen Rechtsraum wurden die Naturschutzrichtlinien in das 2002 erlassene Fachgesetz, nämlich das über die biologische Vielfalt (GbV) als erstes Naturschutzgesetz in Bulgarien umgesetzt.[407] Acht Jahre später trat mit der Gesetzesnovellierung vom 30.09.2010 die gem. Art. 31 GbV transformierte Regelung über die Verträglichkeitsprüfung in Kraft.[408] Zusätzlich zu den gesetzlichen Vorgaben ist die auf der Grundlage von Art. 31a GbV erlassene Verordnung über Verträglichkeitsprüfung zu beachten.[409] Auf Art. 31 GbV nimmt Art. 125 Abs. 7 S. 1 GtE im Rahmen der Planaufstellung Bezug.

In Deutschland wurden die Richtlinienvorgaben durch §§ 31 bis 36 Bundesnaturschutzgesetz (BNatSchG) in innerstaatliches Recht implementiert.[410] Auf der Ebene der Bauleitplanung verweist § 1a Abs. 4 BauGB auf die §§ 31 ff. BNatSchG. Diese Studie wird alleine die naturschutzrechtlichen Bestimmungen des Bundes zum Zweck des Rechtsvergleichs heranziehen. Ausgeklammert werden die länderspezifischen Naturschutzgesetze, die auf die Besonderheit der deutschen, föderativ ausgestalteten Staatsorganisation zurückzuführen sind.[411]

a. Errichtung des Schutzgebietsnetzes „Natura 2000"

Grundaussagen zu dem richtlinienbezogenen Naturschutzauftrag des bulgarischen Staates enthalten Art. 3 ff. GbV.[412] Die Verpflichtung Bulgariens zur Errichtung eines nationalen Naturschutznetzes ist in Art. 3 Abs. 1 GbV kodifiziert.

---

[407] Oberstes VG, Urt. v. 20.12.2007, Az. 8022/2007; *Pentschev*, Umweltrecht, Besonderer Teil, S. 202 f.; *Spirodonov/Peev*, Integrierung der Anforderungen der biologischen Vielfalt in die Umweltprüfung, S. 14 f.; *Marin/Georgieva-Schnell/Dimova*, Practical guidance on the implementation of Natura 2000 appropriate assessment in Bulgaria – German experience and EU law. Implementation of Art. 6(3) and 6(4) of Directive 92/43/EEC transposed in Art. 31–34a of the Bulgarian Biodiversity Act, Sofia, Green Balkans, 2010. (In Bulgarian), S. 7.

[408] So auch Oberstes VG, Urt. v. 27.6.2011, Az. 4138/2011; Urt. v. 19.11.2012, Az. 8131/2012.

[409] Verordnung des Ministerrats über die Bedingungen und den Ablauf der Durchführung einer Prüfung auf Verträglichkeit vom Plänen und Projekten mit den Erhaltungszielen der Schutzgebiete vom 30.11.2012, nachfolgend als Verordnung über die Verträglichkeitsprüfung (als VP abgekürzt).

[410] Vgl. *Wagner*, in: Ernst/Zinkahn/Bielenberg/Krautzberger, BauGB Kommentar, § 1 a, Rn. 29; *Reidt*, in: Bracher/Reidt/Schiller, Bauplanungsrecht, S. 167 (169); *Mühlbauer*, in: Lorz/Konrad u.a., Naturschutzrecht, § 31 Rn. 3;. *Mitschang/Wagner*, DVBl 2010, 1257 (1259).

[411] Nach Art. 72 Abs. 3 S. 1 Nr. 2 GG können die Länder bei der konkurrierenden Gesetzgebung im Naturschutz und in der Landschaftspflege abweichende Regelungen zu treffen, bspw. BWNatschG, BayNatSchG, BremNatSchG, NatSchGBl, u.a.

[412] *Petnschev*, Umweltrecht, Besonderer Teil, S. 204.

Ziel ist die Erhaltung der Biodiversität.[413] Art. 4 Abs. 1 GbV konkretisiert den Gesetzeszweck und richtet den Fokus auf den langfristigen Schutz der biologischen, geologischen und landschaftlichen Vielfalt, die Gewährleistung einer ausreichenden Flächengröße der für die Wildarten erforderlichen Lebensräume und den Beitrag der Republik Bulgarien zu den europäischen und internationalen Biotopschutzsystemen.

Bestandteile des nationalen Naturschutznetzes sind die besonderen Schutzgebiete als Teil des kohärenten europäischen Netzes „Natura 2000" sowie andere schutzbedürftige Flächen außerhalb der Schutzgebiete. Richtliniengerecht differenzieren die Ausweisungsnormen im bulgarischen Gesetz über biologische Vielfalt zwischen europäischen Vogelschutzgebieten (BSG) und FFH-Gebieten. Allerdings ist das Verfahren über die Gebietsauswahl bis zur Meldung an die Kommission, die sich nur auf die FFH-Gebiete bezieht, gleich. Die in Frage kommenden Gebiete werden im Rahmen einer koordinierten Zusammenarbeit zwischen dem Umweltministerium und dem nationalen Gremium über biologische Vielfalt in eine nationale Liste aufgenommen (Art. 10 Abs. 2 GbV), über die der Ministerrat abschließend beschließt (Art. 10 Abs. 4 GbV). Dieser Beschluss wird im Staatsanzeiger veröffentlicht und anschließend hinsichtlich der FFH-Gebiete der EU-Kommission weitergeleitet.

aa. Vogelschutzgebiete

Die Unterschutzstellung der europäischen Vogelschutzgebiete ist in Bulgarien durch förmlich ausgewiesene 119 Vogelschutzgebiete (BSG) - dies entspricht einem Anteil von 22,7 % der gesamten Staatsfläche - endgültig abgeschlossen.[414] Zum Vergleich: Der ausgewiesene Anteil beläuft sich in Deutschland auf 11,3 % der terrestrischen Fläche zzgl. 2.128.727 ha Meeresfläche.[415]

Gemäß Art. 12 GbV erfolgte die Ausweisung durch einen Ausweisungsbeschluss des zuständigen Umweltministeriums. In Art. 7 Abs. 3 Nr. 1-3 GbV sind abschließend die Kriterien für die naturschutzorientierte Gebietsauswahl aufgezählt.[416]

---

[413] *Pentschev*, Umweltrecht, Besonderer Teil, S. 203 f.
[414] Vgl. Bulgarisches Ministerium für Umwelt und Wasserwirtschaft, abrufbar unter http://www.moew.government.bg/?show=top&cid=182 (Abruf v. 14.7.2016).
[415] Vgl. Bundesamt für Naturschutz, abrufbar unter: https://www.bfn.de/0316_gebiete.html#c 5412, Stand 4.12.2015 (Abruf v. 14.7.2016).
[416] Vgl. *Pentschev*, Umweltrecht, Besonderer Teil, S. 205.

bb. FFH-Gebiete

Kurz nach seinem Beitritt legte Bulgarien der EU-Kommission eine nationale Liste von 228 potentiellen Schutzgebieten vor. 2013 wurde die nationale Liste um weitere sechs Gebiete ergänzt.[417] Insofern kam Bulgarien seiner vollständigen Meldepflicht verspätet nach, denn das Land war gem. Art 4 Abs. 1 FFH verpflichtet, binnen drei Jahren ab Bekanntgabe der Richtlinie, in diesem Fall ab seinem Beitritt am 1.1.2007, der Kommission die Gebietsliste zuzuleiten. Dennoch ist es begrüßenswert, dass Bulgarien eine hohe Zahl, nämlich 234 FFH-Gebiete in Brüssel vorlegte, was einem Anteil von 30 % der Fläche entspricht.[418] In der Bundesrepublik Deutschland, die ihrer Meldepflicht ebenso verspätet und unvollständig nachkam,[419] wurden 4.557 FFH-Gebiete, also ein Meldeanteil in Höhe von 9,3 % Landfläche zzgl. 1.970.450 ha der maritimen Fläche gemeldet.[420]

In den vergangenen Jahren aktualisierte die Kommission für beide Referenzländer die anfänglichen Listen für jede der neun biogeografischen Regionen, so dass alle gemeldeten FFH-Gebiete auf die Gemeinschaftslisten gesetzt wurden.[421]

Die Schutzgebietsausweisung erfolgt in Bulgarien aufgrund der einheitsstaatlichen Organisationsform zentral durch das zuständige Umweltministerium durch einen Ausweisungsbeschluss.[422] Nach den formellen Vorgaben von Art. 12 GbV

---

[417] Vgl. Bulgarisches Ministerium für Umwelt und Wasserwirtschaft, abrufbar unter http://www.moew.government.bg/?show=top&cid=163 (Abruf v. 4.10.2018).

[418] Vgl. Bulgarisches Ministerium für Umwelt und Wasserwirtschaft, abrufbar unter https://www.moew.government.bg/bg/priroda/natura-2000/natura-2000-v-bulgariya/obsta-informaciya-za-ekologichnata-mreja-natura-2000/ (Abruf v. 4.10.2018).

[419] Vgl. EuGH, Urt. v. 11.9.2001, Rs. C-71/99, Slg. 2001 I-5811, Rn. 30 f. – *Kommission/Deutschland*; *Gellermann*, NVwZ 2001, S. 500; *Schütz*, UPR 2005, S. 137.

[420] Vgl. Bundesamt für Naturschutz, abrufbar unter: https://www.bfn.de/0316_gebiete.html#c5412, Stand 4.12.2015 (Abruf v. 14.7.2016).

[421] Vgl. letzte Durchführungsbeschlüsse (EU) 2015/2369 und 2015/2370 der Kommission vom 26.11.2015 gem. der Richtlinie 92/43/EWG zur Annahme einer neunten aktualisierten Liste von Gebieten von gemeinschaftlicher Bedeutung in der kontinentalen/alpinen biogeografischen Region, ABl. L 338/34 v. 23.12.2015 und ABl. L338/367 v. 23.12.2015.

[422] Im Gegensatz zu der Bundesrepublik Deutschland ist Republik Bulgarien gem. Art. 2 Abs. 1 S. 1 Verf. BG ein Einheitsstaat mit örtlicher Selbstverwaltung. Demgegenüber erfolgt die Schutzgebietsausweisung in der Bundesrepublik Deutschland durch die Bundesländer, vgl. § 32 Abs. 2, § 22 Abs. 2 BNatSchG. Die entsprechenden Landesgesetze (bspw. § 23 Abs. 3 BaWüNatSchG, 12 Abs. 1 BayNatSchG u.a.) sehen hierfür in der Regel den Erlass einer Naturschutzverordnung vor.

sind erst neun der 234 gemeldeten Gebiete von gemeinschaftlicher Bedeutung in Bulgarien ausgewiesen.[423]

Gem. Art. 11 Abs. 2 GbV im Einklang Art. 4 Abs. 4 FFH-RL beläuft sich die maximale Ausweisungsfrist auf sechs Jahre ab Aufnahme der Gebiete in die Gemeinschaftsliste. Die Frist ist für jedes Gebiet, abhängig von dessen Aufnahme in die Gebietsliste von gemeinschaftlicher Bedeutung, spezifisch zu bestimmen.

cc. Zwischenergebnis

Festzustellen ist, dass beide Referenzländer den langwierigen Weg zum europäischen Habitatschutz trotz zeitlicher Verzögerung zur Hälfte zurückgelegt haben. Die Gebietswahl ist in beiden Ländern abgeschlossen und die Kommission hat die entsprechenden Gebietslisten genehmigt. Der bulgarischen Naturschutzbehörde bleibt es noch überlassen, die über 200 aufgelisteten Gebiete von gemeinschaftlicher Bedeutung nach Art. 10 ff. GbV als besondere Schutzgebiete auszuweisen und in den nationalen Biotopverbund zu integrieren.

Weiterhin ist zu untersuchen, ob und wie der bulgarische Gesetzgeber ein effektives Schutzgebietsregime hinsichtlich der für die Bauleitplanung relevanten FFH-Verträglichkeitsprüfung in die Rechtsordnung einführte.

b. Verschlechterungsverbot

Zwei Vorschriften kommen in Betracht, die inhaltliche Berührungspunkte zum allgemeinen Verschlechterungs- und Störungsverbot gem. Art. 6 Abs. 2 aufweisen.

Vor der endgültigen Gebietsausweisung gewährleistet Art. 19 Abs. 1 GbV einen vorwirkenden Schutzstatus der schutzwürdigen Flächen ab deren Aufnahme in die nationale Liste gem. Art. 10 Abs. 2 GbV und vor der endgültigen Erklärung zum besonderen Schutzgebiet gemäß Art. 12 Abs. 6 GbV. Diese Vorschrift ermächtigt den Umweltminister ausdrücklich, konkrete Tätigkeiten durch VA-Erlass zu verbieten oder einzuschränken, wenn die Gefahr der Gebietsschädigung droht. Die Sperrmaßnahmen darf der Umweltminister auf der Grundlage dieser Vorschrift für einen begrenzten Zeitraum von zwei Jahren erlassen.

---

[423] Bulgarisches Ministerium für Umwelt und Wasserwirtschaft, abrufbar unter https://www. moew.government.bg/static/media/ups/tiny/filebase/Nature/Natura%202000/Registers/Zapove di_ZZ_15122017_mestoobitania.pdf (Abruf v. 4.10.2018).

Für den Zeitraum ab Unterschutzstellung der Gebiete greifen Art. 27, 29 GbV ein. Hiernach können spezielle Pläne im Rahmen eines gesonderten Verfahrens[424] aufgestellt werden, die konkret der Verwaltung der Gebiete des Netzes „Natura 2000" dienen. Eine imperative Aufstellung solcher Pläne regelt Art. 27 ff. GbV nicht. Ihre Aufstellung liegt im Ermessen der zuständigen Behörde. Diese Pläne ordnen gem. Art. 29 Abs. 1 GbV Maßnahmen an, die dazu dienen, die Verschlechterung der natürlichen Lebensräume und der Habitate der Arten sowie Störungen der Arten in den besonderen Schutzgebieten zu vermeiden. Art. 29 Abs. 2 GbV zählt die zulässigen Maßnahmen auf: Verbot und Unterlassen bestimmter Tätigkeiten, die die festgelegten Erhaltungsziele oder Schutzzweck beeinträchtigten; Erhaltungs-, Unterstützungs- und Wiederherstellungstätigkeiten sowie Vornahme von Forschungsinitiativen und Monitoring. Nach Angaben des bulgarischen Umweltministeriums sind nur neun Verwaltungspläne, die neun unter Schutz gestellte Gebiete betreffen, erlassen.[425]

Die systematische und teleologische Auslegung beider Vorschriften zeigt, dass sie zwei unterschiedliche Etappen der Gebietsausweisung betreffen und sich gegenseitig ausschließen. Während Art. 19 GbV einen Vorwirkungsschutz in der Phase bis zur abschließenden Gebietsausweisung nach Art. 12 Abs. 6 GbV bezweckt, kann auf der Grundlage von Art. 29 GbV das Schutzregime des ausgewiesenen Schutzgebiets ausführlich geregelt werden.

c. Pflicht zur Verträglichkeitsprüfung im Rahmen der Bauleitplanung

Ähnlich wie § 1a Abs. 4 BauGB stellt Art. 125 Abs. 7 S. 1 GtE die Schlüsselvorschrift für den FFH-Gebietsschutz im nationalen Bauplanungsrecht dar.[426] Diese zwei Vorschriften setzen die europarechtlichen Vorgaben der vorbezeichneten Naturschutzrichtlinien in die deutsche bzw. bulgarische Städtebauplanung um. Die vorbezeichneten Vorschriften beinhalten keine eigenständigen Vollbestimmungen im jeweiligen Baugesetz, sondern nehmen ergänzend Bezug auf die naturschutzrechtlichen Vorgaben in dem entsprechenden Naturschutzgesetz.

---

[424] Das gesonderte Verfahren ist in einer speziell durch den Ministerrat erlassenen Rechtsverordnung geregelt.
[425] Bulgarisches Ministerium für Umwelt und Wasserwirtschaft, abrufbar unter: https://www.moew.government.bg/static/media/ups/tiny/filebase/Nature/Natura%202000/Registers/Zapovedi_ZZ_15122017_mestoobitania.pdf (Abruf v. 6.10.18).
[426] Zu § 1a Abs. 4 BauGB: *Battis*, in: Battis/Krautzberger/Löhr, Baugesetzbuch Kommentar, § 1 Rn. 32; *Schmitz/Kahl/Gärditz*, Umweltrecht, § 10 Rn. 75; zu Art. 125 GtE: *Bakalova/Yankulov*, Aktuelle Fragen der territorialen Entwicklung und des Katasters, Kommentar, S. 153.

Vor diesem Hintergrund bezieht sich die nachfolgende Untersuchung auf die Vorschriften in dem jeweiligen Spezialgesetz, konkret auf Art. 31 des bulgarischen Gesetzes über biologische Vielfalt [427] unter rechtsvergleichender Heranziehung der §§ 34, 36 des deutschen Bundesnaturschutzgesetzes. Durch diese Vorschriften wurde die unionsrechtliche Pflicht zur Verträglichkeitsprüfung (abgekürzt als „VP") in beiden Referenzländern umgesetzt.[428]

Aufgrund des Rechtsgrundverweises in Art. 125 Abs. 7 GtE finden die naturschutzrechtlichen Anforderungen zusätzlich zu den Verfahrensschritten der Bauleitplanung nach dem Gesetz über territoriale Entwicklung Anwendung. Nach Art. 31 Abs. 1 GbV unterliegen Pläne und Projekte, die nicht unmittelbar mit der Verwaltung von Schutzgebieten in Verbindung stehen oder hierfür nicht notwendig sind, die ein solches Gebiet jedoch einzeln oder im Zusammenwirken mit anderen Plänen und Projekten erheblich negativ beeinflussen können, einer Prüfung auf Verträglichkeit mit den für dieses Gebiet festgelegten Erhaltungszielen. So hat sich der bulgarische Gesetzgeber für eine fast wortgleiche Richtlinienumsetzung des Art. 6 Abs. 3 S. 1 FFH entschieden.

Die Verträglichkeitsprüfung gem. Art. 31 GbV hat einen präventiven Charakter und findet dann Anwendung, wenn sich Pläne oder Projekte negativ auf die Schutzgebiete des Netzes „Natura-2000" auswirken können.[429] Eine erhebliche negative Einflussnahme steht sinngemäß einer erheblichen Beeinträchtigung nach Art. 6 Abs. 3 FFH-RL gleich.

Gem. Art. 31 Abs. 4 GbV erfolgt die Verträglichkeitsprüfung verfahrensrechtlich als Teil des separaten Verfahrens der Umweltprüfung nach dem Umweltschutzgesetz und bei Einhaltung der besonderen Anordnungen des Gesetzes über biologische Vielfalt und der Verordnung über die Verträglichkeitsprüfung (VP-Verordnung). Aufgrund dieses Umsetzungskonzepts ist nicht die Gemeinde für die Durchführung der Verträglichkeitsprüfung zuständig. Laut Art. 31 Abs.

---

[427] i.V.m. den Vorschriften der Rechtsverordnung über die Bedingungen und das Verfahren zur Durchführung der Prüfung auf Verträglichkeit von Plänen und Projekten mit dem Schutzzweck und den Erhaltungszielen der Schutzgebiete vom 31.8.2007, nachfolgend als Verordnung über die VP bezeichnet.

[428] Zu §§ 34, 36 BNatSchG: BVerwGE 128, 1 (16); *Mitschang/Wagner*, DVBl 2010, 1257 (1259); *Stüer*, Handbuch des Bau- und Fachplanungsrecht, Rn. 3386; zu § 31 GbV: Oberstes Verwaltungsgericht, Urt. v. 20.12.2007, Az. 8022/2007; Urt. v. 21.12.2009, Az. 12421/2008; *Pentschev*, Umweltrecht, Besonderer Teil, S. 202 f.; *Spirodonov/Peev*, Integrierung der Anforderungen der biologischen Vielfalt in die Umweltprüfung, S. 14 f.

[429] *Spirodonov/Peev*, Integrierung der Anforderungen der biologischen Vielfalt in die Umweltprüfung, S. 19.

11 GbV ist die ebenso im Bereich des Naturschutzes und der Landschaftspflege befugte Fachbehörde, also der Umweltminister oder der Leiter der entsprechenden regionalen Umweltbehörde, autorisiert, das FFH-Verfahren und die abschließende Beschlussfassung durchzuführen.[430] Dies ist durchaus nachvollziehbar, denn das FFH-Verfahren ist ein rechtlich abgrenzbarer Prüfungsschritt innerhalb des anstehenden Umweltprüfverfahrens.

Demnach wird die FFH-Verträglichkeitsprüfung in Bulgarien - wie in Deutschland - zu einem wesentlichen Verfahrensbestandteil der bauleitplanerischen Umweltprüfung.[431] Allerdings ist die Verträglichkeitsprüfung in Bulgarien durch eine Vielzahl von Vorschriften der VP-Verordnung und darüber hinaus der UP-Verordnung in die Umweltprüfung eingebunden. Bezogen auf die Bauleitplanung wurde die FFH-Verträglichkeitsprüfung als zusätzlicher Verfahrensschritt in das Parallverfahren der Umweltprüfung nach Maßgabe des Umweltschutzgesetzes und der UP-Verordnung eingefügt. Dies führt dazu, dass das Planaufstellungsverfahren noch komplizierter und langsamer erfolgt. Da das bulgarische Gesetz aber keine generelle Umweltprüfungspflicht hinsichtlich aller Entwicklungspläne vorsieht, sondern grundsätzlich im Falle der detaillierten Entwicklungsplanung eine vorgezogene Erforderlichkeitsprüfung regelt, schlägt dieser Regelungsansatz auch auf den Ablauf der Verträglichkeitsprüfung durch. Während § 2 Abs. 4 i.V.m. § 1 Abs. 6 Nr. 7 b) BauGB, ungeachtet der Art des Bauleitplans, als verfahrensbezogene Schritte Ermittlung, Beschreibung und Bewertung der Umweltauswirkungen auf FFH-Belange vorsehen, geht aus dem bulgarischen Gesetz über territoriale Entwicklung keine derartige Bestimmung hervor. Vielmehr benötigt der bulgarische Rechtsgeber ein kompliziertes Normengeflecht, das sich aus 24 Absätzen und einigen Unterabsätzen in Art. 31 GbV sowie aus 40 weiteren Artikeln der Verordnung über die Verträglichkeitsprüfung zusammensetzt.

Die FFH-Verträglichkeitsprüfung setzt sich aus vier Prüfungsschritten – Zulässigkeitsprüfung, Vorprüfung, Haupt-Verträglichkeitsprüfung und Ausnahmeverfahren – zusammen. Entgegen der Rechtslage in Deutschland leitet die Umweltbehörde die Verträglichkeitsprüfung erst dann ein, wenn sie vom Planinitiativträger über den Entwicklungsplan benachrichtigt wurde (Art. 7 Nr. 1 VP-

---

[430] Vgl. dazu im Einzelnen die vorstehenden Ausführungen im 5. Kapitel, III. 2. b.

[431] Zum Verfahrensablauf nach § 34 Abs. 2 BNatSchG als Bestandteil der Umweltprüfung: *Mitschang/Wagner*, DVBl 2010, S. 1257 (1261); *Krautzberger*, in: Ernst/Zinkahn/Bielenberg/ Krautzberger, BauGB, § 1a Rn. 220 ff.

Verordnung). Die nachfolgenden Ausführungen beschreiben die konkret auf die Entwicklungspläne zugeschnittenen Anordnungen an das Prozedere der Verträglichkeitsprüfung in Bulgarien.

aa. Zulässigkeitsprüfung

Die erste Phase besteht in einer „Zulässigkeitsprüfung", die der Vorprüfung vorgelagert ist. Der Vorhabenträger wird verpflichtet, die zuständige Fachbehörde über das Planvorhaben zu benachrichtigen und ihm die im Art. 10 Abs. 1, Anhang Nr. 1 VP-Verordnung vorgesehenen Unterlagen vorzulegen. Anhand der schriftlichen Dokumentation entscheidet die Fachbehörde über die Zulässigkeit des Projekts oder Plans. Materiell-rechtlich wird die Zulässigkeit des Verfahrens am Maßstab des Schutzstatus (Erhaltungsziele und Schutzgegenstand) der endgültig gem. Art. 12 Abs. 6 GbV ausgewiesenen Schutzgebiete geprüft. Falls kein abschließender Ausweisungsakt vorliegt, sind die erlassenen Verbots- oder Einschränkungsmaßnahmen gem. Art. 19 GbV entscheidend. Daher sieht Art. 12 Abs. 3 VP-Verordnung die Durchführung der Zulässigkeitsprüfung nur hinsichtlich solcher Pläne vor, die gänzlich oder zum Teil in den Grenzen des Schutzgebiets liegen. Im Umkehrschluss daraus ist für Pläne, die sich außerhalb der Schutzgebiete befinden, keine Zulässigkeitsprüfung vorzunehmen.

Stehen die Schutzanforderungen an zulässige Tätigkeiten im entsprechenden Schutzgebiet dem Plan entgegen, wird das Planprojekt eingestellt.[432] Anderenfalls wird das Verfahren mit dem nächsten Verfahrensschritt – der Vorprüfung – fortgesetzt. Die erfolgreiche Zulässigkeitsprüfung und die Vorprüfung stellen kumulative Verfahrensetappen dar, die sich angeblich ergänzen sollen. Das Oberste Verwaltungsgericht sieht die Zulässigkeitsprüfung als einen obligatorischen Verfahrensschritt an.[433] Auf die Frage nach der Effizienz der Zulässigkeitsprüfung wird im Rahmen der Unionsrechtskonformität kritisch eingegangen.

bb. Vorprüfung

Die Fachbehörde schätzt die Wahrscheinlichkeit der erheblichen negativen Auswirkung der Planung auf die „Natura 2000"- Gebiete ein. Im Gegensatz zu der Zulässigkeitsprüfung stellt die VP-Verordnung keine Anforderungen an den

---

[432] Vgl. Bescheid des Umweltministeriums v. 24.4.2014, Nr. 12/VP-2014 - Vorhaben zur Errichtung touristischer Wanderwege binnen zweier Natura 2000-Gebiete wurde als unzulässig eingestuft und das Projekt wurde eingestellt.
[433] Oberstes Verwaltungsgericht, Urt. v. 30.4.2009, Az. 5693.

Standort der Pläne. Daher bedürfen auch außerhalb der Grenzen von Schutzgebieten liegende Pläne der Vorprüfung gem. Art. 15 ff. VP-Verordnung. Diese Phase ähnelt dem „Screening" gem. § 1a Abs. 4 BauGB und § 34 Abs. 1 S. 1 BNatSchG, in dessen Rahmen die abstrakte Eignung eines Plans geprüft wird, die Erhaltungsziele oder den Schutzzweck der FFH-Gebiete oder der Vogelschutzgebiete erheblich zu beeinträchtigen. Der Unterschied zum deutschen Recht besteht in der ausführlichen Regelung formeller Dokumentationsvorlagepflichten des Vorhabenträgers gem. Art. 10 GbV und materiell-rechtlicher Einschätzungskriterien. Auch gem. § 34 Abs. 1 S. 2 BNatSchG hat der „Projektträger", i.V.m. § 36 BNatSchG der Planträger, die für die Verträglichkeitsprüfung erforderlichen Unterlagen vorzulegen. Eine genaue Bezeichnung der Unterlagen sieht das Bundesgesetz nicht vor.[434] Zu den Einschätzungskriterien nach Art. 16 Nr. 1-4 VP-Verordnung gehören u.a.: Planbeschreibung, Planreichweite, Merkmale und Wirkfaktoren des Plans, Entfernung von den Schutzgebieten, Erheblichkeit der wahrscheinlichen Planauswirkung auf Habitate, Schutzarten, Dauer der Beeinträchtigung, naturschutzrechtliche Erholungsprognose, u.a. Die Festschreibung konkreter Prüfmerkmale unterstützt eine transparente Entscheidungsfindung zur Frage, ob die Wahrscheinlichkeit besteht, dass das betreffende Schutzgebiet durch die Planung erheblich beeinträchtigt werden kann. Der bulgarische Verordnungsgeber zielt darauf ab, die Vorprüfung durch nicht ausschließlich aufgezählte naturschutzrechtliche Kriterien objektiv zu gestalten, und hierdurch willkürlichen Entscheidungen vorzubeugen und damit die Erhaltungsziele der Natura-2000-Gebiete zu gewährleisten.[435]

Daraus ist an dieser Stelle zu schließen, dass der bulgarische Verordnungsgeber eine objektive und ausführliche Implementierung der Vorprüfungspflicht gem. Art. 6 Abs. 3 S. 1, 1. HS. FFH bezweckt.

Wird die Wahrscheinlichkeit einer erheblichen Gebietsbeeinträchtigung verneint, stellt die Umweltbehörde dieses Ergebnis in das entsprechende Umwelt-

---

[434] Konkrete Anforderungen an die erforderlichen Unterlagen beinhalten die Verwaltungsvorschriften der Länder, vgl. Checkliste zur Durchführung von FFH-Verfahren in Baden-Württemberg, der Landesanstalt für Umweltschutz in Baden-Württemberg, 2004, online abrufbar unter http://www4.lubw.baden-wuerttemberg.de/servlet/is/13851/checkliste_ffh_verfah ren.pdf?command=downloadContent&filename=e=checkliste_ffh_verfahren.pdf (Abruf v. 3.7.2016).
[435] So auch Oberstes Verwaltungsgericht, Urt. v. 27.6.2011, Az. 4138/2011 über die Rechtswidrigkeit eines Plans, da die Vorprüfung mangels naturschutzrechtlicher Erwägungen erfolgte, was aus dem Abschlussakt hervorging.

prüfverfahren ein. Hinsichtlich der obligatorischen Umweltprüfung bei allgemeinen Entwicklungsplänen ist die vorbezeichnete naturschutzrechtliche Einschätzung in den Umweltbericht einzustellen und wird beim Erlass der umweltprüfungsrechtlichen Stellungnahme herangezogen. Bei detaillierten Entwicklungsplänen sowie manchen allgemeinen Entwicklungsplänen wird das Ergebnis der Vorprüfung im Rahmen der Erforderlichkeitsentscheidung über die Durchführung einer Umweltprüfung berücksichtigt (vgl. Art. 36 Abs. 4 und Art. 37 Abs. 4 Verordnung über die Verträglichkeitsprüfung). Ergeht ein umweltprüfungsrechtlicher Abschlussakt ohne eine habitatschutzrechtliche Vorprüfungsentscheidung, führt dies regelmäßig zur Unwirksamkeit des Umweltprüfungsakts nach dem Umweltschutzgesetz.[436] Demnach entfaltet die der Verträglichkeitsprüfung vorgezogene Erheblichkeitseinschätzung nicht nur verfahrensrechtliche Bedeutung, sondern ebenso eine zwingende materiell-rechtliche Wirkung, die die Unwirksamkeit des umweltrechtlichen Abschlussakts zur Folge hat.[437]

cc. FFH-Verträglichkeitsprüfung

An die durchgeführte Vorprüfung und die in ihr gewonnene Einschätzung, dass ein Entwicklungsplan ein Schutzgebiet des Biotopschutzverbundes „Natura 2000" als solches erheblich beeinträchtigen kann, schließt die eigentliche FFH-Verträglichkeitsprüfung an. Diesbezüglich hat der bulgarische Gesetzgeber eine andere Vorgehensweise gewählt als die in § 34 Abs. 2 BNatSchG niedergelegte Verträglichkeitsprüfung. Gem. Art. 23 Abs. 2 VP-Verordnung wird die FFH-Verträglichkeitsprüfung nicht von der Gemeinde oder der zuständigen Fachbehörde durchgeführt. Der Vorhabenträger hat ein „kompetentes Sachverständigengremium" mit der Aufgabe zu beauftragen, die Verträglichkeitsprüfung vorzunehmen und darüber einen Prüfungsbericht anzufertigen. Demnach wird dem Planinitiativträger die Pflicht auferlegt, eine externe, aus Naturschutzexperten bestehende Gruppe zur Durchführung der Verträglichkeitsprüfung einzuschalten. Somit steht es dem privaten Planinitiativträger eines detaillierten Entwicklungsplans zu, ein kompetentes Sachverständigengremium auszusuchen und zu bestellen. Dabei regelt Art. 9 VP-Verordnung die auf die Gremiumsmitglieder bezogenen, detaillierten und abschließenden Kriterien über Fachkenntnisse, Be-

---

[436] So Oberstes Verwaltungsgericht, 20.12.2007, Az. 8022/2007.
[437] Auch ein Verstoß gegen § 1a Abs. 4 BauGB sowohl hinsichtlich der Vorprüfung als auch der eigentlichen FFH-Verträglichkeitsprüfung nach § 34 BNatSchG führt zur Unwirksamkeit des Bauleitplans, vgl. VGH Kassel, Urt. v. 5.7.2007, Az. 4 N 867/06 und die Revisionsinstanz BVerwG, NVwZ 2008, 210.

rufserfahrung sowie persönliche Ausschlussgründe. Hiernach darf das Sachverständigengremium nur aus Mitgliedern zusammengesetzt werden, die einen naturwissenschaftlichen Hochschlussabschluss und eine mindestens zweijährige Berufserfahrung in dem entsprechenden Fachbereich und in der Erstellung von Gutachten haben (Art. 9 Nr. 1, 2 und 3 VP-Verordnung). Zudem dürfen die Sachverständigen kein persönliches Interesse an der Planrealisierung haben und nicht in einem Näheverhältnis mit dem Vorhabenträger nach den bulgarischen handels- und gesellschaftsrechtlichen Vorschriften stehen. Das Vorliegen der Eignungskriterien der Mitglieder des externen Sachverständigengremiums werden durch entsprechende Unterlagen belegt und als Anlage dem abschließenden Prüfungsbericht beigefügt (Art. 9 Abs. 2 VP-Verordnung). Die einschlägige Rechtsverordnung enthält keine Vorgaben über die erforderliche Zahl der Gremiumsmitglieder. Auch die Verwaltungsgerichte prüfen alleine die Einhaltung der in Art. 9 VP-Verordnung aufgezählten Eignungskriterien, ohne auf die Zahl der Mitglieder einzugehen.[438] Sogar zwei Mitglieder werden als genügend angesehen, wenn die in Art. 9 VP-Verordnung aufgezählten Kriterien erfüllt sind.[439] Vorgegeben sind eine Vielzahl von naturschutzrechtlichen Prüfungsmerkmalen und die dem Prüfungsbericht zugrundeliegenden Regelungsgegenstände (Art. 22 Nr. 1-11, Art. 23 Abs. 2 Nr. 1-12 VP-Verordnung). Hiernach sind die für die Festlegung der Erheblichkeitsschwelle plan- und gebietsbezogenen Wirkungsfaktoren, vor allem solche, die die Population der Arten und die Größe des Lebensraums negativ beeinflussen sowie die Summationswirkungen, vom entsprechenden Sachverständigengremium zu überprüfen und zu dokumentieren. In Anlehnung an Art. 6 Abs. 3 S. 1 FFH-RL werden als zentraler Prüfungsgegenstand der FFH-Verträglichkeitsprüfung die natürlichen Lebensräume und die Arten bezeichnet, die als Schutzzweck des entsprechenden Schutzgebiets festgelegt worden sind.[440] Ferner stellen auch mögliche Alternativen und die vorgesehenen Kohärenzmaßnahmen Bestandteile des Prüfberichts dar. Der fertige Prüfbericht ist der zuständigen Fachbehörde vorzulegen, die binnen einer Frist von dreißig Tagen ab Zugang darüber zu entscheiden hat, ob der Bericht vollständig ist und den rechtlichen Vorschriften entspricht. Die Fachbehörde kann den Bericht an den Planträger zur Nachbesserung zurückverweisen (Art. 24 Abs. 6 VP-Verordnung). Erst wenn die Fachbehörde den Prüfbericht „positiv bewertet", er-

---

[438] Verwaltungsgericht Burgas, Urt. v.3.4.2013,Az. 2329/2012, m.w.N.

[439] Verwaltungsgericht Burgas, Urt. v. 20.8.2013, Az. 1677.

[440] Art. 21 VP-Verordnung.

folgt die Öffentlichkeitsbeteiligung sowohl zum Umweltbericht als auch zum VP-Prüfbericht (Art. 36 Abs. 8 VP-Verordnung).

Im Umkehrschluss kann gefolgert werden, dass zwar die Fachbehörde die Verträglichkeitsprüfung nicht selbst durchführt, aber dennoch die Befugnis hat, den Prüfbericht abzuweisen. Allerdings drängt sich hier der Schluss auf, dass zwar der Fachbehörde die Letztentscheidungskompetenz über die Bewilligung des Prüfberichts zusteht, die eigentlichen Sachentscheidungen über die Erheblichkeit der Gebietsauswirkungen, über die Alternativ- und Abweichungsprüfung sowie über die zur Sicherung zu treffenden Kohärenzmaßnahmen jedoch das externe Gremium trifft.

Nach Art. 32 Abs. 1 und 3 GbV, Art. 36 Abs. 11 VP-Verordnung genehmigt die Fachbehörde den Entwicklungsplan mithilfe einer umweltprüfungsabschließenden Stellungnahme[441], wenn die Verträglichkeitsprüfung zum Ergebnis gelangt, dass das Gebiet hinsichtlich seines Schutzzwecks nicht erheblich beeinträchtigt wird oder ggf. im Falle der Ausnahmeentscheidung nach Art. 33 GbV. Die FFH-Verträglichkeitsprüfung stellt demnach keinen selbständigen Akt dar, sondern ist als Bestandteil der umweltprüfungsrechtlichen Stellungnahme gem. Art. 82 Abs. 4 im Rahmen des bulgarischen Verwaltungsrechtswegs überprüfbar.[442]

Die vorbezeichneten Anforderungen an die FFH-Verträglichkeitsprüfung gelten ungeachtet der Art des Entwicklungsplans, so dass auch der private Planträger bei der Aufstellung oder Änderung eines detaillierten Entwicklungsplans den umständlichen Prüfungsgang einzuhalten hat.

dd. Ausnahmeentscheidung

Im Einklang mit Art. 6 Abs. 4 FFH-RL lässt Art. 33 Abs. 1 GbV Ausnahmen von dem negativen Ergebnis der Verträglichkeitsprüfung lediglich aus überwiegenden Gründen der Allgemeinheit zu und wenn keine Alternativlösung vorhanden ist. Auch Art. 33 Abs. 2 GbV setzt die Vorgabe des Art. 6 Abs. 4 FFH-RL wortwörtlich um und etabliert demgemäß strengere Rechtfertigungsgründe (Gesundheit des Menschen, öffentliche Sicherheit, günstige Auswirkungen auf die Umwelt, positive Stellungnahme der EU-Kommission hinsichtlich anderer

---

[441] Zur Stellungnahme im Einzelnen vgl. die vorstehenden Ausführungen in 5. Kapitel, III. 2. d.

[442] zur Anfechtbarkeit der Stellungnahme wegen einer nicht erfolgten Verträglichkeitsprüfung *Pentschev*, Umweltrecht, Besonderer Teil, 2012, S. 207; Oberstes Verwaltungsgericht, Urt. v. 29.4.2010, Az. 15016/2009; Urt. v. 10.11.2010, Az. 1788/2010.

zwingender Gründe) hinsichtlich der Schutzgebiete, die prioritäre Habitate oder prioritäre Arten miteinschließen.

Ein weiterer Bestandteil des Abweichungsverfahrens sind die in Art. 34 GbV geregelten Kohärenzmaßnahmen, die zur Sicherung des Zusammenhangs des Netzes „Natura 2000" vorzunehmen sind.[443] Wie bereits oben ausgeführt wurde, sind die geeigneten Kohärenzmaßnahmen vom externen Sachverständigengremium in den Prüfbericht aufzunehmen. Jedoch sind die Ausgleichspflicht und die damit verbundene finanzielle Last dem Planinitiativträger aufgebürdet worden (vgl. Art. 34 Abs. 1 und 3 GbV).

Darüber hinaus hat das bulgarische Umweltministerium der Kommission die Abweichungsentscheidung gem. Art. 33 GbV und die ergriffenen Ausgleichsmaßnahmen mitzuteilen.[444]

d. Zwischenergebnis

Zusammenfassend ist festzuhalten, dass der bulgarische wie der deutsche Gesetzgeber grundsätzlich nicht nur die Pflicht zur Ausweisung der Schutzgebiete von besonderer Bedeutung, sondern auch die besondere Pflicht zur FFH-Verträglichkeitsprüfung in nationales Recht umgesetzt haben. Das bulgarische Umsetzungskonzept ist demnach mit dem deutschen vergleichbar. Im Rahmen der Umweltprüfung nach § 2 Abs. 4 S. 1 BauGB sind die Belange des Naturschutzes gem. § 1 Abs. 6 Nr. 7 b BauGB, also die Erhaltungsziele und der Schutzwert der Natura-2000 Gebiete i.S.d. BNatSchG, ebenso zu ermitteln und sodann in einem Umweltbericht zu beschreiben, und zu bewerten. Gelangt die Gemeinde im Rahmen der Umweltprüfung zu dem Ergebnis, dass ein FFH-Gebiet nicht betroffen ist oder durch die Planung nicht erheblich in seinen für die Erhaltungsziele und den Schutzzweck maßgeblichen Bestandteilen beeinträchtigt werden kann, stellt sie dieses Ergebnis in den Umweltbericht ein und setzt sich hiermit im Rahmen der Abwägungsentscheidung auseinander.[445] Nach einheitlicher Verwaltungsjurisdiktion in Deutschland ist in Anlehnung an die EuGH-Rechtsprechung eine FFH-Verträglichkeitsprüfung erforderlich, soweit

---

[443] Gem. Art. 34 Abs. 2 GbV sind folgende Varianten möglich: zur Erhaltung oder Wiederherstellung desselben Typus natürlichen Lebensraums oder eines Lebensraums derselben wildlebenden Tier- und Pflanzenart und zwar an einer anderen Stelle innerhalb des Schutzgebiets (Nr. 1); innerhalb eines erweiterten Teils desselben oder eines anderen Schutzgebiets (Nr. 2); in einem neuen Schutzgebiet (Nr. 3).

[444] Art. 34 a GbV.

[445] Zu rechtlichen Anforderungen der Vorprüfung vgl. VGH Kassel, NVwZ 2008, S. 447.

erhebliche Beeinträchtigungen des betreffenden Schutzgebiets nicht „offensichtlich ausgeschlossen werden können", also die Wahrscheinlichkeit oder die Gefahr besteht, dass die Planung das Gebiet erheblich beeinträchtigt.[446] Ergibt die durchgeführte Vorprüfung und die in ihr gewonnene Einschätzung Grund zur Annahme, dass ein FFH-Gebiet durch die Planung erheblich in seinen für die Erhaltungsziele und den Schutzzweck maßgeblichen Bestandteilen beeinträchtigt werden kann, sind die zwingenden Vorgaben in der §§ 34, 36 BNatSchG näher zu prüfen.

5. Defizitäre Umsetzung und Vertragsverletzung

Ausgangspunkt für eine kritische Würdigung der Umsetzung der naturschutzrechtlichen Richtlinien in Bulgarien bildet eine Entscheidung des EuGH, die im Wege eines Vertragsverletzungsverfahrens ergangen ist. Anlass zur Überprüfung der richtliniengerechten Befolgung gibt das Urteil der dritten Kammer des EuGH vom 14.1.2016, Rs. C-141/14. Darin stellte der Gerichtshof Verstöße der Republik Bulgarien gegen Verpflichtungen aus der Vogelschutz- und FFH-Richtlinie fest.

a. Wesentliche Aussagen und Erkenntnisse aus dem Vertragsverletzungsverfahren gegen Bulgarien (EuGH, Urteil v. 14.1.2016)
Streitgegenständlich war ein naturschutzfachlich wertvolles Gebiet namens Kaliakra, das nördlich der Schwarzmeerküste liegt und von der Nichtregierungsorganisation BirdLife als IBA[447] ausgewiesen wurde. Ende 2007 wies die Republik Bulgarien lediglich zwei Drittel des IBA-Gebietes (nachfolgend BSG Kaliakra) und das westlich des BSG Kaliakra und außerhalb der IBA Kaliakra gelegene BSB Belite skali als Vogelschutzgebiet aus. Am selben Tag schlug Bulgarien der Kommission vor, die Region „Kompleks Kaliakra", bestehend überwiegend aus dem BSG Kaliakra und dem BSG Belite skali, in die Liste der Gebiete von gemeinschaftlicher Bedeutung (GGB) aufzunehmen. Diesem Vorschlag kam die Kommission ein Jahr später nach. Im Laufe der Jahre wurde Bulgarien mehrmals auch von der Kommission aufgefordert, BSG Kaliakra bis zur IBA

---

[446] EuGH, Urt. v. 7.9.2004, Az. C-127/02, Slg. 2004 I-7405, Rn. 41 – *Behoud van de Waddenzee* u.a.; Urt. v. 20.10.2005, Az. C-6/04, Slg. 2005 I-9017, Rn. 54 - *Kommission/ Vereinigtes Königreich*; BVerwGE 128, 1 (20).
[447] Vgl. Fn. 388.

Kaliakra auszuweiten. Zwischenzeitlich wurden einige Projekte, die vor dem Beitritt Bulgariens genehmigt worden waren, (Windenergieanlagen, Golfplatz, Hotels, etc.) durchgeführt. Diese hatten Auswirkungen auf den nicht ausgewiesenen Teil des IBA Kaliakra, das BSG Kaliakra, das BSG Belite Skali sowie auf das GGB Kompleks Kaliakra.

aa. Verstoß gegen Art. 4 VRL

Der EuGH stellte im Urteil zunächst fest, die Republik Bulgarien habe ihre Ausweisungspflichten gem. Art. 4 Abs. 1 und 2 VRL verletzt, indem sie es unterlassen habe, die für den Vogelschutz wichtigen Gebiete vollständig in das besondere Schutzgebiet der Region Kaliakra zu integrieren. Betont wurde, dass das ganze Gebiet IBA Kaliakra eine vorrangige Bedeutung für eine Reihe von Vogelarten und ihren Lebensraum aufweise und daher zu den für den Vogelschutz während des Zuges am besten geeigneten Gebieten gehöre.[448]

Des Weiteren äußerte sich der EuGH über die Verletzung der Schutzpflicht Bulgariens gem. Art. 4 Abs. 4 VRL. Der Pflichtverstoß beruht auf der Tatsache, dass die bulgarischen Behörden Projekte über den Bau von Windenergieanlagen[449] in dem nicht ausgewiesenen Teil des IBA Kaliakra genehmigten, obwohl sie das ganze Gebiet des „IBA Kaliakra" als Vogelschutzgebiet hätten ausweisen müssen.[450] Hierbei knüpft der EuGH an seine ständige Rechtsprechung über den Schutzstatus von faktischen Vogelschutzgebieten gem. Art. 4 Abs. 4 VRL an.[451] Der Gerichtshof sah den Betrieb von Windenergieanlagen als geeignet an, erhebliche Störungen oder Verschlechterungen der Habitate von geschützten Vogelarten i.S.d. Art. 4 Abs. 4 VRL zu verursachen. Bei diesen vier Projekten beschloss Bulgarien im Rahmen der UVP-Vorprüfung, dass es einer Umweltverträglichkeitsprüfung nicht bedarf, ohne die kumulativen Auswirkungen der Projekte ordnungsgemäß zu prüfen. Diesbezüglich stellte der EuGH ebenso einen

---

[448] EuGH, Urt. v. 14.1.16, Rs. C-141/14, Rn. 31 f., abrufbar unter http://curia.europa.eu/juris/liste.jsf?language=de&jur=C,T,F&num=C-141/14&td=ALL (Abruf v. 12.1.2017).

[449] Die vier Projekte heißen „AES Geo Energy", „Disib" und „Longman Investment".

[450] Hierbei ist anzumerken, dass der Gerichtshof die durch förmlichen Akt der bulgarischen Regierung doch erfolgte Ausweisung nicht berücksichtigte, da sie erst nach Ablauf der in der mit Gründen versehenen Stellungnahme gesetzten Frist geschah, Rn. 68; zum Beurteilungszeitpunkt bei Vertragsverletzungsverfahren: EuGH, Urt. v. 4.3.2010. Rs. C-241/08, Slg. 2010 I-1697, Rn. 59 – *Kommission/Frankreich*.

[451] Vgl. Fn. 391.

Verstoß gegen Art. 4 Abs. 2 und 3, Anhang III Nr. 1 Bucht. B und Art. 2 Abs. 1 der Richtlinie 2011/92/EU fest.

Die Verurteilung Bulgariens zeigt, dass das Land seine unionsrechtlichen Pflichten aus der Vogelschutzrichtlinie zur Gebietsausweisung und zum Gebietsschutz bewusst und gewollt verletzte, obwohl es die gerügten Richtlinienbestimmungen in das Gesetz über biologische Vielfalt implementierte. So ist den Schlussanträgen der Generalanwältin zu entnehmen, dass Bulgarien die naturschutzfachliche Relevanz der ganzen Region Kaliakra für einen Großteil der Zugvogelpopulation in Abrede stellte und die später vorgenommene Ausweisung als Ausdruck seiner Kooperationsbereitschaft betrachtete, ohne die naturwissenschaftlichen Kriterien der internationalen Nichtregierungsorganisation „BirdLife International" und die naturschutzrechtliche Auffassung der Kommission anzuerkennen.[452] Dies stellt keine widersprüchliche Vorgehensweise dar, wie die Generalanwältin vermutet, vielmehr ließ das Land die Hintertür offen, im Falle des Unterbleibens der Verurteilung die Ausweisung zu widerrufen. Das sich aus dem Gebot der loyalen Zusammenarbeit gem. Art. 4 Abs. 3 EUV ableitbare Verbot des venire contra factum proprium schreckte die bulgarische Regierung offensichtlich nicht ab. Vielmehr kommen hier deutlich wirtschaftliche Beweggründe zu Tage, die „versprochenen" Projekte ohne Standortwechsel durchzuwinken. Daraus kann geschlossen werden, dass bei der Wahl der flächenmäßig erforderlichen Vogelschutzgebiete, wenigstens bei diesen im konkreten Fall, den naturschutzrechtlichen Kriterien bei der Gebietsauswahl in Art. 7 Abs. 3 Nr. 1-3 GbV eine geringere Bedeutung beigemessen wird, als den starken Interessen, Windenergieanlagen und touristische Attraktionen an der Schwarzmeerküste zu realisieren und hieraus finanzielle Profite zu ziehen. Hierbei missachtete das Land die ständige Rechtsprechung des EuGH, dass sich die Mitgliedstaaten bei der Auswahl der geeigneten Vogelschutzgebiete alleine an ornithologischen Kriterien orientieren sollen, nicht etwa an wirtschaftlichen, freizeitbedingten oder sozialen.[453] Auch die Genehmigung der umweltbelastenden Windenergieanlagen in dem schutzbedürftigen - zum damaligen Zeitpunkt nicht ausgewiesenen Teil des IBA Kaliakra - spricht für richtlinienfremde und naturschutzwidrige Zielsetzungen. Die Gesichtspunkte der Nachhaltigkeit und der Prävention wurden von der bulgarischen Verwaltung grob missachtet.

---

[452] Schlussanträge der der Generalanwältin Korkott vom 3.9.2015, Rs. C-141/15, Rn. 30.
[453] zur EuGH-Rechtsprechung Fn. 387.

Den eklatantesten Fall einer behördlichen Gleichgültigkeit bildet die unterlassene Umweltverträglichkeitsprüfung im Hinblick auf die vier Windenergieanlagen. Wie der EuGH und die Generalanwältin ausführten, beweise die bloße Behauptung der Republik Bulgarien, es werde keine kumulativen Auswirkungen geben, nicht, dass diese Schlussfolgerung durch eine ordnungsgemäße Prüfung untermauert sei.[454] Vielmehr stehen hinter der willkürlichen Entscheidung der bulgarischen Behörden, von der UVP-Pflicht abzusehen, anderweitige Beweggründe und nicht etwa die präventive und auf Nachhaltigkeit ausgerichtete Untersuchung der mit dem Betrieb der Windenergieanlagen verbundenen möglichen Umweltbelastungen.

bb. Verstoß gegen Art. 6 Abs. 2 FFH-RL

Ferner setzte sich der Gerichtshof mit dem Verstoß gegen das Verschlechterungsverbot gem. Art. 6 Abs. 2 FFH-RL durch den Bau der Windenergieanlagen in den BSG Kaliakra und Belite Skali auseinander. Strittig war die Frage nach der zeitlichen Anwendung der Habitatrichtlinie auf Vorhaben, die vor dem EU-Beitritt Bulgariens genehmigt worden waren. Dabei bestätigte die dritte Kammer des EuGH die Rechtsauffassung, dass solche Projekte nicht der Verträglichkeitsprüfung gem. Art. 6 Abs. 3 FFH-RL, sondern dem Beeinträchtigungsverbot aus Art. 6 Abs. 2 FFH-RL unterliegen.[455] Klarstellend führte der EuGH aus, beanstandet seien nicht die vor dem EU-Beitritt Bulgariens erlassenen Genehmigungen, sondern deren Durchführung nach dem Beitritt und die daraus folgende Verschlechterung der oben genannten Gebiete. Im Einklang mit Art. 6 Abs. 2 FFH-RL hätte das Land geeignete Maßnahmen ergreifen müssen, um die im Zusammenhang mit der Projektdurchführung ersichtliche Verschlechterung der natürlichen Lebensräume und der Habitate der Arten sowie Störungen von Arten, für deren Erhaltung diese Gebiete als Schutzgebiete ausgewiesen worden sind, zu vermeiden. Da die Tätigkeiten der in den BSG errichteten Windenergieanlagen angesichts ihrer hohen Dichte geeignet seien, erhebliche Störungen der Vo-

---

[454] Schlussanträge der der Generalanwältin Korkott vom 3.9.2015, Rs. C-141/15, Rn. 161; EuGH, Urt. v. 14.1.2016, Rs. C-141/14, Rn. 96 – Kommission/Bulgarien, abrufbar unter: http://curia.europa.eu/juris/document/document.jsf?text=&docid=166849&pageIndex=0&doc lang=DE&mode=lst&dir=&occ=first&part=1&cid=306635 (Abruf v. 2.2.2017).

[455] Vgl. bisherige Rechtsprechung: EuGH, Urt. v. 14.1.2010, Rs. C-226/08, Slg. 2010 I-0131, Rn. 48 – *Stadt Papenburg*; Urt. v. 24.11.2011, Rs. C-404/09, Rs. C-404/09, Slg. 2011 I-1853, Rn. 125 – *Kommission/Spanien*; anders EuGH, Urt. v. 23.3.2006, Rs. C- 209/04, Slg. 2006 I-2755, Rn. 57.

gelarten herbeizuführen, habe Bulgarien aufgrund seines Untätigbleibens der Verpflichtung aus Art. 6 Abs. 2 FFH-RL zuwidergehandelt. Zur Frage der Verpflichtung zu einer nachträglichen Verträglichkeitsprüfung als geeignete Schutzmaßnahme i.S.d. Art. 6 Abs. 2 FFH-RL äußerte sich der Gerichtshof nicht, bejahte diese aber in einem anderen Urteil vom gleichen Tage.[456]

cc. Ausblick
Abzuwarten ist, wie die Republik Bulgarien ihrer Befolgungspflicht gem. Art. 260 Abs. 1 AEUV nachkommen wird. Hiernach ist der im Wege des Vertragsverletzungsverfahrens verurteilte Mitgliedstaat an den Feststellungstenor gebunden und hat die sich daraus ergebenden Maßnahmen zu ergreifen. Aufgrund der zwar verspäteten aber immerhin nachgeholten Gebietsausweisung gem. Art. 4 Abs. 1 und 2 VRL bleibt Handlungsbedarf in Bezug auf die ausgeführten Investitionsprojekte. Im Falle der Nichtbefolgung kann die Kommission die Verhängung finanzieller Sanktionen durch den EuGH gem. Art. 260 Abs. 2 AEUV erwirken.

dd. Defizitäre Umsetzung der Pflicht nach Art. 6 Abs. 2 FFH-RL
Die nachfolgende Analyse nimmt Stellung zu der lückenhaften Umsetzung der Schutzpflicht aus Art. 6 Abs. 2 FFH-RL, die einen möglichen Grund für die vorstehend im EuGH-Urteil festgestellte Vertragsverletzung darstellt.
Die Beeinträchtigungen der BSG Kaliakra und Belite Skali waren zwar projektbezogen, unterlagen aber nicht der besonderen Pflicht zur Verträglichkeitsprüfung nach Art. 6 Abs. 3 FFH-RL, denn Bulgarien war im Zeitpunkt der Genehmigungsentscheidung kein EU-Mitglied. Erst ab dem EU-Beitritt im Jahre 2007 hatte das Land die Regelungen zum Habitatschutz zu beachten, was für die Durchführung der besagten Projekte ab 2008 galt. Zu diesem Zeitpunkt waren auch die Vorgaben der FFH-RL zum größten Teil im Gesetz über biologische Vielfalt umgesetzt.[457] Der damals zuständige Umweltminister hat trotz objektiver Auswirkungen der genehmigten Windenergieanlagen auf die Schutzgebiete weder im Frühstadium noch später von den vorwirkenden Schutzmaßnahmen

---

[456] Vgl. EuGH, Urt. v. 14.1.2016, Rs. C-399/14, NVwZ 2016, 595 (596 f.) – *Grüne Liga Sachsen/Freistaat Sachsen.*
[457] So wurde Art. 19 GbV mit der Gesetzesänderung vom 16.11.2007 eingefügt, Art 29 GbV um Absatz 4 mit derselben Gesetzesnovellierung erweitert.

nach Art. 19 Abs. 1 GbV nach Ausweisung von Art. 29 GbV[458] Gebrauch gemacht. Aus welchen Gründen sich die bulgarische Regierung nicht gegen die Durchführung der strittigen Projekte wehrte, bleibt offen. Im Gesamtkontext der dargelegten Ausführungen sind jedoch finanzielle Aspekte im Zusammenhang mit den lukrativen Projekten nicht auszuschließen. Hierfür spricht zum einen die behördliche Beharrlichkeit gegen die Ausweitung des ganzen IBA Kaliakra, zum anderen die Entschlossenheit, die naturschutzrechtlich bedenklichen Vorhaben trotz der nachhaltigen Beeinträchtigungen der Erhaltungsziele der später ausgewiesenen Schutzgebiete durchzusetzen.

Abgesehen davon sind Art. 19, 29 GbV so ausgestaltet, dass sie die zuständige Behörde lediglich in konkreten Fällen ermächtigen. Dagegen legt Art. 6 Abs. 2 FFH-RL eine allgemeine Pflicht fest, geeignete Schutzmaßnahmen zu ergreifen, um eine Verschlechterung sowie Störungen, die sich im Hinblick auf die Ziele dieser Richtlinie erheblich auswirken können, zu vermeiden.[459] Es handelt sich dabei um eine laufende Verpflichtung.[460] Diese Schutzpflicht gilt ab dem in Art. 4 Abs. 5 FFH-RL vorgesehenen Zeitraum, also ab Listung der Schutzgebiete seitens der Kommission. Als Mindestanforderung der Habitatrichtlinie darf der umsetzungsverpflichtete Mitgliedstaat keine anderen zeitlichen Bestimmungen treffen, die die Ziele gem. Art. 6 Abs. 2, 4 Abs. 5 FFH-RL einschränken und damit ihre Wirksamkeit in Frage stellen.

Dies übersah der bulgarische Gesetzgeber bei der Umsetzung der Schutzpflicht gem. Art. 6 Abs. 2 FFH-RL. Denn auf der Grundlage von Art. 19 Abs. 1 GbV kann eine konkrete Tätigkeit nur zeitlich - auf zwei Jahre - eingeschränkt werden, wenn die Gefahr einer Verletzung der FFH-Schutzziele besteht. Zudem ist Art. 19 GbV allein für den Zeitraum ab Aufnahme in die nationale Liste bis zur endgültigen Gebietsausweisung anwendbar. Nach der Gebietsausweisung darf sich die Verwaltung nicht mehr auf Art. 19 GbV stützen, sondern alleine auf Art. 29 GbV. Hiernach wird die Behörde nicht zu einer geeigneten Maßnahme zur Abwendung der Gebietsverschlechterung ermächtigt, stattdessen wird die Aufstellung der besonderen Pläne zur Verwaltung der Schutzgebiete geregelt. Dieser spezifische Schutzmechanismus setzt zum einen das abschließend aus-

---

[458] Zu Art. 19 und 29 GbV vgl. die Ausführungen unter 5. Kapitel, III. 4. b.
[459] EuGH, Urt. v. 14.1.2016, Rs. C-399/14, NVwZ 2016, 595 (596 f.) - *Grüne Liga Sachsen e. V. u.a. / Freistaat Dresden* - und die dort angeführte Rechtsprechung.
[460] Vgl. Schlussanträge der Generalanwältin Sharpston v. 24.9.2015, Rs. C-399/14, Rn. 43.

gewiesene Schutzgebiet voraus, zum anderen ist er mit einem zeitaufwändigen und bürokratischen Planaufstellungsverfahren verbunden.[461] Darüber hinaus ist die Behörde an die in Art. 29 GbV abschließend aufgezählten Regelungen gebunden. Ermessensspielraum kommt der Behörde nur hinsichtlich der Frage zu, ob ein Plan zur Verwaltung des Schutzgebiets erforderlich ist, nicht aber bei der Entscheidung über die geeigneten Maßnahmen. Denn die geeigneten Maßnahmen sind in Art. 29 Abs. 2 GbV abschließend geregelt und die Behörde darf nur eine der in Nummer 1-5 aufgezählten Maßnahmen (bspw. das Verbot oder das Unterlassen bestimmter beeinträchtigender Tätigkeiten) wählen. Demgegenüber impliziert die Wendung „geeignete Maßnahmen" in Art. 6 Abs. 2 der FFH-RL, dass die mitgliedstaatlichen Behörden bei der Anwendung dieser Bestimmung auch im Zusammenhang mit den geeigneten Maßnahmen über ein Ermessen verfügen.[462]

Somit knüpfen die oben genannten Normen an bestimmte innerstaatliche Kriterien an, die den Regelungsbereich des Art. 6 Abs. 2 FFH-RL insoweit einschränken, als sie - abweichend von dem allgemein ausgestalteten Schutzregime der Norm - modifizierte, konkrete Anwendungsfälle des Verschlechterungsverbots in das Gesetz über biologische Vielfalt einführt. Demnach sieht das bulgarische Gesetz kein allgemeines, dem Art. 6 Abs. 2 FFH-RL bzw. dem § 33 Abs. 1 BNatSchG[463] ähnliches Verschlechterungsverbot für Maßnahmen vor, die sich gegen die Arten und Lebensräume richten, derentwegen die Unterschutzstellung erfolgt ist.

Vor diesem Hintergrund lassen diese Ausführungen den Schluss zu, dass das Land seiner primären Umsetzungspflicht aus Art. 6 Abs. 2 FFH nicht ordnungsgemäß nachgekommen ist.

Die Frist zur ordnungsgemäßen Umsetzung der Richtlinienvorgaben ist längst verstrichen.[464] In diesem Fall ist diese Lücke entweder durch eine richtlinien-

---

[461] Bspw. der Plan zur Verwaltung des Vogelschutzgebiets „See Owtscharitsa" BG0002023 hat einen Umfang von 141 Seiten und regelt ausführlich u.a. Notwendigkeit des Plans zur Verwaltung des Schutzgebiets, Charakteristika des Schutzgebiets, Prüfung der möglichen Störungsgefahren, Finanzierungsmittel, geeignete Maßnahmen und Kontrolle.

[462] Vgl. EuGH, Urt. v. 14.1.2016, Rs. C-399/14, NVwZ 2016, 595 (597) – *Grüne Liga Sachsen e. V. u.a. / Freistaat Dresden*.

[463] Zu § 33 BNatSchG: vgl. *Schmidt/Kahl/Gärditz*, Umweltrecht, § 10 Rn. 123; zu § 19 GbV: Oberstes VG, Urt. v. 1.11.2011, Az. 13243/2010.

[464] Vgl. Art. 23 Abs. 1 FFH-RL und die Ausführungen zu Beitrittsvoraussetzungen unter 1. Kapitel II. 1.

konforme Auslegung des nationalen Rechts (1) oder notfalls durch eine direkte Anwendung von Art. 4 Abs. 5 i.V.m. Art. 6 Abs. 2 FFH-RL (2) auszugleichen.

(1) Richtlinienkonforme Auslegung

Für den bulgarischen Rechtsanwender kommt eine an Wortlaut und Zweck des einschlägigen Art. 6 Abs. 2 FFH-RL ausgerichtete Auslegung entweder in Bezug auf Art. 19 GbV oder bezüglich Art. 29 GbV in Betracht.[465] Zu untersuchen ist, ob eine dieser Vorschriften durch eine grammatikalische und/oder teleologische Auslegung um das Verschlechterungs- und Störungsverbot erweitert werden kann.

Eröffnet eine der beiden Normen ein Ermessen oder einen Beurteilungsspielraum, so ist die Behörde verpflichtet, die Ziele der FFH-Richtlinie bei der Rechtsanwendung zu berücksichtigen. Auf der Grundlage der richtlinienkonformen Auslegung darf aber das nationale Gesetz nicht contra legem interpretiert und der gesetzgeberische Wille dadurch umgangen werden.[466] Gemessen an diesen Grundsätzen kommt eine europarechtskonforme Auslegung der Art. 19 und 29 GbV im Sinne eines allgemeinen Verschlechterungsverbots dahingehend,, dass diesen Vorschriften eine allgemeine Pflicht zu entnehmen wäre, geeignete Schutzmaßnahmen zu ergreifen, um eine Verschlechterung sowie Störungen, die sich im Hinblick auf die FFH-Ziele erheblich auswirken könnten, zu vermeiden, nicht in Betracht. Wie die vorstehenden Ausführungen zeigen, lassen die ausdifferenzierte Gestaltung und die abschließend vorgegebenen Voraussetzungen beider Normen der Behörde wenig Beurteilungs- und Ermessensspielraum. Vielmehr ist die Verwaltung an die zeitlich und inhaltlich eng gefassten Gesetzesvoraussetzungen in Art. 19 und Art. 29 GbV gebunden. Dies deutet darauf hin, dass der bulgarische Gesetzgeber eben diese Regelungsansätze zum Zwecke der Umsetzung durchsetzen wollte. Aus diesem Grund verbleibt hier weder hinsichtlich Art. 19 GbV noch bezüglich der Vorgaben in Art. 29 GbV Raum für eine richtlinienkonforme Auslegung. Andernfalls würde eine derartige Auslegung den erkennbaren Willen des bulgarischen Gesetzgebers verändern.

Das mit der Richtlinie verfolgte Ziel, natürliche Lebensräume zu erhalten (vgl. Art. 3 Abs. 1 FFH-RL), und das hierzu dienende Verschlechterungsverbot hin-

---

[466] EuGH, Urt. v. 27.12.2014, Rs. C-351/12 Slg. 2014 I-0000 Rn. 45 – *OSA*; Urt. v. 23.4.2009, Rs. C-378/07 bis C-380/07, Slg. 2009 I-3071 Rn. 199 - *Kiriaki Angelidaki u.a.*; zu den Grenzen richtlinienkonformer Auslegung auch: *Piekenbrock/Schulze*, WM 2002, S. 521 f.

sichtlich der Schutzgebiete des Biotopverbundes „Natura 2000" lassen sich im Wege einer richtlinienkonformen Auslegung nicht herleiten.

(2) Unmittelbare Anwendung von Art. 6 Abs. 2 FFH-RL

In Betracht kommt aber eine unmittelbare Anwendung von Art. 6 Abs. 2 FFH-RL. Die hierzu erforderlichen Voraussetzungen sind erfüllt.[467] Art. 6 Abs. 2 FFH-RL ist inhaltlich unbedingt, denn die maßgebenden Schutzgebiete des Naturschutznetzes „Natura 2000" liegen bereits vor und damit hängt die Wirksamkeit der Bestimmung von keinen weiteren mitgliedstaatlichen und gemeinschaftsrechtlichen Maßnahmen ab. Zudem stellt die Regelung einen klaren Rechtssatz auf, der an die Verschlechterungs- bzw. Störungskonstellation von erheblicher Bedeutung für die Erhaltungsziele der Richtlinie anknüpft und somit hinreichend bestimmt ist.

Eine unmittelbare Anwendung lehnt der EuGH in seiner ständigen Rechtsprechung ab, wenn sich der Staat gegenüber dem Einzelnen auf die Richtlinie beruft, um daraus unmittelbar belastende Maßnahmen für die Privatpersonen anzuordnen.[468] Ebenso wenig liegt die Konstellation einer horizontalen Direktwirkung vor, dass sich eine Privatperson gegenüber einer anderen Privatperson auf die unmittelbare Wirkung einer Richtlinienbestimmung stützt.[469]

Somit ist die unmittelbare Anwendung von Art. 6 Abs. 2 FFH-RL die favorisierte Lösung für die defizitäre Umsetzung der allgemeinen Schutzpflicht. Demnach steht insbesondere Naturschutzverbänden das Recht zu, sich gegenüber der zuständigen Fachbehörde unmittelbar auf das Verschlechterungsverbot gem. Art. 6 Abs. 2 FFH-RL zu berufen und eine rechtmäßige Entscheidung hinsichtlich der geeigneten Maßnahmen anzufordern, wenn durch die Plan- oder Projektrealisierung die erhebliche Störung von Arten und Habitaten droht.

---

[467] Die unmittelbare und zugleich weit auslegungsfähige Anwendung von Art. 6 Abs. 2 FFH-RL wurde zuletzt durch den EuGH auch für die nachträgliche Verträglichkeitsprüfung angenommen: Urt. v. 14.1.2016, Rs. C-399/14, NVwZ 2016, 595 (598 f.) – *Grüne Liga Sachsen e. V. u.a. / Freistaat Dresden*; früher lehnte der EuGH im *Dragaggi*-Urteil und *Bund Naturschutz in Bayern* eine Direktanwendung nur mit dem Argument ab, dass die Schutzpflichten an den maßgeblichen Zeitpunkt des Art. 4 Abs. 5 FFH-RL anknüpfen. Die unbedingte und hinreichend genaue Normstruktur der Schutzpflichten in Art. 6 Abs. 2 und 3 FFH-RL wurden aber nicht problematisiert, so auch *Füßer*, ZUR 2005, 458 (460).

[468] EuGH, Urt. v. 8.10.1987, Rs. 80/86, Slg. 1987, 3969 - *Kolpinghuis Nijmegen* m.w.N

[469] zur horizontalen Direktwirkung vgl. EuGH. Urt. v. 9.3.2004, Rs. C-397/01 bis C-403/01, Slg. 2007 I-4473, Rn. 108 f. - *Pfeiffer*.

ee. Folgen für die Bauleitplanung

Die hiermit gewonnene Erkenntnis beeinflusst auch die Bauleitplanung, denn das in Art. 6 Abs. 2 FFH-RL verankerte allgemeine Verbot der Verschlechterung der natürlichen Lebensräume und Habitate gilt ebenso für allgemeine oder detaillierte Entwicklungspläne, deren Bestimmungen sich negativ auf die festgesetzten Erhaltungsziele der Schutzgebiete auswirken können und zum Zeitpunkt ihrer Planaufstellung keiner Verträglichkeitsprüfung unterzogen wurden. Dies betrifft Entwicklungspläne, die bereits vor dem Beitritt Bulgariens aufgestellt wurden. Gleiches gilt, wenn sich die naturschutzrechtlichen Umstände später durch die Aufnahme der Gebiete in die Liste von gemeinschaftlicher Bedeutung änderten. Im Einklang mit der aktuellen Rechtsprechung des EuGH im Vorabentscheidungsverfahren vom 14.1.2016, Rs. C-399/14[470], hat die zuständige Behörde auf der Grundlage von Art. 6 Abs. 2 FFH-RL eine nachträgliche Verträglichkeitsprüfung entsprechend den Anforderungen von Art. 6 Abs. 3 FFH-RL auch im Planausführungsstadium durchzuführen, wenn diese Prüfung die einzige geeignete Maßnahme darstellt, um zu verhindern, dass die Ausführung des Entwicklungsplans zu einer Verschlechterung oder Störung führt, die sich im Hinblick auf die FFH-Ziele erheblich auswirken können.[471]

Die Grundsätze der Rechtssicherheit und Rechtseinheit der unionsrechtlichen Rechtsanwendung gebieten, dass die Gerichte der Mitgliedstaaten, insbesondere die gem. Art. 267 Abs. 3 AEUV[472] vorlagepflichtigen Gerichte letzter Instanz, insoweit an die Präjudizwirkung der EuGH-Urteile gebunden sind, als sie nicht ohne erneute Vorlage an den EuGH von der Rechtsprechung abweichen dürfen.[473] Insofern haben auch die bulgarischen Gerichte die nachträgliche Verträglichkeitsprüfung im Rahmen des Verschlechterungsgebots aus Art. 6 Abs. 2 FFH-RL zu beachten. Betroffen werden insbesondere Konstellationen sein, bei denen auf der Grundlage der Ausweisungen im allgemeinen Entwicklungsplan detaillierte Entwicklungspläne aufgestellt werden, die erhebliche Beeinträchti-

---

[470] EuGH, Urt. v. 14.1.2016, Rs. C-399/14, NVwZ 2016, 595 (598) - *Grüne Liga Sachsen e. V. u.a. / Freistaat Dresden.*
[471] Vgl. EuGH, Urt. v. 14.1.2016, Rs. C-399/14, NVwZ 2016, 595 (597) - *Grüne Liga Sachsen e. V. u.a. / Freistaat Dresden.*
[472] Früher Art. 234 EGV.
[473] Zur streitigen Frage der erga-omnes Wirkung der Vorabentscheidungsurteile vgl. *Anderson*, References to the European Court, Rn. 14 f.; *Broberg/Fenger*, Das Vorabentscheidungsverfahren vor dem Gerichtshof der Europäischen Union, S. 389 f.

gungen der natürlichen Lebensräume und Arten hervorrufen, für welche die Schutzgebiete ausgewiesen worden sind.

b. Probleme bei der FFH-Verträglichkeitsprüfung und Lösungsvorschläge

Angesichts der vorstehenden Ausführungen zur Umsetzung der Verträglichkeitsprüfung ins bulgarische Recht richtet sich der (rechtsvergleichende) Blick auf die Frage, an welchen konkreten Stellschrauben angesetzt werden kann, um eine richtlinienkonforme Verträglichkeitsprüfung in Bulgarien sicherzustellen.

Die Einbringung der deutschen Erfahrungen bei der Implementierung der naturschutzrechtlichen Vorschriften in nationales Recht war bereits Gegenstand eines Beratungsprogramms des Bundesministeriums für Umwelt, Naturschutz, Bau und Reaktionssicherheit (BMUB) zwischen dem deutschen Umweltbundesamt in Kooperation mit dem deutschen Bundesamt für Naturschutz auf der einen Seite und dem bulgarischen Umweltministerium auf der anderen Seite. Der in diesem Rahmen erarbeitete Leitfaden[474] zur Umsetzung von Art. 6 Abs. 3 und 4 FFH-RL ist in erster Linie an die bulgarische Verwaltung gerichtet und erläutert ausführlich die in §§ 34 ff. BNatSchG umgesetzte Verträglichkeitsprüfung in Deutschland sowie einige Leitentscheidungen des EuGH zu dieser Problematik. Zudem werden die Rechtsbegriffe Erheblichkeit von Beeinträchtigungen, Alternativprüfung, zwingende Gründe des Allgemeinwohls, Ausgleichs- und Kohärenzmaßnahmen im Kontext der deutschen Gesetze und in Anlehnung der unionsrechtlichen Bestimmungen erläutert.

Diese Initiative diente schwerpunktmäßig nicht der rechtlichen Analyse der Umsetzungsvorschriften beider Referenzländer, sondern schildert die bundesnaturschutzrechtlichen Vorschriften en détail und umfasst manche Erfahrungsberichte bei der Vollziehung der deutschen Vorschriften.[475] Bedauerlicherweise wurden nur wenige Erkenntnisse hinsichtlich der Regelungslücken des bulgarischen Rechts gewonnen. Dennoch rügt der Leitfaden zu Recht eine vom bulgarischen Gesetzgeber bezweckte „Verschiebung" von Verantwortlichkeiten von den ei-

---

[474] *Marin/Georgieva-Schnell/Dimova*, Practical guidance on the implementation of Natura 2000 appropriate assessment in Bulgaria – German experience and EU law. Implementation of Art. 6(3) and 6(4) of Directive 92/43/EEC transposed in Art.31–34a of the Bulgarian Biodiversity Act, Sofia, Green Balkans, 2010. (In Bulgarian).
[475] Konkret werden im vierten Kapitel des unter Fn. 471 zitierten Leitfadens Verträglichkeitsprüfungen im Rahmen der Wasser- und Fernstraßenplanung in Deutschland dargestellt.

gentlichen Projekt- und Planentscheidungsträgern, insbesondere im Bereich der Raumordnung und Bauleitplanung, auf die Umweltbehörden.[476] Dies vorausgeschickt, lassen sich einige andere Optimierungsvorschläge für das bulgarische Recht benennen.

aa. Beschleunigung des Verfahrens

Die geltenden formellen Anforderungen an die FFH-Verträglichkeitsprüfung bei der Bauleitplanung sind nicht nur hinsichtlich der Zuständigkeitsverteilung, sondern auch in Bezug auf die Verfahrensschritte als problembehaftet zu bewerten. Denn die FFH-Verträglichkeitsprüfung ist auf einer komplizierten Art und Weise integriert worden. Es ist verblüffend, dass der bulgarische Normgeber Art. 31 mit 24 Absätzen ausstattet und darüber hinaus eine Rechtsverordnung mit weiteren 40 Artikeln erlassen hat, um einer einzigen Vorschrift – Art. 6 Abs. 3 FFH-RL – Rechnung zu tragen.

So wie bei der Implementierung der strategischen Umweltprüfung ist auch hier ein unnötiger Normenaufwand getätigt worden, der anstatt zur Rechtssicherheit und Rechtsklarheit beizutragen, für Bürokratie und verzögerte Planaufstellung sorgt. Darüber hinaus hat die übermäßige Komplexität der Verfahrensregelungen enorme Kosten für Steuerzahler und Wirtschaft zur Folge.

In diesem Normenchaos erschließen sich der Sinn und Zweck der ersten Verfahrensphase, der Zulässigkeitsprüfung gem. Art. 12, 13 VP-Verordnung, nicht. Einerseits beruht dieser Prüfungsschritt auf keiner Richtlinienvorgabe, andererseits ist eine der Vorprüfung vorgezogene Zulässigkeitsprüfung der Pläne mit den Erhaltungszielen bereits ausgewiesener Schutzgebiete oder mit den Anforderungen gem. Art. 19 GbV als unnötiger Verfahrensschritt anzusehen. Die Prüfpunkte können genauso gut und richtliniengerecht im Rahmen der Vorprüfung untersucht werden, was zur Beschleunigung und Vereinfachung des Prüfvorgangs führen würde.

Diesbezüglich kann die deutsche Rechtslage als Vorbild dienen. Nach Maßgabe der § 1a Abs. 4 BauGB untersucht die planaufstellende Gemeinde alleine im Rahmen einer der eigentlichen Verträglichkeitsprüfung vorgezogenen Prüfung, ob ein FFH-Gebiet oder ein ausgewiesenes Vogelschutzgebiet in seinen für die

---

[476] So *Marin/Georgieva-Schnell/Dimova*, Practical guidance on the implementation of Natura 2000 appropriate assessment in Bulgaria – German experience and EU law. Implementation of Art. 6(3) and 6(4) of Directive 92/43/EEC transposed in Art.31–34a of the Bulgarian Biodiversity Act, Sofia, Green Balkans, 2010, S. 9.

Erhaltungsziele oder den Schutzzweck maßgeblichen Bestandteilen durch den Bauleitplan erheblich beeinträchtigt werden kann. Eine FFH-Verträglichkeitsprüfung ist bei der deutschen Bauleitplanung nur erforderlich, wenn aus der Vorprüfung hervorgeht, dass erhebliche Beeinträchtigungen nicht offensichtlich ausgeschlossen werden können.[477] Demnach kann das komplizierte Verfahren in Bulgarien dadurch erleichtert werden, dass alleine die Vorprüfung das Ergebnis darüber liefert, ob eine Verträglichkeitsprüfung durchgeführt werden muss. Hieraus folgt die Erkenntnis, dass zwei der Verträglichkeitsprüfung vorgeschaltete Prüfungsschritte einen unnötigen Verwaltungsaufwand darstellen. Daher ist es dem Normgeber anzuraten, diese Vorschriften bei der nächsten Aktualisierung der Verordnung das Verfahren auf einen Vor-Prüfungsschritt zu reduzieren.

bb. Staatliche Verantwortung versus Mitwirkungspflicht Einzelner
Zu bemängeln ist ebenso die Umsetzungsphilosophie des bulgarischen Gesetzgebers, den Planinitiativträger, insbesondere den Privaten bei detaillierten Entwicklungsplänen, in die Mitverantwortung hinsichtlich der FFH-Verträglichkeitsprüfung zu nehmen.
Diesbezüglich sind die dem Planinitiativträger auferlegten zahlreichen Verpflichtungen (Benachrichtigungspflicht, Dokumentationsvorlagepflicht im Rahmen der Vorprüfung, Beauftragung eines externen Sachverständigengremiums für die eigentliche FFH-Verträglichkeitsprüfung, Vorlage des abschließenden Prüfberichts an die Fachbehörde, Ergreifen der notwendigen Kohärenzmaßnahmen bei einer Abweichungsentscheidung) hervorzuheben. Dabei entstehen Zweifel an der Zweckmäßigkeit dieser Umsetzungspolitik insofern, als die bulgarische Rechtsordnung darüber schweigt, welche Konsequenzen die unterlassene Mitwirkung durch den Planinitiativträger für die FFH-Verträglichkeitsprüfung hat. Nach Maßgabe von Art. 7 Nr. 1 VP-Verordnung leitet die Fachbehörde das FFH-Verträglichkeitsverfahren erst nach erfolgter Benachrichtigung seitens des Planinitiativträgers ein. Im Umkehrschluss aus Art. 7 Nr. 1 VP-Verordnung kann geschlossen werden, dass die fehlende Benachrichtigung seitens des Planinitiativträgers das Unterbleiben des ganzen Prozedere über die FFH-Verträglichkeitsprüfung zur Folge hat. Dass eine derartige Konsequenz die Richtlinienziele des Habitatschutzes umgehen würde, steht au-

---

[477] BVerwGE 128, 1 (29).

ßer Frage. Außerdem übersieht der bulgarische Gesetzgeber, dass sich sowohl die Umsetzungspflicht als auch die Pflicht zur Verträglichkeitsprüfung an den Staat bzw. an die Legislative und Exekutive richtet, und nicht unmittelbar den Privaten in die Pflicht nimmt.[478] Vor diesem Hintergrund sieht das deutsche Gesetz gem. § 1a Abs. 4 BauGB eine alleinige Verantwortung der planaufstellenden Gemeinde vor, wobei ihr auch die mit der Umsetzung der Richtlinienanforderungen verbundenen Konsequenzen im Falle von gerichtlichen Auseinandersetzungen auferlegt worden sind.[479] Hierbei ist die Gemeinde angehalten, die Tatsachengrundlagen für die FFH-Verträglichkeitsprüfung von Amts wegen zu ermitteln und hierdurch Gewissheit über die Möglichkeit und Erheblichkeit einer Gebietsbeeinträchtigung sowie die Ausnahmetatbestände zu gewinnen. Selbst wenn man die Mitwirkungspflicht des Einzelnen in Bulgarien mit der einzelfallbezogenen Verträglichkeitsprüfung bei Projekten in Deutschland vergleichen würde, hat der Antragssteller lediglich eine Mitwirkungslast im Sinne einer Aushändigung der erforderlichen Projektdaten und keine Mitwirkungspflicht.[480]

Aus unionsrechtlicher und deutscher Sicht kann die Mitwirkungspflicht des einzelnen Planinitiativträgers beim detaillierten Entwicklungsplan in Bezug auf das Ergreifen von Ausgleichsmaßnahmen ebenso wenig nachvollzogen werden. Auch diesbezüglich überlässt das bulgarische Gesetz alleine dem Initiativberechtigten die rechtliche und finanzielle Pflicht zur Sicherung des Zusammenhangs des Netzes „Natura 2000". Kontrollbefugnisse werden weder der Umweltbehörde noch einer anderen Aufsichtsbehörde eingeräumt. Insofern sind hier keine Sanktionen vorgesehen, die einer Pflichtverletzung entgegentreten könnten. Laut Erwägungsgrund Nr. 11 der FFH-RL ist die Einleitung von Maßnahmen zugunsten der Erhaltung prioritärer natürlicher Lebensräume und prioritärer Arten von gemeinschaftlichem Interesse eine gemeinsame Verantwortung aller Mitgliedstaaten. Zudem hat der Mitgliedstaat nach Maßgabe des Art. 6 Abs. 4 S. 1 2. HS. FFH-RL alle notwendigen Ausgleichsmaßnahmen zu ergreifen, um sicherzustellen, dass die globale Kohärenz von „Natura 2000" geschützt ist. Ein rechtsvergleichender Blick auf die deutsche Umsetzungspolitik zeigt, dass alleine die Gemeinde für die Gewährleistung der Kohärenzmaßnahmen im

---

[478] Vgl. Art. 6 Abs. 3, 4 und 5 FFH-RL i.V.m. der Umsetzungspflicht gem. Art. 288 Abs. 3 AEUV, die sich an die Mitgliedstaaten als Adressaten richten.

[479] So auch *Mitschang*, ZfBR 2006, 642 (646).

[480] Zur Amtsermittlung und Mitwirkungslast vgl. *Mühlhauer*, in: Lorz/Konrad u.a., Naturschutzrecht, § 34 Rn. 10.

Rahmen der Bauleitplanung zuständig und verantwortlich ist. Sie bestimmt die Ausgleichsmaßnahmen durch entsprechende Darstellungen im Flächennutzungsplan oder Festsetzungen im Bebauungsplan, gegebenenfalls durch vertragliche Regelungen im Zuge des vorhabenbezogenen Bebauungsplans nach § 12 BauGB.[481] Zudem unterliegt die Rechtmäßigkeit der Flächennutzungspläne dem Prüfungsrecht der Aufsichtsbehörde (vgl. §§ 6 Abs. 1, 216 BauGB).

Zusätzlich zu den zuvor ausgeführten Mitwirkungspflichten macht der bulgarische Gesetzgeber in Art. 31 Abs. 20 GbV die FFH-Verträglichkeitsprüfung von der Einzahlung einer vom Ministerrat festgelegten Gebühr abhängig. Die Zahlungslast fällt dem Planinitiativträger zu. Laut der aktuellen Tariftabelle beträgt die Gebühr zwischen 400 und 600 Leva.[482] Der Mindestlohn in Bulgarien beläuft sich im Jahre 2018 auf 510 Leva brutto. Dies bedeutet, dass der Planinitiativträger nicht nur den unangemessen hohen Verwaltungsaufwand aus eigener Tasche zu begleichen hat, sondern bei möglichen Kohärenzmaßnahmen gem. Art. 34 Abs. 1 und 3 GbV darüber hinaus die finanzielle Last zu tragen hat, wenn er einen detaillierten Entwicklungsplan realisieren will. All das schafft die reale Grundlage für Korruption zum Zwecke schnellerer und erfolgreicher Planaufstellung.

Aus diesen Gründen sind Bedenken gegen die Unionsrechtskonformität der bulgarischen Vorschriften, die die vorstehenden Mitwirkungspflichten Einzelner substantieren, zu erheben. Denn der Staat kann nicht garantieren, ob und wie (sachgerecht und präzise) der an der Realisierung des detaillierten Entwicklungsplans interessierte Privatträger seine Mitwirkungspflichten erfüllt. In diesem Sinne kann das Konzept der FFH-Verträglichkeitsprüfung in Bulgarien nicht hinreichend gewährleisten, dass sich der detaillierte Entwicklungsplan nicht nachteilig auf die Erhaltungsziele der betreffenden Gebiete auswirkt.

Da letztendlich die planaufstellende Behörde, die Gemeinde, die rechtliche Verantwortung für die Rechtmäßigkeit des detaillierten Entwicklungsplans trägt, sollte sie in die FFH-Verträglichkeitsprüfung auch hinsichtlich der detaillierten Entwicklungspläne, bei denen die Gemeinde in der Regel nicht als Planinitiativträger auftritt, in die Pflicht einer angemessenen und wissenschaftlich fundierten Prüfung genommen werden. Dies vertritt auch der vorbezeichnete Leitfaden. Da

---

[481] Zur Pflicht der Gemeinde hinsichtlich der Kohärenzmaßnahmen vgl. *Mitschang/Wagner*, DVBl 2010, 1257 (1266).

[482] 2 Leva beträgt ca. 1 Euro; zur aktuellen Tariftabelle: https://www.moew.government.bg/bg/tarifa-za-taksite-koito-se-subirat-v-sistemata-na-ministerstvo-na-okolnata-sreda-i-vodite/ (Abruf v. 9.10.2018).

die Verträglichkeitsprüfung kein ideales Instrument zur Lösung sämtlicher (Städtebau)Probleme darstelle, sei eine Einbindung der für die örtliche Planung zuständigen Behörde erforderlich.[483] Eine komplette Modellierung der bulgarischen Vorschriften nach dem Vorbild der deutschen Umsetzungsstrategie – Alleinzuständigkeit der Gemeinde in Kooperation mit der Naturschutzbehörde gem. § 4 BauGB[484] – würde dem gesamten bulgarischen Gesetzgebungskonzept widersprechen und kann keine sachgerechte Problemlösung darstellen. Dennoch kann ein kooperatives Zusammenwirken zwischen der Umweltbehörde und der Gemeinde unter Einschränkung der Mitwirkungspflichten seitens des Privaten auf Informations- und Datenübermittlungslasten angeregt werden.

cc. Wahrung der Neutralität im Verfahren

Ebenso unverständlich ist die Abwälzung erheblicher Prüfungsschritte bei der Durchführung der FFH-Verträglichkeitsprüfung auf ein externes, vom Planinitiativträger beauftragtes Sachverständigengremium. Dies betrifft die Bewertung des Erheblichkeitsgrades der Umweltauswirkungen in Bezug auf die Belange des Naturschutzverbundes „Natura 2000" gem. Art. 21 ff. VP-Verordnung sowie den Abweichungstatbestand gem. Art. 33 GbV, die als zwingende Punkte in den Prüfbericht aufzunehmen sind.[485] Zwar steht es alleine der Umweltbehörde zu, den Prüfbericht und die dort geschilderten Prüfungsergebnisse zu genehmigen, dennoch ist die administrative Entscheidung durch das private Gremium vorab festgelegt. Trotz der strengen Anforderungen an die personelle und sachliche Eignung der Gremiumsmitglieder besteht die Gefahr einer unsachgerechten und fragwürdigen Verträglichkeitsprüfung. Das Sachverständigengremium ist ein Dritter, der auf der Grundlage eines privatrechtlichen Vertrages gegenüber dem Planinitiativträger zur Erstellung des Prüfberichts verpflichtet ist. Der Planinitiativträger ist zur entsprechenden Vergütung verpflichtet. Neutralität sowie Transparenz und Wissenschaftlichkeit der dem Prüfbericht zugrundeliegenden Unter-

---

[483] *Marin/Georgieva-Schnell/Dimova*, Practical guidance on the implementation of Natura 2000 appropriate assessment in Bulgaria – German experience and EU law. Implementation of Art. 6(3) and 6(4) of Directive 92/43/EEC transposed in Art.31–34a of the Bulgarian Biodiversity Act, Sofia, Green Balkans, 2010 (In Bulgarian), S. 9.

[484] Zur Zusammenarbeit zwischen der zuständigen Gemeinde und der Naturschutzbehörde bei der Verträglichkeitsprüfung vgl. *Krautzberger*, in: Ernst/Zinkahn/Bielenberg/Krautzberger, Baugesetzbuch, § 1a Rn. 176.

[485] Vgl. die vorstehenden Ausführungen unter 5. Kapitel, III. 4. c. cc. und dd.

suchungen lassen sich gegen entsprechende „zusätzliche Gegenleistung" vorspiegeln.

All das bekräftigt den Schluss, dass sich der bulgarische Staat seinen aus der FFH-RL ergebenden Pflichten hinsichtlich der Zulassung unverträglicher Eingriffe in die Schutzgebiete durch Abwälzung verfahrensrechtlicher und sachlicher Mitverantwortung auf die Planinitiativträger einschließlich der Einbeziehung von externen Gutachtern entledigen will. Darüber hinaus ist eine Hintertür für Korruption und Bestechlichkeit offen gelassen. Zwar stellt die Umweltbehörde den abschließenden Rechtsakt – umweltrechtliche Stellungnahme oder Beschluss – aus, der als zwingende materielle Voraussetzung bei der Bauleitplanung erforderlich ist. Dennoch erfolgt dies nur unter der Voraussetzung, dass der Planinitiativträger seinen Mitwirkungspflichten rechtstreu nachkommt. Hinsichtlich allgemeiner Entwicklungspläne ist dies unbedenklich, denn die Gemeinde tritt als Planinitiativträgerin auf, so dass die Aufgabenwahrnehmung auf einen Verwaltungsträger zurückzuführen ist und eine unsachgerechte Prüfung unwahrscheinlich ist. Als bedenklich gilt aber der Bereich der zu 80% aus privaten Vorhabenträgern initiierten detaillierten Entwicklungsplanung.

Ein Blick auf die deutschen Regelungen zeigt, dass die Befugnis zur Durchführung der FFH-Verträglichkeitsprüfung dort alleine der Gemeinde eingeräumt worden ist. Das deutsche Bauleitplanverfahren kennt auch die Delegation der Vorbereitung und Durchführung bestimmter Verfahrensschritte zur Beschleunigung des Bauleitplanverfahrens gem. § 4b S. 1 BauGB. Auch § 11 Abs. 1 S. 1 BauGB ermöglicht die Übertragung bestimmter Aufgaben (selbst die Ausarbeitung der städtebaulichen Planungen sowie erforderlichenfalls des Umweltberichts) auf Private. Allerdings bleibt die Verantwortung der Gemeinde für das gesetzlich vorgesehene Aufstellungsverfahren unberührt.[486] Der Dritte handelt als weisungsgebundener Verwaltungshelfer im Auftrag der Gemeinde, der auch die Aufsichtspflicht gegenüber dem Dritten (Architekt, Planungsbüro, u.a.) obliegt.[487] Selbst wenn ein privater Dritter mit der Vorbereitung und Durchführung von Verfahrensschritten beauftragt ist, verbleibt die eigentliche Entscheidung über die FFH-Verträglichkeit des Bauleitplans im Zuständigkeitsbereich der Gemeinde. Hiermit liegt es in der Verantwortung der planaufstellenden Ge-

---

[486] Vgl. § 11 Abs. 1 S. 1 Nr. 1, letzter HS BauGB; BVerwGE 124, 385 (388 f.).
[487] Zur Rechtsstellung des Dritten gem. § 4 b BauGB vgl. *Krautzberger/Wagner*, in: Ernst/Zinkahn/Bielenberg/Krautzberger, BauGB, § 4 b, Rn. 37; *Schrödter*, BauGB, § 4b Rn. 1.

meinde sicherzustellen, dass die gesetzlichen Verpflichtungen ordnungsgemäß erfüllt werden. Hierzu gehören auch die für die rechtsstaatliche Planung erforderliche Neutralität und Interessenferne des Dritten.[488] Dies vorausgeschickt, erscheint es neben den vorstehenden Ausführungen über die Einbeziehung der Gemeinde in die FFH-Verträglichkeit im Rahmen der Bauleitplanung empfehlenswert sicherzustellen, dass die öffentlichen Träger in Bulgarien für die Neutralität und Sachlichkeit dieser Prüfung einzustehen haben. Dies betrifft sowohl die persönliche Tauglichkeit der Sachverständigen als auch die sachgerechte und rechtmäßige Untersuchung der Beeinträchtigung von FFH-Erhaltungszielen. Dies wäre dann der Fall, wenn die Fachbehörde selbst das Sachverständigengremium beauftragen würde und dieses ausschließlich im Interesse und nach Weisungen der Umweltschutzbehörde tätig würde. Dabei wäre es Aufgabe der Fachbehörde sicherzustellen, dass es keine unvertretbaren Interessenkonflikte gibt und die Anforderungen an den rechtmäßigen Prüfbericht gem. Art. 22, 23 VP-Verordnung eingehalten sind. Zudem spricht der Beschleunigungsgrundsatz für eine direkte Drittbeauftragung durch die zuständige Behörde und gegen die jetzige umständliche Beauftragung übers Eck (Fachbehörde-Planinitiativträger-Dritte). Diese Empfehlung stellt einen an die geltende Rechtsordnung angepassten Lösungsvorschlag dar, der die geltenden Zuständigkeits- und Verfahrensregelungen nicht von Grund auf ändert, sondern nur in bestimmtem Umfang modifiziert. Denn weiterhin würde die Umweltschutzbehörde für die FFH-Verträglichkeitsprüfung zuständig bleiben, die sich eines externen Fach-und Expertenwissens bedienen kann.

6. Zwischenergebnis

Die vorliegende Untersuchung gelangt zur Erkenntnis, dass die bisherige normative aber auch administrative Umsetzung der Naturschutzrichtlinien in Bulgarien unzureichend ist. Das Land hat Vorkehrungen zu treffen, die sichern, dass die naturschutzrechtlichen Belange ausreichend berücksichtigt werden. Dies gilt nicht nur, um die Erhaltung der biologischen Vielfalt zu fördern, sondern auch um der gemeinsamen länderübergreifenden Verantwortung für die Erhaltung und dauerhafte Sicherung des europäischen Naturerbes gerecht zu werden. Nur

---

[488] *Reidt*, in: Bracher/Reidt/Schiller, Bauplanungsrecht, Rn. 600.

eine gemeinsame und unionskonforme Erfüllung der Verpflichtungen aus den Naturschutzrichtlinien kann die nachhaltige Naturentwicklung in Europa garantieren.

6. Kapitel:
Rechtsschutz

Aus Sicht eines deutschen Investors ist die Erörterung der Rechtsschutzmöglichkeit im bulgarischen Recht unerlässlich, denn die Realisierung eines Bauvorhabens hängt nicht selten von der erfolgreichen Rechtsdurchsetzung im Rahmen eines Gerichtsverfahrens ab. Im letzten Kapitel spielen verfahrensrechtliche Fragen wie nach dem zuständigen Gericht oder der Klagebefugnis eine entscheidende Rolle. Unter dem Blickwinkel des deutschen Verwaltungsprozessrechts sind auch der gerichtliche Prüfungsmaßstab und der maßgebliche Zeitpunkt für die Beurteilung der Sach- und Rechtslage von Interesse. Ferner sind die Differenzen zwischen der bulgarischen Rechtkontrolle und dem deutschen Normenkontrollverfahren nach § 47 VwGO von Bedeutung.

Die obige Untersuchung zeigt den nachhaltigen Einfluss des Unionsrechts auf die nationale Bauleitplanung. Nicht nur das Planaufstellungsverfahren hat eine erhebliche Aufwertung erfahren, indem die Umweltprüfung und die Verträglichkeitsprüfung als selbständige Verfahrensschritte vorgesehen wurden, sondern den umweltrechtlichen Vorsorgeinstrumenten wurde auch eine materiellrechtliche Bedeutung für die Planannahme beigemessen. Daher wird abschließend der Umweltrechtsschutz dargelegt, wobei insbesondere die Prozessvoraussetzungen bei der Rechtskontrolle von Umweltprüfungsakten näher erläutert werden.

I. Rechtsgrundlagen

Die Rechtskontrolle ist im neunzehnten Abschnitt des Gesetzes über territoriale Entwicklung (Art. 213 ff. GtE) geregelt und stellt eine spezielle Ausprägung der verfassungsrechtlich verankerten Rechtsschutzgarantie (Art. 120 Abs. 1 und 2 Verfass. RBG) dar. Gemäß Art. 120 Abs. 2 Verfass. RBG können die Bürger und die juristischen Personen alle sie belastenden Verwaltungsakte anfechten, ausgenommen sind die ausdrücklich durch Gesetz geregelten Fälle. Konkret ist die Anfechtungsmöglichkeit gegen Akte, erlassen auf der Grundlage des Gesetzes über territoriale Entwicklung, in Art. 213 ff. GtE sowie in weiteren Einzelnormen des Gesetzes (wie z. B. Art. 127 Abs. 6 GtE) niedergelegt. Gem. Art. 213 GtE üben die Gerichte Kontrolle über die Gesetzmäßigkeit der Verwaltungsakte im Bereich der territorialen Entwicklung entsprechend den Anordnungen des Gesetzes über territoriale Entwicklung aus. Rechtsfragen, die das Gesetz nicht regelt, unterliegen der Rechtskontrolle nach Maßgabe der Normen der bulgarischen Verwaltungsprozessordnung.[489] Demnach sind die prozessrechtlichen Vorschriften im Gesetz über territoriale Entwicklung lex specialis, während die allgemeinen Rechtsnormen der Verwaltungsprozessordnung subsidiär neben dem Gesetz über territoriale Entwicklung eingreifen.[490] Kennzeichnend für die bulgarische Verwaltungsprozessordnung ist, dass eine Klageart sowohl in Bezug auf den erlassenen belastenden Verwaltungsakt als auch den abgelehnten oder unterlassenen Verwaltungsakt statthaft ist. Eine Differenzierung zwischen der Anfechtungs- und Verpflichtungsklage ist dem bulgarischen Verwaltungsprozessrecht fremd. Das zehnte Kapitel der bulgarischen Verwaltungsprozessordnung (Art. 145 ff. VwPO) enthält alle Vorschriften über die gerichtliche Beanstandung von Verwaltungsakten. Konkret werden hinsichtlich der Anfechtung von detaillierten Entwicklungsplänen Art. 145 - 178 VwPO soweit angewendet, als Art. 214 ff. GtE keine abweichenden Vorgaben beinhalten.

II. Individuelle Verwaltungsakte gemäß Art. 214 GtE

Zentrale Vorschrift ist Art. 214 GtE. Sie definiert die individuellen Verwaltungsakte im Sinne des Gesetzes über territoriale Entwicklung, die einer Gerichtskontrolle durch die zuständigen Verwaltungsgerichte unterliegen.[491] Art. 214 Nr. 1 GtE kennzeichnet Akte territorialer Entwicklung gemäß Art. 1 GtE als individuelle Verwaltungsakte, durch die Rechte oder Pflichten natürlicher oder juristischer Personen geschaffen oder berührt werden, unabhängig von deren Adressateneigenschaft. Art. 214 Nr. 1 GtE erfasst ausdrücklich nicht nur die erlassenen Verfügungen, sondern ebenso die abgelehnten oder zurückgenommenen Verwaltungsakte. Unerheblich ist, ob der entsprechende Akt ausdrücklich, konkludent oder aufgrund einer stillschweigenden ablehnenden Entscheidung

---

[489] Zu der Bedeutung der bulgarischen Verwaltungsprozessordnung vgl. die Erläuterungen unter 3. Kapitel, I. 4. a.

[490] So auch *Slatinova*, in: Djerov/Schalpudova/Ilova/Slatinova, Rechtliche Probleme des GtE, S. 308.

[491] Zum Unterschied zwischen individuellen und allgemeinen Verwaltungsakten vgl. 3. Kapitel, I. 3. a.

ergeht.[492] Art. 58 Abs. 1 VwPO definiert die stillschweigende Ablehnung als das Nichtergehen eines Bescheids innerhalb einer bestimmten Frist. Demnach fallen auch die unterlassenen Verwaltungsakte unter die individuellen Verwaltungsakte nach Art. 214 GtE.

1. Detaillierte Entwicklungspläne

Hinsichtlich der Bauleitplanung steht in der bulgarischen Literatur und Rechtsprechung fest, dass detaillierte Entwicklungspläne, genauer die sie beschließenden Akte (wie der Beschluss des Gemeinderats, die Verfügung des Gebietsverwalters oder Ministers über regionale Entwicklung und öffentliche Arbeiten, Art. 129 Abs. 1-3 GtE) als individuelle Verwaltungsakte im Sinne des Art. 214 Nr. 1 GtE angesehen werden und dementsprechend einer verwaltungsgerichtlichen Anfechtung durch die Anfechtungsbefugten unterliegen.[493]

Darüber hinaus sieht das Gesetz über territoriale Entwicklung die Anfechtung mancher Aufstellungsakte[494] detaillierter Entwicklungsplanung vor. Grundsätzlich sind die Aufstellungsbeschlüsse und Verfügungen, darunter auch deren Absagen, gemäß Art. 124b Abs. 4 GtE unanfechtbar. Eine Ausnahme hiervon sieht Art. 124b Abs. 5 GtE hinsichtlich der Aufstellungsakte im Verhältnis zu berechtigten Personen gemäß Art. 124a Abs. 4, 131 GtE vor. Lehnt das zuständige Organ den Antrag der berechtigten Person auf Einleitung des Aufstellungsverfahrens ab, so unterliegt diese Absage der Anfechtungsmöglichkeit nach Art. 215 GtE. Dies besagt Art. 124b Abs. 5 GtE. Demnach kann der abgelehnte oder unterlassene Aufstellungsakt eines detaillierten Entwicklungsplans gerichtlich beanstandet werden, wenn die Planinitiative auf die befugte natürliche oder juristische Person zurückzuführen ist. Diese ausdrücklich im Gesetz niedergelegte Regelung ist rechtlich nachvollziehbar. Denn nur diese Absage entfaltet Außenwirkung. Der Aufstellungsakt auf Vorschlag des Bürgermeisters oder des Hauptarchitekten (Art. 124a Abs. 1 und 2 GtE) bzw. der ablehnende Beschluss des entscheidenden Organs sind organinterne Handlungen, die keinen rechtsverbindlichen Charakter aufweisen und damit nicht als individuelle Verwaltungsakte in die Anfechtungsregelungen der Art. 214 ff. GtE fallen.

---

[492] *Kowatschev/Getscheva/Ilova/Philipova/Dimitrov*, Verfahren und Anwendungsunterlagen im Bereich der territorialen Entwicklung des Bauwesens, *S. 67 f.; Slatinova*, in: Djerov/Schalpudova/Ilova/Slatinova, Rechtliche Probleme des GtE, S. 313 und 324.
[493] *Slatinova*, in: Djerov/Schaldupova/Ilova/Slatinova, Rechtliche Probleme des GtE, S. 318.
[494] Zu den Aufstellungsakten detaillierter Entwicklungsplanung vgl. 4. Kapitel, I. 3. bb.

2. Allgemeine Entwicklungspläne

Wie bereits oben festgestellt[495], sind die allgemeinen Entwicklungspläne keine individuellen Verwaltungsakte. Zudem wird der Individualrechtsschutz gegen die allgemeinen Entwicklungspläne und ihre Änderungen durch Art. 215 Abs. 6 GtE ausgeschlossen. Dieser ausdrückliche Ausschluss ist in Anbetracht von Art. 120 Abs. 2 Verfass. RBG zulässig, denn die Verfassung normiert die Möglichkeit, gesetzliche Ausnahmen von der Anfechtung belastender Verwaltungsakte durch Gesetz einzuführen. Das bulgarische Verfassungsgericht äußerte sich bereits im Jahre 1994 über den Ausschluss nach Art. 120 Abs. 2 Verfass. RBG dahingehend, dass Bauplanungsgesetze, prozessuale Gesetze sowie andere Gesetze eine derartige Ausnahme von der Anfechtungsmöglichkeit vorsehen können.[496]

Allerdings ist der Wortlaut des Art. 215 Abs. 6 GtE etwas missglückt, denn er berücksichtigt die Rechtmäßigkeitskontrolle gemäß Art. 127 Abs. 6 GtE nicht. Die letztgenannte Norm verweist auf die Aufsichtskontrolle gemäß Art. 45 GöSöA, also auf die Anfechtung durch den Gebietsverwalter im Rahmen der Rechtsaufsicht und auf seine Befugnis, Klage gegen den beanstandeten Beschluss des Gemeinderats vor dem zuständigen Verwaltungsgericht zu erheben. Hiernach wird der Gemeinderatsbeschluss dem Gebietsverwalter innerhalb einer siebentägigen Frist seit Beschlussfassung zugeschickt. Daraufhin steht dem Gebietsverwalter das Recht zu, entweder innerhalb einer vierzehntägigen Frist ab Zugang des Beschlusses diesen an den Gemeinderat als rechtswidrig zur erneuten Beschließung zurückzuverweisen oder gegen den Beschluss eine verwaltungsgerichtliche Klage gemäß Art. 45 GöSöA zu erheben. Damit räumt Art. 127 Abs. 6 GtE dem Gebietsverwalter das Recht ein, die Rechtmäßigkeit des Gemeinderatsbeschlusses über den Erlass eines allgemeinen Entwicklungsplans zu rügen. Sinngemäß meint der Gesetzgeber durch Art. 215 Abs. 6 GtE, dass es dem Einzelnen (die planbetroffenen Grundstückseigentümer und dinglich Berechtigten) untersagt ist, im Wege einer gerichtlichen Rechtskontrolle gegen den

---

[495] Vgl. die Ausführungen zur Rechtsnatur des allgemeinen Entwicklungsplans in 3. Kapitel, I. 3.

[496] Verfassungsgericht, Urt. v. Az. 13/95; auch *Sinovieva*, Das Problem der ausgeschlossenen Rechtskontrolle von individuellen Verwaltungsakten, zitiert nach ciela.bg.

allgemeinen Entwicklungsplan oder seine Änderung vorzugehen.[497] Die administrative Rechtskontrolle durch den Gebietsverwalter sowie die Klageerhebungsoption gemäß Art. 45 GöSöA bleiben von Art. 215 Abs. 6 GtE unangetastet.

Um rechtlichen Missverständnissen bezüglich der Rechtskontrolle durch den Gebietsverwalter vorzubeugen, wird hier folgender Optimierungsvorschlag an den bulgarischen Gesetzgeber unterbreitet. Ein Satz 2 ist in Art. 215 Abs. 6 GtE einzufügen, der lautet: "Das Recht des Gebietsverwalters gemäß Art. 127 Abs. 6 S. 2 bleibt unberührt".

III. Rechtskontrolle detaillierter Entwicklungspläne

Nachfolgend wird der Frage nachgegangen, welche gesetzlichen Anforderungen an den Rechtsschutz gegen detaillierte Entwicklungspläne in der bulgarischen Rechtsordnung zu beachten sind.

Im Vergleich zum Rechtsschutz gegen Bebauungspläne in Deutschland, ist wie oben bereits ausgeführt, das Pendant des Bebauungsplans keine Satzung, sondern ein Verwaltungsakt. Demnach ist kein dem gemäß § 47 Abs. 1 Nr. 1 VwGO vergleichbares Normenkontrollverfahren einschlägig. Vielmehr regelt der bulgarische Gesetzgeber ein direktes Klageverfahren vor dem zuständigen Verwaltungsgericht gemäß Art. 215 GtE.

Hier ist eine systematische Besonderheit des Gesetzes über territoriale Entwicklung anzumerken. Entgegen allen verwaltungsprozessualen Erfahrungen regelt das bulgarische Gesetz eine dem Gerichtsverfahren vorgelagerte erfolglose administrative Kontrolle erst nach den Anforderungen an das Gerichtsverfahren.[498] Dem in Art. 216 GtE substantiierten Widerspruchsverfahren unterliegen lediglich bestimmte Bescheide des Hauptarchitekten im Bereich der territorialen Entwicklung. Hiervon nicht erfasst sind die detaillierten Entwicklungspläne, so dass sie einer direkten Überprüfung durch das Gericht zu unterziehen sind. Auf

---

[497] So auch *Slatinova*, in: Djerov/Schalpudova/Ilova/Slatinova, Rechtliche Probleme des GtE, S. 342.
[498] *Sivkov* kritisiert die systematische Entscheidung des Gesetzgebers und appelliert an eine systematisch richtige Niederlegung des Widerspruchsverfahrens vor den Vorschriften über die Gerichtskontrolle, in: Grundlagen der territorialen Entwicklung, S. 142.

das Widerspruchsverfahren gemäß Art. 216 GtE wird daher hier nicht weiterhin eingegangen.

1. Zulässigkeit

Ähnlich wie bei dem deutschen Normenkontrollverfahren prüft zunächst das bulgarische Gericht das Vorliegen der Zulässigkeitsvoraussetzungen. Aufgrund der Subsidiarität der allgemeinen Vorschriften der Art. 145 ff. VwPO gegenüber den besonderen Sachentscheidungsvoraussetzungen nach dem Gesetz über territoriale Entwicklung sind Art. 215 ff. GtE schwerpunktmäßig darzustellen.

a. Statthaftigkeit

Art. 215 GtE ist die prozessuale Spezialvorschrift für die Überprüfungsmöglichkeit individueller Verwaltungsakte im Sinne des Gesetzes über territoriale Entwicklung. Statthaft ist eine Klageart, die dem deutschen Verständnis nach sowohl die Anfechtungs- als auch die Verpflichtungssituation regelt.

b. Zuständiges Gericht

Art. 215 Abs. 1 GtE differenziert zwischen der Zuständigkeit des Verwaltungsgerichts und des Obersten Verwaltungsgerichts. Handelt es sich um eine durch den Minister für regionale Entwicklung und öffentliche Arbeiten erlassene Verfügung (z. B. über die Aufstellung eines detaillierten Entwicklungsplans für Objekte von nationaler Bedeutung oder von überörtlichem Umfang gemäß Art. 129 Abs. 3 Nr. 2 GtE), so greift die spezielle funktionale Zuständigkeit des Obersten Verwaltungsgerichts ein (Art. 215 Abs. 2 S. 2 GtE). Für alle anderen Verfügungen über den Erlass oder die Ablehnung eines detaillierten Entwicklungsplans ist das Verwaltungsgericht örtlich zuständig, in dessen Bezirk das betroffene Grundstück liegt (Art. 215 Abs. 1 S. 1 GtE).

c. Klagebefugnis

Art. 215 GtE schreibt das Recht der Klagebefugnis lediglich des Staatsanwalts (hierzu unter bb.) vor. Den Regelfall bilden aber Klagen natürlicher oder juristischer Personen, die ein berechtigtes Interesse haben, gegen den detaillierten Entwicklungsplan gerichtlich vorzugehen (hierzu unter aa.).

aa. berechtigte Personen

Ausgang ist die allgemeine Vorschrift – Art. 147 Abs. 1 VwPO. Hiernach sind die Bürger und die Organisationen befugt, einen Verwaltungsakt anzufechten, der ihre Rechte, Freiheiten oder rechtliche Interessen beeinträchtigt oder ihnen

Verpflichtungen auferlegt. Spezialgesetzlich regelt Art. 124a Abs. 5, 131 GtE den Kreis der betroffenen berechtigten Personen, die einerseits im Planaufstellungsverfahren initiativberechtigt sind, andererseits aber das prozessuale Recht haben, sich gegen den detaillierten Entwicklungsplan zu wenden. Art. 131 GtE hängt eng mit der prozessualen Klagebefugnis gemäß Art. 215 GtE i.V.m. Art. 147 Abs. 1 VwPO zusammen.[499] Dies hat zur Folge, dass ein detaillierter Entwicklungsplan nur angefochten werden kann, wenn beide Voraussetzungen des Art. 131 GtE kumulativ vorliegen: Erstens muss es sich um Grundstückseigentümer, eigentumsähnliche Berechtigte oder Konzessionäre handeln. Zweitens müssen deren Grundstücke die Anforderungen an die unmittelbare Betroffenheit gemäß Art. 131 Abs. 2 GtE (nämlich planbetroffene oder bestimmte in der Nachbarschaft angrenzende Grundstücke) erfüllen.[500] Nach gefestigter Rechtsprechung kann sich nur der Eigentümer oder ein sonst dinglich Berechtigter eines im Plangebiet gelegenen Grundstücks den Teil des detaillierten Entwicklungsplans anfechten, der unmittelbar sein Grundstück oder dingliches Recht betrifft. Keine Klagebefugnis besteht hinsichtlich des restlichen Planteils, der Rechte anderer Grundstückseigentümer oder dinglich Berechtigter verbindlich festsetzt.[501] Nicht klagebefugt sind obligatorisch Berechtigte (Mieter, Pächter).[502] Darüber hinaus sollen die Klagebefugten ihr dingliches Recht im Prozess durch Auszug aus dem Grundbuch (früher aus dem Kataster) nachweisen, anderenfalls wird die Klage als unzulässig abgewiesen.[503] Der Kläger muss konkrete Nachweise im Verwaltungsprozess erbringen, um seine dingliche Berechtigung und die Planbetroffenheit seines Grundstücks gemäß Art. 131 GtE darzulegen.[504] Er kommt seiner Darlegungs- und Beweislast nach, wenn er beispielsweise den

---

[499] So auch *Slatinova*, in: Djerov/Schaldupova/Ilova/Slatinova, Rechtliche Probleme des GtE, S. 360; *Bakalova/Yankulov*, Aktuelle Fragen der territorialen Entwicklung und des Katasters, Kommentar, S. 191.
[500] *Bakalova/Yankulov*, Aktuelle Fragen der territorialen Entwicklung und des Katasters, Kommentar, S. 203 f.; zum berechtigten Personenkreis gem. Art. 131, 134 GtE: Oberstes Verwaltungsgericht, Urt. v. 30.6.2008, Az. 7080/2008; Verwaltungsgericht Sofia, Urt. v. 30.4.2010, Az. 338/2010; Verwaltungsgericht Varna, Urt. v. 18.12.2013, Az. 3167/2003.
[501] Oberstes Verwaltungsgericht, Urt. v. 19.3.2013, Az. 3304/2013; Urt. v. 15.5.2013, Az.: 5901/2013.
[502] So auch *Slatinova*, in: Djerov/Schaldupova/Ilova/Slatinova, Rechtliche Probleme des GtE, S 361.
[503] Oberstes Verwaltungsgericht, Urt. v. 18.7.2013, Az.: 9396/2013; auch *Slatinova*, in: Djerov/Schaldupova/Ilova/Slatinova, Rechtliche Probleme des GtE, S 362.
[504] Oberstes Verwaltungsgericht, Urt. v. 30.6.2008, Az. 7080/2008.

Auszug aus dem Grundbuch oder dem Liegenschaftskataster vorlegen kann, aus dem sich seine dingliche Berechtigung und Grundstücksbetroffenheit ergibt.

Vor diesem Hintergrund zeigt sich der Unterschied zu der Antragsbefugnis im deutschen Rechtsschutz gegen Bebauungspläne gemäß § 47 Abs. 2 VwGO. Hiernach ist notwendig, dass die antragstellende Person „geltend macht, durch die Rechtsvorschrift oder deren Anwendung in ihren Rechten verletzt zu sein, oder in absehbarer Zeit verletzt zu werden". Nach deutschem Recht reicht es aus, ein subjektiv-öffentliches Recht geltend zu machen, wobei ein solches aus dem planerischen Abwägungsgebot gemäß § 1 Abs. 7 BauGB ableitbar ist.[505] Neben den unmittelbar betroffenen Grundstückseigentümern sind auch Eigentümer außerhalb des Plangebiets sowie obligatorisch Berechtigte antragsbefugt, die sich auf die Verletzung des Abwägungsgebots (§ 1 Abs. 7 BauGB) stützen können. Drittschützenden Charakter entfaltet das Abwägungsgebot allerdings nur hinsichtlich solcher privater Belange, die einen städtebaulich relevanten Bezug aufweisen und für die Abwägung schutzwürdig sind.[506] Trotz der strengen Anforderungen der deutschen Rechtsprechung an die drittschützende Wirkung des Abwägungsgebots im Normenkontrollverfahren geht der antragsstellende Personenkreis im Gegensatz zum bulgarischen Recht über die aus dem Eigentumsrecht ableitbare Antragsbefugnis Privater hinaus. Auch planexterne Betroffene können gegen den Bebauungsplan vorgehen, wenn sie die Beeinträchtigung des Abwägungsgebots geltend machen.

Grund für die unterschiedlich gehandhabte Klagebefugnis in beiden Rechtsordnungen ist einerseits die fehlende einfachgesetzlich niedergelegte Vorschrift über das Gebot planerischer Abwägung in der bulgarischen Bauleitplanung[507], andererseits aber auch die konsequente Anlehnung der Klagemöglichkeit an das Planinitiativrecht Privater (Art. 124a Abs. 5, 131 GtE). Denn die prozessuale Anfechtungsbefugnis stellt das Spiegelbild des Planinitiativrechts im bulgarischen Planaufstellungsverfahren dar.

---

[505] *Kopp/Schenke*, VwGO Kommentar, § 47 Rn. 71 ff.; Reidt, in: Battis/Krautzberger/Löhr, BauGB, § 10, Rn. 15.
[506] BVerwG, NVwZ 2015, 1457 (1458) m.w.N.
[507] Hierzu die Ausführungen unter 4. Kapitel, II. 4.

bb. Staatsanwaltschaft

Weiterhin räumt Art. 215 Abs. 3 GtE dem Staatsanwalt das Recht ein, die gerichtliche Überprüfung des detaillierten Entwicklungsplans auf die Gesetzmäßigkeit einzuleiten. Im Gegensatz zur deutschen Normenkontrolle sind weder andere Gemeinden in Bezug auf die Verletzung des interkommunalen Abstimmungsgebots (§ 2 Abs. 2 BauGB) noch Behörden (§ 47 Abs. 2, 2. HS. VwGO) antragsbefugt. In der bulgarischen Verwaltungsprozessordnung besteht die Besonderheit, dass die Staatsanwaltschaft ermächtigt ist, Verwaltungsakte als gesetzeswidrig anzufechten.[508] Demnach kann der örtlich zuständige Staatsanwalt gegen den detaillierten Entwicklungsplan Klage erheben und vom Gericht fordern, die Rechtmäßigkeit der angefochtenen Entscheidung zu überprüfen. Das Oberste Verwaltungsgericht betonte ausdrücklich, dass die gerichtliche Beanstandung durch den örtlich zuständigen Staatsanwalt gegen Verwaltungsakte der kommunalen Selbstverwaltungsorgane zulässig ist und keinen rechtswidrigen Eingriff in das Recht der örtlichen Selbstverwaltung darstellt.[509]

Allerdings ist dieses Anfechtungsrecht der Staatsanwaltschaft nicht uneingeschränkt. Es kann nur bei Vorliegen eines erheblichen staatlichen oder öffentlichen Interesses ausgeübt werden. Das bulgarische Verwaltungsprozessrecht enthält keine Legaldefinition der Begriffe „erhebliches, staatliches oder öffentliches Interesse". Dies wird als gesetzliches Defizit in der Literatur kritisiert und dem Gesetzgeber empfohlen, eine eindeutige Legaldefinition in die Verwaltungsprozessordnung einzufügen.[510] Die höchstrichterliche Rechtsprechung des Obersten Verwaltungsgerichts geht davon aus, dass bei der Beurteilung, ob ein erhebliches staatliches oder öffentliches Interesse für die Klagebefugnis des Staatsanwalts gegeben ist, auf den allgemeinen, dem Ausdruck gemeinhin zuerkannten Sinn abzustellen ist.[511] Entscheidend sei, die Belange des Gemeinwohls über die Individualinteressen zu stellen, was aus dem staatlichen Schutzauftrag abzuleiten sei.

Die Klagebefugnis des Staatsanwalts hängt nicht von der Anfechtungsbefugnis durch die Planinitiativträger ab: Weder kann er an ihrer Stelle den detaillierten

---

[508] So *Sivkov*, Grundlagen der territorialen Entwicklung, S. 425.

[509] Oberstes Verwaltungsgericht, Urt. v. 16.7.2009, Az. 2/2009.

[510] *Angelov*, in: Elenkov/Angelov/Djulgerov u.a. Administrativ-prozessualer Kodex, Kommentar, S. 173.

[511] Oberstes Verwaltungsgericht, Urt. v. 9.7.2013, Az. 2458/2013.

Entwicklungsplan anfechten noch kann er sich auf subjektiv-öffentliche Interessen der Planbetroffenen berufen.[512] Weiterhin schließt das Gesetz ausdrücklich eine Zweckmäßigkeitskontrolle aus und lässt lediglich die Rechtmäßigkeitsüberprüfung der angefochtenen Entscheidungen zu. Demnach kann der Staatsanwalt nur Fehler an der Rechtmäßigkeit des detaillierten Entwicklungsplans rügen, nicht aber solche, die die Art und Weise der territorialen Entwicklung betreffen.

d. Klagefrist und Form

Für detaillierte Entwicklungspläne, die gemäß Art. 128 GtE durch öffentliche Bekanntmachung im Staatsanzeiger wirksam werden, gilt eine Anfechtungsfrist von dreißig Tagen ab der Veröffentlichung im Staatsanzeiger (vgl. Art. 215 Abs. 4 S. 1 GtE). Eine kürzere Frist von vierzehn Tagen ist entsprechend Art. 215 Abs. 4 S. 2 GtE für detaillierte Entwicklungspläne zu beachten, die Vorhaben von nationaler Bedeutung oder kommunale Projekte von „erstrangiger" Relevanz betreffen. Gemäß § 5 Nr. 62 der Zusatzvorschriften zum GtE sind Objekte von nationaler Bedeutung diejenigen, die als solche durch Gesetz oder Rechtsverordnung des Ministerrats festgelegt sind. § 5 Nr. 73 Zusatzvorschriften zum GtE zählt die kommunalen Projekte von erstrangiger Bedeutung abschließend auf: kommunale Straßen, Bereiche für Untergrundbahnen, Straßenbahnen, Abfalldeponien, Friedhöfe sowie andere kommunale Projekte und Anlagen entsprechend dem Gesetz über kommunales Eigentum.

Abgrenzungskriterium für die Bestimmung der einschlägigen Klagefrist ist der Plangegenstand. Es um sich um ein Vorhaben von nationaler Bedeutung oder gemeindliche Objekte von erstrangiger Relevanz handeln. In der Planungspraxis werden detaillierte Entwicklungspläne oft aufgestellt, die nur zum Teil die vorgenannten Spezialprojekte festsetzen. Beispielsweise kommt ein detaillierter Entwicklungsplan in Betracht, der neben den üblichen Festsetzungen über die Art der baulichen Nutzung und Bauweise ebenso eine Straße von erstrangiger Bedeutung für das Straßenverkehrsnetz regelt. In diesem Fall muss der Sonderteil (Straße) innerhalb der vierzehntägigen Frist angefochten werden, die herkömmlichen Planbestandteile können innerhalb der dreißigtägigen Frist vor dem Verwaltungsgericht beanstandet werden.[513]

---

[512] *Slatinova*, in: Djerov/Schaldupova/Ilova/Slatinova, Rechtliche Probleme des GtE, S. 374.
[513] *Bakalova//Yankulov*, Aktuelle Fragen der territorialen Entwicklung und des Katasters, Kommentar, S. 202.

Eine Besonderheit im bulgarischen Verwaltungsprozessrecht ist die Voraussetzung, dass der Kläger sein Klagebegehren nicht direkt an das zuständige Gericht richtet, sondern innerhalb der einschlägigen Klagefrist an die Behörde, die den angefochtenen Verwaltungsakt erlassen hat, so Art. 152 Abs. 1 VwPO. Die Ausgangsbehörde hat dann dem Gericht die Klage samt allen administrativen Unterlagen einzureichen. Diese Grundregel beachtet auch Art. 215 Abs. 4 GtE. Hiernach wird vorausgesetzt, dass der Kläger der Ausgangsbehörde die Klageschrift einreicht, die dann durch die Ausgangsbehörde an das zuständige Verwaltungsgericht weitergeleitet wird.

e. Parteibeitritt gemäß Art. 218 GtE

Die Parteien des erstinstanzlichen Verfahrens bestimmt der allgemeine Art. 153 Abs. 1 VwPO. Diese sind der Kläger, das Organ, das den angefochtenen Verwaltungsakt erlassen hat, sowie alle betroffenen Personen, die als solche durch das Gericht bestimmt werden.

Eine lex specialis Regelung über den Parteibeitritt im verwaltungsgerichtlichen Verfahren enthält Art. 218 Abs. 1 GtE. Hiernach können die betroffenen Personen innerhalb einer Frist von einem Monat ab Veröffentlichung des angefochtenen detaillierten Entwicklungsplans im Staatsanzeiger einen Antrag auf Beiladung auf Seiten der beklagten Partei im Verfahren stellen. Als betroffene Personen gelten die Planinitiativberechtigten gemäß Art. 131 GtE, die eben den detaillierten Entwicklungsplan nicht anfechten wollen, sondern im Gegensatz, auf die Aufrechterhaltung des detaillierten Entwicklungsplans plädieren.[514] Sinn und Zweck dieses Parteibeitritts auf Seiten der beklagten Partei ist die daraus folgende Berechtigung, alle Angriffs- und Verteidigungsmittel sowie Prozesshandlungen vorzunehmen, die dem Beklagten zustehen.[515] Die Parteibestimmung nach Art. 218 GtE ähnelt den deutschen Regelungen über die Beiladung gemäß § 65 VwGO ff. Der Hauptunterschied zu der deutschen Rechtslage beruht darauf, dass nicht das Gericht die Dritten in das anhängige Verfahren einbezieht, sondern sie selbst bei Berücksichtigung der maßgebenden Frist einen Antrag auf Beiladung stellen müssen.

Durch die Beiladung erlangt die betroffene Person die prozessuale Stellung eines Beteiligten des anhängigen Verfahrens und kann ihre Interessen selbständig,

---

[514] *Bakalova//Yankulov*, Aktuelle Fragen der territorialen Entwicklung und des Katasters, Kommentar, S. 203; *Slatinova*, in: Djerov/Schaldupova/Ilova/Slatinova, Rechtliche Probleme des GtE, S. 373.

[515] So *Bakalova//Yankulov*, Aktuelle Fragen der territorialen Entwicklung und des Katasters, Kommentar, S. 206.

unabhängig von der Beklagtenpartei, verteidigen. Zudem sieht Art. 218 Abs. 11 GtE ausdrücklich vor, dass das rechtskräftige Urteil Rechtswirkung gegenüber allen betroffenen Personen entfaltet.

f. Zulässigkeitsprüfung gemäß Art. 159 VwPO

Schließlich hat das Verwaltungsgericht auch das Vorliegen der allgemeinen, bei der Anfechtung von individuellen Verwaltungsakten zu berücksichtigenden Zulässigkeitskriterien zu überprüfen. Hiernach ist die Klage unzulässig, wenn

1) der Verwaltungsakt unterliegt keiner Anfechtung;

2) der Anfechtende nicht parteifähig ist;

3) der angefochtene VA aufgehoben wurde;

4) der Anfechtende kein rechtliches Anfechtungsinteresse / keine Klagebefugnis hat;

5) die Anfechtungsfrist verstrichen ist;

6) über den Klagegegenstand bereits ein rechtskräftiges Urteil besteht;

7) ein Verfahren über den Klagegegenstand, unter den gleichen Parteien und vor dem angerufenen Gericht bereits anhängig ist;

8) die Klage zurückgenommen wurde oder sich erledigt hat.

Die aufgezählten Unzulässigkeitsgründe sind auch in der deutschen Verwaltungsgerichtspraxis bekannt und bedürfen hier keiner weiteren Vertiefung.

2. Begründetheit

a. Prüfungsmaßstab

Für die Begründetheit der Klage gegen den detaillierten Entwicklungsplan sind die allgemeinen Vorschriften - Art. 168 VwPO i.V.m. Art. 146 VwPO – maßgebend.[516] Art. 168 VwPO regelt den Gegenstand der gerichtlichen Überprüfung. Hiernach ist das Gericht nicht darauf beschränkt, lediglich den Tatsachenvortrag und die rechtlichen Ausführungen des Klägers in Betracht zu ziehen, sondern vielmehr ist es verpflichtet, auf der Grundlage sämtlicher Tatsachen und Beweise die Rechtmäßigkeit des angefochtenen Verwaltungsakts nach Maßgabe von

---

[516] *Bakalova/Yankulov*, Aktuelle Fragen der territorialen Entwicklung und des Katasters, Kommentar, S. 202; zum Umfang von Art. 146 VwPO: *Lazarov/Todorov*, Verwaltungsprozess, S. 250 f.

Art. 146 VwPO zu prüfen. Art. 146 VwPO führt abschließend alle Gründe für die Beanstandung von Verwaltungsakten wie folgt an:

1) fehlende Zuständigkeit des erlassenden Organs;

2) Verstoß gegen die vorgeschriebene Form;

3) erhebliche Verletzung verwaltungsverfahrensrechtlicher Vorgaben;

4) Verstoß gegen die materiell-rechtlichen Vorschriften

5) Unvereinbarkeit mit dem jeweiligen Gesetzeszweck.

Demnach überprüft das bulgarische Verwaltungsgericht sämtliche objektive Gründe, nämlich formelle (Art. 146 Nr. 1-3 VwPO) und materielle Kriterien (Art. 146 Nr. 4 und 5 VwPO) für die Rechtmäßigkeit des Verwaltungsakts. Wie bereits oben erläutert wurde[517], differenziert die bulgarische Rechtsordnung zwischen materiellen und prozessrechtlichen Gesetzen, wobei die letzten für die administrative und gerichtliche Kontrolle maßgebend sind. Die unter Art. 146 Nr. 1-3 VwPO angesprochenen formellen Voraussetzungen für die rechtmäßige Planaufstellung des detaillierten Entwicklungsplans (Zuständigkeit, Verfahren, Form) gehen aus dem materiellen Gesetz, nämlich aus dem Gesetz über territoriale Entwicklung, hervor. Die Klage gemäß Art. 215 GtE i.V.m. Art. 168 VwPO ist begründet, wenn der angegriffene detaillierte Entwicklungsplan gegen die Rechtsvorschriften im Gesetz über territoriale Entwicklung und die anderen einschlägigen materiellen Gesetze (z. B. das Gesetz über regionale Entwicklung, Gesetz über den Kataster und das Grundbuch, das Vergabegesetz, etc.) verstößt. Normerhaltungsvorschriften wie §§ 214, 215 BauGB sieht das Gesetz über territoriale Entwicklung nicht vor, so dass jeder Verstoß gegen Rechtsvorschriften der materiellen Gesetze zur Rechtswidrigkeit des detaillierten Entwicklungsplans führt.

Wird eine Parallele zur deutschen Anfechtungsklage und zu dem gemäß § 113 Abs. 1 S. 1 VwGO maßgeblichen Beurteilungsumfang des Gerichts gezogen[518], fällt auf, dass eine durch die Rechtswidrigkeit des Verwaltungsakts hervorgerufene Rechtsverletzung des Klägers nicht erforderlich ist. Vielmehr ähnelt der Prüfungsmaßstab in der bulgarischen Verwaltungsprozessordnung der Begründetheit des objektiven Normenbeanstandungsverfahrens gemäß § 47 VwGO. Denn sowohl Art. 168, 146 VwPO als auch § 47 VwGO setzen keine subjektive

---

[517] Vgl. die Einleitung des 4. Kapitels.

[518] Nach § 113 VwGO darf ein rechtswidriger Verwaltungsakt nur aufgehoben werden, wenn der Kläger dadurch in seinen subjektiv-öffentlichen Rechten verletzt ist; zur Unionsrechtskonformität der deutschen Vorschrift vgl. *Kahl*, JZ 2016, 666 (669) über EuGH, Urt. v. 12.5.2011, Rs. C-115/09, Slg. 2011 I-3673 - *Trianel*.

Rechtsverletzung des Antragsstellers voraus, sondern alleine die objektive Rechtswidrigkeit der angegriffenen Entscheidung genügt für die Begründetheit des jeweiligen Rechtsschutzinstruments.[519] Allerdings kommt ein subjektives Element in dem Erfordernis der Geltendmachung einer Rechtsverletzung auf der Ebene der Zulässigkeit (Antrags- oder Klagebefugnis) zum Ausdruck, wenn der Einzelne gegen den Bebauungsplan bzw. den detaillierten Entwicklungsplan gerichtlich vorgeht.[520] Hieraus kann geschlossen werden, dass beide Prüfungsverfahren für den Fall der Klageerhebung durch natürliche oder juristische Personen auch Wesensmerkmale des Individualrechtsschutzes aufweisen und damit einen Doppelcharakter (subjektives Rechtsschutzverfahren einerseits, objektives Normenbeanstandungsverfahren andererseits) entfalten.

b. Maßgeblicher Zeitpunkt bei der Anfechtung des detaillierten Entwicklungsplans

Mangels Spezialvorschriften im Gesetz über territoriale Entwicklung greifen die allgemeinen Vorschriften der Verwaltungsprozessordnung.

Im Gegensatz zu der umstrittenen Thematik im deutschen Verwaltungsprozessrecht[521], herrscht in der bulgarischen Verwaltungspraxis Einigkeit, dass der für die gerichtliche Beurteilung maßgebliche Zeitpunkt der Sach- und Rechtslage bei der Beanstandung von Verwaltungsakten vom bulgarischen Gesetzgeber klar festgelegt ist. Dies regelt Art. 142 VwPO, wobei diese Vorschrift zwischen dem Zeitpunkt für die Beurteilung der Rechtslage und dem für die Bestimmung der streitgegenständlichen Tatsachen zu beachtenden Zeitpunkt unterscheidet.

Art. 142 Abs. 1 VwPO besagt, dass die Vereinbarkeit des Verwaltungsakts mit dem materiellen Recht zum Zeitpunkt vom Erlass zu prüfen ist. Demnach ist der Zeitpunkt des Ergehens des Verwaltungsakts bzw. der des Abschlusses des

---

[519] Zur Begründetheit der bulgarischen Klage vgl. *Lazarov/Todorov*, Verwaltungsprozess, S. 238 f.; *Kundeva*, in: Lazarov/Kundeva/Elenkov, Administrativ-prozessualer Kodex, Kommentar, S. 169 f.; *Stoyanov*, Gerichtskontrolle von individuellen Verwaltungsakten, S. 132; zur Begründetheit der deutschen Normenkontrolle vgl. *Kopp/Schenke*, § 47, Rn. 112 ff.; *Panzer*, in: Schoch/Schneider/Bier, Verwaltungsgerichtsordnung, § 47 Rn. 88 f.

[520] Zum Erfordernis der Rechtsverletzung als unentbehrlicher subjektiver Teil der Zulässigkeit der bulgarischen Klage: Verwaltungsgericht Sofia Gebiet, Urt. v. 6.7.2009, Az. 437; *Slatinova*, in: Djerov/Schaldupova/Ilova/Slatinova, Rechtliche Probleme des GtE, S. 360 f.; Zum Thema der doppelten Funktion des Normenkontrollverfahrens: BVerwG, NVwZ 1990, 157 (158) m.w. N.; *Schmidt*, in: Eyermann, Verwaltungsgerichtsordnung, § 47, Rn. 5 f; a.A. rein objektiver Beanstandungscharakter der Normenkontrolle: *Ziekow*, in: Sodan/Ziekow, Verwaltungsgerichtsordnung, § 47, Rn. 37.

[521] Vgl. *Mager*, Der maßgebliche Zeitpunkt für die Beurteilung der Rechtswidrigkeit von Verwaltungsakten, S. 21 f.

Verwaltungsverfahrens maßgeblich, wenn es um die Beurteilung der materiellen Rechtslage geht. An dieser Stelle ist nochmals anzumerken, dass „das materielle Recht" im bulgarischen Sinne ebenso die nach deutschem Verständnis als formell zu qualifizierenden Rechtmäßigkeitsvoraussetzungen erfasst.

Das Oberste Verwaltungsgericht betont, dass Art. 142 Abs. 1 VwPO die gerichtliche Kontrolle der Rechtswidrigkeit von Verwaltungsakten betrifft und dem erkennenden Verwaltungsgericht die Pflicht auferlegt, alleine die materielle Rechtslage zum Zeitpunkt des Erlasses des angegriffenen Verwaltungsakts zu berücksichtigen.[522] Daraus kann der zwingende Charakter dieser prozessrechtlichen Vorschrift gezogen werden. Ausnahmen hiervon sind in der bulgarischen Verwaltungspraxis nicht bekannt.

Auch Absatz 2 des Art. 142 VwPO ist von entscheidender Bedeutung. Hiernach ist der Zeitpunkt der letzten mündlichen Verhandlung maßgebend, wenn es um die Feststellung von neuen, für die Gerichtsentscheidung wesentlichen Tatsachen geht. Neu sind die Tatsachen, die erst nach Erlass des Verwaltungsakts entstanden sind und für die rechtliche Beurteilung des Verwaltungsakts relevant sind.[523] Zu den neuen Tatsachen zählen auch erst während der mündlichen Verhandlung bekanntgewordene Fakten und Beweisstücke, die der Verwaltung im Rahmen des administrativen Verfahrens nicht bekannt waren, sofern dies nicht auf ein Versäumnis des Klägers zurückzuführen ist.[524] Die nachträgliche Änderung der Sachlage, die spätestens zum Zeitpunkt der letzten mündlichen Verhandlung von den Parteien vorgetragen wird, hat das Verwaltungsgericht zu berücksichtigen, wenn sie wesentlich für das Urteil ist, d. h. wenn sie die bestehende Rechtslage ändert.[525] Das Verwaltungsgericht darf neue Tatsachen hinsichtlich der früheren Sachlage nur insoweit auswerten, als sie die Rechtmäßigkeitsvoraussetzungen des angefochtenen Verwaltungsakts betreffen, anderenfalls sind sie für die Sachentscheidung unbeachtlich.

Dass das bulgarische Gesetz den maßgeblichen Zeitpunkt für die Prüfung der Rechtmäßigkeit von Verwaltungsakten konkret bezeichnet, ist wahrscheinlich darauf zurückzuführen, dass die bulgarische Verwaltungsprozessordnung zwischen der Anfechtungs- und Verpflichtungsklage nicht differenziert, sondern ei-

---

[522] So Oberstes Verwaltungsgericht, Urt. v. 16.4.2013, Az. 1/2012.

[523] *Lazarov/Todorov*, Verwaltungsprozess, S. 236.

[524] *Elenkov*, in: Elenkov/Angelov/Djulgerov u.a., Administrativ-prozessualer Kodex, Kommentar, S. 945f.

[525] Oberstes Verwaltungsgericht, Urt. v. 16.1.2009, Az. 11321/2008; Urt. v. 27.4.2009, Az. 5497.

ne einheitliche Anfechtung von Erlass- und Ablehnungsbescheiden in Art. 145 ff. VwPO ausführlich regelt.[526] Allerdings wirft die deutsche Kasuistik die Frage auf, ob es für den Kläger eines abgelehnten oder unterlassenen beantragten Verwaltungsakts prozessgerecht ist, auf den Zeitpunkt der Behördenentscheidung abzustellen, wenn sich die Rechtslage nachträglich zu seinem Gunsten geändert hat und er im Zeitpunkt der gerichtlichen Entscheidung einen Anspruch auf den nicht erlassenen Verwaltungsakt hätte. Die imperativ lautenden Grundsätze für die Ermittlung des Entscheidungszeitpunkts gemäß Art. 142 Abs. 1 und 2 VwPO lassen im Gegensatz zu der deutschen Verwaltungsgerichtspraxis keinerlei Abweichungen unter dem Aspekt der materiell-rechtlichen Besonderheiten zu.[527] Dass ein starres Festhalten an den zwingenden Grundregeln in Art. 142 VwPO zu unsinnigen und prozessökonomisch ungünstigen Entscheidungen führen kann, ist mehr als offensichtlich. Denn wenn der Ablehnungsbescheid auf einer mangelnden Rechtsgrundlage beruht, zwischenzeitlich aber eine neue Rechtsvorschrift in Kraft getreten ist, ist es unlogisch, die Klage mit der Begründung einer fehlenden Anspruchsgrundlage abzuweisen. An dieser Stelle schließt sich die Bearbeiterin dem Appel von *Lazarov/Todorov* an den bulgarischen Gesetzgeber an, die zwingenden Vorgaben des Art. 142 VwPO zu überdenken und einen dritten Absatz für den Fall anzufügen, dass sich die Rechtslage nachträglich zu Gunsten des Klägers geändert hat und aus dem angefochtenen Verwaltungsakt keine Rechte für Dritte hervorgehen. Dann sollte die Rechtslage im Zeitpunkt der letzten mündlichen Verhandlung maßgebend sein.[528] Insbesondere bei Verwaltungsakten mit Doppelwirkung dürfen aus Gründen des Vertrauensschutzes keine für den Dritten nachteiligen Folgen im Zusammenhang mit der Gesetzesänderung auftreten. Der Vertrauensschutz und das Rückwirkungsverbot sind aus dem bulgarischen Rechtsstaatsprinzip ableitbar.[529] Daher kann eine nachträgliche Gesetzesänderung zum Zeitpunkt der letzten mündlichen Verhandlung nur dann beachtlich sein, wenn hierdurch keine

---

[526] Vgl. die vorstehenden Ausführungen unter 6. Kapitel, I.

[527] Zu den Besonderheiten aus materiellen Recht in der deutschen Verwaltungspraxis: *Mager*, Der maßgebliche Zeitpunkt für die Beurteilung der Rechtswidrigkeit von Verwaltungsakten, S. 61 f.; *Schmidt*, in Eyermann, Verwaltungsgerichtsordnung, § 113 Rn. 49.

[528] Wenn auch nur mit ein einem kritischen Satz zum Thema schlägt *Lazarov/Todorov* ebenso einen dritten Absatz vor, Verwaltungsgerichtsordnung, S. 237.

[529] Hierzu *Sheljaskow*, Das Rechtsstaatsprinzip im bulgarischen Verfassungsrecht am Maßstab der deutschen Verfassungsrechtslehre und -praxis, S. 264 f.

Belastungen oder Rechtsbeeinträchtigung für den nicht am Verwaltungsverfahren beteiligten Dritten entstehen.

3. Entscheidungstenor

Hält das Gericht den detaillierten Entwicklungsplan für rechtswidrig, so hat es ihn gemäß Art. 213 GtE i.V.m. Art. 173 Abs. 1 VwPO aufzuheben. Diese Entscheidung hat nicht nur eine inter-partes-Wirkung, sondern gilt - wie bereits oben ausgeführt wurde - gemäß Art. 218 Abs. 11 GtE für alle betroffenen Personen gemäß Art. 131 GtE, selbst wenn sie nicht dem Prozess beigetreten sind.

IV. Gerichtliche Überprüfung von umweltrechtlichen Abschlussakten

Ein unentbehrlicher Teil der Bauleitplanung ist auch die Umweltprüfung. Die Verwaltungshandlungen der Umweltprüfung – Stellungnahme oder Beschluss[530] – sind, wie bereits festgestellt, selbständig anfechtbare Sachentscheidungen, die den Rechtscharakter eines individuellen Verwaltungsakts i.S.d. Art. 21 Abs. 1 VwPO aufweisen. Sie sind gemäß Art. 88 Abs. 3 UmweltschG von den berechtigten Personen innerhalb einer Frist von vierzehn Tagen ab Bekanntgabe nach den Vorschriften der Verwaltungsprozessordnung anfechtbar. Art. 88 Abs. 3 UmweltschG stellt eine Rechtsgrundverweisung dar, so dass die allgemeinen Voraussetzungen der Verwaltungsprozessordnung für die Anfechtung individueller Verwaltungsakte gemäß Art. 145 ff. VwPO einschlägig sind.

Da die meisten Anforderungen an die Zulässigkeit und Begründetheit bereits unter III. dieses Kapitels dargelegt wurden, wird die folgende Untersuchung nur auf einige für die Rechtskontrolle von Umweltakten spezifische Prozessvoraussetzungen eingehen.

1. Zuständiges Gericht

Die Zuständigkeit des Verwaltungsgerichts in erster Instanz richtet sich nach der Zuständigkeit der Fachbehörde, die den umweltrelevanten Verwaltungsakt erlassen hat. Maßgebend ist also, ob der Umweltminister oder der Leiter der entsprechenden Regionalumweltbehörde (Art. 84 Abs. 1 UmweltschG) die beklagte

---

[530] Zu den Abschlussakten vgl. 5. Kapitel, II. 2. d.

Partei ist. Bei Klagen gegen umweltprüfungsabschließende Verfügungen des Umweltministers ist das oberste Verwaltungsgericht in der Besetzung aus drei Berufsrichtern zuständig (Art. 132 Abs. 2 Nr. 2, 165 VwPO). Der Einzelrichter des örtlich zuständigen Verwaltungsgerichts prüft hingegen die Rechtmäßigkeit von Abschlussakten der Regionalumweltbehörde gemäß Art. 132 Abs. 1, 133, 164 VwPO.

2. Klagebefugnis

a. Planinitiativträger

Die Anfechtung des Planinitiativträgers (bspw. der Gemeinde oder des privaten Betroffenenkreises gemäß Art. 131 GtE), der Adressat der umweltrechtlichen Stellungnahme ist, kommt dann in Betracht, wenn die zuständige Fachbehörde mit der abschließenden Stellungnahme entschieden hat, dem Entwicklungsplan nicht zuzustimmen. In dem Fall, dass dem Planentwurf umweltrechtliche Erwägungen entgegenstehen oder die FFH-Verträglichkeitsprüfung zum Ergebnis kommt, dass unverträgliche Eingriffe in die Schutzziele der Naturschutzgebiete möglich sind und keine Abweichungsentscheidung getroffen wurde, verweigert die Umweltbehörde gemäß Art. 26 Abs. 2 UP-Verordnung die Plangenehmigung. Da die nicht genehmigende Stellungnahme zum endgültigen Planungsverbot führt[531], entfaltet der Verwaltungsakt eine belastende Rechtswirkung für den Planinitiativträger und er kann sich gerichtlich hiergegen wenden. Ähnlich wie in der deutschen Verwaltungsgerichtspraxis steht fest, dass soweit der Kläger Adressat eines Verwaltungsakts ist, der ihm eine belastende Maßnahme auferlegt, die Möglichkeit der Verletzung subjektiv-öffentlicher Rechte stets zu bejahen ist.[532]

b. Anerkannte Umweltorganisationen

Ergeht eine genehmigende Stellungnahme oder ein Beschluss in der Vorprüfung, wonach erhebliche Umweltauswirkungen nicht zu erwarten sind und es keiner Umweltprüfung bedarf, besteht kein Anfechtungsintersinteresse seitens des Planinitiativträgers. Denn er kann weiterhin seinem Planvorhaben nachge-

---

[531] Vgl. 5. Kapitel II. 2. d.
[532] Zur Adressatentheorie in Deutschland vgl. Kopp/Schenke, § 42 Rn. 69 f. m.w.N.; zur Rechtslage in Bulgarien: *Yankulova*, in: Elenkov/Angelov/Djulgerov u.a., Administrativprozessualer Kodex, Kommentar, S. 1003.

hen. In solchen Konstellationen kommt es aber häufig zur gerichtlichen Rechtskontrolle durch anerkannte Umwelt- und Naturschutzverbände, die das Ergebnis
des Umweltprüfungsakts nicht teilen und Fehler bei dem Umweltprüfungsverfahren rügen. Im Gegensatz zu dem im deutschen Umweltrechtsschutz lange
umstrittenen Thema der Klagerechte von Umweltvereinigungen[533], herrscht im
bulgarischen System des Verwaltungsrechtsschutzes Einigkeit über den Zugang
von Umweltorganisationen zu Gerichten.

Nach gefestigter Rechtsprechung der bulgarischen Verwaltungsgerichte sind
diejenigen Personen klagebefugt, gegen einen umweltrechtlichen Abschlussakt
gerichtlich vorzugehen, die die Voraussetzungen der betroffenen Öffentlichkeit
im Sinne des § 1 Nr. 24 und Nr. 25 der Zusatzvorschriften zum UmweltschG erfüllen.[534] Nummer 24 definiert den Begriff der Öffentlichkeit als eine oder mehrere natürliche oder juristische Personen und deren Vereinigungen, die im Einklang mit der nationalen Rechtsordnung geschaffen worden sind. Laut Nummer
25 gilt die Öffentlichkeit dann als betroffen, wenn sie tatsächlich betroffen ist
oder die Betroffenheit zumindest als wahrscheinlich erscheint oder die Öffentlichkeit ein Interesse im Zusammenhang mit der Planaufstel-
lung/Projektgenehmigung hat, wobei im Umweltschutz tätige Nichtregierungsorganisationen ausdrücklich in den Betroffenenkreis der Nummer 25 aufgenommen worden sind. Der Status anerkannter Umwelt- und Naturschutzvereinigungen wird juristischen Personen verliehen, die gemeinnützigen Tätigkeiten
ohne Erwerbszweck nachgehen und nach Maßgabe des Gesetzes über juristische
Personen ohne Gewinnerzielungsabsicht in dem zentralen Register über ge-
meinnützige Organisationen eingetragen worden sind. Nach derzeitigem Kenntnisstand existieren mehr als 20 solcher Natur- und Umweltschutzverbände in
Bulgarien, wobei „Green Balkans", „Bulgarian Society for the protection of the
birds" sowie „Fund for Wild Flora and Fauna" zu den bekanntesten Vereinigungen gehören. Die anerkannten im Umweltbereich tätigen Vereinigungen gelten
als klagebefugte Personen im Sinne des Art. 147 VwPO, also als solche Personen, die ein unmittelbares Rechtsschutzinteresse zur Anfechtung von umwelt-

---

[533] Zum Rechtsschutz von Naturschutzvereinigungen vgl. *Schmidt/Kahl/Gärditz*, Umweltrecht, § 10 Rn. 157 ff..: Klagerechte von anerkannten Umweltvereinigungen und das EuGH-
Urteil v. 12.5.2011, Rs. C-115/09, Slg. 2011 I-3637 – *Trianel* – über die Europarechtswidrig-
keit von § 2 I Nr. 1 UmwRG.
[534] Oberstes Verwaltungsgericht, Urt. v. 29.9.2015 Az. 9974; Urt. v. 2.8.2017, Az. 10233.

rechtlichen Abschlussakten haben.[535] Darüber hinaus begründet die höchstrichterliche Rechtsprechung in Bulgarien die Klagerechte von Umweltvereinigungen auch mit der Aarhus-Konvention vom 30.10.2001.[536] Obwohl die Vorgaben des Übereinkommens über den Zugang zu Informationen, die Öffentlichkeitsbeteiligung an Entscheidungsverfahren und den Zugang zu Gerichten in Umweltangelegenheiten in das bulgarische Recht, unter anderem in die Verwaltungsprozessordnung, das Umweltschutzgesetz, das Gesetz über den Zugang der Öffentlichkeit zu Informationen und andere Gesetze[537], umgesetzt wurden, stützt sich das Oberste Verwaltungsgericht bei Umweltangelegenheiten direkt auf die Aarhus Konvention.[538] Damit steht fest, dass anerkannte Natur- und Umweltschutzvereinigungen in Bulgarien gegen die Abschlussakte der Umweltprüfung gerichtlich vorgehen können und ihnen Gesetz und Rechtsprechung Klagerechte uneingeschränkt einräumen.

3. Klagefrist und Form

Gemäß Art. 88 Abs. 3 UmweltschG, Art. 149 Abs. 1 VwPO kann der umweltrechtliche Verwaltungsakt nur innerhalb einer Frist von vierzehn Tagen ab Bekanntgabe des Verwaltungsakts angefochten werden. Für am Verwaltungsverfahren nicht beteiligte Klagebefugte (z. B. anerkannte Umweltvereinigungen) fängt die Klagefrist an, sobald sie Kenntnis von dem Umweltprüfungsakt erlangen.[539]
Nach Ablauf der Frist ist die Klage unzulässig. Es handelt sich um eine Notfrist, die seitens des Gerichts nicht verlängert oder durch Parteibeantragung nicht verkürzt werden kann. Im Falle einer schuldlosen Fristversäumnis kommt nur ein Antrag auf Wiedereinsetzung in den vorigen Stand in Betracht.[540]

---

[535] Oberstes Verwaltungsgericht, Urt. v. 25.6.2015, Az. 7716, spricht vom unmittelbaren Rechtsschutzinteresse eines klagenden Naturschutzverbandes.
[536] Oberstes Verwaltungsgericht, Urt. v. 2.8.2017, Az. 10233.
[537] So Umweltministerium, abrufbar unter: http://www5.moew.government.bg/wp-content/up loads/2016/11/Aarhus-Convention-BG.pdf (Abruf v. 11.8.2017).
[538] Oberstes Verwaltungsgericht, Urt. v. 14.3.2011, Az. 3614; Urt. v. 16.5.2013, Az. 6686; Urt. v. 15.1.2014, Az. 543; Urt. v. 8.3.2016, Az. 2567; Urt. v. 2.8.2017, Az. 10233.
[539] Zum Kenntniserlangen durch Nichtverfahrensbeteiligte: *Yankulova*, in: Elenkov/Angelov/ Djulgerov/Discheva/Panov/Kasandjieva/Yankulova/Nikolova/Kowatscheva, Administrativprozessualer Kodex, Kommentar, S. 1014.
[540] Zu Art. 149 VwPO: *Pentschev/Todorov/Angelov/Yordanov*, Administrativprozessualer Kodex, Kommentar, S. 298 f.

Die Klage ist gemäß Art. 150 Abs. 1 VwPO schriftlich zu stellen. Auch hier ist die Grundregel des bulgarischen Verwaltungsrechtsschutzes gemäß Art. 152 Abs. 1, 2 VwPO zu betonen, dass der Kläger die Klageschrift nicht unmittelbar dem zuständigen Gericht einreicht, sondern der Ausgangsbehörde, die sie danach gemeinsam mit beglaubigter Abschrift aller verwaltungsverfahrensrechtlichen Unterlagen an das Verwaltungsgericht weiterreicht.[541] Da alleine die Ausgangsbehörde über Zugang zu der administrativen Dokumentation verfügt, kommt die Vorschrift dem Kläger zugute, der sonst alle Unterlagen von der Behörde hätte anfordern müssen.[542]

Schließlich gelten die obigen Ausführungen hinsichtlich der Begründetheit der Klage gemäß Art. 168 VwPO i.V.m. Art. 146 VwPO.

Die Verwaltungspraxis zeigt, dass bei derartigen Klagen die Zuständigkeit der Umweltbehörde, die ordnungsgemäße Öffentlichkeitsbeteiligung sowie das Erfordernis einer bislang nicht durchgeführten Umweltprüfung bei den detaillierten Entwicklungsplänen am häufigsten gerügt und gerichtlich überprüft werden.

V. Zwischenergebnis

Im Gegensatz zum deutschen Baugesetzbuch enthält das bulgarische Gesetz über territoriale Entwicklung kein rein materielles Recht, sondern umfasst auch Vorschriften des Prozessrechts (Art. 213 ff. GtE). Diese Vorschriften stellen gegenüber den Prozessvorgaben in der Verwaltungsprozessordnung speziellere Anforderungen an das Gerichtsverfahren auf und sind als lex specialis vorrangig anwendbar.

In Bezug auf den Individualrechtsschutz macht der Gesetzgeber von der verfassungsrechtlich normierten Ausnahmeregelung in Art. 120 Abs. 2 Verfass. RBG Gebrauch und untersagt die Rechtskontrolle von allgemeinen Entwicklungsplänen. Demgegenüber sind die detaillierten Entwicklungspläne nach Maßgabe von Art. 214 GtE durch den in Art. 124a Abs. 5, 131 GtE geregelten Personenkreis sowie den örtlich zuständigen Staatsanwalt gerichtlich angreifbar. Ähnlich wie das deutsche Normenkontrollverfahren gemäß § 47 VwGO handelt es sich bei

---

[541] Hierzu *Elenkov*, in: Lazarov/Kundeva/Elenkov, Administrativ-prozessualer Kodex, Kommentar, S. 133.
[542] *Pentschev/Todorov/Angelov/Yordanov*, Administrativprozessualer Kodex, Kommentar, S. 300 f.

der gerichtlichen Rechtsmäßigkeitsprüfung von individuellen Verwaltungsakten gemäß Art. 146 ff. VwPO einerseits um ein subjektives Rechtsschutzverfahren und andererseits um ein objektives Normenbeanstandungsverfahren. Im Gegensatz zu der Rechtslage in Deutschland, wo die Umweltprüfung einen integrierten Verfahrensschritt darstellt, sind die Abschlussakte nach Umweltschutzgesetz als individuelle Verwaltungsakte nach Maßgabe der Verwaltungsprozessordnung anfechtbar. Den anerkannten Umwelt- und Naturschutzorganisationen räumen das Gesetz und die Rechtsprechung in Bulgarien uneingeschränkte Klagerechte ein. Planinitiativträger sind ebenso befugt, gegen eine ablehnende Stellungnahme der Umweltbehörde gerichtlich vorzugehen.

Zusammenfassung und Ergebnisse

Der Gang der Untersuchung und die Ergebnisse lassen sich folgendermaßen zusammenfassen:

1. Kapitel

1. Die Bauleitplanung in Bulgarien in Gestalt des heutigen Gesetzes über territoriale Entwicklung spiegelt den ökonomisch-politischen Wandel.

2. Kennzeichnend für das 2001 in Kraft getretene Gesetz über territoriale Entwicklung ist ein doppelter Umsetzungs- und Anpassungsvorgang. Zum einen sollte das Gesetz die überholte planwirtschaftliche Ideologie im Bereich der Raumplanung an den politischen Wandel zur marktwirtschaftlich ausgerichteten Rechtsordnung anpassen. Ziele waren u.a. die Eigentumsgarantie mit der Bauleitplanung zu vereinbaren und die Stellung der Gemeinde gegenüber den Zentralexekutivorganen zu stärken. Zum anderen war der bulgarische Gesetzgeber in Anbetracht der EU-Beitrittsvorbereitungen verpflichtet, das auf die Bauleitplanung Einfluss nehmende Unionsrecht, insbesondere die Strategische Umweltprüfungsrichtlinie sowie die Habitat- und Vogelschutzrichtlinie in die bulgarische Rechtsordnung umzusetzen.

2. Kapitel

3. Das private Eigentumsrecht spielt für die Bauleitplanung in Bulgarien eine entscheidende Rolle. Seine Unantastbarkeit ist in Art. 17 Abs. 3 Verfass. RBG gewährleistet. Die wohl gravierendste Einschränkung der Baufreiheit ergibt sich aus Art. 12 GtE, wonach der Bauwillige ein Bauvorhaben nur unter der Bedingung eines bestehenden detaillierten Entwicklungsplans realisieren kann. Im Gegenzug dazu steht dinglich Berechtigten gemäß Art. 124a Abs. 5, Art. 131 GtE das Recht auf Einleitung des Aufstellungs- und Änderungsverfahrens eines detaillierten Entwicklungsplans zu.

4. Die örtliche Selbstverwaltung ist ebenfalls als Verfassungsprinzip in der bulgarischen Verfassung (Art. 136 Abs. 1 S. 1 Verfass. RBG) garantiert. Charakteristisch für die Gemeinde in Bulgarien ist, dass sie keine autonome Hoheitsgewalt ausübt. Stattdessen werden ihr anhand des Gesetzes (Art. 17 Abs. 1 Nr. 2 GöSöA) dezentralisierte Staatsaufgaben übertragen. Auch die Bauleitplanung stellt eine solche gesetzlich delegierte Selbstverwaltungsaufgabe dar. Trotz der teilweisen Delegation an die örtliche Selbstverwaltung bleibt die Bauleitplanung aber eine Staatsaufgabe, die zwar der Kommune zur eigenständigen Wahrneh-

mung übertragen wurde, dennoch nicht ausschließlich dem Zuständigkeitsbereich der Kommune zuzuordnen ist. Daher können nicht nur die Kommunalorgane (Gemeinderat und Bürgermeister) im Bereich der Bauleitplanung ermächtigt sein, sondern auch andere territoriale und zentrale Exekutivorgane können zur Ausführung der Vorschritten des Gesetzes über territoriale Entwicklung befugt sein.

5. Die Bauleitplanung in Bulgarien ist in das räumliche Mehr-Ebenen-Planungssystem integriert. Die Planungspyramide besteht aus einer an der Spitze angesiedelten bislang informellen europäischen Ebene, gefolgt von nationalen und regionalen/überörtlichen Instrumenten der Raumordnung, auf der zweiten und dritten Planungsebene. Die letzte Ebene bilden die örtlichen Entwicklungspläne, das Pendant zu den deutschen Bauleitplänen.

6. Wesentliche Aufgabe des Gesetzes über territoriale Entwicklung ist die Bestimmung der allgemeinen und besonderen Nutzungsart von Flächen und Grundstücken. Während Art. 7 GtE die Hauptzweckbestimmung der Flächen abschließend aufzählt, wird die konkrete Nutzungsart der Grundstücke ausschließlich durch die detaillierten Entwicklungspläne nach Maßgabe des Art. 8 GtE festgelegt. Durch Einhaltung der Anforderungen der Art. 7 und 8 GtE an die allgemeinen und konkreten Nutzungsarten sollen die Bedürfnisse der Öffentlichkeit befriedigt sowie eine nachhaltige Entwicklung gewährleistet werden.

3. Kapitel

7. Planungsäquivalente der Flächennutzungs- und Bebauungspläne in Deutschland sind der allgemeine und detaillierte Entwicklungsplan. Während die allgemeinen Entwicklungspläne die überwiegende, grundlegende und gemeinsame Zweckbestimmung und Nutzungsart der Flächen bestimmen, legen die detaillierten Entwicklungspläne die konkrete Zweckbestimmung und die Gestaltungsart der einzelnen Grundstücke sowie die besondere Art der baulichen Nutzung fest. Die für den Planträger verbindlichen Darstellungen des allgemeinen Entwicklungsplans sind im Einzelnen in Art. 106, 107 GtE, die Festsetzungen für die detaillierten Entwicklungspläne in Art. 112-114 GtE niedergelegt. Maßgebend für die Festsetzung der Grundstücksgrenzen durch die detaillierten Entwicklungspläne sind die zivilrechtlichen Eigentumsverhältnisse ausweislich des Liegenschaftskatasters. In Bezug auf die Rechtsnatur der detaillierten Entwicklungspläne steht fest, dass diese individuelle Verwaltungsakte darstellen, die von ihren Adressaten angefochten werden können. Demgegenüber bestehen Meinungsunterschiede bezüglich des Rechtscharakters der allgemeinen Entwick-

lungspläne. Gegen die Einordnung des allgemeinen Entwicklungsplans als Verwaltungsakt spricht insbesondere die fehlende unmittelbare rechtliche Bindungswirkung gegenüber den Planadressaten. Jedoch entfalten die unterschiedlichen Rechtsauffassungen keine praktische Relevanz, denn gemäß Art. 215 Abs. 6 GtE unterliegen die allgemeinen Entwicklungspläne sowie deren Änderungen keiner Anfechtung.

8. Das Städtebaurecht in Bulgarien beruht auf einer Vielzahl von Rechtsvorschriften. Dies zeigen nicht nur die nach Geltungsbereich und Regelungsgegenstand zu differenzierenden Planarten im Gesetz über territoriale Entwicklung, sondern auch die zusätzlichen Rechtsverordnungen und Spezialgesetze im Bereich des Städtebaurechts. Im Unterschied zu den deutschen Bauleitplänen, die grundsätzlich zwischen Flächennutzungs- und Bebauungsplan (einfach oder qualifiziert) für das Gemeindegebiet differenzieren und sich an den Vorschriften des Baugesetzbuches und der Baunutzungsverordnung orientieren, steht dem bulgarischen Planträger eine Reihe von Planarten zum Teil noch Spezialgesetze (das Gesetz über die Entwicklung und Bebauung von Sofia und das Gesetz über die Entwicklung der Schwarzmeerküste) zur Verfügung.

4. Kapitel

9. Aus deutscher Sicht hinterlassen die formellen Anforderungen an die Entwicklungspläne in Bulgarien durch ihre Bestimmungen über Zuständigkeiten, Planinitiativberechtigung, zwingende Einbeziehung Privater nach Maßgabe der Vergaberechtsvorschriften sowie daran anschließend die unklare und widersprüchliche Beteiligung von Sachverständigengremien einen unstrukturierten und unsystematischen Eindruck. Auch die Anforderungen an detaillierte Entwicklungspläne in Art. 124a GtE knüpfen an einige Kriterien wie die Grenzen urbaner Flächen, die Grenzen von Siedlungsgebieten, die Größenordnung von Stadtvierteln sowie Objekte von regionaler oder nationaler Bedeutung an, die die Rechtsanwendung erschweren und zu uneinheitlicher Rechtsprechung führen. Dem bulgarischen Gesetzgeber obliegt es, das Gesetz zu vereinfachen und das Bauleitplanverfahren zu beschleunigen.

10. In Bezug auf die Einschaltung privater Dritter nach Maßgabe des bulgarischen Vergabegesetzes besteht einerseits die Gefahr einer zu weiten Verfahrensprivatisierung. Andererseits ist zu befürchten, dass die öffentliche Auftragsvergabe von Korruption und Vetternwirtschaft begleitet wird. Vorbeugende Maßnahmen wie Antikorruptionsstrategien auf übergeordneter (nationaler und regionaler) Ebene sollten eingeführt werden. Außerdem kann die imperative Re-

gelung des Art. 126 Abs. 1 GtE durch eine Ermessensentscheidung des öffentlichen Planinitiativträgers ersetzt werden. Hierdurch hätte die öffentliche Hand die freie Wahl zwischen der Erstellung der Planentwürfe durch die eigene Administration oder der Beauftragung privater Planer.

11. Kritisch zu betrachten sind die lediglich formalen Vorschriften im Gesetz über territoriale Entwicklung über die Behörden-und Öffentlichkeitsbeteiligung. Die Tatsache, dass es an maßgebenden Bestimmungen über die Rechtsfolgen aus der verfahrensrechtlichen Beteiligung fehlt, deutet auf einen lediglich proforma Charakter der Vorschriften hin. Nach Vorbild der deutschen Vorgaben in §§ 2 ff. BauGB sollten konkrete und transparente Regelungen ins bulgarische Gesetz eingeführt werden, wie mit den eingegangenen Einwendungen und Vorschlägen zu verfahren ist. Diesbezüglich sollte das Gesetz über territoriale Entwicklung anordnen, dass der zuständigen Planbehörde im Wege der Entwicklungsplanung die verfahrensrechtliche Pflicht zur Ermittlung und Bewertung der unterschiedlichen (fristgemäß abgegebenen) Belange auferlegt wird. Ebenso sachgemäß wäre die Verpflichtung, den Beteiligten das Ergebnis der Bewertung mitzuteilen.

12. Weder die Gesetzessystematik noch die bulgarische Rechtsprechung oder Rechtslehre differenzieren zwischen formellen und materiellen Voraussetzungen für die Wirksamkeit der Entwicklungspläne. Unzureichend geregelt sind das Planerfordernis und das Abwägungsgebot. Während das erstgenannte durch ein gesetzliches Pflichtkonzept zur räumlichen Gesamtplanung auf jeder Planungsstufe geprägt ist und sich dies sich in manchen Vorschriften (Art. 1 Abs. 1 S. 2 GtE, Art. 12 Abs. 2 GtE) widerspiegelt, fehlt das Gebot sachgerechter Interessenabwägung bei der bulgarischen Bauleitplanung komplett. Manche besorgniserregenden Prozesse - die zusammenhanglose Bebauung, das Zubetonieren der Schwarzmeerküste, das rasante Wachstum der Großstädte auf der einen Seite, die Schrumpfung anderer Regionen im Landinneren auf der anderen Seite - sind nicht nur Folge politisch bedingter Fehlentscheidungen, sondern ebenso Folge einer gesetzlich unbeschränkten Initiativberechtigung gemäß Art. 124a Abs. 5, 131 GtE. Ebenso fehlt eine positiv-rechtlich normierte Pflicht der zuständigen Planbehörde, die aus der Behörden- und Öffentlichkeitsbeteiligung gewonnenen - ausermittelten und bewerteten - Belange in der abschließenden Sachentscheidung untereinander und gegeneinander abzuwägen. Vor diesem Hintergrund wird hier an den Gesetzgeber appelliert, zum einen objektive und transparente Planungsgrundsätze in das Gesetz über territoriale Entwicklung einzufü-

gen, die auch Allgemeinbelangen Rechnung tragen und der Planinitiativberechtigung dinglich Berechtigter gewisse Grenzen setzen. Zum anderen sollte eine dem deutschen Abwägungsgebot in § 1 Abs. 7 BauGB vergleichbare Rechtsvorschrift in das Gesetz über territoriale Entwicklung aufgenommen werden, die der zuständigen Planbehörde die Pflicht auferlegt, die widerstreitenden Belange in Ausgleich zu bringen. Hierfür sprechen neben der überragenden Bedeutung eines Abwägungsgebotes für jede rechtmäßige Planung auch die Gesichtspunkte einer rechtsklaren und widerspruchsfreien Rechtsordnung. Die Balance zwischen den privaten und öffentlichen Interessen sollte für die Adressaten der GtE-Regelungen aus dem Gesetzestext hinreichend bestimmbar und nachvollziehbar sein. Systematisch kann das planerische Abwägungsgebot in Art. 103 Absatz 7 GtE eingefügt werden und kann wie folgt lauten:

„Bei der Aufstellung der Entwicklungspläne ist ein gerechter Ausgleich zwischen den öffentlichen und individuellen Interessen zu gewährleisten."

Schließlich kann eine derartige Pflicht der zum Teil gesetzlich vorangetriebenen Tendenz zur Übertragung planerischer Verantwortung auf Private entgegentreten. Zwar ist es durchaus legitim, sich Verwaltungshelfern zu bedienen, nicht aber ausschließlich unmittelbaren Planbegünstigten. Daher sollte die eigentliche Sachentscheidung über das „Ob", „Wann" und „Wie" der Städtebauplanung ausschließlich den zuständigen Behörden - in der Regel der Gemeinde – unter Gewichtung der abwägungsrelevanten Interessen vorbehalten sein.

13. Für das Verhältnis der Planungsarten zueinander ist die in Art. 103 Abs. 4 GtE vorgesehene Beachtenspflicht maßgeblich. Hiernach hat jeder Entwicklungsplan die Angaben der Raumordnungsmechanismen und der höherstufigen Entwicklungspläne zu beachten, sofern solche vorliegen. Im Vergleich zu jenen stellt er ein volleres, konkreteres und ausführlicheres Konzept dar.

14. Betreffend das Ableitungsverhältnis zwischen dem allgemeinen und dem detaillierten Entwicklungsplan ist weder die gesetzliche noch die tatsächliche Lage in Bulgarien im selben Ausmaß geordnet wie in der Bundesrepublik. Die derzeitige Gesetzesfassung in Bulgarien lässt einen gewissen Auslegungsspielraum des Planträgers hinsichtlich der Frage offen, ob der detaillierte Entwicklungsplan aus dem allgemeinen Entwicklungsplan zu entwickeln ist. Aus dem Zusammenspiel einiger Vorschriften im Gesetz über territoriale Entwicklung (Art. 104 Abs. 1 S. 2 GtE, Art. Art. 109 Abs. 2 GtE, Art. 232 b Abs. 1 GtE) lässt sich schließen, dass der Gesetzgeber ein Regel-Ausnahme-Verhältnis vorschreiben

will. Grundsätzlich soll der detaillierte Entwicklungsplan aus dem bestehenden allgemeinen Entwicklungsplan hervorgehen. Nur ausnahmsweise darf gemäß Art. 109 Abs. 2 GtE ein detaillierter Entwicklungsplan auch ohne einen allgemeinen Entwicklungsplan entwickelt werden. Allerdings sieht die Städtebaurealität in Bulgarien anders aus. Denn nur 12 von insgesamt 265 Gemeinden in Bulgarien haben einen allgemeinen Entwicklungsplan. Dies ist zwar einerseits auf die fehlenden Haushaltsmittel der Kommunen zurückzuführen, andererseits aber auch auf die seit Jahren bestehende Duldungspolitik des bulgarischen Gesetzgebers. Von einer nochmaligen Verlängerung der derzeitigen Frist (1.1.2019) für die Aufstellung allgemeiner Entwicklungspläne und den damit zusammenhängenden Sanktionsmaßnahmen gegen die Bürgermeister sollte Abstand genommen werden, damit die Bürgermeister der unbeplanten Gemeindegebiete die Planaufstellung in die Wege leiten. Eine klare Regelung über das Ableitungsverhältnis zwischen allgemeinem und detailliertem Entwicklungsplan sollte der bulgarische Gesetzgeber aus Gründen der Rechtssicherheit und Rechtsklarheit treffen.

5. Kapitel

15. Der stark europarechtlich geprägte Umwelt- und Naturschutz steht in einem Spannungsverhältnis zur nationalen Bauleitplanung. Während die Bauleitpläne die rechtliche Grundlage für die Nutzung und Bebauung der Flächen bilden, entfalten die auf Vorsorge und Nachhaltigkeit ausgerichteten Richtlinienvorgaben der SUP-RL, VRL und FFH-RL gewisse Einschränkungen verfahrensrechtlicher, aber auch materiell-rechtlicher Natur.

Der bulgarische Gesetzgeber setzte zwar die vorbezeichneten Richtlinien rechtzeitig ins nationale Recht um, hierdurch sind jedoch Probleme grundsätzlicher Natur in Gestalt eines langwierigen, bürokratischen und korrupten Bauleitplanverfahrens entstanden. Dies erschwert die Durchsetzung von Investitionsprojekten und stellt einen ökonomischen Engpass für die Republik Bulgarien dar. Um seine Positionen im europäischen und internationalen Wettbewerb zu verbessern, ist es dem bulgarischen Gesetzgeber zu empfehlen, folgende Kritikpunkte zu beheben:

16. Im Einklang mit dem Richtlinienziel, ein hohes Umweltschutzniveau sicherzustellen, sollte der bulgarische Gesetz- und Verordnungsgeber seine Umsetzungspolitik hinsichtlich des Anwendungsbereichs der Umweltprüfung im Bauleitplanverfahren überdenken. In Bezug auf die Planaufstellung sämtlicher all-

gemeiner Entwicklungspläne ist die ehemals geltende zwingende Umweltprüfungspflicht wiederherzustellen.

17. Die Einordnung sämtlicher detaillierter Entwicklungspläne als kleinflächige Gebiete ist wertungs- und richtlinienwidrig und angesichts der praktischen Erfahrungen, das Umweltprüfverfahren an angeblich fehlender Erforderlichkeit im Rahmen der Vorprüfung scheitern zu lassen, auch dringend als reformbedürftig anzusehen. Unter Zugrundelegung der deutschen Erfahrungen und der Aufrechterhaltung des bulgarischen Umsetzungskonzeptes können lediglich bestimmte, anhand einer abstrakt-generellen Regelung festgelegte detaillierte Entwicklungspläne, die die Nutzung kleiner Gebiete auf örtlicher Ebene festsetzen, der fakultativen Umweltprüfung im Sinne einer vorgezogenen Einzelfallprüfung unterstellt werden. Alle anderen detaillierten Entwicklungspläne sollten zwecks einer einheitlichen und umweltschutzwahrenden Rechtsanwendung die SUP-Mindestanforderungen erfüllen. Dazu gehören die Ausarbeitung des Umweltberichts, die Durchführung von Konsultationen, die Berücksichtigung der Ergebnisse der Umweltprüfung sowie die Unterrichtung über die nach der Prüfung ergangene Entscheidung.

18. Es steht fest, dass die Anforderungen in Art. 128 GtE im Zusammenhang mit den detaillierten Entwicklungsplänen den Vorgaben über die Konsultation nach Art. 87 UmweltschG i.V.m. Art. 19 ff. UP-Verordnung anzupassen sind. Dies bezieht sich insbesondere auf die Voraussetzung, die Beteiligten über die umweltbezogenen Informationen im Umweltbericht in Kenntnis zu setzten. Daher ist es Aufgabe des Gesetzgebers, eine klare Regelung in Art. 128 Absatz 4 GtE einzufügen, die auf die Konsultationsvorschriften nach dem Umweltschutzgesetz Bezug nimmt und deutlich macht, dass im Falle einer Umweltprüfung die Beteiligung nach Art. 128 Absatz 1, 2 und 3 GtE mit den umweltspezifischen Partizipationsvorgaben abzustimmen ist.

19. Es ist festzustellen, dass sich die vom bulgarischen Gesetzgeber gewählte Richtlinienumsetzung von der deutschen Gesetzeslage nicht nur hinsichtlich der Verfahrensautonomie der Umweltprüfung unterscheidet, sondern auch in Bezug auf den materiell-rechtlichen Charakter der Umweltprüfung. Während die Umweltprüfung nach § 2 Abs. 4 BauGB als ein Verfahrensschritt des Regelverfahrens angesehen wird, dessen Ergebnisse von sich aus keinen Vorrang vor anderen Belangen haben, sondern wie die anderen abwägungserheblichen Belange der planerischen Abwägung gemäß § 1 Abs. 7 BauGB unterliegen, entfaltet der Abschlussakt in Bulgarien eine materiell-rechtliche Bindungswirkung gegenüber

der planaufstellenden Gemeinde, die zu einem endgültigen Planungsverbot führen kann. Das Erfordernis eines bestandskräftigen Abschlussakts gemäß Art. 82
Abs. 4 S. 2 UmweltschG ist als eine überschießende Umsetzung zu bewerten.
Diese „Mehr"-Anforderung dient aber nicht dazu, das hohe Umweltschutzniveau im Planverfahren zu gewährleisten, sondern vielmehr - wie die Praxis in
Bulgarien zeigt - zur Verzögerung des Bauleitplanverfahrens, die häufig die Gelegenheit für korrupte Praktiken bietet. Daher wird hier dem Gesetzgeber vorge-
schlagen, Art. 82 Abs. 4 S. 2 UmweltschG abzuschaffen.

20. Dem Vertragsverletzungsverfahren des EuGH gegen Bulgarien vom
14.1.2016 lagen Verstöße gegen Verpflichtungen aus der VRL und der FFH-RL,
insbesondere gegen Art. 6 Abs. 2 der Habitatrichtlinie, zugrunde. Das Urteil des
EuGH gab Anlass, die ordnungsgemäße Umsetzung der Schutzpflicht ins bulgarische Recht genauer zu betrachten. Festzustellen ist, dass weder Art. 19 Abs. 1
GbV noch Art. 29 GbV dem Schutzzweck des Art. 6 Abs. 2 FFH-RL als allgemeine Naturschutzpflicht genügend Rechnung tragen. Dieser lückenhaften Umsetzung kann eine unmittelbare Anwendung von Art. 6 Abs. 2 FFH-RL entgegenwirken. Dieses Ergebnis hat auf die Bauleitplanung dann Auswirkung, wenn
ein Entwicklungsplan vor dem Beitritt des Landes am 1.1.2007 aufgestellt wurde, sich später aber im Zeitpunkt der Planausführung die nachträgliche Verträglichkeitsprüfung in entsprechender Anwendung von Art. 6 Abs. 2 FFH-RL als
einzige geeignete Maßnahme aufdrängt, um zu verhindern, dass der Vollzug des
Entwicklungsplans zu einer Verschlechterung oder zu Störungen führt, die sich
im Hinblick auf die Ziele der FFH-RL erheblich auswirken könnten.

21. Die geltenden Anforderungen an die FFH-Verträglichkeitsprüfung in Bulgarien sind zwecks Beschleunigung des Bauleitplanverfahrens zu überdenken. Das
Verfahren sollte auch zum besseren Verständnis der Rechtsvorschriften entbü-
rokratisiert werden, indem unnötige Verfahrensschritte wie die Vorschriften hinsichtlich der Zulässigkeitsprüfung gemäß Art. 12, 13 VP-Verordnung aufgehoben werden. Dies untermauert auch der rechtsvergleichende Blick auf § 1a Abs.
4 BauGB, wonach lediglich eine der eigentlichen Verträglichkeitsprüfung vorgezogene Prüfung untersucht, ob ein FFH-Gebiet oder ein ausgewiesenes Vogelschutzgebiet in seinen für die Erhaltungsziele oder den Schutzzweck maßgeblichen Bestandteilen durch den Bauleitplan erheblich beeinträchtigt werden
kann.

22. Bei der Umsetzung der FFH-Verträglichkeitsprüfung gemäß Art. 6 Abs. 3, 4
FFH-RL hat sich der bulgarische Gesetzgeber für eine Umsetzung zu Lasten des

Privaten in der Rolle eines Planinitiativträgers entschieden. Insofern hat er eine zusätzliche rechtliche und finanzielle Belastung für den privaten Planinitiativträger bei detaillierter Entwicklungsplanung eingeführt und hiermit die FFH-Erhaltungsziele im bulgarischen Recht pervertiert. Die Aufgabe, unverträgliche Eingriffe in die Gebiete des Biotopschutzverbundes „Natura 2000" zu verhindern und gegebenenfalls eine sachgerechte Abweichungsentscheidung zu treffen, obliegt den nationalen Behörden und darf nicht auf private Initiativträger abgewälzt werden. Anzuraten ist ein kooperatives Zusammenwirken zwischen der Umweltbehörde und der Gemeinde unter Einschränkung der Mitwirkungspflichten seitens des Privaten auf Informations- und Datenübermittlung. Zudem sollte der Gesetzgeber Vorkehrungen treffen, dass die Verträglichkeitsprüfung auf neutralem und sachgerechtem Wege erfolgt. Dem kann Rechnung getragen werden, wenn die Umweltbehörde das Sachverständigengremium mit der Erarbeitung des Prüfungsberichts direkt beauftragt und diese Aufgabe nicht auf den Planinitiativträger, der an der Planrealisierung persönlich interessiert ist, abwälzt. Damit wird alleine die Fachbehörde für die Neutralität und Sachlichkeit der Verträglichkeitsprüfung einzustehen haben.

6. Kapitel

23.

Dem Individualrechtsschutz unterliegen lediglich die detaillierten Entwicklungspläne und ihre Änderungen. Art. 215 Abs. 6 GtE schließt ausdrücklich die Rechtskontrolle allgemeiner Entwicklungspläne und ihrer Änderungen aus. Diesbezüglich ist anzumerken, dass Art. 215 Abs. 6 GtE in einer widersprüchlichen Formulierung von „keiner Anfechtung" spricht, obwohl Art. 127 Abs. 6 GtE die Anfechtung durch den Gebietsverwalter vor dem örtlich zuständigen Verwaltungsgericht zulässt. Aus Gründen der Rechtsklarheit ist hier dem bulgarischen Gesetzgeber die Empfehlung auszusprechen, die Bestimmung durch einen weiteren Satz dahingehend zu konkretisieren, dass das Recht des „Gebietsverwalters gemäß Art. 127 Abs. 6 S. 2 GtE unberührt bleibt".

24. Bezeichnend für den bulgarischen Umweltrechtsschutz ist die Individualrechtskontrolle von Umweltprüfungsakten. Da der bestandskräftige Abschlussakt der Umweltprüfung eine unerlässliche Voraussetzung für die Planannahme darstellt, sind die (ausländischen) Inverstoren darauf aufmerksam zu machen, dass das bulgarische Recht die Klagemöglichkeit nicht nur durch Planinitiativberechtigte, sondern auch durch anerkannte Umwelt- und Naturschutzvereinigungen vorsieht.

225

Anhang: Wichtige bulgarische Vorschriften

I. Bulgarische Verfassung (Verfass. RBG)

Art. 2	(1) Република България е единна държава с местно самоуправление. В нея не се допускат автономни териториални образувания. (2) Териториалната цялост на Република България е неприкосновена.	(1) Die Republik Bulgarien ist ein Einheitsstaat mit örtlicher Selbstverwaltung. In ihr sind keine autonomen territorialen Einheiten zulässig. (2) Die territoriale Integrität der Republik Bulgarien ist unantastbar.
Art. 4	(1) Република България е правова държава. Тя се управлява според Конституцията и законите на страната. (2) Република България гарантира живота, достойнството и правата на личността и създава условия за свободно развитие на човека и на гражданското общество. (3) Република България участва в изграждането и развитието на Европейския съюз.	(1) Die Republik Bulgarien ist ein Rechtsstaat. Sie wird gemäß der Verfassung und den Gesetzen des Landes regiert. (2) Die Republik gewährleistet das Leben, die Würde und die Rechte der Persönlichkeit und schafft Voraussetzungen für eine freie Entfaltung des Menschen und der bürgerlichen Gesellschaft. (3) Die Republik Bulgarien beteiligt sich am Aufbau und der Fortentwicklung der Europäischen Union.
Art. 5	(1) Конституцията е върховен закон и другите закони не могат да й противоречат. (2) Разпоредбите на Конституцията имат непосредствено действие. (3) Никой не може да бъде осъден за действие или бездействие, което не е било обявено от закона за престъпление към момента на извършването му. (4) Международните договори,	(1) Die Verfassung ist oberstes Gesetz und die anderen Gesetze dürfen ihr nicht widersprechen. (2) Die Bestimmungen der Verfassung haben unmittelbare Wirkung. (3) Niemand darf für eine Handlung oder Unterlassung verurteilt werden, die im Zeitpunkt ihrer Begehung nicht vom Gesetz zur Straftat erklärt war. (4) Die verfassungsgemäß ratifizierten, verkündeten und für die

	ратифицирани по конституционен ред, обнародвани и влезли в сила за Република България, са част от вътрешното право на страната. Те имат предимство пред тези норми на вътрешното законодателство, които им противоречат. (5) Всички нормативни актове се публикуват. Те влизат в сила три дни след обнародването им, освен когато в тях е определен друг срок.	Republik Bulgarien in Kraft getretenen völkerrechtlichen Verträge sind Teil des inner-staatlichen Rechts. Sie haben Vorrang vor diesen Normen der innerstaatlichen Gesetzgebung, die ihnen widersprechen. (5) Die Normativakte müssen verkündet werden. Sie treten drei Tage nach ihrer Verkündung in Kraft, sofern sie keine andere Frist vorsehen.
Art. 8	Държавната власт се разделя на законодателна, изпълнителна и съдебна.	Die Staatsgewalt teilt sich in die gesetzgebende, die ausführende und die rechtsprechende Gewalt.
Art. 17	(1) Правото на собственост и на наследяване се гарантира и защитава от закона. (2) Собствеността е частна и публична. (3) Частната собственост е неприкосновена. (4) Режимът на обектите на държавната и общинската собственост се определя със закон. (5) Принудително отчуждаване на собственост за държавни и общински нужди може да става само въз основа на закон при условие, че тези нужди не могат да бъдат задоволени по друг начин и след предварително и равностойно обезщетение.	(1) Das Eigentums- und Erbrecht werden gesetzlich gewährleistet und geschützt. (2) Es gibt privates und öffentliches Eigentum. (3) Das Privateigentum ist unantastbar. (4) Die Rechtslage der Gegenstände des staatlichen und des kommunalen Eigentums wird durch Gesetz festgelegt. (5) Eine Enteignung für staatliche oder kommunale Zwecke darf nur auf der Grundlage eines Gesetzes erfolgen, unter der Bedingung, daß diese Bedürfnisse nicht auf andere Weise befriedigt werden können, und nach vorheriger gleichwertiger Entschädigung erfolgen.

Art. 20	Държавата създава условия за балансирано развитие на отделните райони на страната и подпомага териториалните органи и дейности чрез финансовата, кредитната и инвестиционната политика.	Der Staat schafft Voraussetzungen für eine ausgewogene Entwicklung der einzelnen Regionen des Landes und hilft den territorialen Behörden und Tätigkeiten durch Finanz-, Kredit- und Investitionspolitik.
Art. 57	(1) Основните права на гражданите са неотменими. (2) Не се допуска злоупотреба с права, както и тяхното упражняване, ако то накърнява права или законни интереси на други. (3) При обявяване на война, на военно или друго извънредно положение със закон може да бъде временно ограничено упражняването на отделни права на гражданите с изключение на правата, предвидени в чл. 28 , 29 , 31, ал. 1, 2 и 3 , чл. 32, ал. 1 и чл. 37.	(1) Die Grundrechte der Bürger sind unabänderlich. (2) Unzulässig ist ein Mißbrauch der Rechte wie auch ihrer Ausübung, wenn dadurch die Rechte oder gesetzlich geschützten Interessen anderer verletzt werden. (3) Bei Kriegserklärung, Kriegszustand oder einem anderen Ausnahmezustand kann die Ausübung einzelner Rechte der Bürger vorübergehend durch Gesetz eingeschränkt werden mit Ausnahme der in den Artikeln 28, 29, 31 Absatz 1, 2 und 3, Artikel 32 Absatz 1 und Artikel 37 vorgesehenen Rechte.
Art. 135	(1) Територията на Република България се дели на общини и области. Териториалното деление и правомощията на столичната община и на другите големи градове се определят със закон. (2) Други административно-териториални единици и органи на самоуправление в тях могат да бъдат създавани със закон.	(1) Das Staatsgebiet der Republik Bulgarien gliedert sich in Gemeinden und Gebiete. Die territoriale Gliederung und die Kompetenzen der haupstädtischen Gemeinde und der anderen großen Städte werden durch Gesetz geregelt. (2) Andere territoriale Verwaltungseinheiten und ihre Selbstverwaltungsorgane können durch Gesetz geschaffen werden.
Art. 136	(1) Общината е основната административно-териториална единица, в която се осъществява мес-	(1) Die Gemeinde ist die grundlegende territoriale Verwaltungseinheit, in der die örtliche Selbstver-

	тното самоуправление. Гражданите участват в управлението на общината както чрез избраните от тях органи на местно самоуправление, така и непосредствено чрез референдум и общо събрание на населението. (2) Границите на общините се определят след допитване до населението. (3) Общината е юридическо лице.	waltung verwirklicht wird. Die Bürger nehmen an der Verwaltung der Gemeinde teil sowohl durch die von ihnen gewählten Organe der örtlichen Selbstverwaltung als auch unmittelbar durch Referendum und allgemeine Einwohnerversammlung. (2) Die Grenzen der Gemeinden werden nach einer Einwohnerbefragung festgelegt. (3) Die Gemeinde ist eine juristische Person.
Art. 138	Орган на местното самоуправление в общината е общинският съвет, който се избира от населението на съответната община за срок от четири години по ред, определен със закон.	Das Organ der örtlichen Selbstverwaltung ist der Gemeinderat, der von den Bewohnern der entsprechenden Gemeinde für vier Jahr nach dem gesetzlich festgelegten Verfahren gewählt wird.
Art. 158	Великото Народно събрание: 1. приема нова Конституция; 2. решава въпроса за изменение територията на Република България и ратифицира международни договори, предвиждащи такива изменения; 3. решава въпросите за промени във формата на държавно устройство и на държавно управление; 4. решава въпросите за изменение на чл. 5, ал. 2 и 4 и на чл. 57, ал. 1 и 3 от Конституцията; 5. решава въпросите за изменение и допълнение на глава девета от Конституцията.	Die Große Nationalversammlung: 1. verabschiedet eine neue Verfassung; 2. entscheidet die Frage einer Änderung des Territoriums der Republik Bulgarien und ratifiziert völkerrechtliche Verträge, die derartige Änderungen vorsehen; 3. entscheidet die Fragen von Änderungen des Staatsaufbaus und der staatlichen Verwaltung; 4. entscheidet die Fragen einer Änderung der Artikel 5 Absatz 2 und 4 und Artikel 57 Absatz 1 und 3 der Verfassung; 5. entscheidet die Fragen einer Änderung und Ergänzung des neunten

		Kapitels der Verfassung.

II. Gesetz über die örtliche Selbstverwaltung und die örtliche Administration (GöSöA)

| Art. 17 | (1) Местното самоуправление се изразява в правото и реалната възможност на гражданите и избраните от тях органи да решават самостоятелно всички въпроси от местно значение, които законът е предоставил в тяхна компетентност в сферата на:
 1. общинското имущество, общинските предприятия, общинските финанси, данъци и такси, общинската администрация;
 2. устройството и развитието на територията на общината и на населените места в нея;
 3. образованието;
 4. здравеопазването;
 5. културата;
 6. благоустрояването и комуналните дейности;
 7. социалните услуги;
 8. опазването на околната среда и рационалното използване на природните ресурси;
 9. поддържането и опазването на културни, исторически и архитектурни паметници;
 10. развитието на спорта, отдиха и туризма; | (1) Die örtliche Selbstverwaltung drückt sich in dem Recht und der tatsächlichen Möglichkeit der Bürger und der von ihnen gewählten Organe aus, selbständig über alle Fragen von örtlicher Bedeutung zu entscheiden, die das Gesetz in deren Kompetenz in folgenden Bereichen festlegt:
 Nr. 1 kommunales Eigentum, kommunale Unternehmen, kommunale Finanzen, kommunale Steuern und Gebühren; kommunale Administration;
 Nr. 2 territoriale Ordnung und Entwicklung innerhalb der Gemeinde und der Siedlungsgebiete
 Nr. 3 das Bildungswesen;
 Nr. 4 das Gesundheitswesen;
 Nr. 5 Kommunalwesen;
 Nr. 6 Infrastruktur;
 Nr. 7 die Sozialleistungen;
 Nr. 8 der Umwelt- und Naturschutz;
 Nr. 9 Denkmalschutz;
 Nr. 10 Sport und Tourismus
 Nr. 11 Katastrophenschutz

 (2) Die Bürger beteiligen sich an der Regierung der Gemeinde sowohl durch die von ihnen gewähl- |

	11. защитата при бедствия. (2) Гражданите участват в управлението на общината както чрез избраните от тях органи, така и непосредствено чрез референдум и общо събрание на населението. (3) Местен референдум и общо събрание на населението се свикват и произвеждат при условия и по ред, определени със закон. (4) Разходите за произвеждането на местен референдум и общо събрание на населението се поемат от общинския бюджет.	ten Organe als auch unmittelbar durch das Referendum und der Generalversammlung der Bevölkerung. (3) Das kommunale Referendum und die Generalversammlung der Bevölkerung erfolgen nach den Bedingungen und dem Verfahren, das durch das Gesetz bestimmt ist. (4) Die Kosten für die Durchführung des kommunalen Referendums und der Generalversammlung der Bevölkerung werden durch das kommunale Haushaltsbudget gedeckt.
Art. 20	Общинският съвет определя политиката за изграждане и развитие на общината във връзка с осъществяването на дейностите по чл. 17, както и на други дейности, определени със закон.	Der Gemeinderat bestimmt die kommunale Gestaltungs- und Entwicklungspolitik im Zusammenhang mit den örtlichen Angelegenheiten nach Art. 17 sowie mit anderen Tätigkeiten, bestimmt durch dieses Gesetz.
Art. 38 Abs. 1	Орган на изпълнителната власт в общината е кметът на общината. Органи на изпълнителната власт в района и кметството са съответно кметът на района и кметът на кметството.	Organ der vollziehenden Gewalt in der Gemeinde ist der Bürgermeister der Gemeinde. Organe der vollziehenden Gewalt in den Stadtbezirken und den Bürgerämtern sind entsprechend der Bürgermeister des Stadtbezirks und der Bürgermeister des Bürgeramts.
Art. 45 Abs. 4	Областният управител упражнява контрол за законосъобразност на актовете на общинските съвети, освен ако в закон е предвидено	Der Gebietsverwalter ist zur Gesetzesmäßigkeitskontrolle über die Beschlüsse des Gemeinderats befugt, es sei denn das Gesetz besagt

	друго. Той може да върне незаконосъобразните актове за ново обсъждане в общинския съвет или да ги оспорва пред съответния административен съд. Оспорването спира изпълнението на индивидуалните и на общите административни актове и действието на подзаконовите нормативни актове, освен ако съдът постанови друго.	etwas anderes. Er kann den gesetzeswidrigen Beschluss zu erneuter Beschließung zurückweisen oder ihn vor dem zuständigen Verwaltungsgericht anfechten. Die Anfechtung hat aufschiebende Wirkung, es sei denn das Gericht ordnet etwas anderes an.

III. Gesetz über territoriale Entwicklung (GtE)

Art. 1	(1) Територията на Република България е национално богатство. Нейното устройство гарантира устойчиво развитие и благоприятни условия за живеене, труд и отдих на населението. (2) Този закон урежда обществените отношения, свързани с устройството на територията, инвестиционното проектиране и строителството в Република България, и определя ограниченията върху собствеността за устройствени цели.	(1) Das Territorium der Republik Bulgarien ist ein nationales Kulturgut. Die territoriale Entwicklung garantiert nachhaltige Entwicklung und gute Bedingungen zum Wohnen, Arbeiten und zur Erholung der Bevölkerung. (2) Dieses Gesetz regelt die gesellschaftlichen Verhältnisse im Zusammenhang mit der territorialen Entwicklung, Investitionsplanung und dem Bauen in der Republik Bulgarien sowie bestimmt es die Schranken des Eigentums zum Zwecke der Städtebauordnung.
Art. 2	Министерският съвет определя основните насоки и принципи на политиката по устройство на територията и приема решения за финансиране на дейностите по устройство на територията.	Der Ministerrat bestimmt die allgemeinen politischen Richtungen und Prinzipien der territorialen Entwicklung und beschließt die Finanzierungsfragen in diesem Bereich.
Art. 3	(1) Министърът на регионалното развитие и благоустройството	(1) Der Minister für regionale Entwicklung und öffentliche

	ръководи осъществяването на държавната политика по устройство на територията, координира дейността на централните и териториалните органи на изпълнителна власт, на органите на местното самоуправление и местната администрация, извършва методическо ръководство и упражнява контрол върху цялостната дейност по устройство на територията. (2) Министърът на регионалното развитие и благоустройството назначава Национален експертен съвет по устройство на територията и регионална политика и организира неговата работа.	Arbeiten leitet die Durchführung der Staatspolitik im Bereich der territorialen Entwicklung, koordiniert die Tätigkeit der zentralen und territorialen Organe der vollziehenden Gewalt, sowie der Organe der örtlichen Selbstverwaltung und der örtlichen Administration, übt er methodische Leitung aus und beaufsichtigt die gesamte Tätigkeit auf dem Gebiet der Raumplanung. (2) Der Minister für regionale Entwicklung und öffentliche Arbeiten ernennt das nationale Sachverständigengremium in den Bereichen der territorialen Entwicklung und der Regionalpolitik und organisiert seine Tätigkeit.
Art. 4	(1) Областният управител провежда държавната политика за устройство на територията в съответната област. (2) В зависимост от устройствените цели и задачи от областно и междуобщинско значение областният управител може да назначава областен експертен съвет по устройство на територията и да организира неговата дейност за изпълнение на функциите, предоставени му с този закон. Съставът на областния експертен съвет се определя според характера на	(1) Der Gebietsregierende setzt die Staatspolitik im Bereich der Raumplanung auf die entsprechende Gebietsebene. (2) Abhängig von den Entwicklungs- und Ordnungszielen und den Aufgaben auf überörtlicher Ebene kann der Gebietsverwalter nach den Normen dieses Gesetzes ein Gebietssachverständigengremium bilden und seine Tätigkeiten organisieren. Die Zusammensetzung des Gebietssachverständigengremiums richtet sich nach dem Charakter des betroffenen Projekts. (3) Der Gebietsverwalter führt ein

	разглеждания проект. (3) Областният управител организира поддържането на архив на издадените от него актове съгласно правомощията му по този закон.	Register mit den von ihm auf der Grundlage dieses Gesetzes erlassenen Verwaltungsakten.
Art. 5	(1) Общинските съвети и кметовете на общините в рамките на предоставената им компетентност определят политиката и осъществяват дейности по устройство на територията на съответната община. (2) В общините и в районите на Столичната община и на градовете с районно деление се назначават главни архитекти (…). (3) Главният архитект ръководи, координира и контролира дейностите по устройственото планиране, проектирането и строителството на съответната територия, координира и контролира дейността на звената по ал. 6 и издава административни актове съобразно правомощията, предоставени му по този закон. Главният архитект на общината координира и контролира дейността на главните архитекти на райони. (4) Кметът на общината (района) назначава общински (районен) експертен съвет по устройство	(1) Die Gemeinderäte und die Bürgermeister bestimmen im Rahmen ihrer übertragenen Kompetenz die raumbezogene Politik und führen Aufgaben im Bereich der territorialen Entwicklung in der entsprechenden Gemeinde aus. (2) In den Gemeinden sowie in den Stadtbezirken Sofias und anderer Städte mit Bezirksaufteilung werden Hauptarchitekten (…) ernannt. (3) Der Hauptarchitekt leitet, koordiniert und kontrolliert die Tätigkeiten im Rahmen der territorialen Planung, der Projektierung und der baulichen Ordnung; er erlässt Verwaltungsakte entsprechend seiner gesetzlichen Ermächtigungen. Der Hauptarchitekt der Gemeinde koordiniert und kontrolliert die Tätigkeitn der Hauptarchitekten der Stadtbezirke. (4) Der Bürgermeister der Gemeinde (des Stadtbezirks) ernennt ein entsprechendes kommunales Sachverständigengremium im Bereich der territorialen Entwicklung; dabei werden Vertreter der Kammer der Ingenieure und der Kammer der

	на територията, като задължително се канят представители на Камарата на инженерите в инвестиционното проектиране, на Камарата на архитектите в България и на Съюза на архитектите в България. (5) Кметът на общината организира поддържането на архив на одобрените устройствени планове и измененията им, архив на издадените строителни книжа и публични регистри на всички актове за изработване и одобряване на устройствени планове и на измененията им, на издадените разрешения за строеж и на въведените в експлоатация строежи.	Architekten eingeladen. (5) Der Bürgermeister der Gemeinde gewährt die Aufrechterhaltung eines Archivs über die beschlossenen Entwicklungspläne, ihre Änderungen und die erteilten Baudokumentationen, er richtet öffentliche Register ein, die Auskunft über sämtliche Akte der Beschließung, der Genehmigung und der Änderung von Entwicklungsplänen, über die erteilten Baugenehmigungen, und die in Betrieb genommenen Bauwerke geben.
Art. 6 Abs. 1	Националният експертен съвет по устройство на територията и регионална политика, областните и общинските (районните) експертни съвети по устройство на територията извършват консултативна и експертна дейност.	Das nationale Sachverständigengremium für territoriale Entwicklung und regionale Politik sowie die Gebiets- und Gemeindesachverständigengremien für territoriale Entwicklung üben eine Beratungs- und Begutachtungsfunktion aus.
Art. 7	(1) Според основното им предназначение, определено с концепциите и схемите за пространствено развитие и общите устройствени планове, териториите в страната са: урбанизирани територии	(1) Entsprechend der allgemeinen Zweckbestimmung, die durch die raumordnerischen Konzepte und Schemen sowie die allgemeinen Entwicklungspläne bestimmt sind, sind wie folgt in Flächen im verteilt: Verstädterte, urbane Flächen

	(населени места и селищни образувания), земеделски територии, горски територии, защитени територии, нарушени територии за възстановяване, територии, заети от води и водни обекти, и територии на транспорта. (2) Територии с предназначение земеделски, горски или урбанизирани територии могат да бъдат едновременно и с предназначение защитени територии, определени със закон.	(Siedlungsgebiete und Siedlungsstrukturen), Landwirtschaftsflächen, Waldflächen, unter Schutz gestellte Flächen, Wiederaufbau von geschädigten Flächen/ Altlastensanierungsflächen. Wasserflächen und Transportflächen. (2) Die Landwirtschaftsflächen und die Waldflächen oder urbane Flächen können gleichzeitig die durch das Gesetz bestimmte Zweckbestimmung der unter Schutz gestellten Flächen aufweisen.
Art. 8	Конкретното предназначение на поземлените имоти се определя с подробния устройствен план и може да бъде: 1. в урбанизирани територии или в отделни поземлени имоти извън тях - за жилищни, общественообслужващи, производствени, складови, курортни, вилни, спортни и развлекателни функции, за озеленени площи и озеленени връзки между тях и териториите за природозащита, за декоративни водни системи (каскади, плавателни канали и други), за движение и транспорт, включително за велосипедни алеи и за движение на хора с увреждания, за техническа инфраструктура, за специални	Die konkrete Zweckbestimmung der Grundstücke wird durch den detaillierten E-Plan bestimmt und kann wie folgt aussehen: 1. in urbanen Flächen: zu Wohn-, Verwaltungs-, Betriebs-, Erholungs- und Vergnügungszwecken sowie als Depots oder im Bereich Sport und Tourismus; Grünflächen, Naturschutzgebiete, dekorative Wasseranlagen (Wasserfall, Seekanal u.a.), Transport und Infrastruktur, einschließlich Fahrradweg und Einrichtungen für behinderte Menschen, für Sonderobjekte u.a. 2. in Landwirtschaftsflächen: Ackerland (Felder, Obst und

обекти и други;

2. в земеделски територии - за обработваеми земи (ниви, овощни и зеленчукови градини, лозя, ливади и други) и необработваеми земи (пасища, скатове, дерета, оврази и други);

3. в горски територии - за гори (дървопроизводителни гори, защитни гори, рекреационни гори и други) и горски земи (поляни, земи, заети от храсти, скали и други);

4. в защитени територии - за природозащита (природни резервати, национални паркове, природни забележителности, поддържани резервати, природни паркове, защитени местности, плажове, дюни, водоизточници със санитарно-охранителните им зони, водни площи, влажни зони, защитени крайбрежни ивици) и за опазване на обектите на културно-историческото наследство (археологически резервати, отделни квартали или поземлени имоти в населени места с културно-историческо, етнографско или архитектурно значение);

5. в нарушени територии - за възстановяване и рекултивация на кариери, рудници, насипища, хвостохранилища, депа за

Gemüsegärten, Weinberge, Wiesen u.a.) und nichtkultiviertes Land (Weideland, Grube u.a.);

3. in Forstwirtschaftsflächen: Wälder (zur Holzproduktion, unter Schutz gestellte Wälder, u.a.) und Forstland (Wiesen, Buschgebiete, Felsen u.a.);

4. unter Schutz gestellte Flächen: Naturschutzgebiete (Naturreservate, Nationalparks, Natursehenswürdigkeiten, Wasserflächen u.a.);

5. in Altlastensanierungsflächen: zum Wiederaufbau und zur Rekultivierung von Gruben, Steinbrüchen, Mülldeponien, nach Erdrutschen u.a.;

6. in Wasserplanungsflächen: Hoheitsgewässer sowie die innerhalb der Küstenlinie gelegenen Meeresgewässer, der bulgarische Donauabschnitt sowie andere Flüsse und Seen;

7. in den für den Transport vorgesehenen Flächen: Bundesstraßen und lokale Landstraßen, die Bahninfrastruktur, die Flug- und Seehäfen.

	отпадъци, свлачища, срутища и други; 6. в територии, заети от води и водни обекти - за вътрешните морски води и териториалното море, българския участък на река Дунав, реките, езерата и язовирите; 7. в територии на транспорта - за републиканските и местните пътища, железопътната инфраструктура, пристанищата и летищата.	
Art. 12	(1) Застрояване по смисъла на този закон е разполагането и изграждането на сгради, постройки, мрежи и съоръжения в поземлени имоти. (2) Застрояване се допуска само ако е предвидено с влязъл в сила подробен устройствен план и след промяна на предназначението на земята, когато това се изисква по реда на специален закон.	(1) Die Bebauung im Sinne dieses Gesetzes bedeutet die Errichtung von Gebäuden, Bauwerken, Anlagen und Einrichtungen in den Grundstücken. (2) Die Bebauung wird nur dann zugelassen, wenn ein detaillierter E-Plan in Kraft getreten ist und nach Änderung der Zweckbestimmung des Bodens, wenn sie ein Spezialgesetz verlangt.
Art. 14	(1) С подробните устройствени планове се урегулират улици, както и квартали и поземлени имоти за застрояване и за други нужди без застрояване. (2) Улиците и кварталите се урегулират с улични регулационни линии. (3) Поземлените имоти се урегулират със:	(1) Mit den detaillierten Entwicklungsplänen werden Straßen, Stadtteile und Grundstücke zur Bebauung und sonstiger Nutzung auch ohne Bebauung geregelt. (2) Die Straßen und die Stadtteile werden mit Straßenregelungslinien geregelt. (3) Die Grundstücke werden geregelt durch:

238

	1. улични регулационни линии, които определят границата с прилежащата улица (лице на имота); 2. вътрешни регулационни линии, които определят границите със съседните имоти (странични и към дъното на имота), при условията на чл. 16 или 17. (4) Урегулираните поземлени имоти имат задължително лице (изход) към улица, към път или по изключение към алея в парк. (5) В урегулираните с подробен устройствен план поземлени имоти регулационните линии по ал. 3 стават граници на имотите, когато подробният устройствен план е приложен по отношение на регулацията.	1. Straßenregelungslinien, die die Grenzen an die dazugehörige Straßen festsetzen (Grundstücksäußere); 2. innere Regelungslinien, die die Grenzen zu den benachbarten Grundstücken festsetzen (seitlich und hinter), nach Maßgabe des Art. 16 oder 17. (4) Die geregelten Grundstücke haben Zugang zur Straße, zum Gehweg oder zur Parkallee. (5) Die nach Absatz 3 durch einen detaillierten Entwicklungsplan festgesetzten Regelungslinien werden mit Vollzug des Plans zu Grundstücksgrenzen.
Арт. 99	Концепциите и схемите за пространствено развитие определят целите на държавната политика за устройство на територията за определен период.	Die Konzepte und Schemen für die Raumordnung bestimmen die Ziele der Staatspolitik betreffend die territoriale Entwicklung für einen bestimmten Zeitraum.
Art. 101	Системата от документи за планиране на пространственото развитие, обхватът и съдържанието, както и условията и редът за възлагане, изработване, приемане и прилагане на концепциите и схемите за пространствено развитие се определят в Закона за регионалното развитие.	Das Instrumentensystem über die Raumordnung, den Umfang und den Inhalt sowie das komplette Verfahren (Initiative, Ausarbeitung, Annahme und Vollzug) bestimmt das Gesetz über die regionale Entwicklung.

Art. 103	(1) Устройствените планове са: 1. общи устройствени планове; 2. подробни устройствени планове. (2) Общите устройствени планове определят преобладаващото предназначение и начин на устройство на отделните структурни части на териториите, обхванати от плана. (3) Подробните устройствени планове определят конкретното предназначение и начин на устройство на отделните поземлени имоти, обхванати от плана. (4) Всеки устройствен план се съобразява с предвижданията на концепциите и схемите за пространствено развитие и устройствените планове от по-горна степен, ако има такива, и представлява по отношение на тях по-пълна, по-подробна и конкретна разработка. (5) отменен (6) При изработване на общи и подробни устройствени планове се извършват инженерно-геоложки и хидрогеоложки проучвания за общата устойчивост на територията и пригодността й за строителство.	(1) Die Entwicklungspläne sind: 1. allgemeine Entwicklungspläne; 2. detaillierte Entwicklungspläne (2) Die allgmeinen Entwicklungspläne bestimmen die überwiegende Zweckbestimmung und die Nutzungsart der einzelnen territorialen Bestandteile und Flächen, die vom Plan umfasst sind. (3) Die detaillierten Entwicklungspläne bestimmen die konkrete Zweckbestimmung und Nutzungsart der einzelnen Grundstücke, die vom Plan umfasst sind. (4) Jeder Entwicklungsplan beachtet die Angaben der Konzepte und Schemen der Raumordnung und der höherstufigen Entwicklungspläne, sofern diese vorliegen, und stellt eine ausführlichere und konkrete Planung dar. (5) entfällt (6) Bei der Ausarbeitung allegemeiner und detaillierter Entwicklungspläne werden ingenieurgeologische und hydrogeologische Forschungen in Bezug auf die allgemeine Flächenstabilität und die Bautauglichkeit durchgeführt.
Art.	(1) Общите устройствени	(1) Die allgemeinen Entwicklungs-

| 104 | планове са основа за цялостното устройство на териториите на общините, на части от тях или на отделни населени места с техните землища. Предвижданията на общите устройствени планове, с които се определят общата структура и преобладаващото предназначение на териториите, видът и предназначението на техническата инфраструктура и опазването на околната среда и обектите на културно-историческото наследство, са задължителни при изготвянето на подробните устройствени планове. (2) Неразделна част от общия устройствен план са правилата и нормативите за неговото прилагане, които се изработват в съответствие с наредбата по чл. 13, ал. 1 и се одобряват едновременно с плана. (3) Общият устройствен план няма пряко приложение за разрешаване на строителство. | pläne sind Grundlage für die gesamte Raumentwicklung der Gemeinden, Teile davon oder einzelner Siedlungsgebiete mit deren Außenbereich. Die Darstellungen der allgemeinen E-Pläne, welche die allgemeine Struktur und überwiegende Zweckbestimmung sowie die Art und Nutzung der technischen Infrastruktur und zudem den Umwelt- und Denkmalschutz bestimmen, sind für die Aufstellung der detaillierten Entwicklungspläne verpflichtend. (2) Untrennbarer Teil des allgemeinen Entwicklungsplans sind die Regeln und Vorgaben für dessen Vollzug, die entsprechend der Verordnung gemäß Art. 13 Absatz 1 ausgearbeitet und gleichzeitig mit dem Plan genehmigt werden. (3) Die allgemeinen Entwicklungspläne haben keine unmittelbare Anwendung für die Baugenehmigung. |
| Art. 105 | Общите устройствени планове се разработват за териториите на: 1. община, като обхващат всички населени места в общината и техните землища; 2. част от община и обхващат група съседни землища с техните населени места; | Die allgemeinen Entwicklungspläne werden ausgearbeitet für folgende Flächen: 1. die Gemeinde, einschließlich aller Siedlungsgebiete mit Außenbereich; 2. Gemeindeteile, benachbarte Siedlungsgebiete und ihre Außenberei- |

	3. населено място - град, заедно с неговото землище; територията - предмет на общия устройствен план, може да не съвпада със землището на града; 4. селищно образувание с национално значение съгласно Закона за административно-териториалното устройство на Република България.	che; 3. Siedlungsgebiet – Stadt mit dem dazugehörigen Außenbereich; 4. Siedlungsstruktur von nationaler Bedeutung nach dem Gesetz über den administrativ-territorialen Aufbau der Republik Bulgarien.
Art. 108 Abs. 1	(1) Подробните устройствени планове конкретизират устройството и застрояването на териториите на населените места и землищата им, както и на селищните образувания. Предвижданията на подробните планове са задължителни за инвестиционното проектиране.	(1) Die detaillierten Entwicklungspläne konkretisieren die Ordnung und Bebauung der Flächen innerhalb der Siedlungsgebiete und deren Außenbereichen sowie der Siedlungsstrukturen. Die Festsetzungen der detaillierten Entwicklungspläne sind für die Investitionsprojektierung verpflichtend.
Art. 109	(1) Подробните устройствени планове могат да се разработват за териториите на: 1. населени места с техните землища, както и на структурни части от населени места с непосредствено прилежащите им части от землищата; 2. населени места и селищни образувания или на части от тях, обхващащи част от квартал, един или повече квартали; 3. землища или на части от землища. (2) Подробен устройствен план за урбанизираните територии по	(1) Die detaillierten Entwicklungspläne können für folgende Flächen ausgearbeitet werden: 1. Siedlungsgebiete und deren Außenbereiche sowie Bestandteile der Siedlungsgebiete; 2. Siedlungsgebiete und Siedlungsstrukturen sowie Teile davon, die zumindest einen Stadtteil erfassen; 3. Außenbereiche oder Teile davon. (2) Ein detaillierter Entwicklungsplan nach Maßgabe von Absatz 1 Nr. 1 und Nr. 2 kann auch ohne einen allgemeinen Entwicklungsplan aufgestellt werden, bei detaillierten Entwicklungsplänen nach Absatz 1

ал. 1, т. 1 и 2 може да се създава и когато няма общ устройствен план, а за териториите по ал 1, т. 3 - само за цялото землище. В случаите, когато плановете за регулация и застрояване обхващат цялото населено място и/или землището му или цялото селищно образувание, те изпълняват и ролята на общ устройствен план за съответната територия.

(3) Извън случаите по ал. 2, когато няма действащ общ устройствен план, подробен устройствен план за един поземлен имот или за група поземлени имоти извън границите на урбанизираните територии може да се разработва за:

1. обекти с национално значение;

2. национални обекти по смисъла на Закона за държавната собственост;

3. обекти с регионално значение;

4. общински обекти от първостепенно значение;

5. обекти - публична собственост;

6. обекти със сертификат за клас инвестиция по Закона за насърчаване на инвестициите;

7. обекти на техническата инфраструктура;

8. специални обекти, свързани с

Nr. 3 nur für den gesamten Außenbereich. Pläne, die die gesamte Fläche des Siedlungsgebiets, der Siedlungsstruktur und/oder des Außenbereichs umfassen, erfüllen ebenso die Funktion eines allgemeinen Entwicklungsplans für die entsprechende Fläche.

(3) Abgesehen von den Fällen nach Absatz 2 liegt ein allgemeiner Entwicklungsplan nicht vor; der detaillierte Entwicklungsplan für ein Grundstück oder eine Vielzahl von Grundstücken außerhalb der Grenzen der urbanen Gebiete kann aufgestellt werden für:

1. Objekte von nationaler Bedeutung;

2. nationale Objekte im Sinne des Gesetzes über das Staatseigentum;

3. Objekte von regionaler Bedeutung;

4. allgemeine Objekte größter Bedeutung;

5. Objekte - öffentliches Eigentum;

6. zertifizierte Objekte nach dem Gesetz über Förderung der Investitionen;

7. Obejkte der technischen Infrastruktur:

8. Objekte im Zusammenhang mit der Verteidigung und der Staatssicherheit;

9. Objekte in Regionen mit zielgerichteter staatlicher Unterstützung nach Maßgabe des Gesetzes über

243

	отбраната и сигурността на страната; 9. обекти в райони за целенасочена подкрепа от държавата по Закона за регионалното развитие въз основа на решение на общинския съвет; 10. недвижими културни ценности; 11. обекти по чл. 12, ал. 3. (4) Планът по ал. 3 се разработва в обем и сдържание съгласно чл. 108, ал. 2 и наредбата по чл. 117.	regionale Entwicklung und auf Grundlage eines Gemeindebeschlusses; 10. unbewegliche Kulturgüter; 11. Objekte nach Art. 12 Absatz 3. (4) Der Plan gemäß Absatz 3 wird entsprechend dem Umfang und dem Inhalt nach Artikel 108 Absatz 2 und der Verordnung nach Artikel 117 ausgearbeitet.
Art. 110	(1) Подробните устройствени планове могат да бъдат: 1. план за регулация и застрояване - ПРЗ (план за регулация на улици и поземлени имоти и за режим на застрояване); 2. план за регулация - ПР (план за регулация на улици и поземлени имоти без режим на застрояване); планът за регулация може да бъде план за улична регулация - ПУР (план за регулация само на улици и на поземлени имоти за обекти на публичната собственост); 3. план за застрояване - ПЗ; 4. работен устройствен план - РУП (план за застрояване и силуетно оформяне); 5. парцеларни планове за елементите на техническата	(1) Detaillierte Entwicklungspläne können sein: 1. Plan zur Regelung und Bebauung – PRB (Plan zur Regulierung von Straßen und Grundstücken und Art der baulichen Nutzung) 2. Plan zur Regulierung – PR (Plan zur Regulierung von Straßen und Grundstücken ohne Art der baulichen Nutzung) 3. Plan zur Bebauung – PB 4. vorläufiger detaillierter E-Plan 5. parzellierte Pläne für die Elemente der technischen Infrastruktur außerhalb der Grenzen der urbanen Flächen. (2) Entsprechend den Entwicklungszielen und den Aufgaben sowie den konkreten Erfordernissen kann eine der in Absatz 1 aufgezählten Planarten aufgestellt wer-

	инфраструктура извън границите на урбанизираните територии. (2) Според устройствените цели и задачи и в зависимост от конкретната необходимост при устройството на определена територия може да се изработва и прилага един от плановете по ал. 1.	den.
Art. 124	(1) Общинският съвет приема решение за изработване на проект за общ устройствен план по предложение на кмета на общината, придружено от задание по чл. 125. (2) Разрешение за изработване на проект за общ устройствен план на селищно образувание с национално значение и на общините по Закона за устройството на Черноморското крайбрежие се дава със заповед на министъра на регионалното развитие и благоустройството.	(1) Der Gemeinderat erlässt den Aufstellungsbeschluss über die Ausarbeitung des allgemeinen Entwicklungsplans nach entsprechendem Vorschlag des Bürgermeisters in Verbindung mit städtebaulichem Auftrag gemäß Art. 125. (2) Der Minister für regionale Entwicklung und öffentliche Arbeiten genehmigt durch Verfügung den Aufstellungsbeschluss der allgemeinen Entwicklungspläne hinsichtlich der Siedlungsstruktur von nationaler Bedeutung oder der Gemeindefläche an der Schwarzmeerküste nach den Vorschriften des Gesetzes über die Entwicklung der Schwarzmeerküste.
Art. 124a	(1) Разрешение за изработване на проект за подробен устройствен план се дава с решение на общинския съвет по предложение на кмета на общината. По този ред се разрешава и изработването на проект за подробен устройствен	(1) Der Gemeinderat nimmt den Aufstellungsbeschluss eines detaillierten Entwicklungsplans nach Volschalg des Bürgermeisters der Gemeinde an. Dies gilt auch für Aufstellungsbeschlüsse detaillierter Entwicklungspläne für Siedlungsstrukturen von nationaler Bedeutung

план на селищно образувание с национално значение, както и на поземлени имоти извън границите на урбанизираните територии.

(2) Разрешение за изработване на проект за подробен устройствен план на част от урбанизирана територия (с изключение на селищните образувания с национално значение) в обхват до един квартал, а в Столичната община и в градовете с районно деление - в обхват до три квартала, се дава със заповед на кмета на общината по предложение на главния архитект.

(3) Разрешение за изработване на проект за подробен устройствен план за изграждане на обекти с регионално значение или разположени на територията на повече от една община се дава със заповед на областния управител.

(4) Разрешение за изработване на проект за подробен устройствен план се дава със заповед на министъра на регионалното развитие и благоустройството за:

1. обекти с обхват повече от една област;

2. обекти с национално значение и/или национални обекти;

3. републиканските пътища,

sowie für Grundstücke außerhalb der Grenzen der urbanen Flächen.

(2) Die Planaufstellung hinsichtlich detaillierter Entwicklungspläne für einen Teil der urbanen Fläche (ausgenommen sind Siedlungsstrukturen von nationaler Bedeutung) mit räumlichem Umfang bis zu einem Stadtteil - in Sofia und anderen großen Städten bis zu drei Stadtteilen – verfügt der Bürgermeister nach Vorschlag des Hauptarchitekten.

(3) Der Gebietsverwalter genehmigt das Planaufstellungsverfahren detaillierter Entwicklungspläne über die Anlagenerrichtung von regionaler, überörtlicher Bedeutung.

(4) Der Minister für regionale Entwicklung und öffentliche Arbeiten verfügt die Aufstellung detaillierter Pläne für:

1. Objekte, die sich über die Grenzen eines Verwaltungsgebiets erstrecken;

2. Objekte von nationaler Bedeutung;

3. Nationalstraßen, Autobahnen und Eisenbahnen.

(5) Die Planaufstellung kann von den Organen gemäß Nr. 1-4 genehmigt werden auch nach Vorschlag und auf Rechnung berechtigter Personen – Grundstückseigentümer, Konzessionäre, Erbbauberechtigte oder andere durch Gesetz

	железопътните магистрали и железопътните линии. (5) Разрешение за изработване на проект за подробен устройствен план може да се даде от органите по ал. 1 - 4 и по искане и за сметка от заинтересувани лица - собственици на поземлени имоти, концесионери, лица, които имат право да строят в чужд имот по силата на закон, или други лица, определени в закон.	bestimmte Personen.
Art. 124b	(1) С разрешенията по чл. 124 и 124а се одобряват заданията по чл. 125. Разрешенията по чл. 124а, ал. 5 се дават от органите по чл. 124а, ал. 1, 3 и 4 в едномесечен срок, а от органите по чл. 124а, ал. 2 - в 14-дневен срок от постъпване на искането за разрешение. (2) Решенията на общинския съвет и заповедите на кмета на общината по чл. 124 и 124а се разгласяват с обявление, което се поставя на определените за това места в сградата на общината, района или кметството, както и на други подходящи места в съответната територия - предмет на плана, и се публикуват на интернет страницата на общината и в един местен вестник. (3) Заповедите на министъра на	(1) Mit den Planaufstellungen gemäß Artikel 124 und 124a werden die städtebaulichen Aufträge gemäß Artikel 125 genehmigt. Die Genehmigungen nach Artikel 124 a Absatz 5 werden von den zuständigen Organen gemäß Art. 124 a Absatz 1, 3 und 4 innerhalb eines Monats erteilt, von den Organen gemäß Artikel 124a Absatz 2 innerhalb einer zwölftägigen Frsit nach Zugang des Vorschlags. (2) Die Aufstellungsentscheidungen gemäß Art. 124 und 124a werden öffentlich bekannt gemacht, indem sie an öffentlich zugänglichen Stellen der Gemeinde ausgehändigt sowie auf der Homepage der Gemeinde und in einer lokalen Zeitung veröffentlicht werden. (3) Die Verfügungen des Ministers gemäß Art. 124 Absatz 2, Art. 124 Absatz 4 und diese des Gebietsver-

	регионалното развитие и благоустройството по чл. 124, ал. 2 и чл. 124а, ал. 4 и на областния управител по чл. 124а, ал. 3 се публикуват на интернет страницата на министерството или на областта и се изпращат на съответната община за разгласяване по реда на ал. 2. (4) Решенията и заповедите по чл. 124 и 124а не подлежат на оспорване. (5) Отказите за издаване на разрешение за изработване на устройствен план по чл. 124а, ал. 5 се дават с мотивирано решение или заповед на компетентния орган в едномесечен срок от постъпване на искането. Отказите се съобщават по реда на Административнопроцесуалния кодекс и могат да бъдат оспорвани по реда на чл. 215.	walters nach Artikel 124a Absatz 3 werden auf der Homepage des Ministeriums, entsprechend des Gebiets nach den Regeln des Absatzes 2 veröffentlicht. (4) Die Beschlüsse und Verfügungen nach Artikel 124 und 124a können nicht angefochten werden. (5) Die Ablehnung der Genhmigung einer Planaufstellung gemäß Artikel 124a Absatz 5 bedarf einer Begründung des zuständigen Organs und wird innerhalb eines Monats nach Zugang des Vorschlags erteilt. Das Verwaltsungsverfahrensgesetz findet Anwendung; die Ablehungsbescheide können nach Artikel 215 angefochten werden.
Art. 125 Abs. 7	Заданието по ал. 1 се внася в Министерството на околната среда и водите или в съответната регионална инспекция по околната среда и водите за определяне на приложимите процедури по реда на глава шеста и глава седма, раздел I от Закона за опазване на околната среда и чл. 31 от Закона за биологичното разнообразие. Екологичната оценка е част от устройствения	Der städtebauliche Auftrag gemäß Absatz 1 wird dem Ministerium für Umwelt und Wasserwirtschaft und der zuständigen regionalen Umweltbehörde vorgelegt, um die anwendbaren Verfahren nach dem sechsten Kapitel des Umweltschutzgesetzes und gem. Art. 31 des Gesetzes über die biologische Vielfalt zu bestimmen. Der Umweltbericht ist ein Teil des E-Plans.

	план.	
Art. 126 Abs. 1	Проучването и проектирането на устройствени планове, както и изборът на устройствена концепция за тях, се възлагат по реда на Закона за обществените поръчки.	Die Ermittlung und die Ausarbeitung des E-Planentwurfs sowie die Wahl des einschlägigen städtebaulichen Konzepts erfolgen nach den Regelungen des Vergabegesetzes.
Art. 127	(1) Проектите за общи устройствени планове се публикуват в интернет страницата на съответната община и подлежат на обществено обсъждане преди внасянето им в експертните съвети по устройство на територията. Възложителят на проекта организира и провежда общественото обсъждане, като разгласява мястото, датата и часа на провеждане с обявление, което се поставя на определените за това места в сградата на общината, района или кметството, както и на други предварително оповестени обществено достъпни места в съответната територия - предмет на плана, и се публикува на интернет страницата на възложителя и на общината, в един национален всекидневник и в един местен вестник. На общественото обсъждане се води писмен протокол, който се прилага към документацията за експертния съвет и за общинския	Die Planentwürfe allgemeiner E-Pläne werden auf der Internethomepage der Gemeinde veröffentlicht und einer öffentlichen Diskussion unterzogen, bevor sie den Sachverständigengremien im Bereich der territorialen Entwicklung vorgelegt werden. Der Initiativträger hat einen bestimmten Termin und einen öffentlich zugänglichen Ort zur öffentlichen Besprechung des Planentwurfs anzuberaumen. Über den Tag, den Ort und die Uhrzeit der öffentlichen Besprechung hat er die Öffentlichkeit zu informieren. Während der öffentlichen Besprechung wird ein schriftliches Protokoll geführt, das ebenso samt der restlichen Plandokumentation dem Sachverständigengremium vorgelegt wird. In Städten mit Stadtteilaufteilung findet die öffentliche Besprechung jeweils in allen Stadtteilen statt. Die öffentliche Besprechung ist ein Teil des Verfahrens über die Durchführung von Konsultationen im Rahmen der Umweltprüfung und/oder Verträglichkeits-

съвет. В градовете с районно деление обществени обсъждания се организират задължително във всички райони. Общественото обсъждане се съвместява и е част от процедурата за провеждане на консултации по екологичната оценка и/или оценката за съвместимост, които възложителят на проекта организира и провежда по Закона за опазване на околната среда и/или Закона за биологичното разнообразие.

(2) Възложителят съгласува проектите за общи устройствени планове със заинтересуваните централни и териториални администрации, а при необходимост - и със специализираните контролни органи и експлоатационните дружества. Съгласуването се изразява във:

1. издаване на необходимите актове при условията, по реда и в сроковете, определени в специален закон;

2. издаване на писмени становища и/или участие на представители на заинтересувани ведомства в заседанието на експертния съвет, (…)

(3) Проектите за общи

prüfung, die der Planinitiativträger nach Maßgaben des Umweltschutzgesetzes und/oder des Gesetzes über die biologische Vielfalt zu organisieren und durchzuführen hat.

(2) Der Planinitiativträger stimmt die Planetwürfe allgemeiner Entwicklungspläne mit den interessierten zentralen und regionalen Behörden ab. Die Abstimmung erfolgt durch:

1. Erstellung notwendiger durch Gesetz vorgeschriebener Akte;

2. Erstellung schriftlicher Stellungnahmen oder Beteiligung der entsprechenden Behördenvertreter am Sachverständigengremium (…)

(3) Die Plantwürfe der allgemeinen Entwicklungspläne werden durch die kommunalen Sachverständigengremien angenommen.

(4) entfällt

(5) Nach Entscheidung des Gemeinderats können die Planentwürfe allgemeiner Entwicklungspläne gemäß Artikel 10 Absatz 2 oder andere allgemeine Entwicklungspläne dem Gebiets- oder Nationalsachverständigengremium im Bereich der teriitorialen Entwicklung zur Annahme vorgelegt werden.

(6) Der allgemeine Entwicklungsplan wird vom Gemeinderat nach der Berichterstattung durch den Bürgermeister beschlossen. Der

устройствени планове се приемат от общинския експертен съвет.

(4) отменен

(5) По решение на общинския съвет проекти за общи устройствени планове на териториите по чл. 10, ал. 2 и за други общи устройствени планове могат да се внасят за приемане и от областния експертен съвет или от Националния експертен съвет по устройство на територията и регионална политика.

(6) Общият устройствен план се одобрява от общинския съвет по доклад на кмета на общината. Решението на общинския съвет се изпраща в 7-дневен срок от приемането му на областния управител, който може в 14-дневен срок от получаването да върне незаконосъобразното решение за ново обсъждане или да го оспори пред съответния административен съд при условията и по реда на чл. 45 от Закона за местното самоуправление и местната администрация. Решението на общинския съвет се изпраща за обнародване в "Държавен вестник", ако не е върнато за ново обсъждане или не е оспорено пред съответния

Gemeinderatsbeschluss wird innerhalb einer siebentägigen Frist nach dessen Beschlussfassung dem Gebietsverwalter vorgelegt, der innerhalb einer Frist von 14 Tagen den Beschluss als gesetzeswidrig zu einer erneuten Beschließung zurückweisen oder den Beschluss vor dem zuständigen Verwaltungsgericht nach den Regelungen des Artikel 45 des Gesetzes über die örtliche Selbstverwaltung und örtliche Administration beanstanden kann. Der Gemeinderatsbeschluss wird im Staatsverzeichnis verkündet, soweit er nicht zurückgewiesen oder beanstandet worden ist, im Falle der Beanstandung nach Beendigung des Gerichtsverfahrens. Der angenommene allgemeine Entwicklungsplan wird auf der Homepage der entsprechenden Gemeinde veröffentlicht.

	административен съд, а ако е оспорено - след приключване на съдебното производство. Одобреният общ устройствен план се публикува в интернет страницата на съответната община.	
Art. 128	(1) Изработеният проект за подробен устройствен план се съобщава от общината на заинтересуваните лица с обявление, което в 10-дневен срок от постъпването на проекта в общинската администрация се изпраща за обнародване в "Държавен вестник". По този ред се съобщават и проектите за подробни устройствени планове за линейните обекти на техническата инфраструктура извън границите на населените места и селищните образувания. (2) Обявлението по ал. 1 се разгласява, като се поставя на определените за това места в сградата на общината, района или кметството, както и на други предварително оповестени обществено достъпни места в съответната територия - предмет на плана, и се публикува на интернет страницата на общината и в поне един местен вестник. Проектът за подробен устройствен план се публикува на интернет страницата на съответната община. Раз-	(1) Der Planentwurf eines detaillierten Entwicklungsplans wird von der Gemeinde an die berechtigten Personen bekannt gemacht. Die Bekanntmachung wird innerhalb einer 10-tägigen Frist im Staatsanzeiger verkündet. Dies gilt auch für Planentwürfe detaillierter Entwicklungspläne für Projekte der technischen Infrastruktur außerhalb der Grenzen der Siedlungsgebiete und der Siedslungsstrukturen. (2) Die Bekanntmachung nach Absatz 1 wird öffentlich gemacht, indem sie an dafür bestimmbaren Stellen der Gemeinde, des Stadtbezirks oder des Bürgeramts öffentlich ausgehändigt wird; ebenso wird sie auf der Homepage der Gemeinde und in mindestens einer lokalen Zeitung veröffentlicht. Der Planentwurf des detaillierten Entwicklungsplans wird auf der Hompage der entsprechenden Gemeinde veröffentlicht. Diese Bekanntmachung erfolgt innerhalb einer 10-tägigen Frist nach der Verkündung gemäß Absatz 1. (3) Handelt es sich um einen Plan-

	гласяването по този ред се извършва в 10-дневен срок от обнародването на обявлението по ал. 1.	entwurf mit räumlichem Umfang bis zu einem Stadtviertel, erfolgt die öffentliche Bekanntmachung nicht durch eine Veröffentlichung im Amtsblatt, sondern durch Bekanntgabe an die berechtigten Personen innerhalb einer Frist von einem Monat ab Zugang des Entwurfs in der kommunalen Administration.
	(3) Когато проектът за подробен устройствен план е за част от населено място или селищно образувание в обхват до един квартал, както и за поземлени имоти извън границите на населени места и селищни образувания, обявлението по ал. 1 не се обнародва в "Държавен вестник", а се съобщава на заинтересуваните лица в срок един месец от постъпването на проекта в общинската администрация.	(4) entfallen
	(4) отменен	(5) Innerhalb eines Monats ab der Bekanntmachung nach Absatz 1 und vierzehn Tagen ab der Bekanntgabe nach Absatz 3 GtE können die berechtigten Personen schriftliche Einwendungen, Vorschläge oder Anregungen gegenüber der Gemeinde erheben.
	(5) В едномесечен срок от обявлението по ал. 1 или в 14-дневен срок от съобщението по ал. 3 заинтересуваните лица могат да направят писмени възражения, предложения и искания по проекта за подробен устройствен план до общинската администрация.	
Art. 213	Съдилищата осъществяват контрол по законосъобразността на административните актове по устройство на територията при условията и по реда на този закон, а по въпроси, които не са уредени в него - по Административнопроцесуалния кодекс.	Die Gerichte üben Kontrolle über die Gesetzmäßigkeit der Verwaltungsakte im Bereich der territorialen Entwicklung entsprechend den Anordnungen des Gesetzes über territoriale Entwicklung aus, hinsichtlich Fragen, die das Gesetz über territoriale Entwicklung nicht regelt, ist die Verwaltungsprozess-

		ordnung maßgebend.
Art. 214	Индивидуални административни актове по смисъла на този закон са: 1. актовете за устройство на територията по чл. 1, отказите за издаване на такива актове и административните актове за отмяна или оставане в сила на актове, издадени по административен ред, с които се създават права или задължения или се засягат права или законни интереси на отделни физически или юридически лица, независимо дали изрично са посочени като адресати; 2. актовете по т. 1, издадени от Дирекцията за национален строителен контрол, от кметовете на райони и кметства, от главните архитекти и други овластени длъжностни лица в областните, общинските и районните администрации; 3. актовете за спиране, за забрана на ползването и за премахване на незаконни строежи.	Individuelle Verwaltungsakte im Sinne dieses Gesetzes sind: 1. Akte territorialer Entwicklung gem. Artikel 1, die abgelehnten Akte und die aufhebenden Verfügungen nach dem verwaltungsverfahrensrechtlichen Normen, durch die Rechte oder Pflichten natürlicher oder juristischer Personen geschaffen oder berührt werden, unabhängig von deren ausdrücklichen Aufnahme als Adressaten; 2. die Akte entsprechend dem Punkt 1, die die nationale Bauaufsichtsbehörde, die Bürgermeister, die Hauptarchitekten und andere befugte Organe der überregionalen und kommunalen Verwaltungen erlassen haben; 3. Nutzungsuntersagungs- und Nutzungsverbotsverfügungen sowie Abbruchsanordnungen bei rechtswidrig errichteten Anlagen.
Art. 215 Abs. 6	(1) Индивидуалните административни актове по този закон, отказите за издаването им и административните актове, с които те са отменени или оставени в сила, с изключение на тези по чл. 216, ал. 1, могат да се обжалват пред съответния	(1) Individuelle Verwaltungsakte im Sinne dieses Gesetzes, die ablehnenden Akte sowie die Aufhebungsverfügungen, ohne diejenigen nach Art. 216 Absatz 1, können vor dem zuständigen Verwaltungsgericht angefochten werden, in dessen Bezirk das betroffene Grundstück

административен съд по местонахождението на недвижимия имот. Актовете и отказите на министъра на регионалното развитие и благоустройството, на министъра на отбраната и на министъра на вътрешните работи се обжалват пред Върховния административен съд.

(2)

(3) Прокурорът може да подава протести относно законосъобразността на подлежащите на обжалване актове.

(4) Жалбите и протестите се подават чрез органа, чийто акт се обжалва или протестира, в 14-дневен срок от съобщаването му, а когато актът се съобщава чрез обнародване в "Държавен вестник" - в 30-дневен срок от обнародването му. Жалбите и протестите срещу актове, с които се одобрява подробен устройствен план или се издава разрешение за строеж на обект с национално значение или на общински обект от първостепенно значение, се подават чрез органа, издал акта, в 14-дневен срок от обнародването на акта в "Държавен вестник".

(5)

liegt. Die Akte und Absagen des Ministers für regionale Entwicklung, des Verteidigungsministers oder der Innenministrs sind vor dem Obersten Verwaltungsgericht anzufechten.

(2)

(3) Der Staatsanwalt kann die Gesetzmäßigkeit der anfechtbaren Verwaltungsakte gerichtlich beanstanen.

(4) Die Klageschriften sind durch das Organ, dessen Akt angefochten wird, innerhalb einer 14-tägigen Frist ab Bekanntgabe des Verwaltungsakts anzufechten; wenn der Verwaltungsakt im Staatsanzeiger veröffentlich wird, gilt eine 30-tägige Frist. Wird ein Beschluss eines detaillierten Entwicklungsplans oder eine Baugenehmigung angefochten, die Anlagen von nationaler Bedeutung oder kommunale Projekte von erstrangiger Relevanz zu Gegenstand haben, gilt eine 14-täguge Frsit ab Veröffentlichung des Akts im Staatsanzeiger.

(5)

(6) Keiner Anfechtung unterliegen die allgemeinen Entwicklungspläne und deren Änderungen.

	(6) Не подлежат на обжалване общите устройствени планове, както и техните изменения.	
Art. 218	(1) При оспорване по реда на чл. 215 на индивидуални административни актове за одобряване на подробни устройствени планове, чието съобщаване е извършено чрез обнародване в "Държавен вестник", или на комплексни проекти за инвестиционна инициатива, чието съобщаване е извършено чрез обнародване в "Държавен вестник", заинтересуваните лица могат да се конституират като ответници в производството в едномесечен срок от деня на обнародване в "Държавен вестник" на съобщение за оспорването. ..... (11) Решението на съда по дела, образувани по реда на ал. 1, има сила по отношение на всички заинтересувани лица.	(1) Im Falle der Anfechtung individueller Verwaltungsakte nach Maßgabe von Art. 215, durch die detaillierte Entwicklungspläne beschlossen weden und deren Veröffentlichung im Staatsanzeiger erfolgt, können die betroffenen Personen innerhalb einer Frist von einem Monat ab dem Tag der Veröffentlichung des angefochtenen detaillierten Entwicklungsplans im Staatsanzeiger einen Antrag auf Konstituierung als beklagte Partei im Verfahren stellen. *Absatz 2 bis 10 betreffen das genaue Konstituierungsverfahren sowie die erforderlichen Unterlagen, die die betroffenen Parteien stellen müssen sowie wie und wann das Gericht die Konstituierung ablehnen darf.* (11) Das rechtskräftige Gerichtsurteil, für das Absatz 1 einschlägig ist, entfaltet Rechtswirkung gegenüber allen betroffenen Personen.

IV. Umweltschutzgesetz

Art. 81	(1) Екологична оценка и оценка на въздействието върху околната	(1) Die Umweltprüfung und die Umweltverträglichkeitsprüfung

среда се извършват на планове, програми и инвестиционни предложения за строителство, дейности и технологии или техни изменения или разширения, при чието осъществяване са възможни значителни въздействия върху околната среда, както следва:

1. екологична оценка се извършва на планове и програми, които са в процес на изготвяне и/или одобряване от централни и териториални органи на изпълнителната власт, органи на местното самоуправление и Народното събрание;

2. оценка на въздействието върху околната среда се извършва на инвестиционни предложения за строителство, дейности и технологии съгласно приложения № 1 и 2.

(2) С екологичната оценка и ОВОС се цели интегриране на предвижданията по отношение на околната среда в процеса на развитие като цяло и въвеждане принципа на устойчиво развитие в съответствие с чл. 3 и 9.

(3) Екологична оценка на планове и програми се извършва едновременно с изготвянето им, като се вземат предвид техните цели, териториалният обхват и степента на подробност, така че да се идентифицират, опишат и

werden bezüglich Pläne, Programme und Investitionsbauvorhaben und Technologievorhaben, deren Änderungen oder Erweiterungen durchgeführt, die voraussichtlich erhebeliche Umweltauswirkungen haben wie folgt:

1. Die Umweltprüfung wird für Pläne und Programme durchgeführt, die in der Ausarbeitungs- und/oder Annahmephase sind und für welche, zentrale oder territoriale Organe der vollziehenden Gewalt, kommunale Selbstverwaltungsorgane und die Nationaleversammlung zuständig sind.

2. Die Verträglichkeitsprüfung wird für bauliche, technische und andere Investitionsvorhaben entsprechend den Anlagen Nr. 1 und 2 durchgeführt.

(2) Die Umweltürüfung und die UVP haben zum Ziel, die umweltrechtlichen Belange zu integrieren und allgemein das Prinzip einer nachhaltigen Entwicklung gemäß Artikel 3 und 9 zu gewähren.

(3) Die Umweltrpüfung der Pläne und Projekte erfolgt gleichzeitig mit ihrer Ausarbeitung, indem ihre Ziele, ihr territorialer Umfang und der Detaillierungsgrad berücksichtigt werden.

	оценят по подходящ начин възможните въздействия от прилагането на инвестиционните предложения, които тези планове и програми включват. (4) Планове и програми, разработени единствено за целите на националната отбрана или на гражданската защита, както и финансови планове и бюджети със самостоятелно значение, не са предмет на екологична оценка.	(4) Pläne und Programme, die alleine zum Zwecke der Nationalsicherheit oder der Zivilverteidigung ausgearbeitet wurden sowie Finanzpläne oder das Haushaltsbudget sind kein Gegenstand der Umweltprüfung.
Art. 82	(1) Оценката по чл. 81, ал. 1, т. 1 се съвместява изцяло с действащите процедури за изготвяне и одобряване на планове и програми. (2) Оценката по чл. 81, ал. 1, т. 2 се съвместява с процедурите по изготвяне и одобряване на инвестиционното предложение по реда на специален закон. (3) Когато за осъществяване на инвестиционното предложение трябва да се развият и други, свързани с основния предмет на оценка, спомагателни или поддържащи дейности, те също се включват в изискващата се оценка, независимо дали самостоятелно попадат в обхвата на приложения № 1 или 2. Ако спомагателните или поддържащите дейности самостоятелно като инвес-	(1) Die Prüfung nach Artikel 81 Absatz 1 Nr. 1 ist mit dem geltenden Plan- und Programmerstellungsverfahren zu vereinbaren. (2) Die Prüfung nach Artikel 81 Absatz 1 Nr. 2 ist mit dem Genehmigungsverfahren bei Investitionsvorhaben und nach den Vorschriften des Spezialgesetzes zu vereinbaren. (3) betrifft die UVP (4) Die Umweltprüfung von Plänen oder Programmen endet mit einer Stellungnahme oder einem Beschluss des zuständigen Organs nach Artikel 84 Absatz 1. Die bestandskräftige Stellungnahme oder der bestandskräftige Beschluss ist eine zwingende Bedingung für die nachfolgende Plan- oder Programmannahme. Die Organe, zuständig

	тиционни предложения са предмет на ОВОС, всички оценки се съвместяват, като се провежда една обединена процедура. (4) Екологичната оценка на планове и програми завършва със становище или решение на компетентния орган по чл. 84, ал. 1. Влязлото в сила становище или решение е задължително условие за последващото одобряване на плана или програмата. Органите, отговорни за одобряване и прилагане на плана или програмата, се съобразяват със становището или решението и с поставените в тях условия, мерки и ограничения.	für die Annahme und den Vollzug des Plans oder Programms, haben die Stellungnahme bzw. den Beschluss und die darin vorgesehenen Bedingungen, Maßnahmen und Auflagen zu beachten.
Art. 84	(1) Министърът на околната среда и водите или директорът на съответната РИОСВ е компетентният орган за издаване на становище или решение по екологична оценка на планове и програми съгласно чл. 82, ал. 4. (2) Становището или решението по ал. 1 се издава след провеждане на изискващата се процедура и се основава на цялата документация, изготвена или изискана в хода на проведената процедура, включително при отчитане на резултатите от обществените консултации.	(1) Der Minister für Umwelt und Wasserwirtschaft oder der Leiter der entsprechenden Regionalumweltbehörde sind die zuständigen Organe, die die Stellungnahme oder den Beschluss über die Umweltprüfung nach Maßgabe von Artikel 82 Absatz 4 erlassen. (2) Die Stellungnahme oder der Beschluss nach Absatz 1 erfolgen nach Durchführung des gesamten Procedere und beruhen auf der zusammengestellten erforderlichen Dokumentation, einschließlich der Ergebnisse der durchgeführten Konsultation mit der Öffentlichkeit.
Art. 86	(1) Изготвянето на екологичната оценка се възлага от възложителя	(1) Die Durchführung der Umweltprüfung beantragt die Plan- oder

на плана или програмата при условията и по реда на чл. 83.

(2) Докладът за екологичната оценка включва информация, съответстваща на степента на подробност на плана и програмата и използваните методи за оценка.

(3) Докладът за екологична оценка задължително съдържа:

1. описанието на съдържанието на основните цели на плана или програмата и връзката с други съотносими планове и програми;

2. съответни аспекти на текущото състояние на околната среда и евентуално развитие без прилагането на плана или програмата;

3. характеристиките на околната среда за територии, които вероятно ще бъдат значително засегнати;

4. съществуващите екологични проблеми, установени на различно ниво, имащи отношение към плана или програмата, включително относящите се до райони с особено екологично значение, като защитените зони по Закона за биологичното разнообразие;

5. целите на опазване на околната среда на национално и международно равнище, имащи отношение към плана и програмата, и начинът, по който тези цели и всички екологични съображения са взети под внимание по време

Programminitiativträger gemäß Artikel 83.

(2) Der Umweltbericht beinhaltet Information über den Detaillierungsgrad und die angewandten Prüfungsmethoden.

(3) Der Umweltbericht erfasst zwingend:

1. eine Kurzdarstellung des Inhalts und die wichtigsten Ziele des Plans oder Programms sowie die Beziehung zu anderen relevanten Plänen und Programmen;

2. die relevanten Aspekte des derzeitigen Umweltzustands und dessen voraussichtliche Entwicklung bei Nichtdurchführung des Plans oder Programms;

3. die Umweltmerkmale der Gebiete, die voraussichtlich erheblich beeinflusst werden;

4. sämtliche derzeitigen für den Plan oder das Programm relevanten Umweltprobleme unter besonderer Berücksichtigung der Probleme, die sich auf Gebiete mit einer speziellen Umweltrelevanz beziehen, wie etwa die unter Schutz gestellten Gebiete nach dem Gesetz über die biologische Vielfalt;

5. die auf internationaler oder gemeinschaftlicher Ebene oder auf der Ebene der Mitgliedstaaten festgelegten Ziele des Umweltschutzes, die für den Plan oder das Programm von Bedeutung sind, und die Art,

на изготвянето на плана или програмата;

6. вероятни значителни въздействия върху околната среда, включително биологично разнообразие, население, човешко здраве, фауна, флора, почви, води, въздух, климатични фактори, материални активи, културно-историческо наследство, включително архитектурно и археологическо наследство, ландшафт и връзките между тях; тези въздействия трябва да включват вторични, кумулативни, едновременни, краткосрочни, средносрочни и дългосрочни, постоянни и временни, положителни и отрицателни последици;

7. мерките, които са предвидени за предотвратяване, намаляване и възможно най-пълно компенсиране на неблагоприятните последствия от осъществяването на плана или програмата върху околната среда;

8. описание на мотивите за избор на разгледаните алтернативи и на методите на извършване на екологична оценка, включително трудностите при събиране на необходимата за това информация, като технически недостатъци и липса на ноу-хау;

9. описание на необходимите мерки във връзка с наблюдението

wie diese Ziele und alle Umwelterwägungen bei der Ausarbeitung des Plans oder Programms berücksichtigt wurden;

6. die voraussichtlichen erheblichen Umweltauswirkungen, einschließlich der Auswirkungen auf Aspekte wie die biologische Vielfalt, die Bevölkerung, die Gesundheit des Menschen, Fauna, Flora, Boden, Wasser, Luft, klimatische Faktoren, Sachwerte, das kulturelle Erbe einschließlich der architektonisch wertvollen Bauten und der archäologischen
Schätze, die Landschaft und die Wechselbeziehung zwischen den genannten Faktoren.

7. die Maßnahmen, die geplant sind, um erhebliche negative Umweltauswirkungen aufgrund der Durchführung des Plans oder Programms zu verhindern, zu verringern und soweit wie möglich auszugleichen;

8. eine Kurzdarstellung der Gründe für die Wahl der geprüften Alternativen und eine Beschreibung, wie die Umweltprüfung vorgenommen wurde, einschließlich etwaiger Schwierigkeiten bei der Zusammenstellung der erforderlichen Informationen (zum Beispiel technische Lücken oder fehlendes Know-How);

9. eine Beschreibung der geplanten Maßnahmen zur Überwachung während des Plan- oder Projektvollzugs;

	по време на прилагането на плана или програмата; 10. нетехническо резюме на екологичната оценка.	10 eine nichttechnische Zusammenfassung der Umweltprüfung..

V. Gesetz über die biologische Vielfalt

Art. 3	(1) Държавата изгражда Национална екологична мрежа, включваща: 1. защитени зони като част от Европейската екологична мрежа "НАТУРА 2000", в които могат да участват защитени територии; 2. защитени територии, които не попадат в защитените зони. (2) отменен (3) В Националната екологична мрежа приоритетно се включват КОРИНЕ места, Рамсарски места, важни места за растенията и орнитологични важни места.	(1) Der Staat errichtet das Nationale Naturschutznetz, das erfasst: 1. Schutzgebiete als Teile des Europäischen Netzes „Natura 2000"; 2. Schutzgebiete, die nicht den Schutzgebieten unter Absatz 1 unterfallen. (2) entfallen (3) Im Nationalen Naturschutznetz prioritär erfasst sind „KORINE"-Flächen, Ramar-Flächen, wichige Flächen für die Pflanzen und ornithologisch wichtige Flächen.
Art. 19	(1) Когато съществува опасност от увреждане на територии от списъка по чл. 10, ал. 2, преди да са обявени за защитени зони, министърът на околната среда и водите със заповед, обнародвана в "Държавен вестник", забранява или ограничава отделни действия в тях за срок до две години, с изключение на обектите, предоставени за отбраната и въоръжените сили. (2) Обжалването на заповедта по	(1) Wenn eine Gefahr für die Beeinträchtigung von Gebieten der Liste nach Artikel 10 Absatz 2 besteht und vor der endgültigen Gebietsausweisung, verbietet oder beschränkt der Minister für Umwelt und Wasserwirtschaft anhand einer Verfügung im Staatsanzeiger einzelne Tätigkeiten für einen Zeitraum von zwei Jahren; hiervon ausgenommen sind Tätigkeiten im Bereich der Sicherheit und der Verteidigung.

	ал. 1 не спира изпълнението й.	(2) Die Anfechtung der Verfügung gemäß Absatz 1 hat keine aufschiebende Wirkung.
Art. 27	За защитените зони по чл. 3, ал. 1, т. 1 могат да се разработват планове за управление.	Für die Schutzgebiete nach Artikel 3 Absatz 1 Nr. 1 können Pläne zur Verwaltung der Schutzgebiete ausgearbeitet werden.
Art. 29	(1) В плановете за управление по чл. 27 се предвиждат мерки, които целят предотвратяване на влошаването на условията в типовете природни местообитания и в местообитанията на видовете, както и на застрашаването и обезпокояването на видовете, за опазването на които са обявени съответните защитени зони. (2) Мерките по ал. 1 включват: 1. забрана или ограничаване на дейности, противоречащи на изискванията за опазване на конкретните обекти - предмет на защита; 2. превантивни действия за избягване на предсказуеми неблагоприятни събития; 3. поддържащи, направляващи и регулиращи дейности; 4. възстановяване на природни местообитания и местообитания на видове или на популации на растителни и животински видове; 5. осъществяване на научни изследвания, образователна дейност и мониторинг.	(1) In den Plänen zur Verwaltung der Schutzgebiete nach Artikel 27 werden Maßnahmen vorgesehen, die die Verschlechterung der Habitatbedingungen in dem entsprechenden Schutzgebiet abzuwenden bezwecken sowie die Bedrohung und Beeinträchtigung der Arten, Gegenstand des Schutzgebiets, vermeiden sollen. (2) Die Maßnahmen nach Absatz 1 sind: 1. das Verbot oder die Einschränkung von bestimmten Tätigkeiten, die den Schutzzielen der konkreten Objekte entgegenstehen: 2. vorbeugende Maßnahmen zur Vermeidung von vorausschauenden ungünstigen Abläufen; 3. unterstützende, steuernde und regelnde Maßnahmen; 4. die Wiederherstellung natürlicher Lebensraumtypen und Habitate der Arten oder der Pflanzen- und Tierpopulationen; 5. die Vornahme wissenschaftlicher Forschungen, Bildungsmaßnahmen und Monitoring.

Art. 31	(1) Планове, програми, проекти и инвестиционни предложения, които не са непосредствено свързани или необходими за управлението на защитените зони и които поотделно или във взаимодействие с други планове, програми, проекти или инвестиционни предложения могат да окажат значително отрицателно въздействие върху защитените зони, се подлагат на оценка за съвместимостта им с предмета и целите на опазване на съответната защитена зона.	(1) Pläne, Programme und Investitionsvorhaben, die nicht unmittelbar mit der Verwaltung von Schutzgebieten in Verbindung stehen oder hierfür nicht notwendig sind, die ein solches Gebiet jedoch einzeln oder im Zusammenwirken mit anderen Plänen, Programmen oder Investitionsvorhaben erheblich negativ beeinflussen können, unterliegen einer Prüfung auf Verträglichkeit mit den für dieses Gebiet festgelegten Erhaltungszielen.
	(2) Оценката по ал. 1 се извършва за защитените зони, които са:	(2) Die Prüfung nach Absatz 1 erfolgt für Schutzgebiete, die
	1. разгледани и одобрени по принцип от Националния съвет по биологичното разнообразие, независимо дали са отложени за допълнително проучване и разглеждане, или са включени в списъка по чл. 10, ал. 3 за внасяне в Министерския съвет за приемане, или	1. grundsätzlich vom Nationalrat für biologische Vielfalt untersucht und genehmigt wurden, unabhängig ob zusätzliche Prüfungen erforderlich sind oder bereits in die Liste zum Vorlegen an den Ministerrat gemäß Artikel 10 Absatz 3 aufgenommen wurden, oder
	2. включени в списъка по чл. 10, ал. 4, обнародван в "Държавен вестник", или	2. in die Liste nach Artikel 10 Absatz 4 eingetragen wurden und diese bereits im Staatsverzeichnis veröffentlicht wurden, oder
	3. обявени със заповед по чл. 12, ал. 6.	3. ausgewiesen durch eine Verfügung nach Artikel 12 Absatz 6.
	(3) отменен	(3) entfallen
	(4) За плановете, програмите и инвестиционните предложения, попадащи в обхвата на Закона за опазване на околната среда,	(4) Für Pläne, Programme und Investitionsvorhaben, die in den Anwendungsbereich des Umweltschutzgesetzes fallen, erfolgt die Prüfung nach Absatz 1 durch das

Art. 32	оценката по ал. 1 се извършва чрез процедурата по екологична оценка, съответно чрез процедурата по оценка на въздействието върху околната среда по реда на Закона за опазване на околната среда и при спазване на специалните разпоредби на този закон и наредбата по чл. 31а. (…) (1) Компетентният орган съгласува по чл. 31, ал. 12, т. 1 плана, програмата, проекта или инвестиционното предложение само когато заключението на оценката по чл. 31, ал. 10 е, че предметът на опазване в съответната защитена зона няма да бъде значително увреден. (2) Степента на увреждане по ал. 1 се оценява най-малко като отношение на площта на местообитанията - предмет на опазване, която ще се увреди, спрямо тяхната площ в дадената защитена зона и в цялата мрежа от защитени зони. (3) Изискването на ал. 1 и 2 се прилага и в случаите, когато оценката по чл. 31, ал. 1 се извършва чрез екологична оценка и/или оценка на въздействието върху околната среда по реда на	Umweltprüfungsverfahren, entsprechend durch das Verfahren der Umweltverträglichkeitsprüfung nach den Vorschriften des Umweltschutzgesetzes und bei Einhaltung der Sondervorschriften dieses Gesetzes und der Verordnung nach Artikel 31 a. (…) (1) Das zuständige Organ genehmigt gemäß Artikel 31 Absatz 12 Nr. 1 den Plan, das Programm oder das Investitionsvorhaben, wenn die Entscheidung nach Artikel 31 Absatz 10 schlussfolgert, dass der Schutzgegenstand des entsprechenden Schutzgebiets nicht erheblich beeinträchtigt wird. (2) Der Erheblichkeitsgrad nach Absatz 1 richtet sich nach dem Verhältnis zwischen der Habitatfläche, die beeintrachtigt ist, der Fläche des entsprechenden Schutzgebiets und dem Schutzgebietsnetz insgesamt. (3) Die Ausführungen unter Absatz 1 und 2 gelten auch für Fälle, bei denen die Verträglichkeitsprüfung gemäß Artikel 31 Absatz 1 mithilfe der Umweltprüfung und/oder der Umweltverträglichkeitsprüfung nach Maßgabe des Umweltschutzgesetzes erfolgt.

	Закона за опазване на околната среда.	
Art. 33	(1) Изключение от разпоредбата на чл. 32, ал. 1 се допуска само по причини от първостепенен обществен интерес и когато не е налице друго алтернативно решение. (2) Ако съответната защитена зона включва приоритетен тип природно местообитание и/или местообитание на приоритетен вид, то за осъществяване на изключението по ал. 1 могат да бъдат валидни само съображения във връзка с човешкото здраве, обществената сигурност или благоприятни въздействия върху околната среда, а когато такива не са налице, изключение по ал. 1 може да бъде допуснато само при получаване на положително становище от Европейската комисия.	(1) Ausnahmen von den Vorgaben des Artikels 32 Absatz 1 werden zugelassen, nur wenn überwiegende Gründe der Allgemeinheit vorliegen und keine Alternativlösung vorhanden ist. (2) Ist das betreffende Gebiet ein Gebiet, das einen prioritären natürlichen Lebensraumtyp und/oder eine prioritäre Art einschließt, so gilt die Ausnahme nach Absatz 1 nur im Hinblick auf Erwägungen im Zusammenhang mit der Gesundheit des Menschen und der öffentlichen Sicherheit oder im Zusammenhang mit maßgeblichen günstigen Auswirkungen für die Umwelt oder, nach Stellungnahme der Kommission, andere zwingende Gründe des überwiegenden öffentlichen Interesses geltend gemacht werden.

Hinweis: Bis auf die Normen unter I. (amtliche Übersetzung der bulg. Verfassung) sind alle anderen Vorschriften durch die Bearbeiterin übersetzt worden.

Literaturverzeichnis

Deutsche Literatur

Adamovich, Ivan Baron, Entstehung von Verfassungen, Tübingen 2004.

Anderson, David / *Demetriou*, Marie, References to the European Court, London 2002.

Badura, Peter, Staatsrecht, Systematische Erläuterung des Grundgesetzes, 7. Auflage, München 2018.

Bartlsperger, Richard, Die Bauleitplanung als Reservat des Verwaltungsstaats, DVBl. 1967, S. 360-373.

Battis, Ulrich / *Kersten*, Jens, Europäische Politik des territorialen Zusammenhalts", UPR 2008, S. 201-207.

- Europäische Raumentwicklung, EuR 2009, S. 3-24.

Battis, Ulrich / *Krautzberger*, Michael / *Löhr*, Rolf-Peter, Baugesetzbuch: BauGB, Kommentar, 13. Auflage, München 2016.

Battis, Ulrich, Öffentliches Baurecht und Raumordnungsrecht, 6. Auflage, Stuttgart 2014.

Beckermann, Jörg / *Halama*, Günter, Handbuch zum Recht der Bau- und Umweltrichtlinien der EU, 2. Auflage, Bonn 2011.

Bickenbach, Christian, Das Subsidiaritätsprinzip in Art. 5 EUV und seine Kontrolle, EuR 2013, S. 523-549.

Bracher, Christian-Dietrich / *Reidt*, Olaf / *Schiller*, Gernot, Bauplanungsrecht, 8. Auflage, Köln 2014.

Broberg, Morten / *Fenger*, Niels, Das Vorabentscheidungsverfahren vor dem Gerichtshof der Europäischen Union, 1. Auflage, Baden-Baden 2014.

Brohm, Winfried, Rechtsschutz im Bauplanungsrecht, Stuttgart 1959.

Buschmann, Marco / *Daiber*, Birgit, Subsidiaritätsrüge und Grundsatz der begrenzten Einzelermächtigung, DÖV 2011, S. 504-509.

Callies, Christian / *Ruffert*, Matthias, EUV/AEUV, Das Verfassungsrecht der Europäischen Union mit Europäischer Grundrechtecharta, Kommentar, 5. Auflage, München 2016.

Dauses, Manfred, Handbuch des EU-Wirtschaftsrechts, Band 2, 45. Erg.-Lfg., München 2018.

Dreier, Johannes, Die normative Steuerung der planerischen Abwägung, Strikte Normen, generelle Planungsleitbegriffe, Planungsleitlinien und Optimierungsgebote, Berlin 1995.

Erbguth, Wilfried / *Schubert*, Mathias, Öffentliches Baurecht, mit Bezügen zum Umwelt- und Raumplanungsrecht, 6. Auflage, Berlin 2014.

Erbguth, Wilfried (Hrsg.), Strategische Umweltprüfung (SUP), 1. Auflage, Baden-Baden 2006.

- Städtebaurecht und Raumordnungsrecht im Wandel: Ökologisierung durch Europäisierung, Rechtsschutz, Föderalismusreform, NVwZ 2007, S. 985-991.

Ernst, Werner / *Zinkahn*, Willy / *Bielenberg*, Walter / *Krautzberger*, Michael, Baugesetzbuch, Kommentar, 129 Auflage, München 2018.

Eyermann, Erich, Verwaltungsgerichtsordnung, Kommentar, 14. Auflage, München 2014.

Faßbender, Kurt, Grundfragen und Herausforderungen des europäischen Umweltplanungsrechts, NVwZ 2005, S. 1122-1133.

Füßer, Klaus, Die Errichtung des Netzes Natura 2000 und die FFH-Verträglichkeitsprüfung: Interpretationsspielräume, -probleme und Entwicklungstendenzen, ZUR 2005, S. 458-465.

Gellermann, Martin, Das FFH-Regime und die sich daraus ergebenden Umsetzungsverpflichtungen, NVwZ 2001, S. 500-506.

Ginzky, Harald, Die Richtlinie über die Prüfung der Umweltauswirkungen bestimmter Pläne und Programme, UPR 2002, S. 47-53.

Grabitz, Eberhard / *Hilf*, Meinhard / *Nettesheim*, Martin, Das Recht der Europäischen Union, Kommentar 64. Erg.-Lfg., Band III, München 2018.

von der Groeben, Hans (Hrsg.) / *Schwarze*, Jürgen / *Hatje*, Armin, Europäisches Unionsrecht, Band I, 7. Auflage, Baden-Baden 2015.

Habersack, Mathias / *Mayer*, Christian, Die überschießende Umsetzung von Richtlinien, JZ 1999, S. 913-921.

Haratsch, Andreas / *Koenig*, Christian / *Pechstein*, Matthias, Europarecht, 11. Auflage, Tübingen 2018.

Hendler, Reinhardt, Der Geltungsbereich der EG-Richtlinie zur strategischen Umweltprüfung, NuR 2003, S. 2-11.

Herrnfeld, Hans-Holger, Rechtsform und Rechtsangleichung in den Beitrittsstaaten Mittel- und Osteuropa, EuR 2000, S. 454-468.

Hoppe, Werner / *Beckmann*, Martin/ *Kment*, Martin (Hrsg.), UVPG und Um-wRG, Kommentar, 5. Auflage, Köln 2018.

Hoppe, Werner / *Bönker*, Christian / *Grotefels*, Susan Öffentliches Baurecht, 4. Auflage, München 2010.

Hoppe, Werner, „Die Zusammenstellung des Abwägungsmaterials" und die „Einstellung der Belange" in die „Lage der Dinge" bei der Planung, DVBl 1977, S. 136-144.

- Die Abwägung im EAG Bau nach Maßgabe des § 1 VII BauGB 2004, NVwZ 2004, S. 903-910.

Hoppenberg, Michael (Hrsg.) / *de Witt*, Siegfried, Handbuch des öffentlichen Baurechts, Band I, Stand: Juli 2016, 45. Erg.-Lfg., München 2016.

Ismayr, Wolfgang (Hrsg.), Die politischen Systeme Osteuropas, 3. Auflage, Wiesbaden 2010.

Jarass, Hans / *Kment*, Martin, Baugesetzbuch, Kommentar, 2. Auflage, München 2017.

Jarass, Hans, Die Zulässigkeit von Projekten nach FFH-Recht, NuR 2007. S. 371-379.

- Die Europäisierung des Planungsrechts, DVBl. 2000, S. 946-952.

Kahl. Wolfgang (Hrsg.), Nachhaltigkeit durch Organisation und Verfahren, Tübingen 2016.

- Neuere höchstrichterliche Rechtsprechung zum Umweltrecht – Teil 2, JZ 2012, S. 729-738.

- Neuere höchstrichterliche Rechtsprechung zum Umweltrecht – Teil 1, JZ 2014, S. 722-732.

- Neuere höchstrichterliche Rechtsprechung zum Umweltrecht – Teil 1, JZ 2016, S. 666-677.

Kehl, Peters, Die Strategische Umweltprüfung und ihre Auswirkung auf die planungsrechtliche Systematik, KommJuR 2005, Heft 5, S. 245-250.

Koch, Hans-Joachim / *Hendler*, Reinhard, Baurecht, Raumordnungs- und Landesplanungsrecht, 6. Auflage, Stuttgart 2015.

Kopp, Ferdinand / *Schenke*, Ralf (Hrsg.), Verwaltungsgerichtsordnung, 24. Auflage, München 2018.

Kuhn, Tomas, Überschießende Umsetzung bei mindest- und vollharmonisierenden Richtlinien: Einheitliche oder gespaltene Anwendung?, EuR 2015, S. 216-238.

Kümper, Boas, Zum Anwendungsbereich der Strategischen Umweltprüfung nach dem Urteil des EuGH in der Rechtssache Inter-Environment Bruxelles, ZUR 2014, S. 74-81.

Landmann, Robert / *Rohmer*, Gustav, Umweltrecht, Kommentar, 80. Erg.-Lfg., München 2016.

Lorz, Albert (Gründer) / *Konrad*, Christian / *Mühlbauer*, Hermann / *Müller-Walter*, Markus / *Stöckel*, Heinz, Naturschutzrecht, mit Artenschutz und Europarecht/Internationales Recht, 3. Auflage, München 2013.

Mager, Ute, Neues zum Abwägungsgebot?, BVerwG, Urt. v. 9.4.2008 – 4 CN 1/07, JA 2009, S. 398-400.

- Der maßgebliche Zeitpunkt für die Beurteilung der Rechtswidrigkeit von Verwaltungsakten, Berlin 1994.

von Mangoldt, Hermann / *Klein*, Friedrich / *Starck*, Christian (Hrsg.), Kommentar zum Grundgesetz: GG, 6. Auflage, München 2010.

Maurer, Hartmut, Staatsrecht I, Grundlagen, Verfassungsorgane, Staatsfunktionen, 6. Auflage, München 2010.

Maurer, Hartmut / *Waldhoff*, Christian, Allgemeines Verwaltungsrecht, 19. Auflage, München 2017.

Mitschang, Stephan / *Wagner*, Jörg, FFH-Verträglichkeitsprüfung in der Bauleitplanung – planerische und rechtliche Belange, DVBl 2010, S. 1257-1324.

Mitschang, Stephan, Restriktionen europäischer Richtlinien für die kommunale Planungshoheit, ZfBR 2006, S. 642-654.

- Die heutige Bedeutung der Flächennutzungsplanung: Aufgaben, Stand und Perspektiven für ihre Weiterentwicklung, LKV 2007, S. 102-109.

- Strukturveränderungen in der Bauleitplanung und ihre Auswirkungen auf die Planungspraxis, ZfBR 2008, S. 227-241.

von Münch, Ingo / *Mager*, Ute, Staatsrecht I, 8. Auflage, Stuttgart 2016.

Pestalozza, Christian, Formenmissbrauch des Staates, München 1973.

Piekenbrock, Andreas / *Schulze*, Götz, Die Grenzen richtlinienkonformer Auslegung – autonomes Richterrecht oder horizontale Drittwirkung, WM 2002, S. 521-529.

Rabe, Klaus / *Pauli*, Felix / *Wenzel*, Gerhard, Bau- und Planungsrecht, 7. Auflage, Stuttgart 2014.

Ritter, Ernst-Hasso, Das Gesetz zur Neufassung des Raumordnungsgesetzes (ROG 2009): Weiterentwicklung oder beginnendes Siechtum? DÖV 2009, S. 425-433.

Schink, Alexander, Umweltprüfung für Pläne und Programme, NVwZ 2005, S. 615-624.

Schmidt-Assmann, Eberhard, Aufgaben und Perspektiven verwaltungsrechtlicher Forschung, Tübingen 2006.

Schmidt, Reiner / *Kahl,* Wolfgang / *Gärditz,* Klaus Ferdinand, Umweltrecht, 10. Auflage, München 2017.

Schlacke, Sabine, Überindividueller Rechtsschutz, Phänomenologie und Systematik überindividueller Klagebefugnis im Verwaltungs- und Gemeinschaftsrecht, insbesondere am Beispiel des Umweltrechts, Tübingen 2008.

Schoch, Friedrich / *Scheider,* Jens-Peter / *Bier,* Wolfgang, Verwaltungsgerichtsordnung: VwGO, 34. Erg.-Lfg., München 2018.

Schrödter, Wolfgang, Baugesetzbuch Kommentar, 8. Auflage, Baden-Baden 2015.

Schwarze, Jürgen (Hrsg.), EU-Kommentar, 3. Auflage, Baden-Banden 2012.

Schöbener, Burkhard / *Knauff,* Matthias, Allgemeine Staatslehre, 3. Auflage, München 2016.

Schütz, Peter, Die Umsetzung der FFH-Richtlinie – Neues aus Europa, UPR 2005, S. 137-141.

Sodan, Helge / *Ziekow,* Jan, Verwaltungsgerichtsordnung, Kommentar, 5. Auflage, Baden-Baden 2018.

Spannowsky, Willi / *Runkel,* Peter / *Goppel,* Konrad, Raumordnungsgesetz, Kommentar, 2. Auflage, München 2018.

Spannowsky, Willi / *Uechtritz,* Michael, Baugesetzbuch: BauGB, 3. Auflage, München 2018.

Stelkens, Pauls / *Bonk,* Heinz Joachim / *Sachs,* Michael, Verwaltungsverfahrensgesetz, Kommentar, 9. Auflage, München 2018.

Stollmann, Frank / *Beaucamp,* Guy, Öffentliches Baurecht. 11. Auflage, München 2017.

Stüer, Bernhard / *Garbrock,* Bernhard, Anmerkung zu EuGH (4 Kammer), Urteil vom 18.04.2013 – C-463/11 – 13a BauGB: Bebauungsplan der Innenentwicklung, DVBl 2013 S. 778-782.

Stüer, Bernhard, Handbuch des Bau- und Fachplanungsrechts, 5. Auflage, München 2015.

- Der Bebauungsplan, Städtebaurecht in der Praxis, 5 Auflage, München 2015.

Weyreuther, Felix, Rechtliche Bindung und gerichtliche Kontrolle planender Verwaltung im Bereich des Bodenrechts, BauR 1977, S. 293-309.

Bulgarische Literatur:

Bakalova, Walentina / *Yankulov*, Igor, Aktuelle Fragen zu der territorialen Entwicklung und zum Kataster Kommentar (bulg. Актуални въпроси на устройството на територията и кадастъра, коментар), Sofia 2011.

Bakardjieva, Radostina, Der Privatisierungsprozess in Bulgarien, Strategien, Widersprüche und Schlussfolgerungen, 1998, abrufbar unter: https://publishup.uni-potsdam.de/opus4-ubp/files/4993/fiwidisk_s05.pdf

Baltadjieva, Rossitscha / *Todorov*, Ivan, Wechselwirkung zwischen dem europäischen und bulgarischen Verwaltungsrecht (bulg. взаимодействие между европейското и българското административно право), 2. Auflage, Sofia 2012.

Bliznaschki, Georgi, Die parlamentarische Regierung in Bulgarien (bulg. Парламентарното управление в България), Sofia 2009.

Boneva, Svetla, Harmonization of the Bulgarian legislation in the field of environment with the EU legislation, Union of scientists – Stara Zagora, International scientific conference June 5-6 2008, S. 1-11.

Botev, Yordan, Kommunale Politik der Gemeinde bei Verwaltung kommunalen Grundeigentums in der Republik Bulgarien (bulg. Политика на общината при управление на общинската недвижима собственост в Република България), Sofia 2012.

-   Administrativ-territorialer Aufbau der Republik Bulgarien (bulg. Административно-териториално устройство на Република България), Sofia 2012.

Dermendjiev, Ivan / *Kostov*, Dimitur / *Hrusanov*, Dontscho, Verwaltungsrecht der Republik Bulgarien (bulg. Административно право на Република България), 5. Auflage, Sofia 2012.

Djerov, Alexander / *Ewrev*, Petko / *Gegov*, Konstantin, Kataster, Grundbuch und territoriale Entwicklung (bulg. Кадастър, имотен регистър и устройство на територията), Sofia 2008.

Djerov, Alexander / *Schaldupova*, Beatrisa / *Ilova*, Stojanka / *Slatinova*, Elena, Rechtliche Probleme des GtE (bulg. Правни проблеми на ЗУТ), 2. Auflage, Sofia 2013.

Drumeva, Emiliya, Verfassungsrecht (bulg. Конституционно право), 4. Auflage, Sofia 2013.

Elenkov, Alexander / *Angelov*, Angel / *Djulgerov*, Asen / *Discheva*, Atanaska / *Panov*, Losan / *Kasandjieva*, Mariya / *Yankulova*, Sonija / *Nikolova*, Teodora / *Kowatscheva*, Julia, Administrativ-prozessualer Kodex, Kommentar, Sofia 2013.

Ewrev, Petko, Entwicklungspläne – Grundlage und Voraussetzung für die regionale Entwicklung (bulg. Устройствени планове – основа и предпоставка за планиране на регионалното развитие), Stiftung über die Reform der örtlichen Selbstverwaltung, Sofia 2010, S. 1-7.

Ilova, Stojanka / *Miltschev*, Yasen, Der neue Stand des Gesetzes über territoriale Entwicklung (bulg. Новите положения в закона за устройство на територията), Sofia 2012.

Kowatschev, Sawin, Aktuelle Änderungen des Rechtswesens im Bereich der territorialen Entwicklung, Kommentar, (bulg. Актуални промени в правната уредба на устройството на територията, коментар), Sofia 2016.

- Kommentar zu dem Gesetz über territoriale Entwicklung (bulg. Коментар на закона за устройство на територията), Sofia 2001.

- Das Neue im Planaufstellungsverfahren von allgemeinen Entwicklungsplänen, „Eigentum und Recht" 2012, (bulg. Новото в процедурите по изработване и одобряване на общи устройствени планове, сп. „Собственост и право"), S. 45-50.

- Das Neue im Planaufstellungsverfahren von detaillierten Entwicklungsplänen, „Eigentum und Recht" 2013, (bulg. Новото в процедурите по изработване и одобряване на подробни устройствени планове, сп. „Собственост и право"), S. 65-73.

Kowatschev, Savin / *Bakalova*, Valentina / *Kischkilova*, Borislava / *Angelieva*, Violeta / *Daraktschiev*, Georgi / *Ilova*, Stojanka, Aktuelle Fragen der territorialen Entwicklung und des Bauens (bulg. Актуални въпроси на устройството на територията и строителството) Kommentar, 2007.

Kowatschev, Savin / *Getscheva*, Milka / *Ilova*, Stoyanka / *Philipova*, Borislava / *Dimitrov*, Pentscho, Verfahren und Anwendungsunterlagen im Bereich der territorialen Entwicklung und des Bauwesens, 2. Auflage, Sofia 2016.

Kozeva, Weneta, Das Gesetz über die Städtebauordnung in Siedlungsgebieten im Zarentum Bulgarien vom Jahre 1905 und seine Anwendung (bulg. Относно „Закона за благоустройството на населените места в Княжество България" от 1905 и неговото прилагане), Geodäsie, Kartographie und Landordnung, Sofia 3-4 2014, S. 56 f.

274

Kurteva, Stoyka, Die neuen Gesetzesanforderungen an den Schutz von landwirtschaftlichen Waldgebieten, „Eigentum und Recht" 2011, (bulg. Новите положения в правния режим на опазването на земеделските гори, сп. „Собственост и право") S. 29-36.

Lazarov, Kino, Umfang gerichtlicher Anfechtung von Verwaltungsakten nach dem Gesetz über territoriale Entwicklung, Rechtsgedanke, 1/2004 (bulg. Обхватна съдебното обжалване на административните актове по закона за устройство на територията, сп. Правна мисъл), S. 3-10.

Lazarov, Kino / *Todorov,* Ivan, Verwaltungsprozess (bulg. административен процес), 4. Auflage, Sofia 2015.

Lazarov, Kino / *Kundeva,* Emiliya / *Elenkov,* Alexander, Administrativprozessualer Kodex, Kommentar, Sofia 2007.

Marin, S. / *Georgieva-Schnell,* T. / *Dimova,* R., Practical guidance on the implementation of Natura 2000 appropriate assessment in Bulgaria – German experience and EU law. Implementation of Art. 6(3) and 6(4) of Directive 92/43/EEC transposed in Art.31–34a of the Bulgarian Biodiversity Act, Sofia, Green Balkans, 2010. (In Bulgarian).

Milkov, Pentscho, Regulation und Bebauung von Grundstücken, „Eigentum und Recht" 2012 (bulg. Регулиране и застрояване на поземлени имоти, сп. „Собственост и право") S. 59-66.

Miltschev, Boris / *Kowatschev,* Yasen, Der neue Gesetzesstand der territorialen Entwicklung (bulg. Новите положения в нормативната уредба на устройството на територията), Kommentar, Sofia 2013.

Pentschev, Georgi, Umweltrecht, Allgemeiner Teil (bulg. Екологично право, основна част), 1. Auflage, Sofia 2011.

- Umweltrecht, Besonderer Teil (bulg. Екологично право, специална част), 1. Auflage, Sofia 2012.

- Annährung des bulgarischen Rechts an das Europarecht bezüglich der Umweltverträglichkeitsprüfung unter gesamter Betrachtung, (bulg. Сближаване на българското с европейското право относно оценката на въздействието върху околната среда в нейната цялост), Aktuelles Recht 2007, S. 40 - 49.

- Umweltpolitik der Republik Bulgarien: manche Probleme und Perspektive, Aktuelles Recht 2001 (bulg. Екологична политика на Република България: някои проблеми и перспективи) S. 62-68.

Pentschev, Konstantin / *Todorov*, Ivan / *Angelov*, Georgi / *Yordanov*, Bogdan, Administrativprozessualer Kodex (bulg. Административно процесуален кодекс), Kommentar, 1. Auflage Sofia 2006.

Petrov, Wladimir, Die territoriale Entwicklung (bulg. Устройство на територията), Sofia 2004.

Raikowska, Elitsa, Territoriale Entwicklung und Grundstücksordnung, Regulierung und Bebauung, Rechtsübersicht 2004, (bulg. Устройство на териториите и поземлените имоти, урегулиране и застрояване), S. 68-81.

Sander, Gerald / *Delcheva*, Maria, Territoriale und regionale Entwicklung in Bulgarien, Jahrbuch des Föderalismus, 2007, Band 8, 304-313.

Saprijanov, Asen, Anfechtung der beschlossenen Planentwürfe nach Art. 134 Abs. 1 und 2, Art. 136 Abs. 1 und Art. 132 Gesetz über territoriale Entwicklung, Anwaltsübersicht 8,/2004, (bulg. Обжалване на одобрените проекти по чл. 134 ал. 1 и 2 ВР. Чл. 136 ал. 1 и чл. 132 ал. 1 от закона за устройство на територията, сп. „Адвокатски преглед"), S. 14-17.

- Hauptänderungen und Ergänzungen im Gesetz über territoriale Entwicklung, Anwaltsübersicht 9-10/2003 (bulg. Основни изменения и допълнения в закона за устройство на територията, сп. „Адвокатски преглед"), S. 17-25.

- Einschränkung des Personenkreises, der zur Anfechtung einer Baugenehmigung berechtigt ist Anwaltsübersicht 1/2006 (bulg. Ограничаване на кръга на лицата, имащи право да обжалват издадено строително разрешение, сп. „Адвокатски преглед", S. 35-37.

Sarafov, Pavel, Konzept des Eigentums nach der Verfassung (bulg. конспект на собствеността според конституцията) Modernes Recht, Heft 6 2001, S. 7-17.

Schischmanova, Mariya, Einfluss der allgemeinen Entwicklungspläne auf die Industrie in „Economics and management", Band 1 2005, S. 67-73.

Sheljaskow, Anelia, Das Rechtsstaatsprinzip im bulgarischen Verfassungsrecht am Maßstab der deutschen Verfassungsrechtslehre und –praxis, 1. Auflage, Baden-Baden 2012.

Sinovieva, Darina, Das Problem der ausgeschlossenen Rechtskontrolle von individuellen Verwaltungsakten (bulg. Проблемът за изключване на съдебния контрол върху индивидуаните административни актове), zitiert nach ciela.bg.

Sivkov, Tsvetan, Grundlagen der territorialen Entwicklung (bulg. Основи на устройство на територията), Sofia 2008.

Sivkov, Tsvetan / *Sinovieva*, Darina / *Dimitrov*, Georgi / *Panayotova*, Emilia / *Nikolova*, Rayna / *Yankulova*, Svetla / *Tscherneva*, Galina / *Miltscheva*, Kapka, Verwaltungsrecht, Besonderer Teil, Sofia 2015.

Spirodonov, Jeko / *Peev*, Plamen, Integrierung der Anforderungen an biologische Vielfalt in die Umweltprüfung, The regional environmental center for Central and Eastern Europe (bulg. Интегриране на въпросите на биологично разнообразие в процеса на екологична оценка) 2006.

Stalev, Jivko / *Mingova*, Anelia / *Popova*, Walentina / *Ivanova*, Ruja, Bulgarisches Zivilprozessrecht, 8. Auflage, Sofia 2004.

Stoyanov, Ewgeni, Gerichtskontrolle von individuellen Verwaltungsakten, Sofia 2009.

Stoyanov, Wentschislav, Nutzungsänderung von Grundstücken, die sich in forstwirtschaftlichen Territorien befinden, „Eigentum und Recht" 2011 (bulg. Промяна на предназначението на имоти в горски територии, сп. „Собственост и право"), S. 31-37.

Taschev, Rossen, Die Analogie als Rechtsinstrument der juristischen Argumentation (bulg. Аналогията като правен институт и средство за юридическо аргументиране) Norma 4/2013, S. 17- 35.

Tasseva, Christina, Die Rechtsprechung des bulgarischen Verfassungsgerichts zum Rechtsstaat und zu den Grundprinzipien der Verfassung, Jahrbuch für Ostrecht, 2005, S. 75-98.

Todorov, Iwan, Der Begriff des individuellen Verwaltungsakts nach VwPO (bulg. понятието на индивидуалния административен акт по АПК), Sofia 2007.

Umweltministerium Bulgarien (Hrsg.), Bearbeiter: Troeva, Weselina *und Kuntscheva*, Mariya, Anwendungsanalyse über die Umweltprüfung von Plänen und Programmen in Bulgarien, (bulg. Ръководство за екологична оценка на планове и програми в България) Sofia 2002.